中国外交政策の研究

毛沢東、鄧小平から胡錦濤へ

趙全勝 *Zhao Quansheng*

真水康樹・黒田俊郎 訳

法政大学出版局

日本語版への序文

『中国外交政策の研究』は、もともと一九九六年にオクスフォード大学出版局から英語で出版された（*Interpreting Chinese Foreign Policy*）。三年後に中国社会科学院の周琪教授によって翻訳された中国語版が、台北の月旦出版社から出版された（『解読中国外交政策』）。二〇〇一年になると、私の以前の教え子である金泰完氏によって韓国語版が、ソウルのオルム出版社から出版された（『中国の外交政策』）。韓国語版は大韓民国の文化観光部から最高学術書賞を受ける栄誉に恵まれた。このたびの日本語版の出版によって、本書は東アジアの三つの主要な言語――日本語、中国語、韓国語――への翻訳を完了したことになる。

本書の理論的なフレームワークに変化はないものの、具体的な記述については、日本語版では原著の全八章にわたってかなりのアップ・トゥー・デイトが行われている。この作業は、出版社の要請により、筆者が真水康樹新潟大学法学部教授に協力をお願いしたものである。また、原著刊行以降の国際情勢、なかんずく東アジア情勢の変転については枚挙に暇がないが、こうした新しい要素については、過去五年間に『法政理論』（新潟大学法学会）、『環日本海研究年報』（新潟大学大学院現代社会文化研究科環日本海研究室）に掲載された私の一連の論考にいくつかの未定稿を整理してまとめることで対応した。原著にはない第九章、第十章が日本語版には加えられていることに留意されたい。旧稿の掲載をご快諾下さった新潟大学法学会、および新潟大学大学院現代社会文化研究科環日本海研究室に対して感謝申し上げる。また統計資料や図表についても、この日本語版では大幅なリニューアルを行っている。日本語版チームの周到で綿密な作業に、改めて感謝申し上げる次第である。

私にとって日本語に翻訳される三つ目の著書を手にすることができたことは望外の喜びである。最初の翻訳である『国家の分裂と国家の統一——中国・朝鮮・ドイツ・ベトナムの研究』は一九九八年に旬報社から出版された。翻訳に携わられたのは、朱継征氏（現在、新潟大学経済学部助教授）と佐々木そのみ氏である。二つ目の翻訳は、私の単著である *Japanese Policy Making*（Oxford University Press）に基づいたものである。英語の原著は Choice 誌によって優秀学術書に選ばれた。その日本語版である『日中関係と日本の政治』は東洋大学の杜進教授（現在、拓殖大学教授）とその夫人・栃内精子氏によって翻訳され、九九年に岩波書店から出版された。多くの著者にとって自らの著作が他の言語に翻訳されたことを目にするのは心から嬉しい瞬間である。私は本書の邦訳によって、前二著以上にさらに多くの日本の友人を得られるものと信じている。

中国と日本は東アジアにおいて最も重要な国であり、その二国間関係は地域の出来事と世界情勢に広範な影響力をもつと一般に信じられている。過去数十年を経て、拡大する経済的統合は中国と日本の間にかつて例を見ない相互依存を生み出している。しかし同時に、両国関係の後退も、とりわけ一九九〇年代初頭以降観察されている。二一世紀に入り、日本と中国が直面している最も重要かつ緊急の課題の一つはお互いをどう扱うかということである。二一世紀初頭にあって、一〇年以上にわたる自身の景気後退の観点から中国の勃興をどのように捉えることができるかは日本にとって決定的な意味をもつ。日本は、これらの主要な発展の流れを国際関係のダイナミクスの文脈のなかに位置づけるべきである。中国は、戦前の日本に対する記憶をこえて、前向きのアプローチを採用することが必要であろう。日本の社会と政治の本質が、戦前のものとは大きく異なっていることを北京は理解しようとすべきである。中国は同時に、この二国間関係を世界的戦略目標という、より広い文脈に据えるべきであろう。

確かに、日本も中国も相互関係を改善するための努力を怠らなかったし、両国関係を新しいレベルに引き上げることにも熱心であった。国家指導者や、政治家、官僚の相互訪問といった公的な活動に加えて、民間外交を促進することがとりわけ重要である。二〇〇二年の秋、私はアメリカン大学からサバティカルを取り、ストックフォルムの日本研究所で客員教授として三カ月を過ごした。この期間、私は英国、ドイツ、スイス、スウェーデン、ノルウェー、フィンランドにおいて公開講座を引き受ける一方、インタビュー調査を行った。私が注目した問題の一つは、EUの創出という価値ある経験だった。ドイツや英国、フランスといった、かつてお互いに血を流して戦った国々が、どのようにして相互の憎しみを放棄して統合に合意することができたのだろうか。私が最も頻繁に耳にした回答は、「スタート・ヤング」、つまり、子どもたちを教育して、かつては敵だった国の人々に対し個人的な友情を芽生えさせることだった。例えば、ヨーロッパ各国では数多くの学校間の相互派遣やホームスティのプログラムが、第二次世界大戦直後から始まっている。さまざまな国で私が話す機会を得た多くの人々が、子どもの頃にこうした文化交流に参加したことを語ってくれた。これらの草の根の教育活動を通じて、ヨーロッパ人はお互いをよりよく理解し始めている。結果的に、友情と信頼が発展している。しかし日本と中国の間では、そのような「スタート・ヤング」プログラムはほとんど存在していない。冷戦と日中間の経済的不均衡が、プログラム不在の二つの理由だと私は推測する。これら二つの要因によって、文化交流が事実上不可能だったのである。今日、私たちは、冷戦が終結し、日中間の経済的ギャップが目に見えて縮小した時代の間口に立っている。したがって、日中両国がそのような文化交流プログラムを発展させる機は熟しているのである。若い人々の態度が変化すれば、日中関係の将来にも希望がもてる。私はそう信じるものである。

日本についての私の理解は、たくさんの日本の友人との相互交流によって大いに深められた。何年にもわたって、私は日中関係について、国際関係の専門家と中国研究者を主として、数多くの日本の学者たちと多大の時間を費やして議論してきた。同時に、日本における私の交際の輪は、アカデミズムの領域をはるかに超えるようになった。公務員、政治家、ビジネスマン、農家の方たち、さらに専業主婦まで、私は実際にさまざまな生活スタイルの友人たちに恵まれている。私は非常にたくさんのことをこれらの同僚や友人たちから学んだ。私はまた、日本で教育を受け、あるいは日本の大学で現在も教育に携わっている中国人の学者たちとの交流からも多くの恩恵を得ている。紙幅の都合から、ここではすべての方々一人一人に言及することはできない。けれども私はこの機会に、それぞれの何年にも及ぶ心のこもった支援に対して深い感謝の気持ちを表したい。

日本と中国の究極の目標は、冷戦時代から引きずっているゼロ・サムの感覚を抜け出て、双方がともに恩恵に与かれる解決を見つけることである。この目的を達成するために、日中両国は互いの理解を向上させられるようできる限りの努力をするべきである。相互の理解を促進するために、私たちはより多くの学術書と分かりやすい読み物を必要としている。本書がそうした目標へ至る努力の一つになることを私は希望している。『中国外交政策の研究』は、中国の外交政策を理解するために新しい理論的アプローチを提供するばかりでなく、日本において対中政策が真剣に考慮される場合には有効な道具にもなるであろう。

第二次世界大戦の終結以来、長きにわたって日本と中国との草の根外交に尽力されてきた多くの方々にこの日本語版を捧げたいと思う。

新潟は三つの恵みで有名である。美味しい酒、上質のコメ、そして美しい錦鯉。私は新潟が誇るべきものとしてもう一つの宝を付け加えたいと思う。それは一流の研究者たちである。この想いは私の個人的な経験に基づく。私が最初に新潟を訪問したのは一九八六年であり、旧ソ連時代に国際会議に出席するためにナホトカへ行く途中に新潟の市街地を通過したのであった。一九九〇年代になると、新潟大学、国際大学、そして新潟国際情報大学などでの講演のために幾度となく訪れることになった。一九九九年以降は毎年、新潟大学法学会の招きによりゲストとして講演を行っている。窓口を担当してくださっているのは同大法学部の真水教授である。新潟訪問の折には、私は多くの教授や学者たちに会う機会に恵まれ、貴重な意見交換を重ねてきた。真水教授と私は、中国外交政策の諸問題について議論を深める一方、本書を日本語に翻訳することで意見が一致した。真水教授とその旧友であり仲間である黒田俊郎氏（県立新潟女子短期大学教授）の惜しみない多大の努力により、本書はこうして日本で出版されることになった。

真水・黒田両氏とその他この翻訳に携わられた方々にまず心からの感謝を示す次第である。また、本書の出版を快諾された法政大学出版局にも感謝申し上げる。

二〇〇三年九月

ワシントンにて

趙　全　勝

ロバート・A・スカラピーノに

序　文

中国外交政策という主題は魅力的ではあるが、その取り扱いは本当に難しい。中国外交政策は、四〇〇〇年以上も前から存在してきたにもかかわらず、その歴史的全容を示す英文の研究は存在しない。世界最大の人口規模を誇る人々の動向を世界の舞台に映し出すにもかかわらず、中国外交政策を研究する中国人研究者の数は、同じ分野の外国人研究者の数にも遠く及ばない。その記録は、古代のものも近代のものも、厳重に警備された公文書館に秘蔵され、理解するには難しい言語の習得を必要とし、さらに北京または台北の公的な許可をとらなければならない。

これらの障害だけでは十分ではないと言わんばかりに、戦後の米中関係はさらに政治的ハードルを高くし、中国国内はむろん国外においても、客観的な分析を行うことを効果的に妨げてきた。中国では、外交政策に関するあらゆる著作が共産党による規制を受けてきたが、とりわけ中国外交政策に係るものについては規制が厳しかった。毛沢東の死後、こうした規制は、広く国際関係に係るものについては緩和されたが、完全に取り除かれたわけではなかった。むしろ中華人民共和国の外交政策を対象とした本格的な分析に対しては、規制はしっかりと残っていたのである。

米国では、中国本土での共産党の勝利をきっかけに「中国を失ったのは誰か？」という議論が沸き起こり、そのためにアメリカ人の学者は、生涯の研究課題として中国外交政策を取り上げることを断念せざるをえなかった。一九五〇年代には、専門的な訓練をうけた研究者は、ほんの一握りさえも生まれなかったのである。アメリカ在住の中国人研究者は、政治的非難を恐れてさらに用心深く、北京の外交政策について言及する際はお決まりの反共主義の文言に終始した。最後に大切なことを一つ言い残したのだが、外国の知識人や学者たちと知識や洞察を分かち合える中国人が中華人民共和国にまったくいなかったことも研究上の大きな制約となった。その結果、中華人民共和国が成立して最初の二〇年間、中国外交政策に関する本物の学術研究は、はなはだしく不足することになったのである。

幸運にも、一九七九年の米中間の完全な関係改善後、状況は基本的に改善されつつある。米中両国の研究者は、米国や中国で、個別にあるいは共同して、新しく公開された公文書や関係者の口述史料、インタビュー、その他の資料を活用して、より豊かでより厳密な分析のための土台を築き上げつつある。趙教授は、この新しい世代の研究者のよき実例である。

しかしこの分野では、教師・学生両者の前にもう一つの障壁が立ちはだかっている。中国の言語・歴史、そしていわゆる政治文化に精通しなければならないという難題である。中国学の分野にいったん足を踏み入れたならば、政治学者は、比較政治学と国際関係論双方の理論、モデル、概念、方法を修得しなければならない。一九七六年に私が共同主催した研究会では、これらの問題を取り上げ、一般的な国際関係論の専門家と中国外交政策の研究者との溝を埋める方法を提案した。九五年に二度目の研究会が開催されたが、その場でも同じ問題が実質的には同じ言葉で提起されていた。二〇年を経たあとも、認識論と知識の面での隔たりがそのまま残存していたわけであるが、その理由の一端は、中国外交政策という分野において、時間、労力、財源をめぐるさまざまな要求が、集団・個人の両レベルで拮抗していることにあるのであろう。

趙教授による本書は、このような状況においてとりわけ歓迎されるものである。趙教授は、中華人民共和国での経歴により中国の政治パターンや政策決定に鋭い感性をもつ一方で、アメリカでの学問的訓練により研究分析面では米国流の専門的手法を身に付けている。ミクロ・マクロリンケージという社会科学の理論概念を中国外交政策の研究に適合させ応用するという教授の取り組みは、中国研究の分野に理論的厳密性をもたらす先駆的な試みとして評価されよう。趙教授は、ミクロ・マクロリンケージというモデルやその諸概念を実にうまく利用しており、その結果、貴重なインタビュー、日中の諸資料、そして戦略や戦術に関する自らの鋭い感性に基づいた事例研究は、より豊かなものとなっている。この研究はまた、中国外交政策研究の今後の新しい方向性への扉を開き、さまざまな新しい研究分野や研究テーマを示しているのである。

本書は、専門家から学生に至るまで、多様な読者を対象としている点でも大いに評価されよう。一九七九年以降、過去二〇年間の実質的空白を埋めるべく、論文や著作が数多く刊行され始めた。しかしこれらの論文や著作のなかには、中国を専門としない教師や学部学生が求めているものが必ずしも多く含まれてはいなかった。現代史や最近の出来事の分析どまりで、概念的枠組みを欠いている著作や論文だったり、あるいは米国の大学の終身在職権目当てで、もっぱら専門家を対象に執筆されているので、教室で使うには難しすぎるといった具合であった。

むろんこのように述べたからといって、それは決して、中国外交政策に関する英語文献の急増を軽視しているわけではない。中国人、イギリス人、オーストラリア人、日本人、アメリカ人、カナダ人、そして最近ではロシア人が、中国外交政策について英語で論文や著作を発表するようになってきている。中国外交政策研究というテーマは、雑誌や博士論文、専門書、研究大会、シンポジウムといった形で若々しい学術業績を大量に生み出してきた。しかし学問的訓練をきちんと受けた学術上の洗練さと第一級の教科書だけがもつわかりやすさを兼ね備えたような研究書というものはやはり決定的に不足しており、趙教授のこの研究は、その点でも学生や教師にとって大いに役立つことであろう。

さらに趙教授がミクロ・マクロリンケージアプローチの有用性を示す事例研究として日中関係に焦点を当てたことも、本書の貢献の一つである。二一世紀の東アジアの国際関係の行く末を考察する際、日中関係のもつ意味はきわめて大きい。この二つの隣国が人口、経済成長、潜在的軍事力の面でもつパワーは、本質的に大きく異なっている。しかし東シナ海における領土紛争や東アジアでの政治的競合関係を平和的に解決していくためには、両国は歴史的な紛争の遺産を克服しなければならないだろう。日中両国がこの課題にどのように取り組むかは、趙教授の研究が洞察力あふれるかたちで明らかにしたように、お互いに相手をどのように認識し、どのような政策決定を行っていくかにかかっていると思われる。

ソ連崩壊後、共産党支配から市場経済への移行過程で待ちうける数多くの社会的・経済的・政治的問題を中華人民共和国がいかに乗り越えていくかについて、外国人研究者らの間ではさまざまな憶測が飛びかった。政治的リーダーシップの面で鄧小平の影響力が徐々に弱まっていくにしたがって、後継者問題の紛糾か、あるいは汚職やインフレ、失業などへの大規模な大衆の反発、もしくは双方の事態が入り交じって、体制が崩壊するのではないかという最悪のシナリオまで想定された。

このような不確定な状況では、中華人民共和国のもとでの中国外交政策を政治学の研究テーマとして真剣に取り上げるのは、事態が収拾するまで待ったほうがよいのかもしれない。しかし中華人民共和国はソビエト連邦ではなく、国民国家は体制とともに終わりを迎えるものではない。名称が変わろうと変わるまいと、中国は中国であり続けるだろう。趙教授の分析は、中国の外交政策を特徴づける永続的な属性を明らかにしており、それは共産党が支配する以前にもあてはまり、共産党支配下においてもまた、そしておそらく共産党の支配が終焉したのちにも変わらずあてはまるものであろう。外交政策のアジェンダは変わるかもしれないが、政策過程が変わること、少なくとも根本的な形で変わることはないであろう。したがって北京で何が起ころうとも、本書『中国外交政策の研究』は、末永く書架にあって利用され続けることであろう。

ワシントンDC

一九九六年一月

アレン・ホワイティング

謝　辞

本書は、ロバート・A・スカラピーノ先生に捧げられている。先生は、一九八一年以来の私の良師・益友、すなわち思慮深い師であると同時に信頼できる友であり、先生のご指導と友情に対して、私はつねに変わらぬ感謝の念を抱いてきた。また、かなり早い段階から草稿全体に目をとおして下さり、建設的な助言と励ましを与えて下さったハリー・ハーディング、アレン・ホワイティング、鄒讜の諸氏にも深く感謝したい。

さらに、さまざまな段階でこの本の個々の部分について、二つの異なる研究者グループから頂いた貴重なコメントの数々にも感謝の意を表したい。一つは中国専門家グループで、ドーク・バーネット、トム・バーンスタイン、トム・クリステンセン、デボラ・ディヴィス、トーマス・フィンガー、キャロル・ハムリン、何高潮、アラステア・ジョンストン、サミュエル・キム、ケネス・リーバーサル、ジェラール・マリーン、ピーター・ムーディー、マイケル・オクセンバーグ、ルシアン・パイ、スタンリー・ローゼン、リン・ホワイト、ブラントリー・ウォーマック、デイヴィッド・ツヴァイクの諸氏である。第二のグループは、ミクロ・マクロリンケージや国際関係の理論家からなり、アレグザンダー・ジョージ、ジョン・モンゴメリー、リチャード・マンク、マンカー・オルセン、ジョージ・リッツァー、ジェームズ・ローズノー、ニール・スメルサーの諸氏である。ハーバード大学で博士課程修了後の研究を行っていたとき、ミクロ・マクロリンケージアプローチについて何度か徹底的に議論を交わした梅京氏にはとりわけ感謝したいと思う。またプロの名にふさわしい卓越した編集作業をしてくれたメアリー・チャイルド、ナイジェル・クイニー両氏にお礼を申し上げ、エレイン・ドーソン、馬紹周、ポーラ・スミス、葉天生の諸氏にも、調査や技術面でのお力添えに感謝の意を表したい。

本書のいくつかの章の草稿は、私がこの何年かの間に次のような研究機関で報告を行った際、コメントを頂くという恩恵を得た。すなわちアメリカ政治学会年次大会（一九九〇―九五）、アジア研究学会年次大会（一九九五）、アメリカ行政学会年次大会（一九九二）、ハーバード大学、カリフォルニア大学バークレー校、エール大学、シモンズ・カレッジ、セントジョンズ大学、ウィリアム・アンド・メアリー・カレッジ、オールド・ドミニオン大学、ハワイ大学、アリゾナ大学、マサチューセッツ大学アムハースト校、アメリカン大学、カンザス大学、米国海軍大学院、東西センター、米国平和研究所、米国大西洋評議会、中国社会科学院、中国軍事科学院、創価大学、マカオ大学、ソウル大学、高麗大学、漢陽大学、韓国開発研究院、東アジア政治経済研究所（シンガポール）、『ストレイト・タイムズ』紙、国際関係研究所（台北）、国立孫中山大学（高雄）、香港科学技術大学、香港大学、香港中文大学である。

本書初稿の執筆とその実質的な改訂作業は、二度にわたる各一年間ずつの特別研究員の期間中に終えることができた。一九九一年の米国平和研究所の平和研究研究員と一九九三年から九四年にかけてのハーバード大学の太平洋研究研究員である。これら二つの研究機関の知的環境と研究上の支援体制は、ほんとうに申し分ないものだった。さらにオールド・ドミニオン大学、タフツ大学フレッチャー法律外交大学院、東西センター、香港科学技術大学、太平洋文化財団、ユナイテッド・デイリー文化財団、大平正芳記念財団には、さまざまな機会に制度的支援や研究・出版助成を頂いた。記して謝意を表したい。また中華人民共和国国務院台湾弁公室と台湾行政院大陸委員会からは、九二年夏の中国、九三年夏の台湾と、台湾海峡の両側で現地調査を行う機会を与えて頂いた。これら諸機関にも感謝申し上げたい。

本書のいくつかの章は、以前に刊行した私自身の論文に基づいている。私は、本書で展開されている理論的枠組みに沿ったかたちで論文内容の改訂増補を行った。本書のために以下の論文の利用を認めて下さった出版各社に感謝したい。すなわち、'Domestic Factors of Chinese Foreign Policy: From Vertical to Horizontal Authoritarianism,' *The An-*

nals of the American Academy of Political and Social Science, vol. 519 (January 1992, Sage Publicaions); 'Achieving Maximum Advantage: Rigidity and Flexibility in Chinese Foreign Policy,' *American Asian Review*, vol. 13, no. 1 (Spring 1995); 'The Political Economy of Japan's Relations with China,' *Business and the Contemporary World*, vol. 8, no. 2 (1996, Walter de Gruyter & Co.); 'China's Foreign Relations in the Asia-Pacific Region: Modernization, Nationalism, and Regionalism,' in Lo Chi Kin, Suzanne Pepper, and Tsui Kai Yuen eds., *China Review 1995* (1995, The Chinese University Press); 'Patterns and Choices of Chinese Foreign Policy,' *Asian Affairs*, vol. 20, no. 1 (Spring 1993, Heldref Publications) の諸論文と出版各社である。

最後に、妻のジウジウと息子のジャスティン・シュー、娘のジェニファー・シャオルーの長期にわたる支援と理解がなければ、本書は決して完成することはなかっただろう。心からの感謝を捧げたい。

一九九六年三月

趙全勝

凡例

一、（　）は著者によるものであり、原文にある言い換え・補足である。

一、［　］は原文のアルファベット表記を訳者が参考のために残したもの、あるいは書名や専門用語などについて原文のアルファベット表記の中国語および韓国・朝鮮語を訳者の判断で漢字に直して補ったものである。

一、〔　〕は特に断りのない限り訳者によるものである。

一、ゴシック体の部分は、原文のイタリックの箇所である。

一、漢字表記の中国語単語は、英文の原著において、特にアルファベット式発音記号（ピンイン）によって中国語で表記されているものである。

一、原註は（1）（2）（3）で、訳註は〔1〕〔2〕〔3〕で示した。

一、註において、原著が中国語または日本語である著作については、著者名および著作名を（　）に中国語または日本語で記載してある。

目次

第四部　東アジアの国際政治と中国外交の新動向

図表一覧

第一部　序論

第一章　中国外交政策の研究

本書には二つの目的がある。第一は、一九四九年の中華人民共和国建国以降の中国外交政策を概観することである。特に、中国が世界の国民国家システムに自らを適応させていきながら、徐々に革命政権からポスト革命期の政権へと発展していった過程を分析する。また同時に本書は、中国が示す外交政策上の行動の本質的な特徴と、一九七八年の「改革開放」以降のその特徴の変化を把握する方法を提示する。第二の目的は、中国外交政策を研究する専門家に**ミクロ・マクロリンケージアプローチ**への関心を喚起し、中国研究と社会科学理論との間にみられるギャップをより小さくすることである。

ミクロ・マクロリンケージアプローチを中国外交政策に適用すると、次の三つの次元が議論の焦点となる。第一にミクロ・マクロリンケージアプローチは、以下の時系列上の変化を分析する。すなわち外部環境と中国国内の発展に対する北京の解釈の変化、学習と適応が外交政策にもたらす影響力の変化、そして外交政策におけるリーダーシップの重要性の変化である。第二にミクロ・マクロリンケージアプローチは、中国外交政策への社会的・組織的なインプットを浮き彫りにし、政策決定過程における規則・規範・メカニズムの変化や外交政策策定への参加の範囲と程度を明らかにする。第三にミクロ・マクロリンケージアプローチは、中国の権力政治と権威の源泉、体制の正統性[1]、個々の指導者の政策上の選好、中国外交政策の戦略・戦術・行動パターンを検討する。このアプローチは、「歴史主義」、あるいは「中国の外交政策は文化に由来する固有の諸前提によって制約されているとする見方」(Nathan, 1993: 935)の罠に捕らわれることなく、中国外交政策についての包括的な解釈の提示を可能にしてくれる。ミクロ・マクロリンケージアプローチに関するより詳細な議論をしたり、外交政策研究をめぐる既存の各種アプローチの再検討を行う前に、一九四九年以降の中国の国際的役割と中国外交政策に関する研究一般について、ここで手短に議論しておく必要があろう。

中国の国際的な役割

中国の外交政策を理解することは、一九九〇年代以降の世界の出来事の潮流を知る上で決定的に重要である。中国のダイナミズムは、政策決定者たちにとっては、当面する実際上の問題との関連で注目されているが、研究者たちにとっては、現代化へ向かう中国の長い歩みの一過程として長期的関心のもとで観察されている。

革命政権からポスト革命期の国家へと中国が変容し、この変化が中国の外交行動に及ぼした影響については、広く関心がもたれてきた。[1] この深く重たい変化は、中華人民共和国の歴史を画する二つの主要な時期――毛沢東の時代(一九四九―七六)と鄧小平の時代(一九七八―九七)[2]――の間の国家的優先順位の変化にはっきりと映しだされている。毛は「革命」という言葉に魅了されたが、鄧にとってのキーワードは「現代化」であった。[3]

第二次大戦後の世界政治とグローバルな力の均衡のもとで、東アジアも数多くの紛争の舞台となってきた。その紛争のなかでも特記すべきは、朝鮮戦争、ヴェトナム戦争、中越紛争、中華人民共和国と台湾との敵対関係である。これらの紛争では、いずれも中国が主要なプレイヤーとなっており、他の地域的プレイヤーと対立するだけでなく、二つの超大国とも対立してきた。

冷戦後、さまざまな国が、外交政策を検討する際、中国を重要な要素として計算に入れなければならなくなっている。このような情勢は、『ファー・イースタン・エコノミック・レビュー』誌の一九九四年度「年度回顧」に反映され、その中国に関する部分は、次のように書き出されている。すなわち「中国は、投資と外交上の関心を際立って引きつける磁石という、今やすっかりおなじみとなった役割を演じ続けたのである」。[4] ジョージ・ブッシュ〔シニア〕

大統領のもとで国務長官を務めたジェームズ・ベーカーは、中国の重要な国際的役割は「ミサイルおよび核兵器の拡散から、湾岸危機での協力、地域紛争の解決」にまでわたっていると評し、そのことからしても「共通の関心事項については、中国への関与を継続していくことが必要である」と強調している（Baker, 1991/92: 16）。

中国の重要性が増大してきていることの最も明白な証拠は、その急速に成長している経済力である。広く公表されている国際通貨基金の報告書（*World Economy Outlook*, 1993）やその他の類似した報告書によると、もし中国が一九八〇年代後半から九〇年代初頭にかけての非常に高い成長率を今後も維持し続けるならば、中国経済は「世紀の変わり目からほどなくして」、現在の米国経済を上回ることになると予測されている（N. Lardy, 1994: 106-110）。『相互依存世界における中国の台頭』と題された日米欧委員会への報告書は、次のように述べている（Y. Funabashi, M. Oksenberg, and H. Weiss, 1994: 32）。

一二億の人口を有する中国における活力ある市場経済の発展は、疑いなく近年の歴史の展開のなかでは、最も重大な出来事の一つである。現在の外国為替比率を用いても、あるいは購買力平価を使って計算しても、中国のGNPは、空前のペースで伸び続けており、それは「東アジアの四小龍」の奇跡的成長を凌駕する勢いである。

一九八八年から九四年にかけて中国を担当した『ニューヨーク・タイムズ』紙の二人の記者は、これらの報告書から大きな刺激を受けて、（中華人民共和国、台湾、香港、マカオから成る）グレーター・チャイナの将来について、あれこれと思いをめぐらした。

グローバル経済は、米国、日本、ECを軸として展開する三極システムであると時に言われるが、しかしグレーター・チャイナは、急速に四つ目の極、国際経済の新しい支柱となりつつある。(5)

最終章である第十章で詳論するが、二一世紀を迎えた今日、中国経済の躍進は日・米との比較においても顕著に見ることができる。日・米・中三カ国のこの一〇年間のGDPデータを見ると、中国のアメリカや日本に対する遅れはかなりの程度縮まっている。一九九一年のGDPで比較すると、中国のGDPはアメリカの約七％、日本の約一二％であった。だが一〇年後の二〇〇一年には、中国のGDPはアメリカの七％から一一％に増大し、日本の二七％になっている。同様の傾向は同じ一〇年間の貿易総額の比較からも観察される。総貿易額の面での中国のアメリカや日本に対する後進性は、九一年と〇一年を比べてみると、アメリカに対しては七倍から三倍に、日本に対しては四倍から二倍以下に格差が縮まっている。

もっとも、悲観的な報告もなされている。北京が推進する現代化にとって鍵となるエネルギー生産に関しては、中国は過去何十年間も主要輸出国であったが、一九九四年より純輸入国となってしまった。中国一三億の人口は、全世界人口の二〇％強を占めるが、中国は全世界で存在が確認されている石油埋蔵量の二・四％、ガス埋蔵量の一％しか保有していない。中国は二〇〇二年には七〇〇〇万トンの原油を輸入しているが、輸入量は二〇二〇年には二億トンに増えると予想されている。(6) 中国経済の将来が明暗いずれであるにせよ、中国の経済動向は今後ともますますグローバルな影響を与え続けていくであろう。

中国の戦略的重要性も一九九〇年代に入りいっそう強く認識されるようになってきている。米国のサム・ナン上院議員は、一九九四年、中国に最恵国待遇を与えることを強く主張した際、この点を強調した。その主張の根拠は単純明快で、米中二国間の戦略的関係は「犠牲にするには重要すぎる」(7) というものだった。九四年五月、ビル・クリントン大統領が中国に対する最恵国待遇を更新し、この問題を人権問題とはリンクさせないことを決定した背景には、確かに戦略的・経済的諸要因を主に考慮したという面があった。(8)

建国から今日に至るまで、平和と安定を促進ないし浸食する中華人民共和国の能力は、国際社会の他の国家にとって重要な関心事であり続けた。多くの場合、中華人民共和国は、外部との紛争を平和的手段によって解決したいと望んできた。例えば、ネパール、モンゴル、アフガニスタンとの国境問題は、それぞれ一九六一年、六二年、六三年に二国間の国境条約によって平和的に解決された。けれども、軍事力に代わる他の手段がないと判断した場合は、北京は外部との紛争を解決するために躊躇なく軍事力行使に踏みきった。中国の戦略的ポジションの重要性を理解するために、米国、ソ連、その同盟諸国を相手に中国が軍事力を行使した最近の歴史をここで簡単に振りかえっておこう。

中国は、直接的、間接的に米国と四度戦っている。すなわち、(1)一九五〇年代前半、朝鮮戦争の際、朝鮮で一度直接戦っている。(2)ヴェトナムでの紛争をとおして二度（一度目は、六〇年代、米国と敵対した北ヴェトナムを支援して、二度目は、七四年、南沙諸島をめぐって米国に支援された南ヴェトナムと戦って）。(3)そして五〇年代には、米国に保護された台湾政権と沿岸諸島をめぐって戦った。

中国は同時に、旧ソ連または旧ソ連が支援する政権とも三度戦っている。すなわち、(1)一九六九年の中ソ国境紛争。(2)（ソ連による精神的支援を受けた）インドとの六二年の国境紛争。(3)そして七九年、当時ソ連と軍事同盟関係にあったヴェトナムへの懲罰的な侵攻。

中国が係った軍事紛争については、第三章の中国外交政策の文脈でもう少し議論するつもりである。ただし本書では、右記の軍事行動に関する細部にわたった分析は行わない。(9)しかし、なぜ中国人が、ある場合には軍事的手段に訴え、他の場合には平和的に紛争を解決できるのかという疑問については、有用な概念枠組みを提供し答えを見出したいと思う。

中国外交政策研究を回顧して

中国外交政策の研究は、中国国内政治の研究と比べて、長い間あまり学問的な関心を引いてこなかった。この点は社会科学研究評議会［Social Science Research Council］と全米学会評議会［American Council of Learned Societies］の両者の後援を受けて発足した中国外交政策と国際関係に関する運営部会執筆の一九七七年の報告書のなかではっきりと指摘されていた。この委員会は、中国外交政策研究の第一人者アレン・ホワイティングを委員長とし、中国外交政策の研究は、その国内政策研究と比較してほとんど知られておらず、また十分な支援も受けていないと結論づけた（Whiting, 1977）。その後、中国の外交政策研究は目覚ましい発展を遂げており、出版された書籍・雑誌論文は、質・量ともに新たなレベルにまで引き上げられている。(10)

この発展をもたらした最も重要な要因は、中国外交政策研究の重要性が日増しに認識されるようになってきたことである。中華人民共和国の建国まもない頃は、単純に国家の大きさとその潜在力のみが、中国外交政策を理解する試みの推進力となっていた。しかし一九九〇年代までには、中国は今日の世界政治と経済発展の舞台できわめて重要で活発な役割を演じるようにもなってきたので、平和で安定した世界を維持していくためには、中国外交政策に影響を及ぼす諸要因を見せかけではなく本当に理解することが、北京や世界の他の首都の側に求められているのである。

中国の経済力と軍事力の増大、グローバル・レベルに加えて地域でのその影響力を考えれば、中国外交政策の研究が重大な関心事となってきたことは自然のなりゆきである。この関心の高まりは、中国外交政策の研究に従事する教育・研究機関の増加をもたらし、教育・研究機関が増えたことによって、今度はそれが中国外交政策に関する研究の質および量の改善につながってきている。

他方、この分野が抱える問題点も無視すべきではなかろう。一流の中国学者、ハリー・ハーディングは、「脆弱性」を中国外交政策研究の主要な問題点として指摘し、またそれがこの分野の「独得な特徴」の一つでもあるとしている。ハーディングによると、この欠陥は次の三つの要素に起因する。すなわち第一に「政治学一般における比較外交政策研究の役割が不明確であること」、第二に「その結果最近まで、中国外交政策について著述する研究者のほとんどは……主に中国の国内事情を学ぶ学生として訓練を受けてきたこと」、そして第三に「それと類似したことだが、この分野の研究者の多くは、中国の外交政策が米国の対中政策に及ぼす影響を記述するだけではなく、他の研究分野にも従事していることである(11)」。

もう一つの明白な問題は、中国外交政策の包括的かつ概念的な解釈を可能としてくれる想像力豊かで理論的なアプローチが欠如していることである。ケネス・リーバーサルは、「中国外交史の研究はかなりの程度まで発展してきているが、中国外交政策の決定過程に関する研究は依然として未発達状態にとどまっており、さらに中国の対外関係をめぐる研究は、ようやくレーダーに映るようになったばかりの状態である」と述べている。彼はこの未発達状態を部分的には「理論的厳密性の欠如」に由来するものとしている。[12] 中国外交政策のよく知られた研究者であるサミュエル・キムも次のように断言する。「八〇年代に入って中国と西欧の研究者による学術的な専門書の数が急激に増えたが、広く受け入れられているメタセオリー、すなわち簡潔かつ説得力のある形式で中国の行動の源泉を説明してくれる理論はいまだ存在していない」。彼はさらに中国外交政策研究を「さまざまな学問分野の相互交流によって活気づけていく」ような、より「統合された総合的な理論的アプローチ」が必要であると主張している（Kim, 1994a: 10-11）。これらの批判的評価を心に留めながら、中国外交政策研究分野におけるさまざまなアプローチの考察にとりかかることとしよう。

シングル・レベルアプローチからの分析

国際関係の研究者は、ある国の外交政策を研究するにあたって、なにが適切な分析レベルであり、分析単位なのかという問題に長いあいだ関心をもち続けてきた。例えばケネス・ウォルツは、その国際関係理論の古典的研究のなかで、個人、国家、国際システムという三つの異なるレベルをはっきりと区別している（Waltz, 1959）。個々の研究者が採用してきたさまざまなアプローチは、実際には、**シングル・レベル分析**と**マルチ・レベル分析**の二つのグループに分けることができる。

そこでまず最初に、中国外交政策研究分野でポピュラーないくつかの基本的なシングル・レベルアプローチを検討してみることにしよう。長年にわたり、国際関係の理論家と外交政策の専門家は、ある国の外交政策と国際的な行動が決定される際、個々の決定作成がどの程度の重みをもつかについて論じあってきたが、それだけではなく、さらに国家の外交政策と国際的な行動の決定に係る国内要因と国外要因の相対的比重をめぐっても議論を重ねてきた。例えば、**リアリズム学派**の主唱者には、国際システムのなかでの生き残りを外交政策の最重要目標と考える人もいる。リアリスト的観点からすれば、国家の国際的な行動に最も影響を及ぼす問題は、安全保障や軍事力、国家間の政治同盟、力の追求および均衡である（Morgenthau and Thompson, 1985; Waltz, 1979）。クリストファー・ヒルとマーゴット・ライトが「ビリヤード・ボール」モデルと呼んだこのモデルでは、外交政策上のポジションは国際的な諸力の相互作用によって主に決定されると見なされている（Hill and Light, 1985: 157）。

他方、**相互依存を信じる人々**の多くは、外交政策との関連で述べれば、国際政治経済の重要性を強調しながら、国内政治の影響力をより重視する。彼らは国内政治の変動が国益認識や外交戦略の構築をどのように方向づけていくかに注目する。アレグザンダー・ジョージが指摘するように、特定の外交政策の決定は「外交政策の問題それ自体が要求するものよりも、そのような政策策定過程の国内的なダイナミクスにより敏感に反応するかもしれないのである」（George, 1980: 114）。

社会心理学者（あるいは**政治心理学者**）は、個々の政策決定者を分析単位と見なし、その個人の行動を体系的観察の対象とする。この学派にしたがえば、国家は国際政治の基本的なアクターではあるが、国家の行動は「国家のために行動することを責務とする個人」（Kelman, 1965: 586）の行動に着目することによって最も効果的に分析しうるのである。したがって外交政策決定における政策決定者の役割は、外交政策の最も有力な決定要因にまで高められることになる。

リアリズム、相互依存論、社会心理学といったこれらすべての学派は、外交政策研究に応用されると、概ねシングル・レベル分析を表すものと考えられる。表１－１に見るように、それぞれの学派は、外交政策形成への最も重要なインプットとして一つの主要要因を挙げている。政策決定過程をさらに論じるためには、まず二つの重要な概念――

表1-1　シングル・レベル分析アプローチ

	インプット	アウトプット
Aタイプ	国際的な制約要因 (構造とシステム)	外交政策
Bタイプ	国内的な決定要因 (社会と諸制度)	外交政策
Cタイプ	政策決定者の影響 (心理的，イデオロギー的諸要因)	外交政策

インプットとアウトプット——を定義する必要がある。カール・ドイッチュによれば、アウトプットとは「ある特定の事物によって環境内に生み出されるあらゆる変化」を意味し、他方、インプットとは「その事物の外側にあり、どのような仕方であれその事物に変更をもたらすあらゆる出来事」を意味する（Deutsch, 1966: 88)。ディヴィッド・イーストンもまた、「システムのインプットとしての要求」を強調している(13)（Easton, 1965: 37-39)。すなわち政策決定過程は、さまざまな方向から、さまざまな由来をもってやってくる諸要求によって影響されるということである。

Aタイプは、国際環境を政策インプットの主要な源泉と見なし、Bタイプは国内的な決定要因を主要なものと考え、Cタイプは個々の政策決定者が鍵を握っていると信じている(14)。これらの理論モデルのそれぞれを具体的に肉づけする際には、以下の領域がより有用なデータの供給源となっている。すなわち最初のアプローチに対しては国際舞台での国家間の相互作用、第二のアプローチをめぐっては外交政策の国内的ルーツ探しの研究、そして第三のアプローチについては政策決定者の心理的・イデオロギー的動機づけである。

中国外交政策研究に見られる多様な学派間の相違は、国際関係理論一般におけるさまざまなアプローチの発展に対応している。しかし実際には次の点に留意しておく必要があろう。すなわちある一つのレベルに着目して執筆する人々は、他のレベルをまったく排除するなどと信じているわけでは必ずしもないということ、そうではなく彼らは、ただたんに国際関係のある部分をはっきりと理解したいだけなのかもしれないということである(15)。

多くの研究が、特定の目的をもって、中国外交政策の国際的制約要因の検討に取り組んでいる（Aタイプアプローチ）。例えば、世界システムや国際社会における中国の位置を検討した著作（Barnett, 1977; Yahuda, 1983a; Chan, 1989; Dreyer and Kim, 1989; Jacobson and Oksenberg, 1990）や、あるいは米中ソの戦略的トライアングルを論じた研究（Kim, 1987; Chang, 1990; Ross, 1993）がある。これらの研究から、私たちは北京が一九四九年以降直面してきた国際環境や、世界の政治経済における主要プレイヤーたちと中国がどのような関係にあるのかについて多くを学ぶことができる。

Bタイプと Cタイプのアプローチもまた、中国外交政策の特定側面の分析に適用されてきた。制度的・社会的な分析レベルでは、多くの研究者が中国の外交政策上の行動を、その決定作成過程に注目して論じており（Garver, 1982; Barnett, 1985; Zhao, 1992）、その同一線上で、中国のエリートたちの外部世界に対する認識も研究の焦点となってきている。主要大国に対する中国側の認識をめぐる研究、例えば中国のソ連観（Rozman, 1987）、日本観（Whiting, 1989）、米国観（Shambaugh, 1991）を扱った著作がこの種の研究として挙げられ、これらの研究は中国外交政策研究分野では注目を集めるようになっている。その他にも、政策決定者の戦略（Bobrow, Chan, and Kringen, 1979）や連立政治（Pollack, 1984a）を対象とした研究も試みられている。

別の種類の研究は、一つの特定レベルに必ずしも集中することなく、中国と他の諸国との二国間関係を論じている。そのような研究としては、中国とアメリカとの関係（Tow, 1991; Harding, 1992; Foot, 1995; Ross, 1995）、日本との関係（C. Lee, 1976 & 1984; Bedeski, 1983）、ソ連との関係（Dittmer, 1992）、ヴェトナムとの関係（Ross, 1988）を扱った論考を挙げることができる。さらに、米国（Sutter, 1983; Tan, 1992）や旧ソ連（Rozman, 1985）、日本（Zhao, 1993a）など、他の諸国における対中政策の策定に着目した研究もある。これらの分析は総じて、現在進行中の二国間関係に集中しており、国際的な要因、国内的な要因のいずれかをその分析の出発点とすることはなく、むしろその中間のどこかから出発しようとしている。

それでもやはり、特定レベルの要因を中国外交政策の主要源泉と見なす研究者の間には、どの要因を強調するかをめぐって、好みに差があることは注目に値しよう。例えばAタイプアプローチに賛成する研究者は、中国外交政策の策定に際し国際的な制約要因を重視してきた（Levine, 1980; Ng-Quinn, 1983; Pollack, 1984b; Ross, 1986; Cumings, 1989; Tow, 1994）。彼らは、国際環境、特に超大国による二極体制が中国外交政策の選択の自由を枠づける、その度合をとりわけ強調する。例えばウィリアム・タウは、「中華人民共和国の建国以来、その外交政策は、力の均衡、すなわち国際政治と国際的な安全保障に関する国家中心的なアプローチによって最も強く影響されてきた」と主張している（Tow, 1994: 120）。このグループの研究者によれば、中国政治の国内的な諸要素は、中国外交政策に対してはさほど重要なものではなく、あるいはジョナサン・ポラックが述べるように、それらの諸要素は「重要な決定要因ではない」ということになる（Pollack, 1984a）。ロバート・ロスは、この主張に沿ったかたちで、「国内政治の相対的な重要性は、（米中ソ）三極政治のパターンによって許容された選択幅の関数であり続けてきた」と論じている（Ross, 1986: 286）。

この分析ラインにしたがえば、中国の外交政策上の問題とその外部への行動は、国際環境のダイナミクスの変化への対応と見なされる。「中国の諸政策の外的源泉」とは、中国の選択肢を「決定し形づくる問題」として考察することができると、ブルース・カミングスは論じている（Cumings, 1989: 220）。よく知られた例の一つに、（米国に対抗して）ソ連に味方することを意味する、中国の一辺倒政策がある。中国の一辺倒政策は、一九四九年七月に毛沢東によって始められ、五〇年代後半まで続いたが、この「向ソ一辺倒政策」は、冷戦時代における世界政治の二極構造の直接的な結果であると考えられている[16]。

Bタイプの分析を好む研究者は、中国外交政策の国内的決定要因に着目する（Gottlieb, 1977; Lieberthal, 1984; Mancall, 1984; Bachman, 1989）。研究者も政策決定者も、外交政策に対する国内政治の影響力をしだいに認識するようになった。（一九五七年の反右派闘争、五八年の大躍進、六六年から六九年にかけてピークをむかえた文化大革命など）中国国内の政治的キャンペーンは、そのどれもが「世界に対する中国の外交姿勢に明確で直接的な影響を及ぼしてきた」とリーバーサルは断言している（Lieberthal, 1984: 43）。どの国家の外交政策においても国内要因は重要であるが、他の大多数の国と比較した場合、中華人民共和国の対外行動に関しては、国内的な諸要因こそがおそらくより重要であろうと、この学派は強調してきた。

Cタイプアプローチの信奉者によれば、外交政策は最終的には個々の決定作成レベルで決まるものであり、彼らはこのレベルを中国外交政策の最も重要な分析レベルと考える。文化（政治）心理学や集団理論がこの学派の好む観点であり、それらの理論は、政治指導者や、彼らのイデオロギー、戦略、戦術、個人的なスタイルが中国外交政策の動向を決定的に左右すると論じている（以下の文献を参照。Van Ness, 1970; Hinton, 1972; Armstrong, 1977; O'Leary, 1980; Shih, 1990; Hunt, 1996）。またこの心理文化的で、イデオロギーを基本とする観点に係る一要因としては、次のようなものがある。すなわち政治指導者間の国内的な権力闘争が中国政治の動向を大きく左右し、さらにそのことが北京の外交政策の方向づけに影響を及ぼすことである。

Cタイプアプローチの例として、最も注目に値するのは**毛沢東指揮モデル**である[17]（Tsou and M. Halperin, 1965; B. Schwartz, 1967; Teiwes, 1974; Pye, 1976; M. Meisner, 1977）。毛沢東が中国政治の舞台でまだ支配的存在であった一九六〇年代から七〇年代にかけてとりわけ人気があったこの分析アプローチによれば、中国の国内および外交政策は、「自分の国のことについては、依然としてその大半を掌握していた党主席の態度の変化を反映するものであった」ということになる（Harding, 1984: 296）。毛沢東の半世紀をこえる主要な政策コミットメント（一九二一―七六）に関する包括的研究において、マイケル・オクセンバーグは、毛沢東は「外交政策と経済部門において最も成功することが少なかった」と結論づけている（Oksenberg, 1976: 23）。これは、ある一人の指導者の個人的なコミットメントと選好を政策決定の主たる要因とする外交政策分析の典型的な例である。

これら三つのアプローチは、それぞれ中国の対外行動のある一定の側面を説明するのに有意義であるが、その一方で三者ともそれぞれ固有の欠点をかかえている。国際的な制約要因の重要性を主張する人たちは、中国の外交政策形成に際して国際システムが果たす役割をしばしば強調し過ぎてきた。例えば**世界構造論的な考え方**にしたがえば、第二次大戦後の国際構造の二極的な特質が中国の外交政策上の選択肢を著しく制限してきたことになる。この国際構造上の制約によって、中国の外交政策は「第二次大戦終結後、概ね首尾一貫していた」し、「ポスト毛沢東時代になってもなお」そうであったとされる。なぜならば、北京は米ソいずれかへの傾斜を余儀なくされてきたからである (Ng-Quinn, 1983: 204, 211)。中国の戦略的・経済的な諸政策は、一九七〇年代をとおしてずっと、中国が「アメリカの望むような政策」をとってきたのだから、米国によって「形成された」と見なすこともできる (Cumings, 1989: 220)。しかし外部からのインパクトを強調し過ぎることによって、中国国内政治の影響や、「中立的な立場」や独立した外交政策を維持する北京の能力が軽視されたり、あるいはまったく無視されてしまったのである。

国際的制約要因を強調する人たちとは逆向きに、しかし同様に誤ったかたちで、国内的な制約要因に着目する研究者もまた、政策決定過程や政治制度、政治文化や政治イデオロギーといった要因にしばしば注目し過ぎてしまい、国際構造の変化がもたらす影響を見逃してきてしまった。例えば、このタイプの研究者の何人かが信じていたように、もしポスト毛沢東時代のすべての政治党派がソ連「修正主義」は悪であるという毛沢東の見解に縛られていたとしたら、「中ソ関係改善がすぐにでも実現するなどということはおよそありえなかっただろう」とサミュエル・キムは指摘している(18) (Kim, 1989: 24)。実際には一九八〇年代の中頃から終わりにかけて二つの共産主義大国が両国関係をしだいに正常化させていったときにまさに起こったことが、この中ソ関係改善だったのである。

個々の政策決定者によって演じられる役割に議論を集中させる研究について述べれば、これらの分析もまた過度な単純化に向かいがちである。例えば心理・文化的観点を採用することによって、石之瑜は、清朝の李鴻章から、中華民国の袁世凱と蔣介石、社会主義中国の毛沢東と周恩来、そして最後に改革指向中国における鄧小平に至るまでの、過去一世紀にわたる中国の外交政策上の行動パターンを一つの要因、すなわち「面子を保つこと」に起因すると見なしている (Shih, 1990)。このアプローチは、外交政策上の諸問題が形成される背景を説明する際には有益であるかもしれないが、通常は既定の型に陥りやすく、実際の国際関係上の出来事や外交・交渉過程、そして特に政策の選択と選好に係る状況を説明するという課題には不適切なものとなる。

ケネス・リーバーサルが「理論的厳密性の欠如」[19]と呼ぶものの主要な原因の一つは、中国研究と社会科学理論の発展との間にみられるギャップである。地域専門家にとっての概念上のガイダンスの重要性は、一流の中国学者でアメリカ政治学会元会長のルシアン・パイによっておそらく最もうまく説明されてきたと思う。「一般理論家と地域専門家の協業が徐々に失われてゆくにつれて、規範的でより大きな概念上の問題がいっそう重要となってきている」とパイは論じている（Pye, 1975: 21）。次章で詳述するミクロ・マクロリンケージアプローチは、このようなギャップを埋める試みの一つと考えることができる。本書において展開される理論モデルは、（サミュエル・キムが求める）「簡潔で説得力ある形式」を必ずしも最高のレベルでは達成していないかもしれないが、それでもこの理論モデルは、社会科学理論のいくつかの側面を中国外交政策研究と統合しようと試みているのである。

原註

（1）共産主義体制下における変化を詳しく検討した研究者は、すでに数多くいる。よく知られた学者としてはリチャード・ロウェンソールがおり、'Development vs. Utopia in Communist Policy'（Loewenthal, 1970）, 'The Post-Revolutionary Phase in China and Russia'（Loewenthal, 1983）の二論文がある。引用の詳細に関しては、本書巻末の参考文献一覧を参照し、章末の註で示される各参考文献の該当箇所に目をとおして頂きたい。

（2）毛沢東時代と鄧小平時代との間には、毛沢東お手盛りの後継者、華国鋒が指導者の地位にあった二年間の過渡期（一九七六―七八）が存在した。

（3）「革命」と「現代化」という言葉は、毛沢東と鄧小平によって利用されたスローガンとしてここでは言及されている。この二つの言葉は、毛沢東時代と鄧小平時代における国家の優先順位の相違を象徴しうるものであるが、社会科学理論の概念としてここで用いられることはない。

（4）'Year in Review: Free Trade: Key Asian Value,' *Far Eastern Economic Review* (29 December 1994 & 5 January 1995) : 27.

（5）Nicholas Kristof and Sheryl WuDunn, 'China's Rush to Riches,' *The New York Times Magazine* (4 September 1994) : 54.

(6) Michael Richardson, 'China Scrambles for Oil,' *International Herald Tribune*, 3-4 June 1995, p. 9. 最新の数値は、野口拓朗「原油輸入の多角化を図る中国外交」『朝日総研リポート』一六六号（二〇〇四年二月）による。

(7) Carl Goldstein, 'Jerky Movements: US-China Ties See-Saw on Human Rights,' *Far Eastern Economic Review* (17 February 1994): 20を参照。

(8) Susumu Awanohara and Lincoln Kaye, 'Full Circle,' *Far Eastern Economic Review* (9 June 1994): 14-15. 中国に最恵国待遇を与えることをめぐってクリントン政権がどのように考えたかについての詳細な報告としては、D. Lampton (1994), 'America's China Policy in the Age of the Finance Minister: Clinton Ends Linkage,' を参照。

(9) 中国による軍事力行使に関する詳細な研究については、とりわけ、Allen Whiting (1972), Jonathan Adelman and Chih-yu Shih (1993), Paul Godwin (1994) を参照。

(10) ここで次の点を明確にしておくべきだろう。すなわち本章と後続の諸章では、外交政策研究全般および、その中でも特に中国外交政策研究についての簡単な回顧が試みられるが、それは完全な回顧からはほど遠いということである（また完全な回顧を行う意図もない）。ここで確認される研究は、本書で展開された理論モデルと関連するか、あるいはさまざまなアプローチをめぐる議論と関係するものだけである。中国外交政策研究に関するより詳細な情報については、Samuel Kim (1994b) と David Shambaugh (1994) の著作の参考文献一覧を読むのがよいかもしれない。

(11) ワシントンDCで開催されたアジア研究学会［Association for Asian Studies］の年次大会において、一九九五年四月六日、趙全勝によって組織された中国外交政策に関するラウンド・テーブルの席上、ハリー・ハーディングが提起した論点から。

(12) 一九九三年一一月二二日付の著者宛のケネス・リーバーサルの書簡から。

(13) ディヴィド・イーストンにしたがえば (Easton, 1965: 37-39)、要求は「特定の問題に関連した権威的価値配分がそれに対して責任を負っている人々によって行われるべきである、あるいは行われるべきでないとする意見の表明」として定義できるかもしれない。片岡寛光監訳、薄井秀二・依田博訳『政治生活の体系分析（上）』（早稲田大学出版部、一九八〇年）五三頁。

(14) 一部の社会心理学者や政治文化の専門家はさらに、彼らの分析が個人レベルだけでなく、社会的なレベルにおいてもまた有効であると強調している。

(15) これは、ジェラール・マリーンが一九九四年一一月三〇日付の著者宛の書簡で提起した点である。

(16) 次のように論じることによって、このような見方を批判できるかもしれない。すなわちイデオロギー的理由によってソ連に傾斜することを決めた毛沢東の決断こそが実際には世界的な力の均衡の二極性に貢献したのである、という主張である。どちらが原因でどちらが結果なのだろうか。これは、ルシアン・パイが一九九四年一一月二一日付の著者宛の書簡で提起した点である。

（17） 周恩来に着目し集中する取り組みもまたなされてきた。例えば Ronald Keith（1989）を参照。

（18） Lucian Pye（1981: 35-37）を参照。さらにキムは、レビュー論文のなかで、「中国は国際的なアクターとして、資本主義世界システムに固有な、あの同じ経済的、技術的、規範的なダイナミクスとコントロールの支配下にある」と主張することによって、中国外交政策の形成に関して「国内的な諸要因を過度に強調しすぎる」傾向をより踏み込んだかたちで批判している（Kim, 1992: 22）。

（19） 一九九三年一一月二二日付の著者宛のケネス・リーバーサルの書簡から。

訳註

〔1〕 原語は regime legitimacy。本書では、原則として regime には「体制」の訳語を当てる。むろんこの場合の体制とは、中華人民共和国の支配体制たる共産党政権を指す。したがって regime を「共産党政権」というより具体的な訳語で置き換えることも可能である。類似のキーワードとしては regime survival があり、「体制の生き残り」と訳出する。なお英語の口語表現では、regime という言葉には、軍事独裁や一党独裁など、非民主的な政治体制を意味するニュアンスがあることを付記しておく。

第二章　ミクロ・マクロリンケージアプローチ

前章で論じたように、外交政策研究には、さまざまな概念やアプローチ、パースペクティブを採用することができる。アーサー・ハックは、一九八一年の論文のなかで、自らの研究分野で好まれるアプローチを重視することがいかに研究者にとって自然であるかを指摘し、次のように述べている。すなわち「歴史家は歴史の遺産と過去の行動との類似性を、政治学者は派閥政治とその結果を強調しがちであり、経済学者は資源と依存の問題を、戦略家は軍事的均衡を、思想家はイデオロギーを力説してきたのである」[1]。

中国研究と社会科学理論とのギャップを埋めるという、本書の主要目標を達成するために、この研究では学際的なパースペクティブを採用し、**ミクロ・マクロ統合**という社会科学上の概念に中国外交政策研究の専門家たちの注意を促すことにしたい。ミクロ・マクロリンケージアプローチは、国際関係論のなかでも比較的新しい理論的発展であるため、今まで中国の外交政策研究には適用されてこなかった。他方、社会科学における解釈理論の伝統、すなわち**解釈学**もまた重要である。解釈学とは、「参加者の理解が、参加者がそのなかに置かれている制度や関係性の観点からみて、いかにして意味をなすかを示すために、思想、信仰、意図、行動、実践の間の内的一貫性を明らかにすることである」(Gibbons, 1987: 3–4)。この研究では、このような理論的方向づけにしたがって、中国外交政策を吟味するために、学際的で解釈学的なアプローチ――**ミクロ・マクロリンケージ**――を展開・発展させてみようと思う[2]。

さて前章で指摘したシングル・レベル分析の説明能力に見られる欠陥がしだいに認識されるようになると、専門家の間では、外交政策上の問題を分析し説明する際には、政策インプットの多様な要因を統合する必要があると論じられるようになった。

国際・国内リンケージアプローチ

ジェームズ・ローズノー（Rosenau, 1969: 1-16）は、一九六九年の時点ですでに、編著『リンケージポリティクス――国内システムと国際システムの収斂をめぐる試論集』のなかで、分析を進めるうえでのリンケージアプローチの必要性を強く主張している。ローズノーは、一国の外交政策を説明するために、国際的な制約要因と国内的な決定要因がもつ外交政策形成に対する影響力を政策インプットとして結合させる新しい方法を提唱した。表２－１に示されているこのようなアプローチは、**国際・国内リンケージアプローチ**と呼ぶことができるものである。

国際・国内リンケージアプローチが強調するのは、国内システムと国際システムとの**相互依存**および**オーバーラップ**である。[3] 内的要因と外的要因との結合は、政治学者ロバート・パットナムによってよりいっそう推し進められた。パットナムは、外交政策決定過程は、国際的なアリーナと国内環境の双方の政治の場でプレイする政策決定者によって行われる「二層ゲーム［two-level games］」として最もよく理解できると論じた（Putnam, 1993）。ローズノーを手本として、その後多くの研究者が、一国の外交政策を明らかにするためには、国内的な分析と国際的な分析を統合する必要があると主張してきた（McKeown, 1986; Haggard and Simmons, 1987; Rohrlich, 1987; Odell, 1990）。

中国外交政策研究に国際・国内リンケージアプローチを適用する最初期の試みの一つに、一九七九年に刊行されたサミュエル・キムの『中国、国連、世界秩序』がある。彼はこの本のなかで国際社会における中国の対外行動や国連に対する北京の関係を生み出す国内的・国際的要因を検討している。同様の試みは、他の多くの研究者によってもなされている。例えば廖光生

表2-1　国際・国内リンケージアプローチ

インプット	アウトプット
国際的な制約要因 ＋ 国内の決定要因	外交政策

は、『中国の排外主義と現代化』という著作全体をとおして、国内政治と外交政策とのリンケージに関する分析を行っている（Liao, 1984）。キャロル・ハムリンもまた、どの時点であれ中国の対外行動を理解するためには「中国が対応を余儀なくされる国際的な状況と中国指導層内部に広く見られる外部世界に対する態度の双方」を考察しなければならないと論じている（Hamrin, 1986: 50–51）。トーマス・フィンガー（Fingar, 1980）、ハリー・ハーディング（Harding, 1984）、リリアン・ハリスとロバート・ウォーデン（Harris and Worden, 1986）、アレン・ホワイティング（Whiting, 1992）、トーマス・ロビンソンとディヴィッド・シャンバー（Robinson and Shambaugh, 1994）、ロバート・ロス（Ross, 1995）らによる中国外交政策に関するいくつかの包括的研究が国際的および国内的な分析双方に着目しているのも歓迎すべきことであろう。

しかしながら、国際・国内リンケージアプローチには限界もある。国際システムと国内的な制約要因を互いに区別するのは当然として、両者とも実際にはマクロレベルのみに注目しているのである。つまり、リンケージポリティクスモデルに欠けているのは、これらの要因がミクロレベルで個々の政策決定者とどのように相互作用しているのかについての考察である。ローズノー自身がリンケージモデルを発表した二一年後に述べているように、「世界政治に関するほとんどの理論は、マクロとミクロの織りなす相互作用のダイナミクスを軽視あるいは無視さえしがちなのである」。実際、国際・国内リンケージアプローチを含め、世界政治の諸理論は「ミクロ」レベルに対して十分注意を払ってこなかった。これらの理論における「ミクロレベル」とは、国際環境やマクロレベルの要因と対置されるかたちで「国民国家と同一視されて考えられて」いるにすぎないのである（Rosenau, 1990: 25）。利益集団や外交政策決定コミュニティ［the foreign policy-making community］など、いくつかの国内要因は、時折ミクロレベルの単位として捉えられてきたが、「分析レベルがそのような要因をこえてよりミクロな水準に下降していくことはめったにないのである」（Rosenau, 1990: 152）。

国際・国内リンケージアプローチに示されるようなマクロに方向づけられた理論の強みは、それが主要な外交政策上の問題の歴史的、構造的、社会的背景の全体像を提供できる点にある。しかしそのような理論は、構造決定論（外交政策は、国際構造と国内構造によってのみ形成されるとする考え方）に陥りやすく、ミクロレベルにおける政策決定者の選択や選好のダイナミクスを軽視しがちである。

外交政策分析をミクロレベルの要因に接合させることの必要性は、「アクター特定化」理論［'actor specific' theory］を提唱するアレグザンダー・ジョージによっても主張されてきた。アカデミズムと政策決定という二つの世界の「ギャップを埋めよう」と努力して、ジョージは次のように述べている（George, 1993: 9）。

> 実務家は、構造的現実主義理論やゲーム理論のような学術的なアプローチを採用するのは難しいと感じている。というのは、そのようなアプローチでは、すべての国家アクターは類似しており、同一状況下では同一の行動をとると期待されているからである。さらにそのようなアプローチは、国家は合理的で統一された単一のアクターと見なしうるというきわめて単純な仮定のうえに成り立っているからである。実務家は、反対に、彼らが交渉しなければならない個々の国家やその指導者たちの異なる内部構造や行動パターンをきちんとおさえているアクター特定化モデルによって作業する必要性を信じているのである。

ヴァレリー・ハドソンとクリストファー・ヴォアが述べるように、アクター特定化モデルによって示されるこの理論的な努力は「非常に大きな理論上、方法論上、政策上の潜在力」をもっている。しかし「その潜在力は、ある外交政策上の決定がなぜある特定の時点で個々の政策決定者や政策決定者集団によってなされるのかをめぐって、私たちの理解を促す理論を発展させようと研究者たちが作業を進めるにしたがって、ようやく認識され始めたにすぎない」(Hudson and Vore, 1995: 229)。

したがって、国際環境、国内制度、社会的条件といった諸要因は、どのようにして政策決定者に影響を与え、政策決定アウトプットに収斂していくのか、という問いに答えられるような枠組みを提供するためには、マクロレベルの要因がミクロレベルにリンクされなければならないのである。

ミクロ・マクロリンケージモデル

社会理論に関する最近の研究努力は、マクロ分析とミクロ分析を統合することに注がれてきた(4)。ミクロ・マクロリンケージは、一九八〇年代に「解決すべき主要な課題として現れ」、九〇年代になっても依然として関心の中心であり続けているといわれるが(Ritzer, 1992: 224)、その過程で分析レベルの問題は、**ミクロ・マクロの二分法と統合**と呼ばれるものと密接に結びつけられるようになってきた。ミクロ・マクロ問題は「異なる分析レベル間の関係をどのようにして表現するかを決定する問題」として考えられているのである(Cook, O'Brien, and Kollock, 1990: 175)。

さらにやりがいのあるのは、ミクロ・マクロ問題は、ただたんにマクロレベルとミクロレベルの諸要因をリンクする、すなわち両レベルの諸要因間の因果関係を確定する問題ではないということである。この課題を、ジェフリー・アレグザンダーにならって「ミクロ・マクロリンクの解釈学的再構築」と呼ぶことも可能であろう(Alexander, 1987: 299)。この「ミクロ・マクロリンクの解釈学的再構築」とは、マックス・ウェーバーやヴィルフレード・パレート、タルコット・パーソンズといった社会科学の理論家たちの学問的遺産の再概念化とみなすことができる(5)。アレグザンダーの理論枠組みは、**マクロ決定論**ないしは**ミクロ決定論**に向かういずれの傾向も拒絶している。すなわちマクロレベルあるいはミクロレベルのいずれかを主要な決定要因としてそれに過度に依存することを拒否しているのである。彼の理論枠組みは、その代わりに両レベル間の動きや相互の影響を強調するのである。マクロ決定論は**構造機能主義／紛争理論**によって、ミクロ決定論は**象徴的相互作用主義／交換理論**によってそれぞれ代表される(6)(Ritzer, 1992: 592)。双方の学派とも分析上の焦点をもっている。前者がマクロレベルの要因を強調する一方、後者はミクロレベルに集中している(Ritzer, 1991: 592)。要約すれば、アレグザンダーの理論枠組みは、例えば構造機能主義と象徴的相互作用主義の分析上の長所を結合させ、一面的な見方という両アプローチの短所を回避しているのである。

ミクロ・マクロリンケージの問題はまた、紛争理論（Collins, 1990）や合理的選択理論（Friedman and Hechter, 1990）など、社会科学理論のさまざまな下位分野においても焦点となっている。ミクロとマクロの統合は、国際関係と外交政策の研究にとって決定的な重要性をもつと考えられており、中国外交政策に関する研究もまたその例外ではない。そこでまず最初に、外交政策分析という特定の主題の文脈で「ミクロレベル」と「マクロレベル」を定義する必要がある。一般的には、ミクロ・マクロの二分法は、ある種の相対主義を意味をすると理解されている。ジェフリー・アレグザンダーは、（心理学、生化学、分子生物学など）生命科学の歴史から類似性を引き出しながら、「『ミクロ』と『マクロ』の用語は、完全に相対的なものである。あるレベルでマクロと考えられるものは、他のレベルではミクロとなるだろう」と指摘する（Alexander, 1987: 290–291）。これは、異なるレベルにおける変数の進化過程を理解しようとする際に留意すべき有益な論点である。例えばこの分析を多様なレベルの行動と因果関係（あるいは行動ないし因果関係）の考察とみることも可能であろう。ここでいう「多様なレベル」とは、国際構造、国内諸制度（中央官庁、地方官庁、地域的・社会的諸制度など）[7]、個々の指導者を指している。

しかし明晰さと一貫性のためには、特定の主題の分析にこの用語を応用する際より明確な定義が必要となる。一般的な社会科学上の目的にとっては、ミクロレベルは「日常生活における個人の経験的現実［reality］」と定義され、マクロレベルは「社会的現実あるいは社会的世界」に関連する（Ritzer, 1990: 348）。本書で示されるように、このような定義はまた、ほとんどの社会科学者が「この用語を経験的に用いている」ためでもある（Ritzer, 1992: 542）。この研究では、**ミクロレベル**は（個人、小集団のいずれにせよ）政策決定者を指し示し、**マクロ**分析は、（システムと構造に関連する）国際的な要因と国内的な要因（社会および国内制度の諸側面）に焦点を当てている。

表2－2は、三つの相互作用を表している。国際的な制約要因と国内的な決定要因はマクロレベルでダイナミックな関係にある一方で、両者はまた個々の政策決定者に収斂し、かつ個々の政策決定者からのフィードバックを受けて

いる。ミクロ・マクロリンケージアプローチが解決すべき課題とは、たんに国際的・国内的な諸要因の重要性を記述することではなく、以下の三つにまとめたような事柄を分析することである。すなわち、(1)国際環境および国内環境からの諸要求が政策決定過程に収斂していくときの回路とメカニズム。(2)国内環境と国際環境の変化するダイナミクスは、ある国の対外行動が形成される際に相互にどのように影響しあうのか。(3)そして両者は、外交政策の形成においてどのように個々の政策決定者に影響を及ぼすのか。

このような課題に取り組むために、まず社会的現実をいくつかの異なる次元に分け、次にそれらの異なる次元がミクロレベルのアクターと行う相互作用を検討してみることにしよう。ミクロ・マクロの相互作用に関する卓越した研究のなかで、ベルンハルト・ギーセンは**進化理論モデル**を導入している。[8] このモデルは、社会的現実（**マクロ構造**）を**象徴的**、**実践的**、**物質的**という三つの次元に区分する（表2－3を参照）。

マクロ・ミクロリンケージに対するギーセンの貢献は、社会的現実を三つの異なる次元に分けたことだけではない。彼はまた、それぞれの範疇を**過程**、**状況**、**構造**の観点から区分し、マクロ構造がミクロレベルにおいていかに現れてくるかを示したのである。

中国外交政策のミクロ・マクロリンケージモデル

ギーセンの進化理論を応用することによって、（表2－4に示されるように）私たちは中国外交政策のミクロ・マクロリンケージモデルをさらに発展させることが可能となる。

表2－4は、中国外交政策の研究に適用可能なミクロ・マクロリンケージアプローチの全体像を示すものである。このモデルには**象徴的**、**制度的**、**権力**／**体制**という三つのマクロ構造の次元が存在し、個人および集団の異なった一連の過程がこの三つのマクロ構造のそれぞれに対応している（このモデルにおける**権力**／**体制**の次元は、ギーセンのモデルの**物質的次元**に対応している点に留意されたい）。

表2-2　ミクロ・マクロリンケージアプローチ

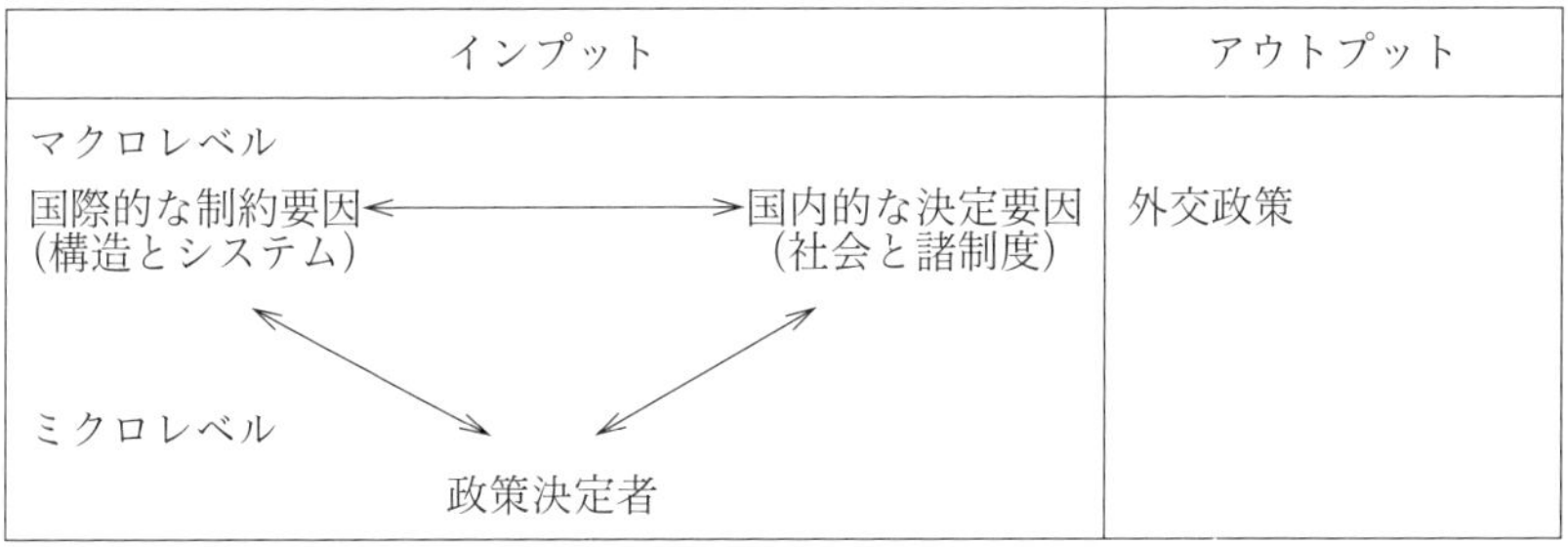

表2-3　ベルンハルト・ギーセンによる進化理論モデル

	過程	状況	構造
象徴的現実	特定状況の合理的解釈	象徴的なコア構造 関連する思考パターン	世界観 道徳
実践的現実	行為	実践的なコア構造 正当な規則と規範 社会的地位によって生じる利害	分化の正当な制度と構造
物質的現実	有機的行動	物質的なコア構造 物質的資源 ある状況下で利用可能な技術	物質的資源 集団の規模 テクノストラクチャー

Giesen（1987: 349）を参照.

表2-4　中国外交政策（1949年–現在）のミクロ・マクロリンケージモデル

象徴的マクロ構造	**革命**から**現代化**へ	国内外の環境を解釈する際の方向づけの変化；学習と適応；外交政策の優先順位の変化
制度的マクロ構造	**垂直的権威主義**から**水平的権威主義**へ	外交政策決定における参加の範囲と程度の拡大；政策決定過程の規則，規範，メカニズムの変化
権力／体制マクロ構造	**厳格性**から**柔軟性**へ	個々の指導者の権力と権威のダイナミクス；体制の正統性；政策決定者の選好と選択；外交政策上の戦略・戦術

マクロ・ミクロリンケージの第一の次元は、**象徴的マクロ構造**における根本的な変化が国内外の環境に対する北京の解釈にどのようなかたちで影響を及ぼすのかという点に集中する。イデオロギー上の概念や信念は、指導者たちが中国とその世界での役割を見つめる際に利用する解釈上のレンズの一部であるから、これらの要因の変化を追っていくことは、中国外交政策における優先順位の変化を理解するためにとりわけ重要である。第二の次元は、**制度的マクロ構造**上の変化が中国外交政策に対してもつ影響力に係るものである。制度的マクロ構造とは、われわれの目的にとっては、政策決定者が行動する際に前提としなければならない確立されたシステムを意味し、政治行動の規則と規範、政策決定過程のメカニズム、所与の政治構造内での参加の程度と範囲などの要因を含むものである。ミクロ・マクロリンケージの最後の次元、**権力／体制マクロ構造**では、権力の及ぶ範囲や権力の保持者、さらに権力者が権力を操り行使する際に用いる手段などが政策決定過程に対してもつ重要性が検討の焦点となる。特にこの次元は、さまざまな権力資源が中国の外交政策決定コミュニティのなかでどのように配分され、その権力資源が政策決定の支配権をめぐる闘争のなかで諸集団によってどのように動員されるのかに関心を寄せている。そして最終的にはこの次元は、体制の正統性と外交政策上の戦略、戦術、行動パターンといった問題を扱うのである。

したがってこのモデルが他のモデルと異なる点は、ミクロレベルとマクロレベルとを「リンク」させるだけでなく、中国外交政策のマクロ構造上の三つの次元についても分析を行っている点であり、そのことによって、（垂直的な）「レベル」と（水平的な）「構造」という二つの要因を考慮に入れていることである。三つのカテゴリーのもとで特徴づけられた個々のマクロ構造はそれぞれ、さまざまな影響力や要求を内包しており、政策決定者がミクロレベルで対応する余地を残している。したがって個々の政策決定者の選択と選好が外交政策の策定において積極的な役割を演じるかもしれないのである。ミクロ・マクロリンケージモデルは、マクロ構造にもミクロレベルでの政策決定者にも、ある国の外交政策に対する絶対的な支配権は認められないと論じている。外交政策決定のダイナミクスを理解するためには、ミクロ・マクロ両レベル間およびミクロ・マクロそれぞれのレベルでの要因相互の影響作用やその回路やメカニズムを考察しなければならないのである。

ここではっきりさせておかなければならないのは、これらの相互作用の回路やメカニズム、パターンは状況に応じたものであり、個々の事例に左右されるということである。相互作用の回路やメカニズム、パターンは、時間、空間、特定の問題などの変数しだいで異なるのである。ジョン・エルスターが指摘するように、現実世界では「諸条件の可能な順列数があまりにも多すぎて、そのそれぞれのケースで働く特徴的なメカニズムを確かめることは不可能なの」であり、「ある一つのメカニズムとは、ある特定の因果関係であり、その因果関係を事後的に認識することは可能であるが、それを事前に予見することはほとんど不可能である」（Elster, 1993: 1-7）。このことから次の二点を指摘できよう。第一にこのモデルは、人間行動の全側面をカバーするような「一般」理論ないし「大」理論の構築を意図するものではないことである。むしろアレン・ホワイティングが述べるように「理論が目指すべきなのは、長期間にわたって持続するある種類の行動に説明を与えることである」（Whiting, 1994: 507）。ミクロ・マクロリンケージアプローチは、外交政策上の諸問題を研究する出発点としてある一つの分析枠組みを用意しているだけなのである。第二にミクロ・マクロリンケージモデルは、本来、ミクロレベルとマクロレベルにおける多様な要因間の因果関係を解釈しようとするアプローチであり、将来の出来事を予測するための道具であることは意図されていないのである。

しかしながらこのモデルは、中国外交政策の時系列における傾向と方向性を解釈することを意図しており、モデルを特徴づけるのは以下の三組の鍵となる概念である。その第一は**革命**から**現代化**へ（象徴的構造における変化を記述する）であり、第二は**垂直的権威主義**から**水平的権威主義**へ（制度的構造の変化を特徴づける）、第三は**厳格性**対**柔軟性**（権力／体制構造の変動性を描写する）である。これらの概念は、中華人民共和国が革命政権から世界の国民国家システムの一員に変貌していく過程で生じた中国外交政策のダイナミクスの変化に焦点をあてるために用いられ、ミクロ・マクロリンケージモデルが中国外交政策のパターンと政策選択を解釈する際の道具となる。

国際・国内リンケージアプローチとミクロ・マクロリンケージアプローチは、ともにリンケージ理論と見なしうるが、前者は、異なる二つの単位、すなわち国際構造と国内制度を扱い、個々のアクターのダイナミクスや彼らが右記二つの単位と行う相互作用に触れていない。ミクロ・マクロリンクという観点からすれば、リンケージが解決すべき問題は、「個人レベルにおける変数を社会システムを特徴づける変数に転換ないしは移し換え、あるいはその逆を行う理論的な概念をどのようにして構築するかである」(Gerstein, 1987: 86)。したがって国際・国内リンケージアプローチが外交政策の研究において私たちの分析能力を大いに発展させてきたという事実にもかかわらず、このアプローチを、マクロレベルの分析においてのみ機能する不完全で、それゆえ誤解を招きやすいものだと批判することは可能なのである。

ミクロ・マクロリンケージモデルの応用

このリンケージモデルを中国外交政策の研究に応用する際の主要な障害の一つは、ケネス・リーバーサルが示唆するように「必要なデータの欠如」であり、このことはとりわけミクロレベルにあてはまる。(9) ヴァレリー・ハドソンとクリストファー・ヴォアは次のように指摘している(Hudson and Vore, 1995: 221)。

もし研究が、分析された当の集団や官僚に属するものではないとすれば、起こったことについての詳細な説明、それもできれば各種一次資料や多様な観点からなされる説明が必要となる。安全上の考慮から、通常そのような情報は(機密扱いが解除されたり、公文書が歴史家に開示されるまでの)何年もの間入手不可能である。

政府文書の機密を解除する政策や制度が中国では整備されてこなかったという現実は、中国外交政策の研究者の仕事をいっそう困難なものにしている。いかなる国であれ、ある国家の外交政策やその策定に関する包括的な研究に従事する者は、否応無しに数多くの「ブラックボックス」に直面することになる。この問題は、異なるレベルにおける非常に多様な諸要因を結びつける回路やメカニズムを強調するミクロ・マクロリンケージアプローチを応用する研究にとってはとりわけ深刻なものとなる。本研究は中国外交政策のすべての「ブラックボックス」を開くことを意図してはいない。個々の政策決定者に対する国内外の環境の複合的影響を検討するための出発点となる枠組みを提供することがここでの目的であり、そのような枠組みによって私たちはまた、具体的な外交政策上の問題に直面したときの政策決定者の選択と選好を分析することが可能となるのである。

データ収集の点での困難を認めたとしても、その一方で明るい兆しもある。中国でも情報公開は一定程度進んでおり、中国外交部は「秘密を保持する必要のなくなった文書」の機密を解除し、時期を区切って公開を始めた。二〇〇四年一月に「公開公文書閲覧所［外交檔案閲覧処］」が新設され、今回は一九四九年の建国から五五年までの一万点を対象として、同一九日よりメディア、研究者の閲覧が開始された。外交部による情報公開以外にも、中国が外部世界に対して改革開放政策を打ち出してからは、中国からの情報は驚異的に増加し、学術研究者にとってそれらの情報は以前に比べてずっと入手しやすくなった。緊張が大幅に緩和した雰囲気のなかで、（すでに引退している）多くの高位外交官が回顧録を出版し、中国の外交政策決定に重要で新しい視点を提供している。例えば米中国交正常化以前のワルシャワ会談において主要な交渉者であった王炳南大使（Wang, 1985）、中国がモスクワとの「蜜月期」から公然とした対立へと政策変更していった五五年から六二年にかけてソ連大使であった劉曉大使（Liu, 1986）、朝鮮戦争の時期に米国との交渉に参加し、またベオグラードが国際的な共産主義運動のなかで緊張の中心であった頃（五五年から五八年にかけて）、中国初のユーゴスラヴィア大使となった伍修権外交部元副部長（Wu, 1991）、以上のような人々の回顧録である[1]。

また中国の女性外交官の回想と記録を特集した『女性外交官［女外交官］』（Cheng, 1995）という書物さえ存在する。そこで取り上げられた女性の多くは、外交部部長や大使の妻である（正式な地位を与えられてはいなかったが、彼女たちもまた外交官としての仕事に従事していた）[10]。さらに、少数だが正式に任命された著名な女性外交官も登場する。

龔澎（外交部新聞局局長で、喬冠華夫人）、丁雪松（オランダおよびデンマーク大使）、龔普生（アイルランド大使で、章漢夫夫人）などである。何人かのトップ外交官夫人は、単独で回顧録を出版している。一例を挙げれば、黄鎮大使（一九七三年から七七年まで中国の最初の駐米連絡事務所代表）夫人である朱琳は回顧録を出版し、そのなかでハンガリー（一九五〇—五四）、インドネシア（一九五四—六一）、フランス（一九六四—七三）、米国（一九七三—七七）を含む諸国での、黄大使の二〇年以上にわたる大使としての活動を詳細に描き出している（Zhu, 1991）。

これらの記述はときに規制されバランスを欠くが、中国外交のエリート層の内部過程を明らかにする一次資料を提供してくれるので、この分野における主要文献を補充するものとして歓迎できる。前記の資料はとりわけ、中国外交政策の形成と実施に関して研究上示唆に富み、中国外交政策の国内要因を探る研究にとっては有益な資料となる。

さらに、海外移住者によって中国本土の外側で、非常に興味深く先例のない回顧録が何冊か出版されている。そのような回顧録の著者は、主に二つのグループに分けられる。すなわち元高級官僚と最高指導者の私的な奉仕者である。前者の代表例として中国新華社香港支社前社長（香港における中華人民共和国の影の代表者）許家屯の回顧録が挙げられ（Xu, Jiatun 1993）、後者の例としては、毛沢東の専属医師であった李志綏の『毛主席の私的生活』がある[11]（Li, Zhisui 1994）。これらの著作は通常、中国内部で広く見られる政治状況による統制をほとんど受けていないため、しばしば中国政治の内的過程を非常に細かく描写している。このような一次資料は、トップ・リーダーたちの個人的な考えや彼らが主要な外交政策（と国内政策）上の諸問題をどのように認識しているかなど、ミクロレベルにおけるいくつかの「ブラックボックス」を開けるのに有効である。

同様に重要な進展として、北京自らが中国の対外関係と外交政策に関する参考図書の出版を始めたことが挙げられる。最も重要な例は、外交部元副部長の韓念龍が編集長となって中国外交部から出版された『現代中国外交〔当代中国外交〕』である（Han, 1987）。さらに朝鮮戦争やヴェトナム戦争といった中国の主要な対外行動や対外関係に関する出版物（書籍や雑誌論文）も存在する。中国本土に中国外交を英語で分析する研究者が増えてきた点も注目に値しよう。ほとんどの研究は、米中関係（米中二国間の歴史、あるいは米国の対中政策の分析）に集中しているとはいえ、中国でも何人かの研究者が中国の外交政策の内部ダイナミクスに関心をもち始めている。例えば王緝思は、中国における国際関係理論の展開と特徴をまとめた論文を出版している（Wang, 1994）。もう一つの例としては、前外交部長の陳毅元帥の息子、陳暁魯が挙げられる。陳は一九四九年から五五年にかけての中国の対米政策の展開について英語で論文を発表した（Chen, 1989）。彼は朝鮮戦争を例にとり、五〇年代初頭の段階ですでに中国とソ連との間にはグローバルな世界戦略上の違いがあったことを強調する。このような新しい出版物は、中国外交政策決定の内部過程に関する詳細な記述を提供してくれるだけでなく、国際問題に対する中国的なものの見方についても私たちに教えてくれ、中国外交政策をめぐる研究全体にとって重要な貢献となっている。そして、ミクロ・マクロリンケージモデルにとってとりわけ有意義である。[12] 以上述べてきた進展にもかかわらず、中国外交政策の複雑な全体像を把握し考察するには、現在入手可能な資料では依然として不十分であり、ここでの研究の方向性を継続するためには、より多くの実証的な研究がなによりもまず必要とされよう。

第三章以下の諸章への導入

本書の第二部（第三章から第六章）では、この章で示した中国外交政策のミクロ・マクロリンケージモデルを一九四九年から現在に至るまでの中国の対外問題に適用し、中国外交政策のマクロレベルとミクロレベルにおける根本的な変化を分析する。そこでは、以下の諸問題を検討する。すなわち（国内外の脅威に直面して）中国指導層にとって最重要課題となった体制の生き残り問題、外交政策に対する国内構造の「相対的比重をいっそう大きなものとした」（Katzenstein, 1978: 10）安全保障問題から経済上の関心への中国の緩やかな変化、そして最後に中国の外交政策上の行動における厳格性と柔軟性との独特の組み合わせについてである。

現実生活の出来事や状況への適合性や適切性を試すことなしには、いかなるモデルも本当に有効であるとか有用であるとかいうことはできない。そのため第六章では、日本の対中政府開発援助（ODA）にミクロ・マクロリンケージモデルを応用し、中国外交政策の内外の諸過程に照明をあて、さらにそれを日本の政策決定過程と比較してみようと思う。

本書の総括にあたる第三部（第七章と第八章）では、ポスト革命期における中国外交政策の行動パターンと政策選択に注意を促す。第七章ではポスト冷戦期の中国外交政策の重要な傾向として現代化、ナショナリズム、リージョナリズムを取り上げ、アジア太平洋地域における中華人民共和国の役割と、東京、ソウル－ピョンヤン、ワシントン、モスクワ、東南アジア、さらには台湾に対する中国の政策を分析する。

英語版原著の最終章である第八章では、ミクロ・マクロリンケージアプローチの構築が生み出した、中国外交政策の研究それ自体の研究アジェンダについて論じる。

なお、この日本語版では第四部として第九章および第十章を増補し、ポスト鄧小平時代から胡錦濤時代の中国外交と東アジアの国際情勢についての分析を加えてある。第九章は第七章を敷衍する意味をもっている。第十章では、ポスト冷戦時代の権力シフトについて「二つの上昇」と「二つの下降」という認識枠組みを提示するとともに、胡錦濤政権の外交政策の可能性についてミクロ・マクロリンケージアプローチによる分析を行っている。

本書『中国外交政策の研究』は、具体的出来事やある特定の国に対する中国の政策を扱った中国外交政策に関する大多数の先行研究とは異なっており、中国が直面してきた外交政策上の諸問題をすべて取り扱うことは意図されていない。本書の主たる関心は、⑴国の内外環境に対する中国の解釈の変化、⑵外交政策の優先順位、⑶政策決定過程、⑷社会的・制度的インプット、⑸外交政策を実施するために利用される戦略と戦術の背後にある北京の政治エリート間の権力政治、などの諸要因に向けられていることをここで確認しておきたい。なお、政治、安全保障、経済上の諸問題は、文化上の問題など、その他の関心事よりも大きく取り上げる。

端的に述べれば、本書の目的は、次の諸点に対する広範な理解を読者に提供することである。⑴国の内外環境に対する北京の解釈は、なぜ非常に大きく変化してきたのか。(2)中国の外交政策とその行動パターンの基本的輪郭はどのようなものなのか。(3)中国の外交政策はどのように形成され、どのように実施されるのか。(4)体制の正統性と権力政治に対する政策決定者の考慮は、どのようなかたちで外交政策上の選択に影響を及ぼすのか。

この分析モデルの主眼は毛沢東時代と鄧小平時代の政策の変化にあるが、中華人民共和国の歴史全体についても参照し、ポスト鄧小平時代を経て胡錦濤政権に関しても考察する。以上のような特徴をもつ本書『中国外交政策の研究』は、専門家のみならず若手研究者や、ワシントン、モスクワ、東京、ソウル、ロンドンなどの政策決定者にとっても有用であろう。というのは、各国の首都における政策決定者たちは、中国外交政策の本質的な特徴と方向性についての案内書から利益を得るかもしれないからである。

天安門事件の二年後、ベテランのチャイナウォッチャーであるドーク・バーネットは、中国の将来の方向性について綿密な分析を行い、こう結論づけている。すなわち「中国は今後とも非常に大きな変化を経験していくであろうが、その変化は中国自身のペースで中国独特のやり方で行われていくだろう」(Barnett, 1991: 22–23)。本書は、このような「非常に大きな変化」の中身を明らかにし、外交政策上の行動だけでなく、外交政策に影響を及ぼす範囲内での国内行動についても、中国「自身のペース」と中国「独得のやり方」の本質を確定しようと試みるものである。

原　註

(1) Arthur Huck, 'Interpreting Chinese Foreign Policy,' *Australian Journal of Chinese Affairs*, 6(1981): 217を参照。Michael Yahuda (1983b: 534) より引用。

(2) しかしながらこの研究は、アンドリュー・ネイサンが『アジア研究ジャーナル [*Journal of Asian Studies*]』掲載の彼の論文のなかで行ったような (Nathan, 1993)、解釈学的アプローチと実証主義的概念との理論的論争に参加することを意図するものではない。

(3) ジェームズ・ローズノーは、彼のリンケージ理論を精緻化するために、浸透、反応、模倣という三つの基本的なリンケージ過程を提示している（Rosenau, 1969: 46）。

(a) 浸透過程は、ある政体に属する者が他の政体の政治過程の参加者となる場合に生じる。つまりそれは、浸透した者たちが浸透された政体の人たちとともに諸価値を配分する権威を分かち合うことを意味している。例えば、占領軍。

(b) 反応過程は、浸透過程とは逆の過程であり、権威の共有というよりは、むしろ〔他の政体のアウトプットに対して〕国境を越えて類似した反応が繰り返し発生する場合である。例えば、対外援助〔に対する反応〕。

(c) 模倣過程は、〔反応過程の特殊な形態であり〕インプットが〔他の政体の〕アウトプットに対する反応というだけではなく、本質的にアウトプットと同じ形をとるとき成立する。例えば、ナショナリズムや民主化。

(4) より詳細な議論については、ジョージ・リッツァーの非常に優れた理論概説を参照（Ritzer, 1990）。

(5) より詳しい参考文献については、Guenther Roth and Wolfgang Schluchter（1979）, Vilfredo Pareto（1980）, Talcott Parsons（1937）を参照のこと。例えばマックス・ウェーバーの場合、彼の「拡張された枠組み」はとりわけ注目に値する。この枠組みのなかでウェーバーは、世界史的観点から宗教と経済との関係、すなわち「支配的な宗教思想と経済思想との関係、経済思想と経済システムとの関係、そして宗教思想、経済思想それ自体の重要性の変化」（Roth and Schluchter, 1979: 18）を分析している。

(6) 紙幅の関係でここではごく短い定義のみを示し、詳細は省略する。

構造機能主義――構造機能主義は、社会を「個人の行動とは独立した分析単位」と見なす。「このアプローチは、社会全体の働きを維持するために構造や制度が果たす機能を確認することによって、社会における構造や制度を説明しようとするものである」（Munch and Smelser, 1987: 371）。

紛争理論――この理論の基本的なテーマは次の四点である。「(1)社会組織の主要な特徴は、階層化、すなわち集団および個人間の不平等の種類と程度と、その相互間の支配のありようと度合である。(2)社会で起こることの原因は、集団や個人の利害関心、とりわけ支配的地位を維持したいとか、他者による支配を避けたいという集団や個人の関心のなかに求めることができる。(3)このような闘争のなかで誰がなにを獲得するかは、個々の党派がどのような資源を統制しているかにかかっている。そのような資源には、暴力や経済的交換のための物質的資源だけでなく、社会組織のための資源や感情や思想を形成する資源もまた含まれる。(4)社会変動は、とりわけ紛争によって引き起こされる。それゆえ長期にわたり相対的に安定した支配は、集団を動員するような強烈で劇的な出来事によって区切りをつけられる」（Collins, 1990: 68）。

象徴的相互作用主義――象徴的相互作用主義には、三つの前提がある。「(1)人間はものごとが自分にとってどんな意味をもつかにしたがって、ものごとに働きかける。(2)そのようなものごとの意味とは、人が同胞との間で行う社会的相互作用から引き出されるか、あるいはそのなかから生み出される。(3)そしてこれらの意味は、自らが出会うものごとに対処する際、人によって利用される解釈過程のなかで処理され、その過程をとおして修正されていく」(Blumer, 1969: 2)。

交換理論――この理論は「アクターを相互に孤立したものとして描くよりは、むしろ個人、企業、国民国家のいずれであるにせよ、相互につながっているアクター間の関係に着目する。つまりここでは、権力や影響力を行使する過程とか、連立形成や他の権力獲得戦略の可能性、あるいは交換の規範的側面、とりわけ公正や不公正をどのように理解するかといった点や、資源配分の不平等とか権力の正統性をめぐる考え方などが関心の焦点となるのである」(Cook, O'Brien, and Kollock, 1990: 159)。

(7) この点は、一九九三年一一月二二日付の著者宛の手紙のなかでキャロル・ハムリンによって提起された。

(8) ギーセンはまた、次のような他のリンケージモデルについても議論している。すなわちコーディネーションモデル（個人行動とマクロ社会的効果に関して）や範疇分析モデル（言語とスピーチ行為について）、対抗モデル（社会的抑圧と個人の自立をめぐって）などである。Giesen (1987) を参照。

(9) ケネス・リーバーサル。一九九三年一一月二二日付の著者宛の手紙のなかで。

(10) このような女性外交官には、喬冠華（外交部部長）、黄華（外交部部長）、王稼祥（駐ソ連大使と外交部副部長）、章漢夫（外交部副部長）、柴沢民（駐米大使）、符浩（駐日大使と外交部副部長）、韓叙（駐米大使と外交部副部長）、王殊（駐西独大使）、楊守正（駐ソ大使とアフリカの数カ国の大使）、章文晋（駐米大使と外交部副部長）、楊振亜（駐日大使）、林平（駐チリ大使）、胡定一（駐英大使）、胡剛（駐マレーシア大使）、陳述良（駐カンボジア大使）の各夫人が含まれる。

(11) 許と李の著作は、論争なしには受け入れられなかった。例えば李志綏の毛沢東をめぐる回想に反駁するために、『歴史の真実〔歴史的真実〕』というタイトルの著作が一九九五年一〇月に香港で出版された。この本は、七六年に毛沢東が死去するまで、長い間毛沢東に仕えてきた林克（毛沢東の秘書兼英語教師）、徐濤（毛沢東のもう一人の専属医師）、呉旭君（毛沢東の主任看護婦）の三人によって執筆された。『亜洲周刊』（一九九五年一一月一九日号、七五―七八頁）を参照。

(12) 最近利用可能となった中国側の文献のより詳しい情報については、Hunt and Westad (1990) と David Shambaugh (1994) の一読をお勧めする。

訳註

〔1〕その他に楊公素『滄桑九十年――一個外交特使的回憶』（海南出版社、一九九九）がある。同氏は中共中央駐チベット外事弁事処の初代主任であり、その後外交部アジア局副局長、駐ネパール、駐ヴェトナム大使などを歴任した。同氏は一九五一年一一月

のラサ着任から六三年三月の離任まで同職にあり（外事弁事処の設立は正確には一九五六年）、周恩来・ネルーの「平和五原則」発表に連なる通商・交通協定交渉や、五九年・六二年の国境紛争に伴う外交交渉などに参加した。同書にはこの間の事情を知るうえで貴重な内容が含まれている。

第二部　ミクロ・マクロ分析——革命政権の発展

第三章　中国の象徴的マクロ構造と優先順位の変化——革命から現代化へ

ミクロ・マクロリンケージ理論にとって、マクロレベルとミクロレベルの要因間の因果関係を確立することは、挑戦しがいのある主要な目標である。したがってここで注目すべきは、ミクロレベルとマクロレベルにおける多様な要因間の移行の道筋なのである。

象徴的マクロ構造は、社会的現実そのものであるマクロ構造の次元の一つである。私たちは象徴というこの概念を社会の「支配的ムード」を示すものとして使うことができるかもしれない。そしてこの支配的ムードのなかには一般的に、社会の内的発展や外部環境に対する支配エリートの解釈が反映されているのである。支配エリートによるこのような解釈を「世界観」と呼ぶこともまた可能であり、ジュディス・ゴールドスタインとロバート・コヘインの定義が示すように、世界観は「文化の象徴性のなかに埋め込まれ、思考や言説の様式に深く影響を及ぼす」ものであり、「深い感情と忠誠を呼び起こしながら、人々のアイデンティティ意識と密接に絡みあっているのである」[1]（Goldstein and Keohane, 1993: 8）。

この象徴的マクロ構造は、外交政策に関するアジェンダの優先順位を決定する際、しばしば重大な影響力をもっている。ミクロレベルでの行動パターンは、多くの場合、学習と適応の過程で発展する。外交政策上の優先順位の変化は、適応と学習、その双方の過程によって引き起こされるかもしれない。しかし本当の意味での学習過程は、「イデオロギー、統治構造、あるいは基本的な目標といった面での根本的変化」につながる可能性が高い（Ziegler, 1993: 13）。

したがって次のような問いを発することは、ごく自然なことであろう。(1)国際環境はどのようにして国内要因に影響を及ぼし、個々の政策決定者レベルでの「学習過程」を引き起こすのか。(2)外部世界に関する中国の政策決定者の新しい解釈と認識はどのようなものであり、外部世界に対して中国の政策決定者はどのように振る舞うのか。(3)北京の認識の変化は、中国の外交政策上の優先順位に対してどのような影響をもたらすのか。

優先順位の変化

一九七六年の毛沢東の死は、一〇年にわたった文化大革命に終止符を打った。毛沢東自らが選んだ後継者である華国鋒のもとで一年間の移行期が過ぎた後、鄧小平が七七年に政権に復帰し、七八年には中国の恒久的指導者の地位に就いた。[2] この指導層の変化は、現代中国史の新しい時代の幕開けを告げるものとなった（四九年以降の指導層の変化の詳細は、巻末の付録1・2を参照）。四九年から七六年まで続いた毛沢東時代は、文化大革命を頂点とする急進的な革命期であったが、文革は、中国共産党自身が「人民共和国建国以来……もっとも深刻な逆流であり、最大の損失である」と呼ぶような事態を引き起こしたのである。[3] 七八年から九七年までの鄧小平時代は実務主義［pragmatism］の時代で、「社会主義的現代化の全領域で新しい状況」を生みだした（Deng, 1984: 395）。

鄧小平時代をポスト革命期と見なすことは可能であり、国家の優先順位や国際社会に対する行動面で、明らかに毛沢東時代とは異なっている。革命国家は、対内的にも対外的にも「継続革命」を行おうとするのに対し、ポスト革命期の国家は、経済発展を最優先事項とし、それゆえ「より大衆の利益を考慮するような政治的装い」を身につけるようになる（Womack, 1987: 507）。また革命国家は、国際社会の現状を変えていこうとする「アウトサイダー」として自己を捉え、他方ポスト革命期の国家は、現存する秩序の内側で自らの発展のために最大の機会を得ようとする「インサイダー」として行動する。そして革命的な国家がイデオロギー上の考えを強調するのに対して、ポスト革命期の国家は、国益追求のためには実務主義のほうがより役に立つと考えるのである。

ここで、一九四九年以降、国内外の環境に対する中国指導者層の解釈と認識がどのように推移してきたかを考察しておく必要があるだろう。というのは、指導者層の世界認識の移り変わりが北京の外交政策上の優先順位に大きな変化をもたらしてきたと思われるからである。すでに述べたように、そのような世界観はしばしば、優先順位を決定するときの根拠となるものであり、あるいは少なくとも、体制の生き残りや国益の促進といった常に優先順位の高い目標を追求するためにはどのような手段をとったらよいかを決める際、そのための基盤を提供してくれるのである。

中国は革命の時代から現代化の時代へという根本的変化を経験した。毛沢東のもとで当時の政権は革命的な目的を強調した。すなわち内政面における急激かつ広範な社会改革と国際環境のなかでの共産主義国家としての生き残りが主張されたのである。この時期の特徴は、革命的イデオロギーの強調、広く行きわたった国際規範を充分に尊重しないこと、外からの脅威に対する過敏な反応であった。新興の共産主義体制に対する外部からの脅威をめぐるこの認識は、多くの場合、毛沢東の北京指導部に安全保障上の脅威と認識されたものに軍事的手段で対抗する道を選ばせることになったのである[4]。

ポスト革命期、すなわち現代化の時代にあって、とりわけ経済統合面で世界がますます相互依存的になるにつれて、北京の指導部は徐々に、体制の生き残りという概念がより広い意味をもつことに気づきはじめた。すなわち今日の国家安全保障は、政治的・戦略的問題のみならず、経済成長にも関連しているということである。北京指導部は、経済発展はこの時代においては必然的に「経済的相互依存」をも意味するということ、そしてその経済的相互依存は毛沢東主義のイデオロギーが要求するよりもずっと非敵対的な国際行動を要請するものであるということ、を理解するようになった。中国の外交政策上の優先順位の変化をよりよく理解するために、ここで中国の軍事力の対外行使に関する最近の歴史を簡単に振り返っておこう。

軍事力の行使

一九四九年以降、北京は外国軍に対して七回、台湾に対して二回、軍事力の行使を決定してきた。[5] これらの軍事行動は、その範囲や性質の面で事例ごとにまったく異なっていた。五〇年から五三年の朝鮮戦争などは大規模な戦争であったが、例えば六九年の中ソ国境紛争は軍事衝突と称すべきものであろう。いくつかの紛争では中国は反撃側であり（六二年の中印国境紛争）、また中国が先制したと思われる場合もある（七九年の中越国境紛争）。

一九五〇年一〇月、新生中国の共産党指導部は、鴨緑江を越えて朝鮮戦争に参戦するという重大な決定を下し、自らを米国との直接的軍事対決のなかに置くことになった。三年後、この紛争は軍事的膠着状態のなかで終結し、朝鮮半島には南北分断という遺産が長期にわたって残された。推計値には大きな隔たりがあるとはいえ、双方の死傷者数は膨大であった。中国側の死者だけでもおよそ四〇万人にのぼるとする報告もある[6]（Adelman and Shih, 1993: 189）。朝鮮戦争の勃発により、ハリー・トルーマン大統領は、台湾の安全確保のために第七艦隊の台湾海峡派遣を命じ、その結果、台湾問題が国際化し、北京とワシントンとの間に長期的な紛争の種を残してしまったのである。

一九六二年、中国とインドの間でいくつかの国境紛争が起こったが、そのうちの一つはマクマホン・ラインの正当性に係るものであった。マクマホン・ラインとは、インドがまだ大英帝国の支配下にあった一九一四年に英国によって引かれた国境線であるが、四九年以前の国民党政府も含めて、中国政府は一度も認めたことがなかった。イデオロギー上の問題をめぐって当時北京と深刻な論争のさなかにあったソ連は、ニューデリーに道義的な支援を与え、その結果生じた軍事紛争は、六二年の一〇月から一一月にかけて約一カ月続いた。中国軍がインド軍を押し返し、戦争は中国軍の自主的な撤退によって終結した。その後、国境付近での散発的な戦闘はあったものの、本格的な大規模戦闘は報告されていない。国境紛争や両国間のその他の懸案を話し合う中印交渉は八一年に再開され、九〇年代に入っても継続中である。[7][1]

中国の次の主要な対外軍事行動は、ヴェトナムを中心としたものであり、それは二〇年以上も続いた。ホー・チ・

ミン率いる北ヴェトナム共産主義政権に対する北京の支援は、最終的には米国との対決に中国を導いた。一九五四年のディエンビエンフーの戦いでフランス軍が敗退した後、米国はしだいにヴェトナムに足を踏み入れていき、六五年初頭までには、米地上軍が戦闘に投入されることになった。中国側は六五年から七三年にかけて、北ヴェトナムに二万人以上の軍事顧問団と約三〇万の軍を派遣した（Deng Lifeng, 1994: 330-352）。ピークである六七年には一七万の中国兵がヴェトナムにいた。中国軍の大部分はいわゆる「中国人民志願工程隊」で、ヴェトナムにおける線路の敷設・修理や防衛、飛行場建設に従事した。六五年の派遣開始以降、人民志願工程隊七個師団がそれぞれ異なった時期にヴェトナムに進駐したが、そのすべてには対空火器を装備した部隊が同伴していた（Chen, 1995: 371-380）。部隊は主に建設や敵の空襲に対する迎撃戦闘に従事したのだが、[8] 中国軍がヴェトナムに駐留するというその事実によって、米中直接対決の危険性が現実味を帯びたのであり、米中が直接戦うという危険性は、六八年に米国が交渉のテーブルにつくまでは消えることがなかったのである。ヴェトナムでの戦争と深く関連しながら、中国はラオスでもまた米軍と直接対峙した。

中ソ間の二度目の軍事行動は、今度は実際に中ソがその国境線沿いで直接対峙するかたちで発生した（一九六九年）。両国は、中ソ間の国境を画定するウスリー川本流の中国側にある珍宝島（ロシア側にとってはダマンスキー島）をめぐっていくたびか衝突した。この深刻な軍事紛争は、周恩来とアレクセイ・コスイギン両首相により北京空港で行われた会談によって六カ月以内に解決し、国境問題はその後、外務次官レベルでの交渉に委ねられた（Wich, 1980: Ch. 9; Hinton, 1971: 53-60）。しかしその他の係争点とも相俟って、共産主義の二大国間の関係は、その後二〇年間、非常に厳しい緊張に覆われることが確実となった。[9] 一九八九年の中ソ関係改善後、ゴルバチョフ指導下のモスクワは、最終的に珍宝島を中国の領土と認めたのである。

一九七〇年代と八〇年代における中国の対外的な軍事行動は、すべてヴェトナムと関係している。七四年一月に起こった中華人民共和国と南ヴェトナムとの最初の軍事紛争は、南シナ海の中西部に位置する西沙諸島をめぐる領土紛争であった。この紛争後、中国が西沙諸島を占拠し、七四年以降は中国海軍が西沙諸島に守備隊を駐屯させ、その中心地の永興島を常設の軍港として維持している。[10][2] 七九年二月から三月にかけて、ヴェトナムのカンボジア侵攻に「懲罰を与える」ために、北京は軍にヴェトナムへの進攻を命じた。この衝突はソ連に支援されたヴェトナムと中国との間にある敵対関係の深さを浮き彫りした。戦争は一カ月近く続き、中国軍の中国国境内への自主的な撤退によって終結した。[11]

小規模ではあるが、ヴェトナムとの軍事衝突は、さらに一九八八年三月に発生した。この紛争では中国とヴェトナムの海軍船舶は、南沙諸島周辺海域で銃火を交えた。紛争はその後も憂慮すべきかたちで残存し、南シナ海南部の南沙諸島のいくつかの島は依然としてヴェトナムによって占拠されたままであり、中国はその領有権を主張している。さらに中越の軍事行動は、南沙諸島に対してやはり領有権を主張するマレーシアとフィリピンを警戒させることにもなった。九〇年、中国は、石油と天然ガス資源の共同経済開発を支援するとともに、主権問題についてはその棚上げを提案したのである。[12][3]

中華人民共和国は、台湾と二度（一九五四—五五年と五八年）軍事危機を起こしており、北京と台北は、大陸沿岸から数マイルのところにある金門・馬祖両島をめぐる衝突で互いに砲爆撃を交えている。北京はこの戦闘を内戦（四六—四九）の継続と見なしたし、当初は両者とも国内紛争と考えていた。しかし五〇年に朝鮮戦争が勃発すると、米国は金門・馬祖両島の占拠に必要な兵站上の支援を国民党軍に提供した。この米国の行動は、米中接近まで二〇年以上にわたって米中間の関係改善を妨げる要因となった。[13][4]

革命時代

一九四九年の中国共産党の勝利以降、新指導部は、内政の不安定と西側によってもたらされた対外的孤立に直面した。国共内戦中の国民党に対する米国の支援は、一九世紀中葉のアヘン戦争となんら変わるところのない帝国主義による侵略であると中国共産党は解釈していた。四九年前後に生じたこのような諸要因は、その後とりわけ米国との関係において中国の認識と外交政策に影響を及ぼすことになった。

一九四九年、毛沢東は中国外交政策の基礎となる三原則〔三大戦略〕を打ち立てた。すなわち、第一が「**另起炉竈**」で「新しいストーブに火をおこす」という意味であり、新中国はすべての国との外交関係を新たな基礎のうえで築いていくべきであるということである。第二が「**打掃乾浄屋子再請客**」で「まず部屋を掃除してから客を招く」という意味であり、まず内政面で政権を強固にしてその後に外交関係を発展させるということである。第三が「**一辺倒**」で「一方の側に傾倒する」という意味で、ソ連に味方するということである[14]。

一九四九年以降の毛沢東の外交原則は明確であり、それは次の三つの問いに答えるものであった。すなわち北京の新しい外交政策をどのように確立するか、米国および他の西側大国にどう対処するか、そしてソ連と他の社会主義諸国をどのように扱うか、である[15]。

新中国の指導部にとって正統性の確立は急務であったが、台湾と大陸との敵対関係は、国際的には国連の代表権と国際社会における政権承認の問題と係っていた。北京・台北双方とも、中国の唯一の正統な代表であると主張していた。こうして台湾問題は、中華人民共和国の外交政策にとって決定的に重要となり、北京では長期にわたり対外活動の最優先事項と見なされたのである。

毛沢東率いる新政府の二つ目の特徴は、共産主義イデオロギーに重要性が与えられていたことである。一九四〇年代半ばには、毛沢東もアメリカとの円滑な関係発展を望んでいたが[16]、結局はソ連傾倒政策を選択することになった。モスクワ側に立ちワシントンに対抗するという北京の決定は、世界を二つの敵対する陣営、すなわち資本主義対社会主義に分断した米ソ冷戦の予期しうる結果であった。

革命政権に対する外部からの脅威という認識に駆り立てられて、毛沢東のもとで北京の指導部は、しばしば軍事的手段に訴えた。体制の生き残り、国家安全保障、イデオロギーの維持と昂揚を目的として、中国は朝鮮戦争とヴェトナム戦争に参戦したのである。

毛沢東は死ぬまで、中国は「継続革命」を遂行しなければならないという考えに固執していた。革命は「権威構造の完膚無きまでの破壊、カリスマ的リーダーシップを体現する行動、大衆の動員、構造的な脆弱性」と定義されてきた（Dittmer, 1987: 43）。毛は、社会主義社会が成立しても自動的に大衆による新しいイデオロギーの真の意味での信奉につながらないことを認識していた。搾取階級から政治権力と所有権を奪うことは比較的短期間で遂行可能だが、彼らの古い考えや習慣の名残が根絶されるまでには、多くの世代が過ぎゆかねばならぬだろう。このことから毛は、闘争と革命は「それゆえ継続されねばならない」と結論づけたのである。[17]

毛沢東は大衆の動員が可能な限り、どんな困難な問題も克服できると信じていた。この信念のもと、毛は多くの政治キャンペーンをとおして、国内のみならず国際舞台においても権威の構造に挑戦した。一九六二年、毛は「世界の社会システムにおいて完全かつ根本的な変化を成し遂げるであろう今後五〇年から一〇〇年にわたる偉大な時代」のために準備を整えようと呼びかけた（Xie, 1993: 65-66）。六五年初頭の『人民日報』社説において、北京は初めて「世界革命」というスローガンを中国外交政策の指針として公に掲げた。[18]「帝国主義打倒」「修正主義打倒」「世界の反動分子打倒」といったスローガンが盛んになり、文化大革命のほぼ全期間をとおしてそうであったのである。

毛沢東の革命思想は、若き日に彼が抱いていた理想主義とユートピア思想にもその起源をもっている（R. Li, 1992: 42-43）。一九五〇年代に毛の秘書官であった李鋭が指摘するように、晩年の毛の急進的な思想は、**懐旧**（旧き良き頃を懐かしむ）という彼の精神のありようを実際に反映するものであった（R. Li, 1992: i）。

中国は革命政権であり、他国の革命家たちを支持しなければならないという毛沢東の思想は、北京の最高指導者たちの間で支配的であった。しかしそれでも何人かは、毛のこのような考え方にはっきりと異議を唱えた。一九六一年から六二年にかけて、中国共産党中央書記局書記兼中央対外連絡部部長の王稼祥は、国内経済発展に集中するため、また中国が当時直面していた経済的困難を克服するために、中国の外交政策はより穏健であるべきだと主張した。王はさらに六二年に党内部で回覧された手紙のなかで、中国は、米国、ソ連、インドとの関係を改善すべきだと提案した。彼はまた、第三世界の民族解放運動に対する物質的支援を減らすべきだとも感じていた。劉少奇や鄧小平を含む何人かのトップリーダーは王への支持を表明した。しかし毛沢東は王を厳しく批判し、王の提案は「三和一少」だと決めつけた。「三和一少」とは「三つの和解と一つの削減」、すなわち、米国率いる帝国主義との和解、ソ連率いる修正主義との和解、インドに代表される反動派との和解、民族解放戦争と革命運動に対する支持の削減、を意味した。

王稼祥自身は、のちに「修正主義者」のレッテルを貼られ、指導的地位を追われた(Wang, 1993: 20–25)。「帝国主義」(米国)、「修正主義」(ソ連)、「反動派」(インド)と闘い、世界中の革命家を支援するために、毛沢東は中国の外交政策において自らの革命思想をよりいっそう推し進めたのである。

この時期、政治的・戦略的な思考法が中国の外交政策を支配していた。一九七〇年代の初め、アレン・ホワイティングは、中国の対外行動について研究し、毛沢東のもとでの北京の本質的な抑止原則を以下のような形で見出した(Whiting, 1975: 202–203)。

1 積極的抑止を正当化するために、中国は国境の安全もしくは国家の領土保全に対する脅威を認識しなければならない。

2 中国の対外的な状況は国内情勢を反映し、以下の原理の影響下にある。

(1) 力の優った近隣大国は、中国国内の脆弱性を利用する機会をうかがうだろう。

(2) 二つないしそれ以上の大国は、もし一時的にそれら諸国間の利害対立を克服できるならば、連合して中国に対抗するだろう。

(3) 中国は最善を望むよりも最悪の事態に備えねばならない。

3 最善の抑止力は好戦性である。

(1) 確実性を確保するために中国は軍事力を行使するだろう。言葉のみでは不十分であろう。
(2) 外交的であるために、中国は敵の「面子」はつぶさない――屈辱を与えない退路。
(3) 中国は最初失敗しても、再度試みるだろう。

4 正しいタイミングで行うこと、これは絶対に欠かせない。

(1) 警告は、脅威が認識された時点で発すべきものであり、脅威がさし迫ってから行うものではない。
(2) 敵に合図をおくるリズムは、敵に反応する余地を残しながら、中国が状況を確認できるようなかたちで行わなければならない。
(3) 中国は自らの動きをコントロールしなければならず、敵の選択にしたがって反応してはならない。

毛沢東の時代、以上のような政治的・戦略的な思考法がしばしば中国外交政策の他の側面、とりわけ中国の対外経済関係の影を薄いものとしていた。北京は国内の政治キャンペーンに気を奪われ、中国は本質的に孤立した国にとどまっていた。例えば一九六七年の文革最盛期、中華人民共和国は国内の政治キャンペーンに参加させるため（一人を除く）すべての大使を海外から呼び戻すほどであった。六六年九月九日、毛沢東は、すべての中国外交官は「贅沢な」服や自動車と縁を切らねばならないとする、いわゆる「九・九指示」を外交部に提出した。その結果、すべての中国外交官は、明るい色の西欧スタイルのスーツやドレスから灰色ないしは黒の中国スタイルの制服に衣装替えを行った。贅沢な公用車、たとえばメルセデス・ベンツなどは、国産車の紅旗に替えられた。(19) この簡素なスタイルは、その後一〇年以上にわたって続いたのである。

現代化への潮流

毛沢東の優先順位とは対照的に、鄧小平は現代化を中国の主要国家目標であると考えた。一九五四年の最初の全国人民代表大会で、農業、工業、交通運輸、国防における中国の現代化を初めて提起したのは周恩来であった。一〇年後の六四年、農業、工業、国防、科学技術を意味する、四つの現代化という言葉が中国人民に対して正式に発表された（P. Li, 1994: 276-286）。五七年の反右派闘争や六六年の文革の開始などによって、現代化を求める声はすぐに目立たなくなってしまったが、文化大革命が下火となった七五年、周恩来は第四期全人代で現代化の問題を再び提起しようと試みた。当時第一副首相であった鄧小平は、四つの現代化というテーマをいち早く取り上げ、「党全体および国民がこの偉大な目標の達成に向かって邁進する」よう呼びかけた。[20] もっとも、周恩来と鄧小平の努力は、「継続革命」を中国の最優先事項として維持しようとする毛沢東の決意には抵抗できなかった。[21] 七六年一月の周恩来の死後、鄧小平は、毛沢東とその取り巻きから「走資派」というレッテルを再び貼られ、すべての指導的地位を奪われてしまった。

毛沢東が死去して一年後の一九七七年に、鄧小平は権力の座に復帰した。それ以降、鄧は繰り返し中国の優先順位を革命から現代化へと切り替えることの必要性を強調した。この国家の優先順位の変更は、中国におけるポスト革命期の始まりを象徴している。七八年の演説で鄧は、「わが国を現代的で強力な社会主義国家とすることによってのみ、われわれはより効率的に社会主義体制を堅固なものとし、外国からの攻撃や転覆活動に対処できるのである」と主張した。[22] 鄧小平はここで明らかに、現代化を内政および外交政策上の最優先事項として位置づけている。鄧はさらに中国人民に対して、「硬直した考え方」を打破するよう求め、「幹部と大衆の心」は「完全に解放される」べきだと述べたのである。[23]

一九八〇年初め、鄧小平はこれからの一〇年間（つまり八〇年代）に中国が取り組むべき三つの仕事を提起した。すなわち、(1)「覇権に反対」し「世界平和を維持」すること、(2)台湾との「中国の再統一」を進めること、そして(3)「中国の四つの現代化の歩みを加速」すること、である。

鄧は第三の課題を最重要なものとして選び出し、次のように語った。すなわち「これら三つの主要課題のうち、現代化はその中核である。なぜなら現代化は、われわれの国内外の問題を解決するための本質的な条件だからである」。[24]

「世界戦争以外のなにものもわれわれをこの方針から引き離すことはできない」(25)のである。鄧は晩年、現代化に替わって発展という言葉をしばしば使ったことにここで留意しておこう(26)。

鄧小平の指導下、中国は国内面で一連の非常に大きな経済・政治上の改革を経験し、そのような改革によって、北京の外交政策は国際社会に対してより開放的になっていった。この政策面での急激な変化には、以下の四つの理由がある。

表3-1　中華人民共和国の公式承認国数（1949-1972）

年度	新規承認国	総数	年度	新規承認国	総数
1949	10	10	1961	2	38
1950	7	17	1962	1	39
1951	1	18	1963	2	41
1952	0	18	1964	6	47
1953	0	18	1965	1	48
1954	1	19	1966	0	48
1955	3	22	1967	0	48
1956	3	25	1968	1	49
1957	1	26	1969	0	49
1958	4	30	1970	5	54
1959	2	32	1971	15	69
1960	4	36	1972	18	87

出典：韓念龍編『現代中国外交［当代中国外交］』（北京，社会科学出版社，1987年）.

第一に、国内情勢が徐々に安定していくにつれて、鄧小平は自らの指導力に自信を深めていった。中国は経済建設に邁進すべきだとの国民的コンセンサスがこの自信をいっそう強めた。そしてこの新たな優先順位の設定が中国の開放政策を生み出した。というのは、経済の現代化という目標を中国が達成するのを支援できる立場にあるのは資本主義諸国であり、それら諸国とのより多くの接触が求められたからである。

第二に、中国の国際的地位は、一九七〇年代初頭以降変化した。七一年、中華人民共和国は、国連加盟国としての地位のみならず、国連安全保障理事会の常任理事国の地位も獲得した。さらに米中接近や、七二年以降の日本や欧州主要国との外交関係の樹立によって、中国は国際社会の一員となった。四九年、北京政府を認める国はわずか一〇カ国だったが、七二年には世界の八七カ国が北京政府を正式に承認している（表3－1を参照）。

第三に、イデオロギー、とりわけ共産主義イデオロギーの影響が減少し、それに代わって実務主義が台頭してきた。米国（一九五〇年代と六〇年代）やソ連（六〇年代）との間で行われた中国の初期の論争は、国益に対する配慮からのみ生じたものではなく、イデオロギー上の理由にも由来していた。すなわち資本主義／帝国主義や修正主義と闘う毛沢東思想というイデオロギーである。七〇年代後半以降、イデオロギー上の理由は経済的配慮へと大幅に道を譲ったのである。

第四に、中国周辺の諸国、すなわち日本や韓国、台湾、香港、シンガポールといった新興工業経済地域（NIEs）が急速な経済発展を遂げてきた。これら「小龍［little dragons］」のうち、台湾、香港、シンガポールの三カ国・地域は、中国人が全体もしくは大部分を占める社会である。この事実により、経済競争が、政治的・軍事的対決と比較して、いささかも劣らぬ重要性をもつことを北京指導部は正しく理解するようになったのである。

鄧小平時代の中国外交政策の新しい方向性は、「二一八字方針」と呼ばれるものによってさらに強固となった。この「二一八字方針」は、一九八九年の天安門事件後、中国が西側の経済制裁に直面し、ソ連の解体や東欧における共産主義の崩壊の影響に対処していた時期に、鄧小平によって提起されたものである。この方針には、次の七つの成句が含まれる。「冷静観察」、（事態の推移を）冷静に観察し分析する。「穏住陣角」、（われわれ自身の）立場を確保する。「沉着応付」、落ち着いて（変化に）対処する。「韜光養晦」、（われわれの）能力を隠す。「善於守拙」、低姿勢を維持することに長ける。「決不当頭」、決して指導者にはならない。「有所作為」、何らかの成果をあげる。

「経済発展の機会を摑もう」という表題で後に出版された中国共産党中央委員会の指導的メンバーたちへの一九九〇年の講話のなかで、鄧小平は次のようにその戦略を説明している。

いくつかの発展途上国は、中国が第三世界のリーダーとなることを望んでいよう。しかしわれわれは、絶対にそうすることはできない。これはわが国の基本的国家政策の一つである。われわれにはそんなことをしている余裕はないし、さらにわれわれはそれほど強くもない。そのような役割を演じても得られるものはなにもなく、われわれの進取の気性のほとんどが失われるだろう。……われわれは誰も恐れはしないが、誰かを怒らせるようなこともしてはならない。[27]

この戦略は「四不両超」として要約されてきたが、その鍵となる項目は以下のとおりである（Qu, 1994: 18–19）。「**不扛旗**」、（社会主義の）旗を掲げてはならない。中国は、社会主義陣営のリーダーであった旧ソ連の役割を担おうとすべきではない。「**不当頭**」、指導者になってはならない。中国はまた、第三世界のリーダーにもなるべきではない。「**不対抗**」、中国は西側陣営と対抗するべきではない。「**不樹敵**」、中国は他国（例えば東欧）の内政に、それが社会主義から離反するか否かにかかわらず干渉すべきではない。「**超越意識形態因素**」、イデオロギーに囚われないようにしよう。「**超脱**」、具体的出来事から脱しよう（すなわち論争は避けるようにしよう）。

要するに、経済発展（つまり現代化）に集中するために、中国は国際問題においては低姿勢を維持しなければならないということである。中国は「次の世紀の中頃までには、基本的に現代化を実現して」いなければならず、そうなって初めて「中国は成功した」といえるであろう。これが鄧小平の考え方である。[28]

以下、本章の残りの部分では、毛沢東から鄧小平へという、中華人民共和国の外交政策の変更をはっきりと示す次の五つの重要な特徴を考察することとする。(1)世界革命の擁護から平和的国際環境の追求への変化。(2)既存の国際規範に対する敵対から国際秩序の一員への変化。(3)政治的・軍事的増強の強調から経済の現代化に専念することへの変化。(4)教条的共産主義から実務主義の普及への変化。(5)「武力による台湾解放」政策から平和的統一政策と**一国二制度**という考え方への変化。

世界革命から世界平和へ

本章冒頭で述べたように、「継続革命」は毛沢東時代の主要テーマの一つであった。毛は「われわれの革命は互いが互いの後を追い、次から次へと続けられる」と強調した。[29] 国内的には階級闘争と政治キャンペーンに力点が置かれ、対外的には世界革命を促進するため急進的な政策を追求した。毛の革命理論によれば、国内政治と国際政治は等しく世界革命の実現と関連しているのである（Janos, 1964: 40）。

このような世界革命的な行動は二つの領域に反映された。一つは、共産主義世界のなかで中国の影響力を拡大させる努力である。共産主義圏では当時、真のマルクス・レーニン主義諸国の本質やマルクス・レーニン主義諸原則に対する忠誠をめぐってイデオロギー論争が行われていた。中国は共産主義陣営内部で自らの独立性を強く主張し、アルバニア、さらに後にはチェコスロヴァキア、ルーマニアなど、モスクワと仲の良くない国々との関係を発展させていった。中華人民共和国はまた、ビルマ、カンボジア、日本、インド、インドネシア、朝鮮、ラオス、マラヤ、フィリピン、タイ、ヴェトナムなどの近隣諸国の共産主義運動において指導的役割を演じようとした。同時に北京は、第三世界の利害の主要な代表者として振る舞おうとし、アジア・アフリカ諸国の国内政治において積極的な役割を演じた。

一九六五年、中国の国防部長林彪は、世界革命に対する北京の戦略を詳論した。林は、中国共産党の人民戦争戦略――農村地区に革命拠点を建設し、その後都市を包囲する――は、世界革命にも同じように応用しうると考えていた。すなわち欧州、北米は都市であり、第三世界諸国は農村である。したがって世界革命の成否は、世界人口の圧倒的多数を構成するアジア、アフリカ、ラテン・アメリカの人民による革命闘争にかかっているのである（Lin, 1965）。この理論の筋道に沿って、中国は第三世界の闘争を強く支持し、二つの超大国に激しく対抗し、五〇年代の「一辺倒」政策から明確に離脱した。

中国は、東南アジアにおける共産主義武装運動の主要な支持者であった[30]。北京は、現地の軍事行動を指導する軍事顧問を一九五〇年代と六〇年代に何度か派遣している。陳庚や韋国清といった何人かの著名な中国の将軍が五〇年代初め、フランスと戦うようヴェトナムに直接助言していたことは周知のところである。五四年のディエンビエンフーでの勝利の際、中国の支援は大いに役立ち、この勝利はジュネーヴ会議での合意を生み出すことになった[31]。また六四年から六七年にかけて、段蘇権将軍に率いられた中国の軍事的「ワーキング・グループ」が現地の共産党に助言を与え、軍事基地を建設するためにラオスに派遣されたりもした（Quan and Du, 1990）。

一九五〇年代の終わりから六〇年代をとおしてずっと、中国はソ連を「修正主義」と批判し、フルシチョフ下のソ連は米国との「平和共存」を目指しており、その「革命的」責任を放棄していると非難した。毛沢東とその同僚たちはまた、フルシチョフが五八年に提起した中ソ連合艦隊の創設案などは、中国をコントロールしようとするソ連の試みであると受けとり、非常に警戒していた(32)。

一九六〇年代の同時期において、米国はソ連に劣らず敵視されていた。中国は、北朝鮮と北ヴェトナムの両国がそれぞれ米国と戦うのを支援した。日本、韓国、南ヴェトナムなど、米国側に立っていた諸国は、「アメリカ帝国主義の走狗」とのレッテルを貼られていた。毛沢東の世界革命に対する関心は、米中関係改善時代になっても続いており、決してその革命の理想を放棄することはなかった。

この時期の中国の行動については、三つの説明が可能である。第一に、国家の生き残りが北京指導部の最大の関心事であり、中国はとりわけ建国後の最初の二〇年間、外部からの脅威に対して異常なほど敏感であった。

第二に、中国の共産主義者は、彼らの革命を世界革命の一部と考えていた。米国に支援された蔣介石の軍隊を敗北させた後、北京指導部は、成功裡に進みつつある世界革命を継続しない理由はないと考えていた。

第三に、「中国は世界の中心の王国である」という歴史意識が多くの中国の指導者、とりわけ毛沢東の心のなかに残っていた。長期にわたって、特に文化大革命の間、中国の宣伝機関は、中国が世界革命の中心であり、毛沢東は「偉大な指導者であり、偉大な舵手」であると盛んに主張していたのである。

毛沢東時代が終焉を迎え、現代化の時代が開始されて以降、この急進的な立場は放棄されてきた。もはや中国は自らを世界革命の中心とは位置づけていない。鄧小平は数多くの機会に、中国にとっての世界平和の重要性を強調した。例えば一九八四年、鄧は「われわれの外交政策の目的は世界平和である」と述べ、さらに続けて「戦争が勃発せず平和が永続し、その結果わが国の現代化の推進に集中できることを、われわれは心から望んでいる」とはっきりと語ったのである。[33] 先に紹介した林彪の六五年の主張と比較してみると、この声明は中国の外交政策上の優先順位の変化を典型的に物語っているといえよう。

アウトサイダーからインサイダーへ

一九四九年に建国して最初の二〇年間、中国の行動は現行の国際秩序に対する強い不満を示すものであった。アヘン戦争に遡る帝国主義列強による苦い経験は、中国の指導層や人々の西側に対する態度に深い影響を与えた。五〇年代中葉以降、ソ連のとり始めた対中政策は、北京から見れば「ショーヴィニズム的で拡張主義的な」政策であり、その時以来中国は、既存の強国に対する不信をますます強くした。

北京は、既設の国際機構、とりわけ一九七一年まで中国を排除していた国連に激しい批判を浴びせた。北京の代表が国連での発言を許されたのは、一九五〇年一一月に国連総会が朝鮮戦争について議論した、ただ一度だけである。[34] 五〇年代初め以降ずっと、中国は第三世界諸国との関係に重きをおいてきた。五四年、周恩来首相はジャワハルラル・ネルー首相と共同で「平和共存五原則」を発表した。この五原則は、その後の中国外交政策の公式の基盤となった。その一年後、中国、インドネシア、インドをはじめとする国々が、アジア・アフリカ会議を創設した。六〇年代初頭、毛沢東の中国とスカルノのインドネシアは、「新興勢力」から構成される新しい国連の設立という劇的な提案——結果として実を結ばなかったが——を打ち出した。[35] 中国はまた、ジャカルタでの「新興勢力競技会」に支持を与えた。この競技会はオリンピックに取って代わることが意図されていたのである。

中華人民共和国は一九七一年一〇月に国連に加盟したが、国連やその他の国際機構に対する中国の疑念はただちに消えさるものではなかった。七〇年代初頭、中国はなお国内混乱の渦中にあり、政治舞台は依然として毛沢東と四人組に支配されていた。彼らは国連が二つの超大国に操作される脆弱性を有していると批判し続けていたのである。

しかし一九七八年以降、中国は世界銀行、ＩＭＦ、アジア開発銀行など、国際的な経済機構や文化機構に積極的に

表3-2　中華人民共和国と台湾を承認する国家数（1969-1992）

年度	中国	台湾	加盟国	年度	中国	台湾	加盟国
1969	49	67	126	1981	21	23	157
1970	54	67	127	1982	122	23	157
1971	69	54	132	1983	125	24	158
1972	87	41	133	1984	126	25	159
1973	89	37	135	1985	127	23	159
1974	96	31	138	1986	127	23	159
1975	105	27	144	1987	127	23	159
1976	109	23	147	1988	130	22	159
1977	111	22	149	1989	132	23	159
1978	113	22	151	1990	136	28	160
1979	117	22	152	1991	140	29	167
1980	121	22	154	1992	154	29	179

出典：Samuel Kim（1994a: 135）& Han Nianlong（1987）.

参加し始めた。八四年、中国は初めてオリンピックに選手を送りこみ、九〇年にはアジア大会を北京で開催した。二〇〇八年には北京でオリンピックが開催される。北京は、国連での投票にも規則的に参加している。(36)また、国連での活動能力を高めてきてもいる。すなわち国連への常設代表団メンバーに加えて、中華人民共和国は国連職員の数を増加させた。(37)国連の中国人職員の数は、九〇年には一七一人に達しており、米国（四六六人）、フランス（二三五人）に続き三番目に多く、英国（一六六人）、ドイツ（一二二人）、日本（九六人）よりも上位に位置する。(38)

ハリー・ハーディングが指摘してきたように、今日「北京はすべての主要国から公式承認を確保しており、国連安全保障理事会の常任理事国の座を占め、東アジアにおける主要な地域大国としての敬意を払われ、専門家からはグローバルな問題に関してもしだいに頭角を現してくるはずの『超大国候補』と見なされている」（Harding, 1988: 12）。北京が大変満足していることには、中華人民共和国と外交関係を樹立した国家数は、一九七〇年の五四カ国から九二年の一五四カ国へと劇的に増加する一方で、その同じ時期に台湾の外交関係は、六七カ国から二九カ国へと減少している（表３－２を参照）。

グローバルな関係と同様に、地域的な問題においても、中国は破壊的というよりはむしろ建設的な役割を演じている。「中国国内の空気は、孤立に回帰するのではなく、国際的な統合を継続することに好意的である」と多くの西側観察者は認めている（Polumbaum, 1990/91: 180–181)。その一例が中国の東南アジア諸国連合（ASEAN）に対する態度である。北京はもはや、ASEANを中国の安全保障に対する脅威とは見なしておらず、むしろ、現在ASEANが地域の安定にとって非常に重要な存在であると考えている。中国はすべてのASEAN加盟諸国との間でその関係を著しく改善してきている。(39) 一九九四年七月、バンコクでの第一回ASEAN地域フォーラムに協議国として招待された中国は、積極的に会議に参加した。会議の席上、中国の銭其琛外交部長は、中国の軍事力増強と当該地域に対する中国の外交政策について詳細な説明を行った。(40)

軍備管理に関する北京の新しいアプローチは、インサイダーとしてのアプローチである。毛沢東時代に長く維持されてきた中国の政策は、軍備管理を、米ソによる核優位を永続させるための策略であり、軍拡競争の歯止めになるものではないと非難することであった。一九六三年、中国は米英ソによって調印された部分的核実験禁止条約を強く批判した。当時中国は核兵器を所有しておらず、核実験を行うという選択肢をなんとか残しておきたいと感じていたことは留意しておくべきだろう。六四年の核実験の成功は、その後二〇年間にわたる中国の核兵器開発の先触れであり、この核開発の進展によって中国は、核拡散防止の試みに以前のように反対する根拠がなくなったのである。八四年、中国は国際原子力機関に加盟するとともに宇宙条約を批准し、さらにジュネーヴの国連軍縮会議にも参加するようになった（Joffe, 1987: 91–92)。核兵器の軍備管理に関する中国の協力実績は、西側の核クラブの観点からすると、今のところさして目立ったものではない。しかしザカリー・デイヴィスが指摘するように、「中国の核拡散防止政策の進展は、米国を含む他の諸国の政策進展と比べて、見劣りしないのである」(41)（Davis, Zachary, 1995: 603)。

北京は幾度か、少なくとも核拡散防止条約に積極的に参加することへの関心を示してはきた。(42) しかし提案されている包括的核実験禁止条約が核拡散防止条約加盟国によって合意に達しない限り、中国は自らの核実験プログラムを中断することはないと北京は明言してきたのである。もっとも冷戦後の戦略環境の変化を反映して一九九六年九月に包括的核実験禁止条約が国連総会で採決されるに際しては、中国は賛成票を投ずるに至った。[5]

中東における国連平和維持軍をめぐる中国の立場も時の経過とともに変化してきた。毛沢東のもとで北京は、紛争に悩まされる地域への平和維持軍の設立と派遣には一貫して反対した。国連加盟後もなお中国は反対を続け、平和維持活動を正式に承認する際には、公然と拒否権を行使はしないものの棄権してきた。鄧小平の時代が始まると、この立場にも重要な変化が見られるようになった。一九七八年以降北京は、国連により大きな役割を与えることを強調し始め、[43]中東における平和維持軍を支持するようになった。例えば国連総会の場で中国は、八二年から八八年にかけて採択された二六二の中東関連決議のうち二五八の決議に賛成票を投じ、そのうち二二の決議は中東平和維持軍の資金調達に係るものであった。八五年、北京は中東平和維持軍に参加するため、部隊派遣の可能性を模索し始めた。[44]そして九二年にはカンボジアでの国連平和維持軍に参加するため、(三七〇人ほどの軍事関係者から成る)分遣隊を派遣した。中華人民共和国が国連の平和維持活動に参加するために部隊を派遣したのは、この時が初めてである。[45]

中国はその他の国際紛争に対してもより柔軟になってきているように思われる。とりわけカンボジアとヴェトナム間の敵対関係をめぐっては、中国主催の会議が一九九一年一〇月に北京で開催され、同会議にはカンボジアの主要四派すべての指導者が参加した。中国は、カンボジア問題の解決に主要な役割を演じ、その努力の結果、九三年五月に総選挙が実施された。この選挙によってノロドム・シアヌーク殿下が国家元首の地位に復帰し、七九年以来のヴェトナムに支援されたフン・セン政権に終止符が打たれた。九一年一一月、北京とハノイは、北京で開催された首脳会談後、「中越関係に新しい時代が到来した」との声明を発表し、両国関係を正常化した。[46]南シナ海の島嶼をめぐる未解決の領土紛争にもかかわらず、李鵬首相は九二年一二月にヴェトナムを公式訪問し、中越両国が相互に対外投資を行うことを誓約し、経済、科学、文化面での協力を奨励する四つの協定に調印した。中国はまたヴェトナムに対して八〇〇〇万人民元(一四〇〇万米ドル)相当にものぼる無利子の信用供与を提供したのである。[47]

政治的・軍事的方向づけから経済の現代化へ

毛沢東指導下の中国外交政策の目的は、政治的影響力と軍事力を最大限に確保することであった。このような野心は部分的には自らの脆弱性を強く感じていたことに起因するものである。その脆弱性意識は、過去一世紀にわたって次々に侵略された苦痛に満ちた記憶に根ざすものであり、さらに一九四九年の革命以降生じた地域紛争、すなわち朝鮮戦争、ヴェトナム戦争、中印国境紛争、中ソ国境紛争によって高められた。第三次世界大戦は避けられないと確信していた毛沢東、林彪、その他の急進的指導者たちは、中国は「近い将来起こる全面戦争」に備えなければならないと堅く信じていた。彼らはまた「世界革命」における中国の指導力を強化し、他国の革命の進展を支援するために、その政治力と軍事力を発展させるべく努力した。さらに国内の政治キャンペーンを指導する際、毛沢東は継続革命と階級闘争の重要性を常に強調したのである。

このような信念は、鄧小平時代の新しい考え方によって影の薄いものとなった。中国は先進国と比べてはるかに遅れているだけではなく、近隣の小国にさえも遅れをとっていることを、新しい指導部は痛みをもって認識した。香港や台湾といった、資本主義的な政府によって統治されている中国領土でさえ、社会主義の大陸よりずっと豊かであった。「鄧小平の国益観」と題された論文で、閻学通は「鄧小平指導下で国家として最も優先されるべきものは、中国の経済的利益である」と指摘している（Yan, 1994: 29–30）。中国近代史上初めて、経済の現代化が国家発展の最優先目標となったのである。表3－3と図3－1が示すように、中国の国民総生産（＝国民総所得）の伸びは、毛沢東指導下の最後の一五年間では三倍以下であったのに対し（一九六一年の一二二〇億元から七六年の二九四三億元）、鄧小平指導下の最初の一五年間では九倍以上となっている（七八年の三六二四億元から九三年の三兆四五六〇億元）。

以上のような変化は、中国の外交政策上の行動に反映されてきた。北京の現代化の推進力は、**改革**と**開放**という二つの主要部分から成っており、両者ともに政治キャンペーンよりも経済発展に焦点をあてている。さらに中国は、外交政策として扱う問題の範囲を拡大し、政治・戦略的要素だけでなく経済や文化的側面も含めるようになってきた。

表3-3　中国の国民総所得（1952-2002）[6]　（単位：億元）

年	GNI	成長率(%)	年	GNI	成長率(%)	年	GNI	成長率(%)
1952	679.0		1969	1937.9	*12*	1986	10201.4	*13*
1953	824.0	*21*	1970	2252.7	*16*	1987	11954.5	*17*
1954	859.0	*4*	1971	2426.4	*8*	1988	14922.3	*25*
1955	910.0	*6*	1972	2518.1	*4*	1989	16917.8	*13*
1956	1028.0	*13*	1973	2720.9	*8*	1990	18598.4	*10*
1957	1068.0	*4*	1974	2789.9	*3*	1991	21662.5	*16*
1958	1307.0	*22*	1975	2997.3	*7*	1992	26651.9	*23*
1959	1439.0	*10*	1976	2943.7	*−2*	1993	34560.5	*30*
1960	1457.0	*1*	1977	3201.9	*9*	1994	46670.0	*35*
1961	1220.0	*−16*	1978	3624.1	*13*	1995	57494.9	*23*
1962	1149.0	*−6*	1979	4038.2	*11*	1996	66850.5	*16*
1963	1233.3	*7*	1980	4517.8	*12*	1997	73142.7	*9*
1964	1454.0	*18*	1981	4860.3	*8*	1998	76967.2	*5*
1965	1716.1	*18*	1982	5301.8	*9*	1999	80579.4	*5*
1966	1868.0	*9*	1983	5957.4	*12*	2000	88254.0	*10*
1967	1773.0	*−5*	1984	7206.7	*21*	2001	95727.9	*8*
1968	1723.1	*−3*	1985	8989.1	*25*	2002	103553.6	*8*

参考：国家統計局編『中国統計年鑑』，中国統計出版社（北京），2002年版，p. 51，2003年版 p. 55.

一九九四年一二月には中国の銭其琛外交部長が、経済発展は中国外交政策の最も重要な目標の一つであると明言している(48)。貿易、投資、共同事業、労働力輸出など、中国の対外経済活動は急増してきている。

中国の外交政策における新しい方向性は、国際社会に広く認識されるようになり、西側主要国はこの変化を考慮に入れるため自国の外交政策を調整してきた。欧州委員会委員のレオン・ブリタンは、一九九五年に次のように指摘している。「中国はその外部世界との関係において転機を迎えている。中国を世界の経済と政治の本流に導き入れ、孤立から遠ざけていくことは、欧州の利益となる」。この考え方に基づき、ブリュッセルのEU〔欧州〕委員会は、欧州と中国の関係を向上させるため、九五年七月に野心的な新しい青写真を公表した。欧州と中国の貿易は、八五年の一二〇億ドルから九四年の四〇〇億ドル以上へと、過去一〇年の間に着実に増加してきていると、ここで指摘しておくことができるだろう(49)。さらに九四年から八年後の二〇〇二年には、中国と欧州との総貿易額は四三八・四億ドルから一一二六・三億ドルへと二・五倍以上に成長している。

中国がその国際的な係り合いを増してきていることは、他

図3-1　中国の国民総所得（1952-2002）

（単位：億元）

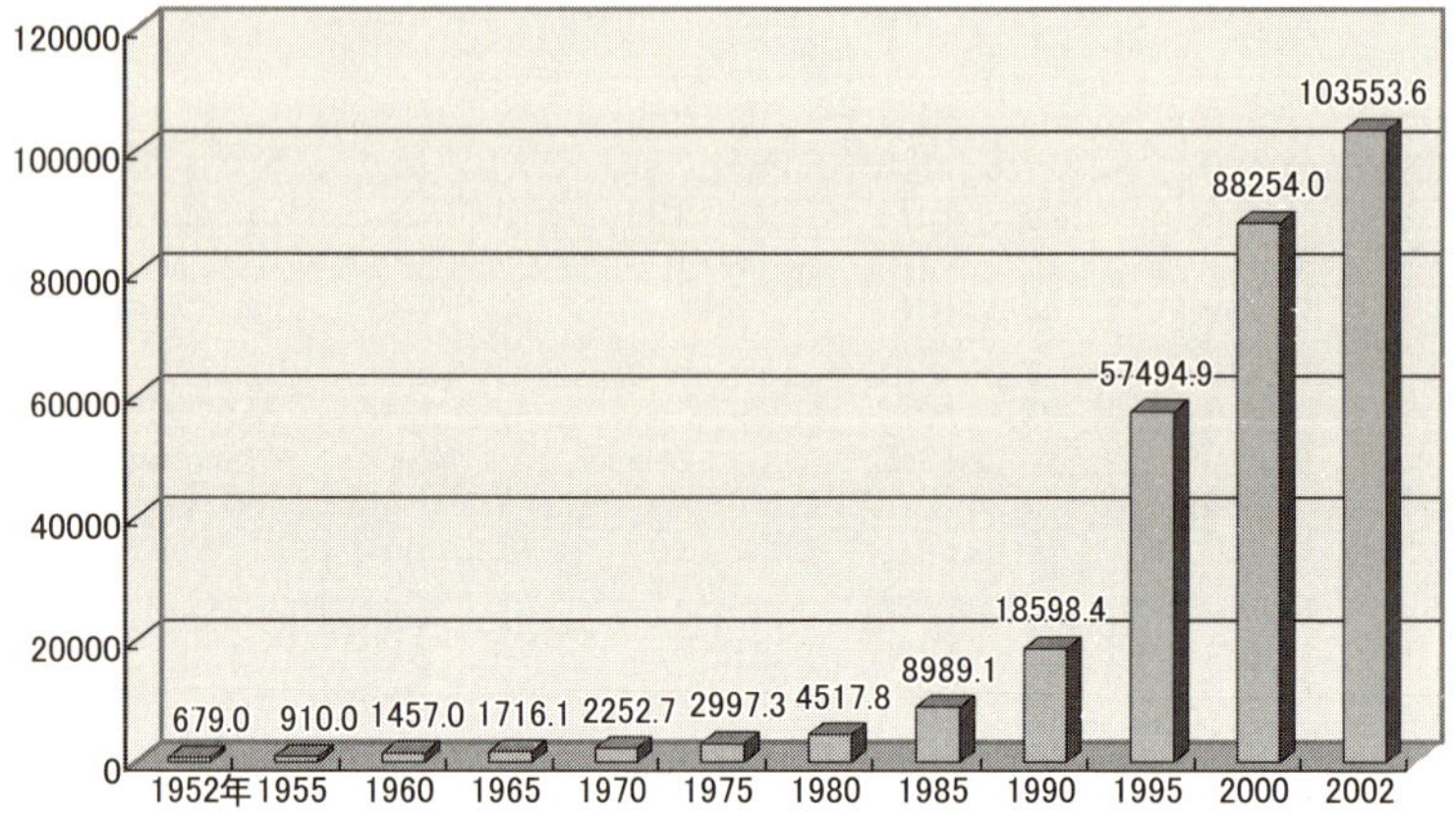

の分野でも見て取ることができる。兵器取引に関しては、中国は世界最大の兵器供給国の一つとなりつつある。主として長期的な政治・戦略上の計算に動機づけられながら、その一方で北京の軍事指導者たちは、軍の現代化を財政的に支える手段として兵器取引を歓迎している（中国の軍事政策と兵器取引に関する詳細は、第四章を参照）。

実際、中国の経済活動は、しばしば政治目的と結びつけられている。そのような例の一つとして、一九九七年の返還前の香港で中華人民共和国が英国との間で行った香港住民からの支持獲得競争を挙げることができよう。この競争は、返還後の香港の将来の地位をめぐって中英両国が交渉を開始した八〇年代初頭より続けられてきたものである。北京の戦術は、次のような理論に基づいていた。すなわち香港のように高度に商業化された社会では、実業家たちの政治態度はその商業活動と密接に関連しており、実業家たちは商売上の便宜を図ってくれそうな人に政治的な支持を与えるだろうという考え方である。したがって北京は、香港における非公式代表部である新華社香港支社を通じて、親中国の資本家グループを育成する政策を開始した。北京は何度か地元香港の資本家を支援するために財政上の資産を動員し、その大部分は借款であったが、地元資本家がビジネスを成功させたり、あるいはその財政難を克服するために援助の手を差し伸べたのである。その実際の活動は、**政治救火隊**（政治消防隊）という名で描き出されている

(Xu, Jiatun, 1993: 127–132)。

教条主義から実務主義へ

文化大革命がピークを迎えていた時期、中国は急進的な外交政策を、たんに言葉のうえだけでなく(数々の有名なスローガンを想起せよ)、その行動によっても実践していた。北京は外部世界とのつながりを可能な限り断ち切り、中国の人々は国際的な出来事について世界で最も知らされていない国民の一つとなっていた。すでに述べたとおり、中国は一九六七年に一人を除くすべての大使を召還し、その伝統的な外交チャンネルを事実上閉ざしてしまった。人々は「ヴォイス・オブ・アメリカ」や「ラジオ・モスクワ」などの外国のラジオ放送を見つけ出せたらそれに聴きいるというような、監禁状態に陥ってしまった。この期間中、中国は二つの超大国を相手に戦っていた。すなわち北ではソ連と国境上で衝突し、南ではヴェトナムで宣戦布告なしに米国と戦争状態にあった。社会主義の「兄弟たち」や第三世界の友人たちの多くと中国との間には、大きな意見の相違があった。中国と仲が悪かった国には、インドネシア、ビルマ、北朝鮮、英国(香港をめぐって)、日本、タイ、インドなどがあった。北京はアルバニアやいくつかのアフリカの国など、一握りの小国とのみ良好な関係を保っていたのである。

中国はその教条主義的、孤立主義的な外交政策のせいで高い代償を支払った。経済的には、大多数の国家に比べて大幅に遅れてしまった。戦略的には、二つの超大国と敵対的な近隣諸国に囲まれ、きわめて危険な環境を作り出していた。毛沢東は一九七〇年代に、米国や日本、大半の西欧主要国との間で関係改善を追求することによって孤立から脱しようと努力したが、彼の革命的なレトリックや教条主義的な諸原則はなんら変らないままだった。七六年の壊滅的な唐山大地震の際の北京の行動がそのことを立証している。

唐山は中国北部の大規模な炭鉱都市で、地震により少なくとも二五万人が死亡した。世界中の多くの政府、組織、個人が支援の手を差し延べたが、北京政府は支援を受け入れたら「自力更生」の原則が傷つけられると思い込み、すべての援助を断った。さらに当時四人組が依然として権力の座にあり、彼らの悪名高いスローガンは「われわれは資本主義の穀物よりもむしろ社会主義の草を（食べる）」というものであった。

しかし毛沢東時代の外交政策がすべて教条主義に支配されていたと考えるのは誤りであろう。だが実務的な場合においてさえ、中国の指導者たちは、教条主義的な考え方に対してリップサービスをしなければならなかった。典型的な例は、リチャード・ニクソン米大統領の国家安全保障問題担当補佐官であったヘンリー・キッシンジャーに、一九七一年一〇月に北京を訪問するよう要請した毛沢東の決断である。この決断は明らかにイデオロギーの類によってではなく、現実主義的で地政学的な世界政治上の考慮によって基礎づけられていた。しかしキッシンジャーと彼の補佐官たちが北京に到着すると、飛行場では大きな眼をひくポスターに、ホテルの部屋では小さなパンフレットに「アメリカ帝国主義者とその走狗どもを打倒せよ」とのスローガンが書かれていたことに、彼らは衝撃を受けたのである。毛沢東自身、米国からの賓客に対して、そのようなスローガンは放空炮〔空砲を撃つ〕（プロパガンダを目的として意味のない声明を発表すること）であると、すなわち世界に向けて打ち出された中国の革命イメージを貫くための方策であると釈明しなければならなかったのである（Gong, 1992: 144–146）。

このような厳格な政策は、変更されねばならなかった。一九七八年以降、北京は改革を指向したより現実的な経済政策を国内外でとるようになった。合弁事業や外国からの投資や借款など、以前「資本主義的実践」と呼んでいたものに対して、中国はその態度をまったく改めた。外国資本（外国からの直接投資や借款）や最新技術を獲得し、国際市場に到達するための主要ルートの一つである海外からの投資を呼び込むために、中国全土で中央、省、地区のどのレベルでも、政府はみな全力をあげて努力するようになった。例えば、八四年までは年間の外国からの直接投資額が一〇億ドルを越えることはなかったが、九〇年初めにはこれまでには見られなかったような高水準に達し、九一年には四五億ドルを越え、九二年は一一〇億ドル、九三年にはおよそ二六〇億ドルにまで急増したのである（Lardy, 1994: 63–64）。

一九八〇年代初頭以降、北京は「独立自主の平和外交政策」を採用するようになった。それは一方で米国との親交を維持し、他方で旧ソ連との関係を改善しようとするものであった。しかし実際には、旧ソ連や今日のロシアよりも、現代化の推進という中国の要求により合致する西側を向いて中国は動いている。八〇年代の中国外交は、米国、日本、西欧に傾斜した「傾斜的自主独立政策」と見ることができるだろう。明らかにこのような政策は、ソ連、共産主義陣営に傾倒した五〇年代の毛沢東の政策からの逆転であり、それはまた米ソという二つの「覇権国」に対抗した七〇年代の政策とも大きく異なるものであった。

中国はイスラエルと南アフリカに対する政策についてもより柔軟性を示すようになった。中華人民共和国は長い間イスラエルや南アフリカとの公的接触を一切拒否し、そのことによって、アラブ諸国に対する北京の道義的支持を示し、南アフリカのアパルトヘイト体制を中国が承認していないことを明確にしてきた。この状況は一九八〇年代から変化し始めた。中国は親アラブの立場を維持しながらも、テルアビブと学術交流を行うことによって、イスラエルと非公式な結びつきを作り出し、九一年には完全な外交関係に移行した。中国はそれ以降イスラエルと良好な関係を維持しており、両国間にはある種の軍事協力さえも見られる。例えば中国軍は、その装備を新しくするため、イスラエルから空中給油などいくつかの先進技術を獲得できたのである。(50) さらに重要なのは、中華人民共和国と台湾との関係において、テルアビブが北京側とより親密になったことである。九四年のイスラエルから中国への輸出は一〇億ドルを超すのに対して、台湾への輸出はわずか七〇〇〇万ドルであった。ヨルダンや湾岸君主国のような近隣諸国とは異なり、イスラエルは九五年春、李登輝台湾総統の「非公式」訪問の受け入れをきっぱりと拒否したのである。(51)

それに似た、しかしより漸進的な発展が中国と南アフリカとの間にも生まれてきている。一九九〇年、両国は互いの首都に非公式の事務所を設立した。北京には「中国研究センター」、プレトリアには「南アフリカ研究センター」が開設された。この二つの「文化センター」の職員の大多数は外交官である。それ以来、二国間で何度か高官レベルの訪問が行われてきた。例えば九一年一〇月には、R・W・ボサ南ア外相が両国関係を議論するために秘密裏に北京を訪れた。[52] 一九四九年以降、今日ほど中国指導部がイデオロギー上の相違を考慮に入れないことはなかったことを、この外交行動ははっきりと示している。[7]

この新しい実務主義は、韓国に対する中国の政策のなかにも見出すことができる。北京政府はソウルとの経済関係を積極的に拡大していこうとした。中国は一九八〇年代初めにソウルとの間で（香港を介した）間接的な二国間貿易と非公式な結びつきを作り出し、それ以降、両国間の貿易は急速に増加した。九〇年、中韓貿易は三五億ドルに達し、中国と北朝鮮との貿易額四億八〇〇〇万ドルを大きく上回った。さらに同年、北京とソウルは相互に常設の貿易事務所を設立した。九一年一一月には銭其琛外交部長がアジア太平洋経済協力会議（ＡＰＥＣ）の閣僚会議に出席するため、初めてソウルを訪問した。九二年九月に韓国の盧泰愚大統領が北京を訪問し、両国は最終的に外交関係を樹立したのである。この関係成立は、両者の必要を満たすものであった。すなわち中国は、韓国の資本と先進技術を必要としていたし、韓国は中国の広大な市場と政治的承認を必要としていたからである（ソウルとピョンヤンに対する北京の政策については、第七章「朝鮮半島――南北のバランス」の節および第九章で詳細に論じる予定である）。

以前の慣行とは決別して、現在の北京は世界銀行による貸付から災害救済基金まで、あらゆる種類の外国からの援助を喜んで受け入れている。一九九一年、中国の東北地方と東南地方が大洪水に見舞われた。[53] この自然災害は、二〇〇〇人以上の死者を含む甚大な損害をもたらし、被害総額は一〇〇億ドル以上となった。北京は、国際社会や、台湾、香港、マカオの人々に支援を訴え、九一年の終わりまでに中国は総額二五億元（約五億ドル）の寄付を受けとった。[54] 中国政府は、米国の平和部隊〔Peace Corps〕が中国へボランティアを派遣することさえ認めたのである。[55] そして当然、現在中国と西側との間には直接投資や合弁事業を含めた数多くの経済協力の形態が存在している。[56]

戦略的領域においても、中国の実践と政策は柔軟になってきた。一九八六年には何隻かの米国海軍船舶が、中国北部の重要な海軍基地青島を訪問した。四九年の革命以来、初めての米軍訪問であった。米国はさらに、中国最西部の新疆ウイグル族自治区に（当時米国の主要競争相手だった）ソ連を対象とした監視基地を設置することも認められたのである。

中国はまた近隣諸国との領土紛争を平和的に解決するための新しい打開策、とりわけ「共同開発」方式を打ち出したという点でも、その柔軟性を示している。鄧小平がこの概念を初めて提起したのは、一九七八年の訪日中、釣魚島（日本にとっては尖閣諸島）をめぐる日中の紛争について尋ねられたときのことであった。「この問題は一時棚上げされるべきである。おそらく次の世代の方がわれわれよりも賢いだろうし、この問題についても実際的な解決方法を見出すだろう」と鄧小平は答えたのである。[57] 鄧小平の考えは、この種の領土紛争を解決するためには「主権問題を議論する前に、当該諸国が紛争地域を共同で開発するように仕向ける」というものであった。この考え方は、南沙（スプラトリー）諸島にも応用可能であった。[58] 鄧小平によれば、二つの選択肢があるという。「一つの選択肢は、これらの島々すべてを武力で取り戻すというもの、もう一つの選択肢は主権問題を脇に置いて、島々を共同で開発するというものである」。[59] 第一の選択肢と比べると、「共同開発」はより柔軟性があるように思われる。以上すべての事例は、中国の対外活動における実務主義の拡大を反映するものであるといえよう。

「台湾解放」から「一国二制度」へ

毛沢東時代から鄧小平時代への根本的な変化は、中華人民共和国の台湾政策においてもはっきりと見てとれる。軍事力による台湾解放は、毛沢東時代の主要目標であった。「台湾解放」というスローガンは、台湾の「大陸反攻」というスローガンに対応していた。一九七〇年代後半、北京は「平和統一」という新しい標語を提唱し重要な政策変更を行った。八〇年代初めには、この政策は「一国二制度」という新しい方式に発展したのである。

毛沢東は中国共産党と国民党の内戦の継続として、台湾政権は打倒されなければならず、台湾は社会主義の諸原則によって統治される一つの省として中華人民共和国に統合されねばならぬと宣言した。国内における階級闘争と国際的な冷戦という、当時支配的であった国内外の雰囲気を前提とすれば、北京と台北双方にとって妥協に達する余地はほとんどなかった。

鄧小平時代が始まってから、北京はこの敵対的で非妥協的な立場を放棄した。一九七八年、鄧小平は訪中していた米国議員などに対し、北京は「台湾解放」政策を放棄し、その代わりに「平和統一」政策を採用するに至ったと語った。それ以降、中華人民共和国は台北に対して一連の提案を繰り返してきた。すなわち八一年九月、全国人民代表大会の総意として台湾に示された葉剣英の「九項目提案」は、平和的統一を強調していた。そして八二年には中国共産党政治局委員の廖承志が蔣経国台湾総統宛てに(両者は三〇年代にソ連でともに学んだ学友であった)、兄弟愛を訴えた個人的書簡を送った。「一国二制度」という鄧小平の打開策は八三年に初めて表明され、今や北京の政策の基本となっている。

「一国二制度」という提案は、国内外の環境変化に対する認識のなかで形成されたものである。鄧小平と彼の同僚たちは、毛沢東主義のイデオロギー的拘束から解き放たれ、台湾を社会主義の枠組みのなかに組み入れることは事実上不可能であることに気づいたのである。この提案にしたがえば、台湾は統一後も他国との経済的・文化的結びつきを維持することが認められているし、台湾独自の政治、経済、社会システムを維持することも可能である。さらに台湾は、独自の軍と独立した司法権をもつことになるであろう。「台湾の党や政府・軍のシステムは、台湾当局自身によって管理運営されるであろう」と鄧小平は強調した。[60] 国民党と野党の政治家は、国務院や全人代常務委員会、最高人民法院などの中央政府の指導的機関に参加することになるであろう。

「一国二制度」に関しては、いくつかの他の解釈もある。研究者たちは、この提案の実現が中国の政治発展に対してもつであろう種々の想定可能な影響について考察をめぐらしてきた。[61] 一九九二年、当時の中華人民共和国国家主席であった楊尚昆は、統一交渉がいったん始まってしまえば、北京が中央政府を代表し台北が地方政府として機能するという「中央—地方」問題は、議論の余地のある未決定なものとなり、交渉は対等な立場で行われるであろうと言外にほのめかした。台湾はどうかといえば、台北はこの方式のもとで自律的な地位を与えるという北京の約束について繰り返し疑念を呈している。

北京指導部は、台湾がしだいに独立のほうを選ぶのではないかという可能性も意識している。それゆえに北京は、台湾への軍事力行使の放棄を断固として拒否しているのである。台湾の独立に対してはいかなる譲歩の余地もなく、「二つの中国」や「一つの中国、一つの台湾」という状況が作り出されることを阻止すると、北京は一貫して主張してきた。さらに北京は、台北が国連などいかなる国際的政治機構の公式メンバーになることも認められるべきではないと要求した。台湾の李登輝総統が、独立を支持する意見と北京が見なすような考えを（九四年五月刊行の稀な独占インタビューのなかで）『オーヴァーシーズ・ジャパニーズ・ウィークリー』誌に表明した後、北京は李登輝総統の「独立傾向」に一連の公然とした批判を展開したのである。[62]

中国の主権と体制の正統性が脅かされていると感じたとき、北京は軍事力の行使も辞さない非妥協的な立場をとるであろう。例えば中国の李鵬首相は、中国と台湾との統一方式として広く議論されてきた「連邦」や「国家連合」という考え方を、結局「二つの中国」を作り出すのと同じことであると厳しく非難している。[63]国家統一に関する北京の提案は、これまでのところ台北ではあまり歓迎されたとはいえない。大陸の意図をめぐっては、台湾には依然としてかなりの疑念が存在しているのである[64]（台湾問題についてのさらなる分析と議論は、第七章「台湾問題——最優先事項」の節および第九章で行う予定である）。

しかしもし基本原則が維持されるのならば、北京は柔軟性を示すかもしれず、そのことによっていくつかの原則はたんなるレトリックとなるかもしれない。台湾問題に関して他国と取引する際、中華人民共和国は、公式な政治関係については厳格さを示すかもしれないが、経済、貿易、文化的結びつきなど、非公式の問題に関しては柔軟性を見せる可能性があるであろう（ここで使用した諸概念については、第五章を参照）。

北京の柔軟性は、その他いくつかの問題でも見出すことができる。例えば北京は、一九八〇年代初頭からオリンピック関連機構やアジア開発銀行（ＡＤＢ）など、いくつかの非政治的な国際機構に台北が参加することに同意するようになった。北京は、「中国―台北［Chinese-Taipei］」という名称を台北が使用することを条件に、台北がアジア開発銀行のメンバーとなることに同意したのである。

連続性

毛沢東時代終焉後の数多くの根本的変容にもかかわらず、中国の外交政策は四つの重要分野で一九四九年から九〇年代までその一貫性を保持してきた。(65) 第一に、中国はアジア太平洋地域における旧ソビエト連邦の軍事拡大など、地域覇権を確立しようとするいかなる動きにも反対し続けてきた。七〇年代後半から八〇年代後半にかけて、モスクワとの関係正常化に先立って、中国は次の三つの条件を断固として譲らなかった。すなわち中ソおよび中国とモンゴルの国境付近に展開するソ連軍の兵力削減、アフガニスタンからのソ連軍の撤退、ヴェトナムの支援を受けたカンボジア政権に対するソ連の支援停止である。中国はまたインドシナで地域覇権を打ち立てようとするヴェトナムの試みにも強く反対した。

第二に、一九七〇年代後半以降は道義的支援という色彩が濃くなったとはいえ、中国は第三世界諸国への支援を継続してきた。指導者たちは経済的には中国は発展が不十分な国であり、「南北問題」という大きな争いのなかでは南の一員であるから、中国は発展途上国の利益を擁護すると、繰り返し主張してきたのである。

第三に、中華人民共和国は、対外的な脅威、とりわけ台湾独立に対する支援など、国家主権や体制の生き残りを危険に陥れる脅威に対しては敏感であり続けている。鄧小平時代においても毛沢東指導下の時代と同様に、中国の主権や領土が少しでも侵害されそうになったら、それを守るために、軍事力を含めた必要なあらゆる措置を講じるであろう。

第四に、中国の外交政策の形成は、常に高度に集権化されてきた。近年、経済計画や文化政策など他の多くの分野で政策決定過程は分権化していく傾向にある。けれども、政策決定過程への参加がより広範なものになりつつあるにもかかわらず（第四章を参照）、外交政策は、最高指導者たちの小さなグループによってコントロールされ続けているのである。

鄧小平の指導下で経済の現代化が北京の主要目標となったとはいえ、国家安全保障と政治的・戦略的考慮は、現代化と密接に関連するものと見なされているし、イデオロギー上の配慮でさえ、なおいくばくかの影響力を残している。そして常にそうであったように、体制の生き残りは、依然として中国外交政策の最優先事項である。

中国指導部は、政治的・戦略的考慮にのみ関心を集中するのではなく、国益に対してより包括的なアプローチをとるように変化してきた。台湾はその外交上の承認の多くを国際的に失ったことで、北京政権の正統性を脅かす存在ではなくなってきた。中華人民共和国は、国連においても強固な立場を確立し、積極的な役割をますます果たすようになってきている。米国との関係と同様に、欧州や日本との間では浮き沈みがあったとはいえ、中国はほとんどの近隣諸国と国境条約をもち、管理可能で取り扱いの容易な関係を維持してきたのである。

端的に述べれば、毛沢東時代と比較して、鄧小平時代の北京指導部は、その生き残りや中国の主権に対する外からの脅威をあまり感じておらず、国益をめぐってはより幅の広い見方を採用しており、とりわけ経済面では柔軟性と協力の有利さを認識しているのである。

原註

(1) ゴールドスタインとコヘインによれば、世界観の他に二つの信念の類型がある。一つは原則的信念で、それは「正誤を区別し、正義と不正義を分かつ基準を定める規範的理念」である。二つ目は原因に関する信念で、それは「因果関係についての」信念であり、「その権威はエリートと認められた人々の間で共有される合意から引き出される」(Goldstein and Keohane, 1993: 7–11)。

(2) 一九七七年七月、鄧小平は中国共産党第一〇期中央委員会第三回全体会議に出席し、以前のすべての職務に、すなわち共産党副主席、政治局常務委員会委員、中央軍事委員会副主席、副総理、中国人民解放軍参謀長に復帰した。彼は華国鋒、葉剣英に次ぐ中国共産党序列三位の指導者となった。一年後の七八年一二月には一一期三中全会の席上で、鄧はその権力を確固たるものとし、毛沢東のように党内トップの座に就くことはなかったが、ドーク・バーネットが「政治的最高位」と呼ぶ地位を手に入れたのである（Barnett, 1993: 10）（八一年までに華国鋒は、党主席、総理、中央軍事委員会主席のすべての地位を正式に失い、党主席には胡耀邦、首相には趙紫陽、中央軍事委員会主席には鄧小平が就くことになった）。

（3） 中国共産党中央委員会『中共党史決議　一九四九－一九八一』（1981: 32）を参照。

（4） 国際関係における認識をめぐる理論については、Robert Jerbis（1976）を参照。

（5） 国際的な含みをもちながらも、台湾は国内問題であると北京・台北の双方が考えていることを、ここで強調しておくことにする。この点は、本書の論述が進み、いくつかの論点を説明する事例として台湾を取り上げる際に明らかとなるだろう。

（6） 朝鮮戦争を分析した研究は多数にのぼる。例えば、以下の文献を参照することができるだろう。Allen Whiting（1960）, Dean Acheson（1971）, Walter Zelman（1967）, Robert Simmons（1975）, Rosemary Foot（1985）, Bevis Alexander（1986）, Max Hastings（1987）, Bruce Cumings（1981, 1990）, Goncharov, Lewis, and Xue（1993）, Jian Chen（1994）.

（7） 中印国境紛争の詳細な研究については、Neville Maxwell（1970）, Allen Whiting（1975）, Nancy Jetly（1979）, Yaacov Vertzberger（1984）, Xu Yan（徐焔）（1993）を参照。

（8） Han Nianglong（韓念龍）（chief ed.）（1987: 280–283）を参照。

（9） 一九六九年の中ソ国境紛争に関する詳細は、Harrison Salisbury（1969）, Thomas Robinson（1970）, Richard Wich（1980）を参照。

（10） 'Patriotism in the Parcels,' *Eastern Express*, 25 October 1994, p. 8.

（11） 中越戦争についてのさらに詳細な参考文献に関しては、Pao-min Chang（1986）, Robert Ross（1988）, Anne Gilks（1992）, Steven Hood（1992）を参照。

（12） Paul Goldwin（1994: 180）を参照。

（13） この事例に関する詳細な説明は、Thomas Stolper（1985）, Xu Yan（徐焔）（1992）, Morton Halperin（1966）, Warren Cohen（1990: 184）, He Di（1990: 222–245）を参照。

（14） 北京の観点からこの時期の中国外交政策について詳細に語ったものとしては、周恩来が一九五二年四月三〇日に行った演説「我們的外交方針和任務」（Zhou, 1990: 48–57）を参照。さらにまた、Han Nianglong（韓念龍）（1987: 3–5）, John King Fairbank（1976: 386）を参照。

（15） 薄一波は、その回顧録のなかで一辺倒政策に関する国内外の状況について説明している（Bo, 1991: 35–45）。

(16)　毛沢東自身、一九四四年の時点でさえ、米国からの援助の可能性を探っていた。J. Reardon-Anderson（1980）を参照。とりわけ同書第三章、第四章を見よ。リアドン＝アンダーソンによれば、「毛のねらいはワシントンであった。中央委員会指令によって武器・弾薬の要求を禁じられていたが、毛はサーヴィス氏に、米国からの援助という考えを間接的にではあったが、ほのめかしたのである（ジョン・サーヴィス氏は、当時中国に駐在していた米国人外交官である）。……九月には『延安の適任者』（ほぼ確実に毛沢東本人）が『解放日報』第一面に公然とした援助要請を発表した」（Reardon-Anderson, 1980: 44-45）。さらにまた、Michael Schaller（1979: 99-100）, Warren Cohen（1990: 162-163）も参照。冷戦の起源と米中ソ間の相互作用についての詳細な説明は、Odd Westad（1993）, Rosemary Foot（1995）, Michael Hunt（1996）を参照。

(17)　この点については、ディヴィッド・ホーが詳しく論じてきた（Ho, 1978: 393）。

(18)　『人民日報』一九六五年一月五日、第一面。

(19)　詳細については、Yuan（袁）（1995: 376）を参照。

(20)　Deng Xiaoping（鄧小平）「全党講大局、把国民経済搞上去」一九七五年三月五日（Deng, 1984: 14）を参照。〔鄧小平の著作について、著者は中国外交出版社発行の英語版を使用している。本書では以下、鄧の論文や講演名については、人民出版社による中国語版のものを使用する〕

(21)　毛沢東の継続革命についての詳細な説明は、Lowell Dittmer（1987）を参照。

(22)　Deng Xiaoping（鄧小平）「在全国科学大会開幕式上的講和」一九七八年三月一八日（Deng, 1984: 102）を参照。

(23)　Deng Xiaoping（鄧小平）「開放思想、実事求是、団結一致向前看」一九七八年一二月一三日（Deng, 1984: 154）を参照。

(24)　Deng Xiaoping（鄧小平）「目前的形勢和任務」一九八〇年一月一六日（Deng, 1984: 24）を参照。

(25)　Deng Xiaoping（鄧小平）「建設有中国特色的社会主義」一九八四年六月三〇日（Deng, 1994: 73）を参照。

(26)　例えば一九八五年に鄧小平は、「現在世界が直面している本当に大きな二つの問題」とは、「第一に平和、第二に経済発展」であると述べている。Deng Xiaoping（鄧小平）「和平興発展是当代世界的両大問題」一九八五年三月四日（Deng, 1994: 110）を参照。

(27)　Deng Xiaoping（鄧小平）「善意利用時機解決発展問題」一九九〇年一二月二四日（Deng, 1994: 350-352）を参照。

(28)　Deng Xiaoping（鄧小平）「改革開放政策穩定中国大有希望」一九八九年九月四日（Deng, 1994: 305-311）を参照。

(29)　Robert Dernberger, et al.（1986: 184）から引用。

(30)　詳細は、Robert C. North（1978: 106-107）を参照。

(31) 中国のヴェトナムに対する初期の支援に関しては、King Chen (1969), Han Nianlong (韓念龍) (1989), Han Huaizhi (韓懐智) (1989), Zhai Qiang (1992) を参照。

(32) 毛沢東とフルシチョフのやりとりについての詳細は、Quan Yanchi (権延赤) (1989: 108–133) を参照。

(33) Deng Xiaoping (鄧小平)「維護世界和平、搞好国内建設」一九八四年五月二九日 (Deng, 1994: 66–67) を参照。

(34) Wu Xiuquan (伍修権) (1991: 253–283) を参照。

(35) 詳細については、Peter Van Ness (1970) を参照。

(36) 国連安全保障理事会によって採択された決議をめぐる中国の投票行動についての初期の記録に関しては、Samuel Kim (1979: 518–521) を参照。

(37) このような国連職員は、国連が正式に採用した者であるが、彼らは中国政府の承認を得ている。

(38) Edward Lincoln (1993: 140) を参照。

(39) 中国とＡＳＥＡＮ諸国との関係についての詳細は、Joyce K. Kallgren, et al. (1988) と Leo Suryadinata (1990: 682–696) を参照。

(40) Nayan Chanda, ‘Gentle Giant: China Seeks to Calm Southeast Asia’s Fears,’ *Far Eastern Economic Review* (4 August 1994): 15–16.

(41) 詳細な分析については、Davis, Zachary (1995), ‘China’s Nonproliferation and Export Control’ を参照。

(42) ‘Kaifu Visits Beijing to Refresh Ties,’ *Beijing Review*, 33, 34 (19–25 August 1991): 7.

(43) Li Luye, ‘UN Role in Establishing a New World Order’, *Beijing Review*, 34, 39 (30 September–6 October 1991): 12–16 を参照。

(44) 詳細な説明は、Yitzhak Shichor (1991: 225–269) を参照。

(45) 『世界日報』一九九二年四月二五日、第一〇面。

(46) Chen Jiabao, ‘A New Era Begins in Sino-Vietnamese Relations,’ *Beijing Review*, 34, 46 (18–24 November 1991): 7–9. さらに Lincoln Kaye and Murray Hiebert, ‘A Lesson in Ideology: China, Vietnam Sign Trade and Border Pacts at Summit,’ *Far Eastern Economic Review* (21 November 1991): 10–11.

(47) Murray Hiebert, ‘Comrades Apart,’ *Far Eastern Economic Review* (17 December 1992): 23.

(48) 『人民日報』一九九四年一二月一五日、第六面。

(49) Shaha Islam, ‘Softly, Softly: EU Wants Closer Ties with China,’ *Far Eastern Economic Review* (20 July 1995): 20.

(50) Nayan Chanda, ‘Fear of the Dragon,’ *Far Eastern Economic Review* (13 April 1995): 25.

(51) Yarosiav Thofimov, ‘Jilt and Tilt: Israel Stops Wooing Taiwan and Turns to China,’ *Far Eastern Economic Review* (25 May 1995):

29.

（52） ‘China Card,’ *Far Eastern Economic Review*（31 October 1991）: 9.

（53） 洪水と海外からの寄付に関しては、中国のニュース・メディアで数多くの報道が行われた。『人民日報』一九九一年八月一九日、第二面を参照。

（54） 『人民日報』一九九二年二月一〇日、第一面。

（55） しかし米国平和部隊の入国は、条件つきで認められたことは留意しておくべきであろう。すなわちその条件とは、平和部隊のボランティアは特定の地域で英語を教えることだけが許可されたのであり、開発業務や健康教育など平和部隊の通常のより広範な業務に就くことは許されなかった。さらに彼らは、中国で「平和部隊」という名での活動は許されず、「米中友好ボランティア」として行動したのであった。

（56） 中国における合弁事業についてのすばらしい説明は、Margaret Pearson（1991）を参照。

（57） Deng Xiaoping（鄧小平）「在中央顧問委員会第三次全体会議上的講話」一九八四年一〇月二二日（Deng, 1994: 94）を参照。

（58） Deng Xiaoping（鄧小平）「穏定世界局勢的新方法」一九八四年二月二二日（Deng, 1994: 59）を参照。

（59） Deng Xiaoping（鄧小平）「在中央顧問委員会第三次全体会議上的講話」一九八四年一〇月二二日（Deng, 1994: 94）を参照。

（60） Deng Xiaoping（鄧小平）「中国大陸和台湾和平統一的思考」一九八三年六月二六日（Deng, 1994: 40–42）を参照。

（61） Quansheng Zhao（1989）, ‘One Country Two Systems and One Country Two Parties: PRC-Taiwan Unification and Its Political Implication’ を参照。

（62） Julian Baum, ‘Dire Straits: Beijing Frets Over a More Independent Taiwan,’ *Far Eastern Economic Review*（21 July 1994）: 19–20.

（63） 『人民日報』一九九二年二月三日、第一面。

（64） 台湾問題の詳細な分析と国家統一のその他いくつかのモデルについては、Quansheng Zhao and Robert Sutter（1991）を参照。

（65） 中国外交政策の変化と連続性に関する詳細な分析は、とりわけ、Harry Harding（1983）, ‘Change and Continuity in Chinese Foreign Policy’ と Richard Walsh（1988）を参照。

訳　註

〔1〕 国境紛争後の中印関係は、一九七六年に大使級の外交関係樹立で合意、同年中に双方の大使が着任し一定の関係正常化がなされた。七八年三月の王炳南対外友好協会会長（元外交部副部長）の訪印、七九年二月のバジパイ外相（その後九八―〇四年首相）

の訪中で閣僚・準閣僚級の接触が開始された。八〇年五月にはチトー大統領の葬儀の際に、インディラ・ガンジー首相と華国鋒首相との首脳会談が実現している。その後、八一年六月の黄華外相の訪印の折りに関係改善のための枠組みについて話し合うことが合意された。これを受けて同年一二月以降、国境問題および交流拡大を継続するための定期的な外務次官交渉が行われるようになった。

一九八六年一二月のアルナーチャルプラデーシュ州の設置決定（設置は八七年二月）による緊張はあった（八七年初めから夏にかけて中印間では二度目の武力紛争が発生する可能性があったとされる）ものの、八八年一二月のラジブ・ガンジー首相の訪中によって、関係改善は不可逆的な動きになっていく。ラジブ・ガンジー首相訪中の際の共同新聞発表では、平和共存五原則の指導性、善隣友好関係の発展、国境問題に関する作業グループの設置、経済貿易・科学技術共同グループの設置、チベット問題に対する立場の確認などについて言及された。この合意によって両国間の国境情勢は安定化し、貿易も徐々に拡大していくこととなった。九一年一二月の李鵬首相訪印、九三年九月のラオ首相訪中を経て、九六年一一〜一二月には江沢民国家主席が訪印し、国境地帯での信頼醸成と兵力削減を目指す協定が調印されている。九八年のインド核実験などの影響もあり関係改善の歩みはときに速度を緩めたが、二〇〇〇年代になると、〇〇年五月にナラヤナン大統領が訪中、〇一年一月李鵬全人代常務委員長が訪印し、どちらの機会にも国境線の早期画定で合意をみている。

二〇〇二年一月朱鎔基首相訪印、〇三年四月フェルナンデス国防相の訪中に続いて、〇三年六月バジパイ首相が訪中し、国境問題解決のための特別代表の指名、国防部門の理解と信頼の深化、反テロ、経済・貿易、環境などの広い分野での協力に双方が合意し、六月二三日「包括協力宣言」に調印した。中国側はこのたびの合意でインドが初めてチベット自治区が中国の領土の一部であることを認めたとするが、インドは自らの立場は変わっていないとの姿勢をとっている。一般に、一九五四年の「中華人民共和国とインド共和国の中国西蔵地方とインドとの間の通商と交通に関する協定」によって、中国のチベットに対する主権を、インドが認めたとされる。しかし、実は同文書では「中国のチベット地方 Tibet Region of China」という表現は繰り返し使われるものの、中国の主権をそのまま明示した文言は用いられておらず、宗主権という読み込みがなお可能な余地が残されている。その点、〇三年の右記宣言では、チベット自治区は中華人民共和国の「領土の一部 part of the territory」とされており、その意味では、中国のチベットに対する主権について疑問の余地のない表現に改まったと言える。この変化はおそらくインドの姿勢の変更を意味していようが、インド政府には、領土問題で譲歩したと受け取られるわけにはいかないという国内事情があろう。なお、中国側の報道でもこの合意にあたってバジパイ首相（当時）の国家安全保障担当顧問ミシュラ氏が大きな役割を果たしたことが指摘されている。宣言で合意された国境問題に関する特別代表にはインド側からミシュラ国家安全保障担当顧問、中国側から戴秉国外交部副部長がそれぞれ任命された。戴秉国は一〇月二三日にデリーを訪問し第一回の交渉を行った（参考とした論著：共同通信社『世界年鑑一九七九―二〇〇四』。太田勝洪・朱建栄『原典中国現代史・第六巻外交』岩波書店。一九九五、「中印西蔵問題談判内幕」『国際先駆導報』二〇〇三年七月四―一一日。「印度暖流跨越喜馬拉雅」『国際先駆導報』二〇〇四年一月一―七日。Neville Maxwell, "Sino-Indian Border Dispute Reconsidered", *Economic and Political Weekly*, April 10,1999; 〇三年六月二三日の「包括協力宣言」についてはインド外務省の下記URLを参照されたい http://meaindia.nic.in/jdhome.htm, 最終閲覧日二〇〇六年四月二六日）。

〔2〕 永興島は面積一・六平方キロと西沙諸島最大の島で南シナ海における中国の軍事拠点。行政上は一九八八年四月に海南省に編入されている。同年には島内に空港・航空管制センターが完成、八九年からは埠頭建設工事が着手されている。九二年五月には雨水浄化設備が設置され、飲料水が確保されるに至っている。同島の滑走路は二六〇〇メートルあり、中国がロシアから購入し、ライセンス生産に着手しているスホイ27戦闘機が発着できる。四棟の格納庫が確認されていることから、一個飛行隊（二〇機以上）の発着が可能とされる（参考とした論著：浦野起央『南海諸島国際紛争史』刀水書房、一九九七。平松茂雄『中国の戦略的海洋進出』勁草書房、二〇〇二。共同通信社『世界年鑑二〇〇四』）。

〔3〕 南沙（スプラトリー）諸島をめぐる一九八八年三月の中国とヴェトナムの軍事衝突は、一面では七九年の中越戦争の延長線上で見ることができるが、他面では中国海軍の南進の意図を示したものだとも考えられる。九〇年代になると、中越間の係争点を含む南沙諸島での対立は、米ソの撤退（ソ連は八九年末にカムラン湾から撤収開始、米国も九一年一一月にクラーク空軍基地から撤収、九二年一一月にスービック海軍基地から撤収）後の軍事的空白に対処するという安全保障面の考慮に加えて、海底資源をめぐる思惑を背景にしている。南沙諸島は豊富な海底資源に恵まれているがゆえに、中国、ヴェトナム、マレーシア、フィリピン、ブルネイ、台湾など周辺六カ国・地域がその領有を宣言、冷戦の終結に伴なって各国の利害が交錯、表面化する場となっている。

中国は一九九二年二月に「領海及び接続海域法」を制定し南シナ海全域を自国領と見なし、主権侵害に対しては関係機関が法的措置をとること（事実上軍事的措置を含むものと理解される）などを盛り込んだ強硬な立場を鮮明にした。そればかりでなく、五月には中国政府が米企業と石油探査契約を結んだが、その海域がヴェトナムが自国の二〇〇海里排他的経済水域内と主張している南沙諸島の南西端地域だったために、ヴェトナムが中国を非難するに至り、南沙諸島情勢は一気に緊迫することとなった（両国は九一年一一月に両共産党首脳会談で友好関係を回復し、領土問題の平和的解決を約したばかりだった）。これに対しASEAN（当時はまだ六カ国・ヴェトナムも未加盟）は同年七月に南シナ海の主権問題を武力に訴えず、平和的に解決することを求める「南シナ海宣言」を発表して中国を牽制した。また九三年七月のASEAN拡大外相会議におけるASEAN地域フォーラムの設置決定も、南シナ海問題に関して中国を多国間協議の場に引き出そうというASEAN側の思惑と関連している。その後九二年二月になると、フィリピン政府も領有を主張する南沙諸島のミスチーフ礁（中国名・美済礁）に対し、中国が建造物を構築するという第一次ミスチーフ礁事件が起こり、ASEANは中国を脅威として捉えるようになった。三月にはASEAN諸国はミスチーフ礁問題の早期解決を訴える外相声明を出している（その後中国は九六年五月に国連海洋法条約を批准し、九八年六月には排他的経済水域・大陸棚法を公布している）。なお、中越の国境条約交渉、ミスチーフ礁をめぐる中国とフィリピンとの関係、およびその後のASEANの対応については、本書第七章「東南アジア——認識の変化」の節および関連する訳註を参照されたい（参考とした論著：佐藤考一「地域紛争とASEANの機能」『転換期のASEAN』山影進編、日本国際問題研究所、二〇〇一。平松茂雄『中国の戦略的海洋進出』勁草書房、二〇〇二）。

〔4〕一九五四年九月の第一次台湾海峡危機により、同年一二月に米華相互防衛条約が調印された。五八年の第二次台湾海峡危機に際してはアイゼンハワー政権は、金門・馬祖島の防衛を宣言した。これら二度の台湾海峡危機から四〇年近くを経て、九五年七月から九六年三月にかけて三度にわたって台湾海峡で軍事的緊張が発生した。第三次台湾海峡危機と呼ばれる。九五年六月の李登輝総統の訪米直後の七月および八月、台湾北方の東シナ海で中国軍によるミサイルおよび火砲の実弾発射訓練が行われ、さらに、台湾立法院選挙（一二月二日）直前の一一月下旬には、福建省の南部沿海地区で三軍合同の上陸演習が行われた。これに加えて三月二三日の台湾総統直接選挙を目前に控えて、中国軍は三月八日から一五日まで八日間、台湾本島北東の基隆沖と、南西の高雄沖の二カ所を目標海域とするミサイル実射訓練を行い、さらに二五日まで第二波、第三波の軍事演習を行った。アメリカはこれに対し航空母艦二隻を派遣して中国側を牽制した。なお、米国の影響も視野に入れた中台関係の現状と展望については本書第九章を参照されたい（参考とした論著：「台湾海峡危機（陳天璽）」『岩波現代中国事典』一九九九。井尻秀憲『中台危機の構造』勁草書房、一九九七）。

〔5〕NPTに対して中国は、同条約の差別性を指摘し、一貫して批判的な立場をとってきた。中国が国際社会との協調の観点から、同条約の締約国になるのは一九九二年三月のことである。核拡散の危険性の排除という合理性をもちながらも、既存の核保有国による核兵器の独占という差別性＝不合理性をもつNPTの公平性をかろうじて保証したのは、同条約六条の核軍縮義務であった。したがって非核保有国は、地下核実験の禁止を含むCTBT（包括的核実験禁止条約）の実現を求め続けたのであったが、冷戦終結という戦略環境の変化を背景として、CTBTの再交渉を求める国際的気運が高まった。こうした背景のもとに九六年九月一〇日の国連特別総会で、CTBTは採択される。中国は同九月一〇日の国連特別総会でCTBTの採決に賛成し、同二四

日条約に署名した。

中国の核政策の特徴は、他の四核兵器国とは異なって、核の「先制不使用」と「消極的安全保障」を宣言していることである。他方、核弾頭の多弾頭（MIRV）化にも成功していないなど、当該四カ国のなかでは最も技術水準が低く、核実験の必要性が高いことは明らかである。このため中国は従来、核爆発実験の停止をCTBTの署名時ではなく、発効時とする姿勢をとってきたが、CTBT採択に先立って一九九六年七月二九日の通算四五回目の地下核実験と同時に声明を発表し、翌日の七月三〇日以降、核実験を凍結している。同年六月八日の四四回目の核実験と合わせて「駆け込み」核実験は国際的な非難を受けた。西側軍事筋の間では、中国が核実験凍結に踏み切ったのは、同国がロシアからシュミレーションによる核開発技術を入手したためという観測がある。国際的な非難を承知での駆け込み実験もシュミレーションに必要なデータの獲得が目的だったとされる。CTBTの発効については、核開発能力をもつ四四カ国の署名・批准がその条件となっているが、四四発効要件国のうちインド、パキスタン、北朝鮮は署名すらしていない。また米国上院は九九年一〇月に批准を拒否しており、現在のブッシュ政権の方針を考えると発効への道のりはきわめて険しいといわなければならない（参考とした論著：小川伸一「中国の核軍備管理・軍縮政策」茅原郁生編著『中国の核・ミサイル・宇宙戦力』蒼蒼社、二〇〇二。共同通信社『世界年鑑一九九六』、『世界年鑑一九九七』）。

〔6〕 表3－3、図3－1につき、原著の統計は一九九三年までであるが、日本語版作成にあたって一九九四年から二〇〇二年までの数値を補充し読者の参考に供することとした。原著の統計数値は「国民所得」を基準にし、二〇〇二年版『中国統計年鑑』は「国民総生産」を用い、最新（二〇〇三年版）の『中国統計年鑑』では「国民総所得」が用いられている。ここでは二〇〇二年版および二〇〇三年版の統計年鑑を併用し、総合的な考量を行い、「国民総所得」として図表を作成したことを付記しておく。

〔7〕 一九九六年一一月二七日、南アフリカのマンデラ大統領は、「九七年一二月三一日に台湾と断交し、同時に中国と国交を樹立する」と発表した。台湾にとって九〇年のサウジアラビアとの断交、九二年の韓国との断交に次ぐもの。この時点で台湾が国交をもつ国は南アフリカを含めて三〇カ国あったが、南アを除けばほとんどがアフリカ、中南米の小国ばかりとなり、台湾にとっての外交的打撃は計り知れなかった。実務外交方針をとる台湾は、九四年五月に銭復外交部長が南アが中国と国交を樹立した後も台湾は断交せず二重承認を受け入れる方針を表明していた。マンデラ大統領は良好な関係を有する台湾とは断交しないという考えを以前から表明しており、同年八月の台湾の徐立徳行政院副院長との会談後の記者会見でも、断交の意思のないことを表明していた。一一月二七日の声明で「南アが国際社会に仲間入りし、またアフリカ統一機構、非同盟諸国会議、国連の一員である以上、国連安保理の常任理事国で大きな人口を持つ中国と不正常な関係を続けることは一貫性を欠く」と説明する一方、台湾の南アの発展に対する貢献に感謝の意を表明した。声明後の質疑で中台双方と外交関係をもつ政策を追求してきたが、「中国側がそれ

を容認せず、不可能だった」と決断の苦しさをにじませたという。約一年の経過期間を置いたのは、南アにとってはできる限りの配慮といえた。中国は九七年の香港返還後は外交関係のない国には領事館の残留を認めないとの方針で南アに翻意を促し、台湾との断交を迫ったとされる。「二重承認を絶対認めない」中国としては原則を貫いたことになり、この点でも外交的得点は大きかった。台湾側は、駐南ア大使を召還し、対南ア援助事業一七件八億四二〇〇万ドル相当の停止を発表したが、外交関係は九七年一二月まで維持した。マンデラ大統領は、九六年一二月四日、プレトリアで台湾の章孝厳外交部長と会談し、断交後も双方が最高レベルの関係を維持する、と述べたとされる（参考とした資料：『朝日新聞』一九九六年一一月二九日。共同通信社『世界年鑑一九九七』）。

第四章　制度的マクロ構造と政策決定過程——垂直的権威主義から水平的権威主義へ

制度的マクロ構造とは、実践的な社会的現実、すなわち外交政策が決定され実施されるレベルを意味するものである。外交政策の過程やメカニズムの研究は、ミクロ・マクロリンケージアプローチを理解し応用していくうえで最も有効な方法の一つである。この章では、政策決定過程への社会の参加の範囲と程度を検討し、外交政策の形成を支配する制度的構造、規則、規範の変化を考察することによって、社会的・制度的インプットなど、マクロレベルの諸要因を理解することを目的としている。

政策決定構造

マキアヴェッリによれば、国家の最も重要な利益は、生存の追求である。[1] そして中華人民共和国にとって、国際舞台で国家として生き残ることは、国内的に体制が存続するのと同じくらい重要であった。そのことは、一九八九年六月の天安門広場における民主派勢力の鎮圧からも明らかである。いかなる国の外交政策上の行動も国内環境の影響を受けるはずであるが、中国の場合には、社会、政治、経済、制度といった国内の諸条件と対外行動との間に密接な関係が存在し、特に注目に値する。実際、中華人民共和国の指導部にとっては、銭其琛外交部長が述べているように、「外交は国内問題の延長なのである」。[2] 制度的マクロ構造とその中国外交政策に対する影響を理解するためには、中国の政策決定構造を検討しなければならず、とりわけ政治制度やエリート政治、政治経済情勢全般の諸過程の変化に焦点をあてる必要がある。

個人独裁から集団的権威主義へ

文化大革命後の政治的・経済的改革を経てもなお、中国の政治システムと政策決定過程の本質は、依然として権威主義的なままであった。このことは、外交政策の形成面でとりわけ著しく、外交政策は、一個人ないしある一定数の人々の認識、傾向、選好によって運営されており、またそれらを強く反映するものであった。しかし鄧小平の指導下、外交政策決定過程に十分影響を与えるほどの変化が生じた。多くの学者がこの「道半ばの変化」について分析してきたが、その変化は中国政治の権威主義的性格を変革するには不十分であった。ハリー・ハーディングは、ポスト毛沢東体制を「協議的権威主義［consultative authoritarian］」体制と呼んでいる（Harding, 1987: 200）。彼の意見によれば、中国は「少し前までの全体主義からは大きく離脱」してきているが、「本当に多元的な政治システムや、あるいは疑似民主的な政治システムにさえ」いまだ到達していない。ここでハーディングは外交政策過程だけではなく、政治システム全体にも言及している。ケネス・リーバーサルとディヴィッド・ランプトンは、ポスト毛沢東時代の中国における官僚政治と政策決定を記述するために分裂した権威主義モデル［fragmented authoritarianism model］を提案した（Lieberthal, 1992）。このモデルによれば、「中国政治システムの頂点のすぐ下にある権威は分裂し、相互に連結を欠いている。この分裂は構造的に基礎づけられ、手続きに関する改革政策がこれに拍車をかけているのである」[(3)]（Lieberthal, 1992: 8）。中国経済改革の分権的な特徴を強調し、一九八〇年代以降の中国の発展を「中国スタイルの連邦主義」と名づけた研究者もいる（Montinola, Qian, and Weingast, 1995）。

以上のような傾向は、中国における外交政策の策定にも影響を及ぼした。すなわち北京は、一人の指導者が外交政策の決定を支配した毛沢東時代に別れを告げたのである。この転換をドーク・バーネットは「個人による意思決定から集団による意思決定」への移行と表現している（Barnett, 1985: 16）。中国における政策決定機構の組織のあり方は、**垂直的権威主義**から**水平的権威主義**へと変化してきた。この概念は、『アメリカ政治社会科学アカデミー年報［*The Annals of the American Academy of Political and Social Science*］』に掲載された九二年の拙稿で発展させたものである

(Zhao, 1992)。ここで使用される用語は、体制それ自体の特徴というよりは、主として政策決定過程に関連するものであるが、両者が密接に関連することは述べるまでもない。用語法の混乱を避けるために、以下の点を注記しておく。本書で**垂直的**もしくは**水平的**という場合、それは外交政策策定過程への参加の範囲、特徴、性質だけを指し（例えば**集団的意思決定**対**個人独裁**）、外交政策の命令系統に係るものではない。実際、その国の体制が権威主義的か民主主義的かにかかわらず、事実上すべての国で外交政策の策定と実施は、垂直的な命令系統で行われているのである。

垂直的権威主義とは、垂直的な命令系統をとおして一人の最高権力者が支配する政策決定過程を指す。垂直的権威主義は、共産主義国家にしばしば見受けられ、スターリン支配下のソ連、チャウシェスク支配下のルーマニア、金日成支配下の北朝鮮、そして毛沢東支配下の中国などがそうであった。外交政策上の諸問題に関して最高権力者は事実上すべての戦略的に重要な決定を下すのである。毛沢東のもとでは、周恩来首相が政治局メンバーや外交問題の専門家の小グループと協議したうえで、主として「外交問題の指揮をとっていた」[4]。そして政府の官僚、とりわけ外交部が外交政策を実施したのである。

垂直的権威主義は、個人独裁や単一の垂直的な命令システム、そして基本的に統一された外交政策によって特徴づけられる。政治制度や政府官僚は、政策決定過程には受動的なかたちでしか参加しない。水平的権威主義も本質的には権威主義的で高度に集権化された政策決定過程を指すものであるが、しかしその意思決定過程のトップレベルには、権力中枢をなす複数の実力者たち［power centres］が存在し、さまざまな利害や意見を代表し調整を行うのである。水平的権威主義は、「集団的権威主義」とも呼ばれている。

両者を比較すると、水平的権威主義は、垂直的権威主義と比べて個人への権限集中の度合いが弱く、制度化が進んでいるので、より多元的な政策決定システムへつながっていくように見える。中国が経験しているこのような変化は、近年の歴史、とりわけ文化大革命の教訓によって推進されてきた。文革の大混乱は、体制の正統性に対して空前絶後といってよいような挑戦を引き起こした。この正統性の危機は、「国内治安」という重大問題を中国の指導者たちに理解させ、ポスト毛沢東時代の指導部内で次のようなコンセンサスが生み出されるのを後押しした。すなわち共産党体制の存続を確かなものとするためには、国内外の環境に対する基本的な解釈を徹底的に改めなければならないという共通理解である。

垂直的権威主義から水平的権威主義へという変化の背景には、その他の力も作用している。すなわち経済発展と現代化の努力、トップレベルにおけるテクノクラート官僚の力と影響力の伸張、旧い革命世代の退場、外部世界への中国の門戸開放、外交政策上の決定の急激な多様化と複雑化、そして最後に中国国民の政治的覚醒である。一九八九年の逆流にもかかわらず、鄧小平時代に進められた経済改革やその他の発展は継続している。(5) 以上に見た諸力の継続的な存続は、水平的権威主義へと向かう趨勢を支えるものであり、中国が垂直的権威主義に回帰することを妨げるであろう。

垂直的権威主義から水平的権威主義への変化と、国内政策と外交政策の関係とを検討するためには、この変化の次のような特徴を分析しなければならない。(1)トップレベルにおける権力中枢をなす複数の実力者たちの存在と彼らの間の論争。(2)政治制度の中での官僚的利害の代表。(3)政策上の諸問題に関するアジェンダの拡大。(4)中央政府における地方利害への関与の拡大。(5)知識人とシンクタンクの参加の拡大。(6)政治経済情勢全般の影響力。(7)中国国民の力と意見に対する感受性の高まり。

この章では、大衆政治よりも政治制度やエリート政治に焦点をあてる。しかしこのことは、人々の要求が重要でないということを意味しない。近年、中国の国内政治と外交政策は、人々の政治的要求や、デモや消極的抵抗といった新しいかたちでの政治参加の影響を受けているのである。

権力中枢をなす複数の実力者たちが発言を許される

中国政治のトップレベルにさまざまな派閥が存在することは広く知られている。ケネス・リーバーサルによれば、中国の外交政策決定エリートには、三つの著名な思想学派が存在する。すなわち鎖国的外交政策を奨励する**排外主義者**［nativists］、外国の技術によって中国を富強にしようと望むものの、技術の輸入に付随する文化的影響からは国を守ろうとする**折衷的組織者**［eclectic organizers］、そして現代化のプロセスをスピードアップするために、急速な経済発展に適するよう中国文化の基本的性質を改めようとやっきになっている**全面的現代化主義者**［all-around modernizers］である(6)（Lieberthal, 1984: 44-45）。

垂直的権威主義のもとでは、最高権力者は異論を封じ込めることができた。「当時周恩来の側近だったある中国人」によれば、外交政策上の大きな戦略的決定をするにあたっては、毛沢東の影響力は「周をはるかに凌ぐものだった」という（Doak Barnett, 1985: 7-8）。それを如実に示すケースとしては、米中国交正常化に向けての最初のステップとなった一九七一年四月の「ピンポン外交」が挙げられる。毛沢東は当初、しばらくはアメリカ選手団を招くべきではないとする周恩来の助言に同意し、その旨を周に伝えた。ところがその数時間後、毛沢東は考えを変え、看護婦を呼んで外交部礼賓局長の王海蓉に電話させ、ただちにアメリカ選手団を招待するよう伝えたのである。毛沢東は、自らの手で外交政策に対する重大な変更を行ったのであり、この決定については周恩来とはなんの協議もせず、結局周恩来は、毛沢東の指示をそのまま実行するほかなかったのである（Z. Li, 1994: 306-311）。

そうは言うものの、周恩来は一九七六年に亡くなるまで、中国の外交問題、とりわけ外交政策の実施面において（ただ毛沢東に及ばないだけで）第二の影響力を持った人物であり続けた。周恩来は、政治的キャンペーンや粛清を次から次へと経験しながら、そのすべてを通じて政治的に生き延びてきた。この驚くべき事実を可能とした重要な理由の一つは、周恩来の毛沢東に対する異論の余地ない忠誠心であり、周が中国政府最高の行政官として必要不可欠な役割を担っていたからである。

意見の相違を封殺するためには、しばしば厳しい措置がとられた。前章で論じたように、一九六〇年代初頭、毛沢東は王稼祥のより穏健な外交政策についての考えを「三和一少」と決めつけ、修正主義的であると批判した。王稼祥は外交政策部門の重要な地位から追放され、文化大革命では激しい批判に晒された。別の例としては、かつては元帥で国防部長だった彭徳懐の悲劇が挙げられる。一九五九年の廬山会議で国内外の政策上の諸問題について反対意見を述べると、彭徳懐はただちに軍の最高位を解任された。その後、彭徳懐は文化大革命期には軟禁され、迫害されて七四年に死亡した。

水平的権威主義のもとでは、鄧小平は毛沢東ほど権威や権力をもってこなかった。現在では、異なる意見を抱いているが同程度の政治権力をもっている政治指導者たちを沈黙させたり排除したりすることは、相対的に難しくなっている（しかし胡耀邦や趙紫陽のように権力基盤が比較的弱い場合には、指導的地位から追われることは依然ありうることである）。鄧小平はトップレベルにおける意見の相違を大目に見るしかなかったのである。

北京の「独立自主の平和外交政策」――ここでいう「独立」とは、二つの超大国からの独立を指す(7)――は、中国の国益を反映するものではあるが、しかしそれはまた、権力中枢の異なった実力者たちによって代表される二つの思想的学派間の妥協の産物と見なすことも可能である。鄧小平と陳雲（古参指導者の一人で、文化大革命前は党内序列が鄧小平よりも上位だった人物。付録1を参照）は、国内政策および外交政策上のさまざまな問題について多くの似通った考えをもっていた。しかし一九八〇年代全体をとおして、政策の方向性をめぐって両者の間には意見の相違が存在した。国内的には陳雲は鄧小平よりも計画経済に好意的であった。国際的には鄧小平はソ連との交渉経験やソ連の拡張主義的意図に対する深い懸念から、中国を西側に接近させる外交政策を支持した。対照的に、陳雲は公開の場でソ連批判を一度もしたことがない事実上唯一の中国のトップリーダーだった。陳雲は長年にわたってモスクワとの融和を唱えてきたのである。

中国政治を説明するために派閥主義モデル［factionalism model］を用いながら、ロウェル・ディトマーと呉玉山は、鄧小平と陳雲との違いを「改革下における経済成長と経済的安定との論争」と特徴づけている（Dittmer and Wu-shan, 1995: 493）。鄧小平らの発展重視グループは「安定を犠牲にしても、急速に発展すべき」と考えるのに対し、陳雲らの安定重視グループは「安定こそがすべてであり（稳定压倒一切）、発展の重要性にも優る」と主張するのである。[8]

一九九五年に陳雲が死去するまで、二人の実力者からは依然として異なる声を聞くことができた。九〇年代に入ると、鄧小平と陳雲は九〇歳近い高齢となったため（鄧は一九〇四年生まれで、陳は一九〇五年生まれ）、健康状態は明らかに衰えていった。九〇年には「計画と市場の正しい関係について陳雲同志の経済思想」を学習し修得することを求める、「陳雲思想」に対する公然とした支持が存在していた。[9] 中国人民銀行副総裁（副大臣に相当）で、陳雲の子息である陳元は、北京の政界で父親の考えを積極的に主張した。[10]

陳雲やその門下生である李鵬、姚依林、宋平といった人々の声に対抗し、自身の改革思想を推進するために、鄧小平は一九九二年一月、経済特区である深圳と珠海への大々的な視察旅行を行った。視察旅行中、鄧小平は中国現代化の最大の障害であると感じていた「左傾思想」を厳しく批判した。[11] 鄧の発言はその後、党中央の文書として回覧され、九二年一〇月に開催された第一四回党大会の論調を規定した。この党大会で生まれた新しい党指導部は、鄧小平と陳雲との妥協によるものと見なすことができる。というのは、李鵬は国務院総理の地位に留まったものの、姚依林と宋平の両名は政治局常務委員から退任・引退し、改革派である朱鎔基、胡錦濤の両名が彼らに取って代わったからである。

この二つの強力な派閥間の明白な対立関係は、一九九五年四月に陳雲が死去するまで続いた。九四年の春節の時点でもなお、鄧小平と陳雲の両者は上海に何度か姿を見せ、また現状の評価について異なる見解を披露した。鄧小平が目下の経済情勢について楽観的な見通しを強調したと報道されたのに対し、陳雲は「困難と課題」を強調したのである。権力中枢をなす二人の実力者のいつ果てるともしれない競争を「どっちが先に亡くなるかという見世物」と呼ぶ者もいた。[12] 実際には多くの点で、陳雲は、鄧小平の改革政策に必ずしも反対ではなかった。しかし、もし鄧小平が陳雲より先に死んでしまったら、その時は左派の要人たちが陳雲の名前を利用して改革志向の政策を変更してしまおうとするのではないかと、人々は恐れたのである。[13]

一九九〇年代半ばになると、北京の党および国家指導部のすべての派閥は、ポスト鄧小平時代の到来に向けて準備を始めた。そのなかで最有力者となったのが、党総書記兼国家主席の江沢民であった。[1] 天安門事件後、鄧小平は江沢民を共産党の「第三代領導グループ」の「核心」として指名した。[14] それ以後江沢民は、自らの権力基盤をしだいに固めていったのである。九四年から九五年初めにかけて、江沢民はいくつかの重要ポストについて大掛かりな異動を命じた。トップレベルでは、江沢民は二人の盟友を共産党中央書記局書記に起用した。前上海市党委員会書記の呉邦国と前山東省党委員会書記の姜春雲である。九五年三月には、この両名を副首相に任命し、それぞれ国有企業と農業部門の責任者とした。[2] 同様に、江沢民配下で国家計画委員会副主任の曽培炎を、国家の経済政策の最高機関である中央委員会金融・経済領導小組の秘書長に任命した。これらの措置により、江沢民は、中国の経済問題に対する影響力をいっそう強化し、中国における経済学の第一人者朱鎔基とともに経済分野での統制権を共有するに至ったのである。[15]

中央軍事委員会主席としても、江沢民は自己の配下を人民解放軍や人民武装警察、公安機関の重要ポストへと次々に送り込んでいった。江沢民の側近で、中国共産党中央弁公庁と国家主席弁公庁（国家主席の事務を処理する部局）の主任を兼務していた曽慶紅は、情報と公安に関する幅広い権限を新たに手に入れた。[3] さらに江沢民は、張全景という別の配下を、強大な人事権をもつ中国共産党中央委員会中央組織部の部長として送り込み、人事部門における自らの統制を強化した。

江沢民は次に宣伝活動の分野で攻勢をしかけた。一九九四年一二月、『鄧小平文選』第三巻に関する重要な研究会議が北京で開かれた。開催にあたったのは、中央宣伝部や中央党校、中央档案研究弁公室、国家教育委員会、中国社会科学院、中国人民解放軍総政治部といったプロパガンダの公認機関［propaganda power houses］であった。この会議は、党内諸派閥を標的とし、「江沢民とその支持者たちは、軍隊をも含むさまざまな部門から支持を受けている」ことを見せつけるために企画されたと信じられている。[16]

江沢民の権力基盤がさらに強化されたとはいえ、そのことは、江沢民が「中国の第三代領導グループ」における権力中枢の他の実力者たちから挑戦を受けなくなったということを意味しない。他の潜在的な実力者たちに関する憶測や報道は定期的になされており、そのなかには李鵬や喬石、朱鎔基といったトップリーダーの名も入っている。しかし最高権力者鄧小平を中心とする「第二代領導グループ」が退場するまで、これらの指導者はみな低姿勢を保っていたのである。

トップレベルにおいて意見の相違が公然と表明される場合には、現状を維持することが多くの問題について一時的には最良の解決法となる。このことは特に外交政策にあてはまる。外交政策上の問題は、政治改革や経済改革などの国内問題ほどには重要ではないと見なされているからである。したがって天安門事件から一年半後の一九九〇年一二月に開催された中国共産党第一三期中央委員会第七回全体会議で、国内政策でも外交政策でもなんら実質的内容を伴う決議を打ち出せなかったのは驚くべきことではない。あるチャイナ・ウォッチャーによれば、「この実質的内容の欠如は、政策決定過程が麻痺状態に置かれているという現状を露にしているのである」[17]。八九年の天安門事件後、中国の外交政策がなぜ国内政治の混乱にもかかわらずほとんど変化しなかったのかは、権力中枢をなす複数の実力者たちの間の一時的な緊張の高まりが原因で新しいイニシアチブを打ち出せなかったという点からも部分的には説明できるであろう。

官僚による参加の増大

中国政府には外交問題を扱うそれぞれ機能の異なる諸部局がある。国務院は外交政策上の諸問題に関して権限をもついくつかの省庁を統括する。その中でも特に重要なのは外交部である。その他多くの機構も外交問題を扱う組織をもっており、例えば全国人民代表大会には外事委員会がある。

一九八〇年代の行政改革により、政府行政機構の要職にテクノクラートの世代が就くようになった[18]。これらのテクノクラート官僚は比較的若く、優れた教育を受け、自らの専門分野には強い自信をもち積極的である。国家主席兼党総書記の江沢民や国務院総理の李鵬を含む若い世代の指導者たちの権力基盤や権威は、かつての毛沢東や周恩来、鄧小平と比べて小さいとディヴィッド・バックマンは論じている（Bachman, 1989: 37）。もしバックマンが正しいならば、おそらく近い将来の中国政治は、より説得や妥協に基づくようになるだろうし、逆に官僚の利益を損なうような大胆で新しいイニシアチブは出てこなくなるだろう。外交問題に携わる者を含めたこの新しい官僚集団は、政策決定過程にも官僚の利益の保護にも積極的に参加するようになってきている。

　政策決定過程への官僚の参加は、主として日常業務に反映されている。外務官僚は自分たちの権限の範囲内で積極的な役割を果たすことができるようになった。例えばワシントンの中国大使館は、幅広い調査活動と外交活動を行うため、連邦議会を担当する部局を一九八〇年代半ばにつくった(19)。この結果、外務官僚は上層部に政策提案できる機会をもつようになり、政策決定過程への自らの影響力を高めたのである。

　全国人民代表大会でも、政策決定過程への官僚の参加の増大を示す事例がある。全人代外事委員会はそのほとんどが退職した高位の外交官で構成されており、この委員会もまた広義の官僚機構の一部である。一九八〇年代以降その影響力は高まってきている。

　香港問題についても興味深いエピソードがある。それは、香港返還に関する中英共同声明が調印される数カ月前、一九八四年五月のことである。五月二〇日の朝、鄧小平は香港やマカオの記者、そして全人代の香港・マカオ代表たちに対して予定外の発言を行った。鄧小平は、北京の香港政策について公式に発言できるのは、彼自身のほか、国務院総理、外交部長、国務院香港・マカオ弁公室主任、新華社香港支社長だけであると明言した。他の要人の発言は、それがいかなるものであれ、「無効で非公式なもの」に過ぎないというのである。この鄧小平の怒りの声明の矛先は、耿飈《ひょう》、黄華という二人の全人代常務委員会副委員長に向けられていた。二人は全人代にくる前には、それぞれ国防部長と外交部長を務めていた。耿飈《ひょう》は中国は香港にいかなる軍隊も展開させないであろうと公の場で示唆し、一方の黄華は中国の国連代表部のなかに香港は代表を送り込めるだろうと発言していたのである(20)。古参にして全人代の指導的政治家であるこの両者の発言は、結局のところ最高権力者によって覆され、鄧小平は九七年から中国人民解放軍を香港に駐留させることを強調した。しかし彼らが鄧小平とまったく異なる意見を表明することができたという事実は、全人代の潜在的役割を示す重要な指標なのである。

中国の政策決定過程に対する全人代の潜在的な影響力についての研究の中で、ケヴィン・オブライエンは、全人代は「古典的な保守的立法機関でもないし、社会集団を政治過程に駆り立てて動員するダイナミックな基盤でもない」と論じている（O'Brien, 1990: 793-794）。半ば引退したようなエリートや地方の指導者、大衆の代表たちが主に「反対意見を強調したり、手続き上の規則性や問題への体系的アプローチを主張することによって」、少数意見を表明し穏健な影響力を行使しているとオブライエンは考えている。鄧小平の改革時代の後期には、以上の議論を証明するいくつかの事例が現れている。一九九五年三月の第八期全人代第三回会議において、姜春雲、呉邦国の二人の副首相候補は、それぞれ六四％と八六％の票しか得られなかった。国家レベル案件としては、前例のないほど低い数字である。全人代常務委員会副委員長で、前政治局委員・副首相の田紀雲は、より自由奔放な討論や全人代選挙における差額選挙〔4〕の実施を公に提案している。(21)

近年確かに全人代の権限を拡大せよとの声が聞こえるようになってきた。例えば一九九五年五月、香港選出の全人代代表であるヴィクター・シットは、全人代は以下の方針に沿って、よりいっそう改革されるべきであると提案している。⑴全人代を常設機構とすべきである。⑵真の権力機関とするために組織の再編を行う。⑶全人代と行政、党との関係を公式なものとする。さらに、⑷選挙制度を改善し、代表と選挙民との間に定期的で効果的な結びつきを確立する。(22)

拡大する政策アジェンダ

中国が外部世界へと開かれていくにつれて、外交政策上の決定は、より複雑で広範なものとなってきている。この

表4-1　中国の対外貿易額（1950-2002）[5]　　（単位：10億元）

年	輸出額	輸入額	総貿易額	年	輸出額	輸入額	総貿易額
1950	2.02	2.13	4.15	1977	13.97	13.28	27.25
1951	2.42	3.53	5.95	1978	16.76	18.74	35.50
1952	2.71	3.75	6.46	1979	21.17	24.29	45.46
1953	3.48	4.61	8.09	1980	27.12	29.88	57.00
1954	4.00	4.47	8.47	1981	36.76	36.77	73.53
1955	4.87	6.61	11.48	1982	41.38	35.75	77.13
1956	5.57	5.30	10.87	1983	43.83	42.18	86.01
1957	5.45	5.00	10.45	1984	58.05	62.05	120.10
1958	6.70	6.17	12.87	1985	80.89	125.78	206.67
1959	7.81	7.12	14.93	1986	108.21	149.83	258.04
1960	6.33	6.51	12.84	1987	147.00	161.42	308.42
1961	4.77	4.30	9.07	1988	176.67	205.53	382.20
1962	4.71	3.38	8.09	1989	195.61	219.99	415.60
1963	5.00	3.57	8.57	1990	298.58	257.43	556.01
1964	5.54	4.21	9.75	1991	382.71	339.87	722.58
1965	6.31	5.53	11.84	1992	467.63	444.33	911.96
1966	6.60	6.11	12.71	1993	528.48	598.62	1127.10
1967	5.88	5.34	11.21	1994	1042.18	996.01	2038.19
1968	5.76	5.09	10.85	1995	1245.18	1104.81	2349.99
1969	5.98	4.72	10.70	1996	1257.64	1155.74	2413.38
1970	5.68	5.61	11.29	1997	1516.07	1180.65	2696.72
1971	6.85	5.24	12.09	1998	1522.36	1162.61	2684.97
1972	8.29	6.40	14.69	1999	1615.98	1373.64	2989.62
1973	11.69	10.36	22.05	2000	2063.44	1863.88	3927.32
1974	13.94	15.28	29.22	2001	2202.44	2015.92	4218.36
1975	14.30	14.74	29.04	2002	2694.79	2443.03	5137.82
1976	13.48	12.93	26.41				

参考：国家統計局編『中国統計年鑑』2003，中国統計出版社（北京），p. 654.

ことは、特に対外的な経済文化交流や軍事政策と兵器取引の分野において顕著である。これらの問題をめぐっては、数多くの参加者が関与しており、その結果、政策決定過程に従来以上に多種多様な利害が係ってくる。そしてゲームのプレイヤーたちは、垂直的権威主義体制下の参加者たちと比較して、より大きな自律性を享受できる傾向にあるのである。

(1)経済・貿易政策　現代化の時代において、経済発展は最優先課題であり、結果として中国は、世界市場へ急速に組み込まれてきた。例えば、中国の国民総生産（GNP）に占める輸出と輸入の割合は、一九七八年にはそれぞれ四・六％と五・二％であったが、九〇年には一六・一％と一三・八％へと拡大してきている[23]。二〇〇二年にはこの比率はさらに二六・〇％と二三・六％に拡大している。

表4-1は、中国の対外貿易総額が鄧小

図4-1　中国の対外貿易額（1950-2002）

（単位：10億元）

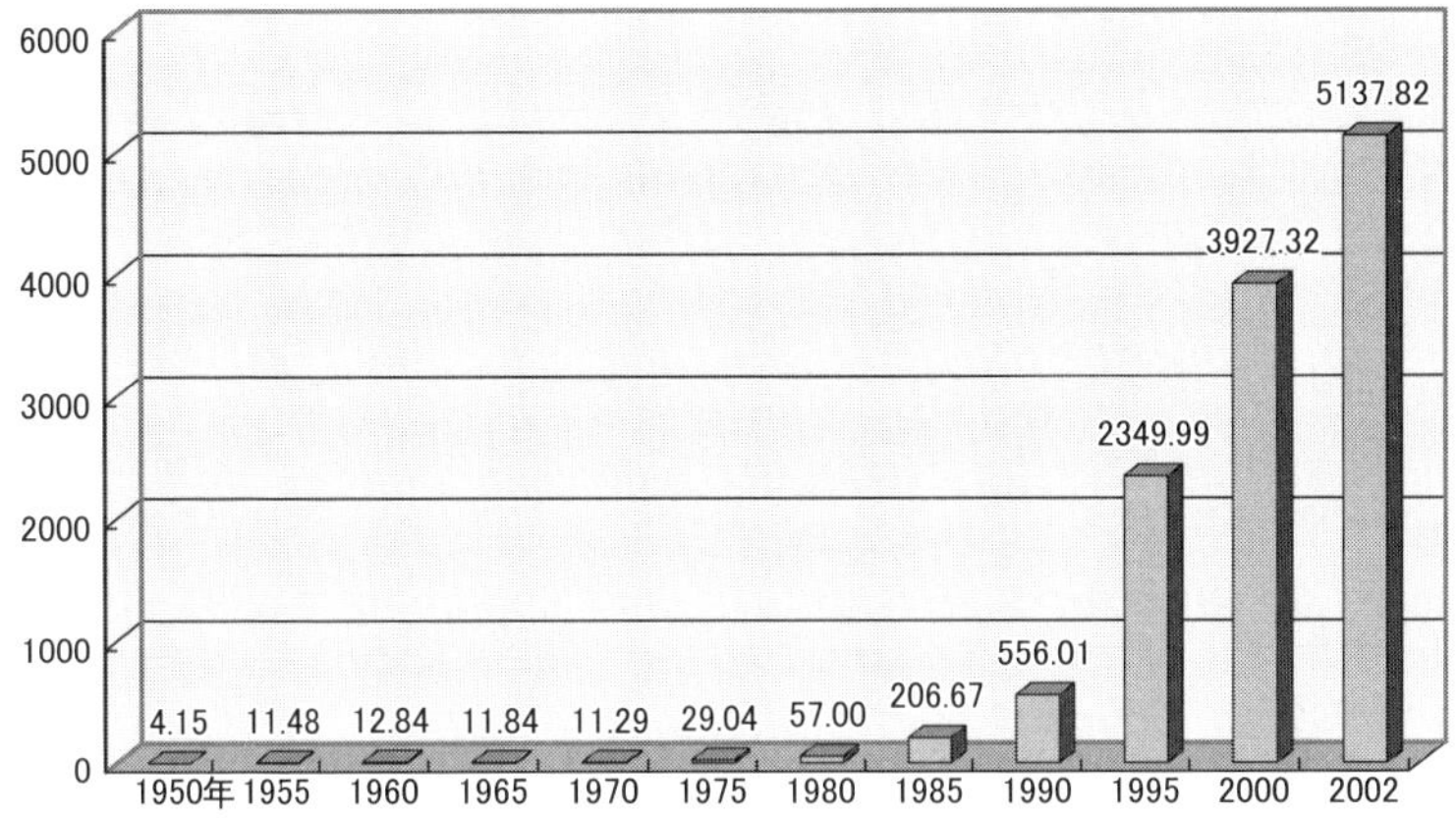

平のもとで大きく拡大したことを示している。このような成長ぶりは図4－1によってより鮮明に見て取ることができるであろう。スーザン・シークが指摘するように、依然として「世界経済との統合は表面的なものにとどまるが、中国は急激な経済改革を達成することができたのである」(Shirk, 1994: 86)。

対外経済活動の増加に伴って、政策決定過程には各種政府機関からより多くの参加者が関与するようになってきた。例えば外交部に加えて、対外経済貿易協力部や国家計画委員会のような政府機関が中国の対外経済関係において際立った役割を演じるようになったのである。経済発展に関連した他の省庁もまた外国との取引を増加させている。この点に関する格好の一例は、対外貿易に従事する会社が空前の規模で増加していることである。毛沢東時代には数社しかなかったが、一九九〇年代初めまでには全国レベルで優に一〇〇〇を超える貿易会社があった。この権力の委譲と貿易業者の拡散を対外貿易システムの根本的な自由化と見なすことはできないが、それでもなおこの事実は、中国の対外経済関係における官僚的利害の増大を示すものといえる(M. Ross, 1994: 448)。

(2) **軍事政策と兵器取引**　鄧小平時代の軍事政策、特に兵器取引は国際的な注目を浴びてきた。ポール・ゴッドウィンによれば、一九九〇年代の中国の軍事戦略は「中国周辺のさまざまな潜在的紛争への対応能力を強化することである」（Godwin, 1992: 200-201）。二一世紀における中国の国防戦略は「大戦争を戦い、核戦争を戦うことに基礎づけられるべきである」と北京は考えているが、その一方で、地域的な限定戦争に対して適切な準備を行うこともまた主要な関心事であった。ソ連相手の核戦争に備えるよりも、中国は地域的な限定戦争に備えなければならない。八〇年代を通じて、北京はこのことをしだいに明瞭に理解するようになっていった。そこで中国は、八五年から八八年にかけて軍区を一一から七へと削減して軍の再編制を行い、精鋭部隊や緊急対応軍も創設した。九一年の湾岸戦争は、その目も眩むようなハイテク兵器の展開によって、人民解放軍の度肝を抜いた(24)。その結果、軍備の現代化が人民解放軍の最優先事項となった。

中国は長年にわたって、アジアの友好国や近隣諸国に無償で武器を提供してきたが、そのほとんどは北朝鮮や北ヴェトナム、パキスタン向けのものだった。改革・開放後の一九七九年にこの政策は変更された。それ以来、人民解放軍は急速に世界に対する主要な兵器供給者になっていった。例えば八七年から九一年にかけて、中国は英国を抜いて、米国、ソ連・ロシア、フランスに次ぐ世界第四位の兵器輸出国となったのである。

一九八〇年代の初めから九〇年代に入るまでの間に、人民解放軍の各部隊は数千もの事業を展開する軍傘下の巨大な帝国を作り上げた。空軍、海軍、国防科学技術工業委員会によって運営される事業とならんで、とりわけ注目されるのは、中国人民解放軍総参謀部の保利集団公司や解放軍総後勤部の新興公司、解放軍総政治部が運営する凱利有限公司などである。これらの事業グループは、航空会社から養豚場まであらゆることに手を出しており、「国防予算全体に匹敵する歳入を生み出しているのである(25)」。

以上のような兵器取引の急速な発展は、長期的な目標と短期的な目標をもっている。すなわち長期的には、兵器取引の急増は中国が地域的な問題や世界的な問題で政治的影響力を行使する基盤を提供してくれるだろう。しかし短期的には、これらの兵器販売は軍の現代化を推進するための外貨収入を生み出す能力ゆえに評価されているのである(26)。海外に武器を売って利益を追求する理由は、国内の政治的・経済的変化の直接的な影響による。中国軍部は一九八

表4-2　中国の軍事支出（1950-2002）[6]　（単位：10億元）

年	国防費	増加率（%）	年	国防費	増加率（%）	年	国防費	増加率（%）
1950	2.8		1968	9.4	*13*	1986	20.1	*5*
1951	5.3	*89*	1969	12.6	*34*	1987	21.0	*4*
1952	5.8	*9*	1970	14.5	*15*	1988	21.8	*4*
1953	7.5	*29*	1971	16.9	*17*	1989	25.2	*16*
1954	5.8	*−23*	1972	15.9	*−6*	1990	29.0	*15*
1955	6.5	*12*	1973	14.5	*−9*	1991	33.0	*14*
1956	6.1	*−6*	1974	13.3	*−8*	1992	37.8	*15*
1957	5.5	*−10*	1975	14.2	*7*	1993	42.6	*13*
1958	5.0	*−9*	1976	13.4	*−6*	1994	55.1	*29*
1959	5.8	*16*	1977	14.9	*11*	1995	63.7	*16*
1960	5.8	*0*	1978	16.8	*13*	1996	72.0	*13*
1961	5.0	*−14*	1979	22.3	*33*	1997	81.3	*13*
1962	5.7	*14*	1980	19.3	*−13*	1998	93.5	*15*
1963	6.6	*16*	1981	16.8	*−13*	1999	107.6	*15*
1964	7.3	*11*	1982	17.6	*5*	2000	120.8	*12*
1965	8.7	*19*	1983	17.7	*1*	2001	144.2	*19*
1966	10.1	*16*	1984	18.1	*2*	2002	170.8	*18*
1967	8.3	*−18*	1985	19.1	*6*			

参考：国家統計局編『中国統計年鑑』2003，中国統計出版社（北京），p. 285.

〇年代のほとんどの期間をとおして大幅な予算削減を経験してきた。七九年、中国は、総予算の一七・五％を国防に費やしていたが、八七年までにその比率は八・二％に落ちこんだ。[27] 大幅な削減は八〇年と八一年になされ、そのとき実質的な軍事予算は一三％ずつ削減されたのである。このような軍事予算の削減は八九年まで続いたが、この時期の削減については、表4-2と図4-2を参照して頂きたい。

表4-2からは、北京が国内の大混乱に直面した一九八九年に軍事予算の削減が中止されたこともうかがえる。天安門事件後、政府は八九年から九一年にかけて国防予算を大幅に増額した。国防支出は八一年の一六八億元から九一年の三三〇億元へと増加したが、この増加分はインフレによってたやすく帳消しとなってしまった。九三年の推定値にしたがえば、軍の購買力は七〇年代後半以降、四分の一にまで落ちこんでしまっている。[28] 中国の国防予算は、九三年の四二六億元、九四年の五五一億元から九五年は六三七億元（七五・七億ドル）へと増額されている。九四年七月にバンコクで開催されたASEAN地域フォーラムで、中国の銭其琛外相は自国の立場を弁護して「この国防予算増額の主たる目的は……通貨の購買力低下の影響を相殺する

図4-2　中国の軍事支出（1950-2002）

（単位：10億元）

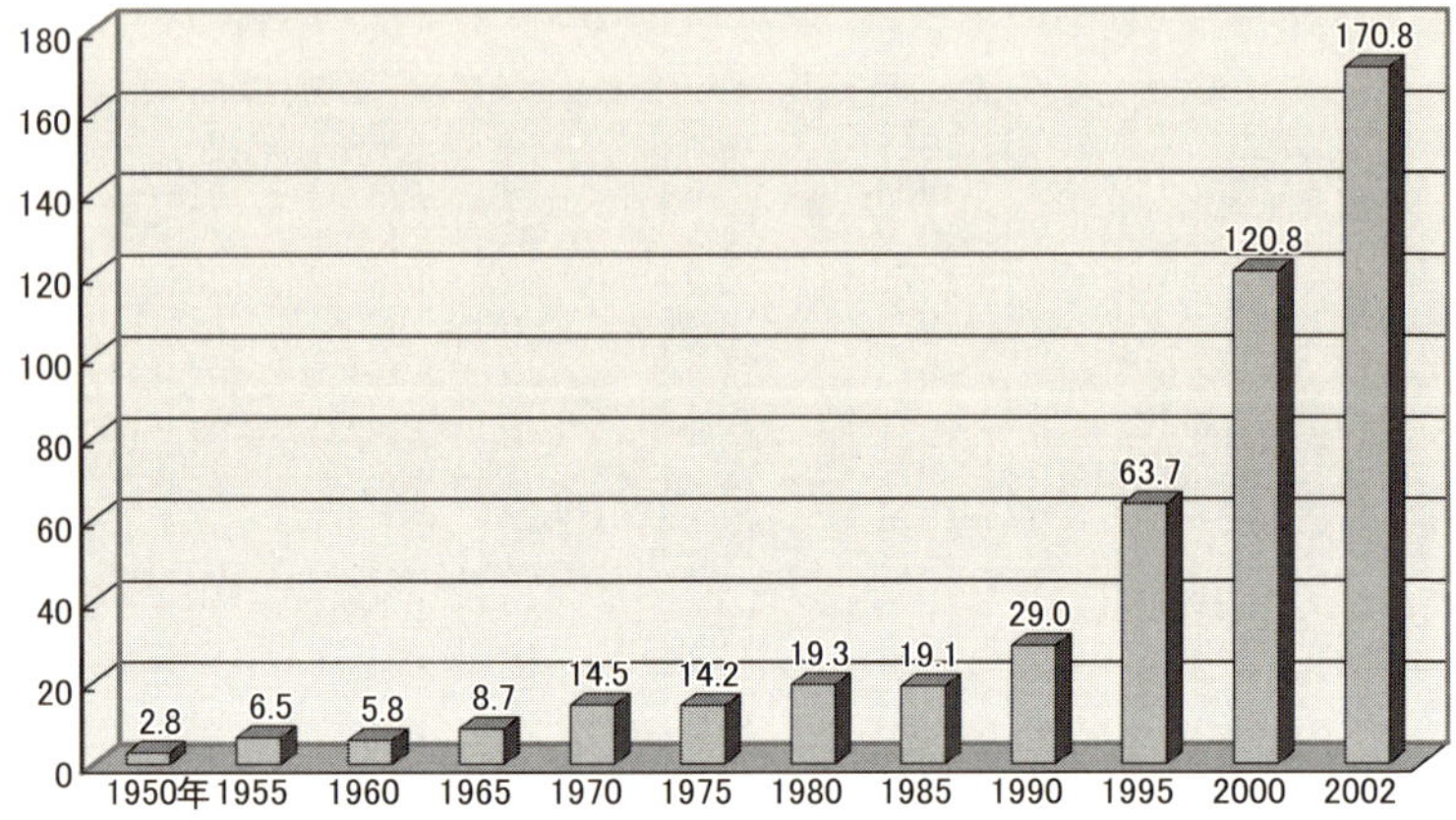

ことにある」と強調した。銭外相はさらに、中国の九四年の軍事予算（六五億ドル）を日本の三〇〇億ドル、米国の二〇〇〇億ドルの国防予算と比較して、「このような比較をすれば、中国の軍事力は本質的に防衛的なものであるという結論に自ずから到達するであろう」と述べている[29]。

もっとも中国によって公表された数値には、いくつかの重大な疑問がある。ストックホルム国際平和研究所やロンドンの国際戦略研究所、米国の軍備管理軍縮局、ＣＩＡ、国防総省など、数多くの国際機構や外国の政府機関の見積もりによれば、中国の一九九五年の実際の軍事予算は一〇〇億ドルから五〇〇億ドルの間であり、中国が公表した数値よりもずっと大きい[30]。さらに金儲けの甘い味を知ってしまった人民解放軍は、八九年以降も兵器販売を継続している。

だが対外関係における軍の自律性には限界がある。人民解放軍は政治問題に対しては伝統的に非常に大きな影響力をもっているが、中国共産党の権威に挑戦できるような立場にはない[31]。一九九二年一〇月の第一四回党大会の際に、楊尚昆、楊白冰兄弟が軍の指導的地位を解任されたが、これは「党が軍を指揮する」〔党指揮槍〕[7]という長年の原則を確認したものであると広く信じられている[32]。

さまざまな機関の間に異なった意見が存在するのは、ごく当然のことであろう。そのなかでも最も注目に値するのは、核やミサイル

表4-3　中国の核取引と核移転（1950年代-1992年2月）

受け取り国および取引期間	取　引　内　容
1. アルジェリア 1983-91	秘密協定に基づいて核兵器レベルのプルトニウムが製造可能なほど大規模な原子炉を供給.
2. アルゼンチン 1981-85	プルトニウム製造および（最大45トンの）ウラニウム濃縮が可能で，さらに低濃縮ウラニウム六価フッ化物や研究用原子炉燃料となる20%濃縮ウラニウムの製造が可能な原子炉を運転するために必要な重水を少なくとも60メートルトン売却.
3. ブラジル 1984	3%濃縮，7%濃縮，20%濃縮のウラニウムを三つの船積荷で総量200キログラム売却.
4. インド 1982-87	西ドイツの仲買業者，アルフレッド・ヘンペルをとおして少なくとも重水130トンを売却.
5. イラン 1985-90	秘密の協力協定に基づいて，イランの核技術者を中国で訓練し，さらに原子炉建造技術を提供したかもしれない．また研究用原子炉の売却契約を結んだ可能性もある.
6. イラク 1989-90	ウラニウム濃縮用の超高速遠心分離器を安定化させるための特殊な磁石をイラクが製造するのを援助し，国連の禁輸措置に違反して，核兵器製造の際に利用可能な7トンのリチウム水素化物の売却で合意.
7. 北朝鮮 1950年代-60年代	北朝鮮の核技術専門家を訓練.
8. パキスタン 1983-89	パキスタンが400ポンド未満の核弾頭を製造できるような信頼しうる爆弾の設計図を提供．さらに伝えられるところでは，二つの原子爆弾が製造可能な高濃縮ウラニウムを供給し，パキスタンがカフータ・プラントでウラニウム濃縮を試みるのを援助．原爆の威力アップを可能とするトリウム・ガスを売却．カフータ・プラントの遠心分離器用の特殊磁石を提供．ちなみに，同プラントで製造された原爆がロプノール核実験場で1989年にパキスタンによって実施された核実験で使用された．国際的な核供給の禁止措置にもかかわらず，300メガワットの原子力発電所の供給で合意.
9. 南アフリカ 1981	アルフレッド・ヘンペルをとおして，2.7%濃縮のウラニウムと3%濃縮のウラニウムをそれぞれ30トン売却.
10. シリア 1992	シリアは，小規模な研究用原子炉を中国から輸入する意図を示唆.

の売却といった議論の余地ある兵器取引をめぐる外交部と人民解放軍との意見の相違である。表4－3は、過去四〇数年間における中国の核取引と核移転の要約である。

ミサイルや核の取引問題のような外交部と人民解放軍との間で意見が対立する問題は、党最高指導部によって監督される特別グループに付託され、この特別グループがさまざまな利害を調整し仲裁者として行動する。一九八〇年代後半から、外交部は特別グループが兵器取引について話し合う際、代表を派遣し議論に参加することを許されている。このエリートグループによる決定がいったんなされてしまえば、すべての下位グループは普通その決定を忠実に支持することとなる。

一九八〇年代後半、一連の米中高官レベル会談の後、北京はシルクワームミサイルを中東へ売却しないことに同意した。人民解放軍も概ねこの政策には協力してきたが、契約を実際に交わすことこそなかったものの、想定しうる買い手を調査することによって、この政策の限界を試してはみた。[33] 九一年二月、外交部は、湾岸戦争期間中も中国はイラクへの武器販売を続けるだろうという見方を公式に否定した。[34] そして九一年六月には、兵器や核関連技術の中東への販売を規制するガイドライン制定を目的とした米国主催の会議への参加に、北京は同意したのである。[35] さらに人民解放軍の外事工作会議が、国務院の外事工作会議の開催直後の九一年七月に開かれた。[36] 北京はこのようにして主要機関の間の外交政策や国際活動を調整するために、協調努力を積み重ねている。

兵器と外交の分野での最近の発展としては、中国の銭其琛外交部長とウォレン・クリストファー米国務長官が一九九四年一〇月にワシントンで行った会談が挙げられる。両者は、核兵器用の核分裂物質の生産を禁止する国際協定の早期締結を推進するために協力するとの共同声明を発表した。両国はまたミサイル技術に関する協定にも調印した。この協定によって中国は初めて、五〇〇キログラム以上の弾頭を搭載し、三〇〇キロメートル以上の射程をもつ地対地ミサイルの輸出は行わないと約束したのである。これらの合意は、まず米国がハイテク輸出に関する制裁を解除した後に達成されたと報じられた。[37][8] 九五年一〇月、中国国務院は中国の軍事予算や軍備管理関連の問題が詳細に記述された『国防白書』を刊行した。その刊行目的は、軍事問題に関する透明性を要求する国際社会の声に応えるとともに、根拠不明確な「中国脅威論」をめぐる近隣諸国の不安を和らげることにあった。(38)

(3) **人権**　人々の政治生活や社会生活に対する統制は少しずつ緩和されてきており、また人権に関する北京の配慮にもある程度の進展が見られたが、中国は依然として人権面では国際基準から見てはるかに遅れていると一般には考えられている。北京は人権問題は政治的権利だけでなく、経済的権利や社会的権利とも関係しており、後者は中国の経済発展や文化的・歴史的背景と関連すると強く主張してきた。(39) 中国のこの信念は大多数のアジアの隣国の共感を得ている。一九九三年三月にバンコクで開かれたアジアで最初の地域的な人権会議の席上で、多くの政府代表は個人の自由よりも経済成長と共同体の発展を優先する人権観を彼らが共有していると語った。そして三〇項目からなるバンコク宣言は、個々の国家の国内問題への不干渉を特に強調したのである。(40) このような人権観は、すべての国はその経済発展の水準にかかわらず、同一の人権保護基準を遵守すべきであるという西欧諸国の多くで公認されている立場とは対照的なものである。

天安門事件後、米中関係は悪化したが、その理由の大半は、中国の人権状況に対しワシントンが懸念を抱いたことにある。しかし中国外交部は、自らの権限の範囲内で米国との関係改善のために全力をあげて取り組んだ。(41) 米国の人権問題担当国務次官リチャード・シフターが一九九〇年一二月に中国を訪問した際、外交部が窓口となった。この時シフターは中国側の担当者と一六時間に及ぶ会談を行い、米国が特に関心を寄せている政治犯一五〇名のリストを中国側に手渡したのである。(42) 外交部は公安や司法、少数民族問題、産児制限および家族計画、宗教問題、最高裁といったさまざまな省庁や部局から派遣された米政府高官との会談も設定したが、そこでの議論は広範かつ率直なものであった。(43) このシフターの訪問は中国当局側の妥協と見なされた。北京は、人権問題は国内問題であると常に主張してきたし、その人権上の実績について外国政府と議論することを繰り返し拒絶してきたからである。しかしここで、これらの会談の大半は象徴的なものにとどまり、見るべき成果をほとんど生み出さなかったことにも留意しておく必要があろう。

その後米国は、中国に対する強硬な立場をいくぶん軟化させた。一九九四年五月、クリントン政権は、北京の人権上の実績を最恵国待遇問題とリンクさせないと明言したが、その三カ月後、ロン・ブラウン商務長官が北京を訪問した。数百名の拘留者リストについて問いただすというこれまでのやり方とは対照的に、最恵国待遇問題解決後の米国の新しいアプローチは、非公開で行われる「相互取り決め」の対話のなかで中国側に慎重に忠告するというやり方になったようである。北京でのアメリカ商工会議所の朝食会において、ブラウンは「政府が政治問題を持ち出して、中国市場における他国との競争でアメリカ人が不利になるようなことはもはやないであろう」と語り、アメリカのビジネスマンたちを安心させたのであった(44)。

長期的に見れば、外部からの圧力は中国国内の人権状況をしだいに改善していく助けになるかもしれない。例えば一九九四年一二月、国際自由労働組合連合は、中国でビジネスを行う外国企業に対して、労働者の労働条件を内部から変革していくために企業としての責任を果たすよう要請した。米国のジーンズメーカーのリーバイ・ストラウス社や靴メーカーのナイキ社、リーボック社など、いくつかの企業はすでに「実践規範」を実施しており、その規範のもとでは、中国の請負業者や部品製造業者は、一定の環境、衛生、安全、賃金基準を満たさなければならない(45)。以上のような試みをしたからといって、中国がそれに感化されて労働慣行を見直すことはすぐにはないかもしれない。しかし多くの西側企業は、自発的に自らを規制することによって、中国の企業経営に模範を示そうと試みている。この傾向はさらに進展するかもしれない。九五年夏、クリントン政権は、中国で活動するアメリカ企業に対して児童労働や受刑者による労働を行わず、環境保護に努めるよう要請した(46)。これらの原則は任意だが、米国政府は奨励し、「これらの原則を最も効率的に実践した企業には報奨」が与えられるだろうと明言している(Lord, 1995: 249)。中国がいっそう世界経済や国際問題に組み込まれていけば、人権問題を含む中国の国内行動規範は、不可避的に外部の影響を受けていくであろう(47)。

(4) 文化および教育交流

鄧小平が権力の座に就いてから、外国との文化・教育交流は大幅に拡大した。中国科学院、中国社会科学院、国家教育委員会、国家科学技術委員会など、国際的な文化・教育交流分野での政府機関はすべて、中国の門戸開放政策の開始された一九七〇年代後半以降、その対外活動を拡大してきた。

米中関係が正常化してからまもなく、一九七〇年代後半、中国は米国へ留学生を送り始め、この流れは継続し拡大していった。九〇年までに中国本土出身の学生は、台湾出身の学生を追い越し、アメリカで学ぶ最大の留学生集団となった[48]。例えば九三年には、中国からは四万五〇〇〇人以上、台湾からは三万七〇〇〇人の留学生がアメリカで学んでいた。この数字は、在米外国人学生の数としては、それぞれ第一位と第三位にあたる[49]。学生に加え、中国はまた毎年数多くの学者を海外に派遣している。九三年には、学生と学者合わせて一三万人が外国で学んでおり、そのうち約一〇万人が米国に滞在していた[50]。

一九七〇年代後半からは、中国へ外国人の留学生や学者が流入してきた。その総数は海外で学ぶ中国人学生数と比べれば、依然として少ないままであるが、急激に増加してきている。中国における外国人学生の総数は、八八年には六〇〇〇人に達し(八二年は一八〇〇人)、その約四分の一はアフリカからの留学生だった。中国へやってくる留学生の数は、一九九〇年代前半に急激に増加した。九二年には一万二〇〇〇人だったのが九四年には二万六〇〇〇人となり、中国全土のおよそ二〇〇の大学や短大が募集した一三八カ国からの学生が、八〇〇以上の専門分野で学んでいる[51]。

中国は今日数多くの学生や学者を海外で学ぶために送り出しているが、主な相手国は米国、日本、カナダ、英国、ドイツ、フランス、オーストラリアなどの資本主義諸国である。さらに北京は、西側の社会や制度を学ばせる目的で、数千名以上の中国の官僚をこれら諸国に短期滞在というかたちで派遣してきた。例えば米国の場合、科学技術交流プログラムが事実上、連邦政府のすべての省と中国の対応する部門とを結びつけている。またいくつかのアメリカ企業は、中国におけるビジネス機会を増すための手段として、中国の官僚や経営者を対象とした教育プログラムを実施してきた（Harding, 1994: 379）。ソ連崩壊後のロシアにもかなりの数の中国人留学生がおり、このことも注目しておくことにしよう。

西側諸国へ学生を派遣することの影響にはさまざまな面がある。ウェンディ・フリーマンは、その効果のいくつかについて次のように要約している（Frieman, Wendy, 1994: 176-177）。(1)国際的な学問に触れて中国の学問レベルが高まる。(2)留学生は中国国内では入手不可能な価値のある知識を持ち帰る。(3)多くの学生は国外に留まることを選ぶ（頭脳流出現象）[52]。(4)西側社会に触れることにより中国人学生の経済的・政治的期待が高まる。

北京政府にとってみると、第一と第二の結果は歓迎すべきことであり、第三と第四の結果が望ましくないことは明らかである。例えば一九九三年の数値にしたがえば、八〇年代初め以降に出国した二〇万人の中国人学生のうち、わずか七万人しか中国へ帰国していない[53]。しかし総じて、中国は、文化・教育交流から大きな利益をあげてきたのである。

地方の利益がより代表されるようになる

水平的権威主義のもとでは、中央政府と地方エリートとの関係はより緊密となり、地方の利益は、外交関係、特に対外的な経済関係において一定の役割を演じ始めた。垂直的権威主義のもとでは、中央官庁が政治、経済、社会など地方の活動の全分野を実質的に統制してきた。地方エリートの活動は、次のような非常に広範なメカニズムによって統制されていた。すなわち党委員会第一書記や省長、大軍区司令官など、省の要職の任命や免職による統制、機動的な軍事力、とりわけ野戦軍に対する統制、宣伝機関のコントロール、そして金属や運輸といった重要な経済資源に対する統制である[54]。

垂直的権威主義は中央政府に利する傾向があり、他方、水平的権威主義は省に有利に作用するかもしれない。一九八九年夏以前の改革期間全体をとおして、地方政府に対する制約はしだいに緩やかなものとなっていった。現在では数多くの開放地区が存在し、なかでも広東、福建、山東、江蘇、浙江、遼寧、上海、天津といった沿岸部の都市や省、さらに海南、深圳、珠海、厦門、汕頭の五つの経済特区がよく知られている。これらの地域の地方政府は、地方の経済活動や対外経済関係の面で高度の権限を有している。中央政府は地方政府が輸出や地方経済の発展を奨励するために自らが稼いだ外貨の一部を保有してもよいとしている。外貨獲得の機会が増したことによって、広東や福建といった省は対外的な経済活動を行っていく自治権を享受できるようになっている。何人かの中国専門家たちは、この事例では、中央と省との関係は相互依存的なものへと変化してきていると考えている (Lieberthal and Oksenberg, 1988: 352)。

地方の力を維持・強化しようとする闘争は、一九九〇年代に入ってもやむことはなかった。中央政府が地方の経済活動や対外活動に対して手綱を引き締めようとすると、地方がこれに抵抗するという事態がしばしば報告されている。この点で最も注目に値するのは、広東省長葉選平の事例であろう。九〇年一一月に開催された各省の指導者たちが集う会議の席上で、葉選平は、中央官庁によって提出された財政の再集権化計画に対する省側の反対意見を強硬に述べ、財政的自治権の継続を要求した。その他の省の指導者たちも葉の意見に賛同し、「中央に反対する統一戦線を形成した」ため、その計画原案の実施は延期されたのである (Shirk, 1993: 194-195)。この事件は、「中央政府の決定を左右する地方政府の目の覚めるような新たな力」を示唆するものであったといえよう[9] (Montinola, Qian, and Weingast, 1995: 69)。

地方の指導者たちは、自分の都合に合わせて中央の政治を再定義することで、中央政治を我がものとすることをますます望むようになった。改革の最初の一五年間（一九七九―九四年）で、国内総生産に占める国家歳入の割合は二六%からわずか一二%以下へと落ちこんだ。これは主要先進国における同じ指標の三分の一の数値でしかない。スーザン・シークが述べているように、「中央の指導者たちは財政の再配分については強硬な口調で語ってきた」。八七年には前首相の趙紫陽が、八九年にはその後任の李鵬が、九三年には国家主席の江沢民が、そして九四年には経済皇帝朱鎔基が、いずれも金遣いの荒い各省に対して手綱を引き締めると断言したが、結局は前言撤回となってしまった。シークによれば、地方の有力者は、「選択を行う人々」と彼女が呼ぶ、「ポスト鄧小平時代の権力再配分のなかで誰がなにを行うかを決定するであろう党のエリート層」において、最大かつ最有力なブロックの一つを形成しているのである。(55)

全国人民代表大会においてもまた、地方の利益がより声高に語られるのを聞くことができる。一九九五年三月の第八期全人代第三回会議では、新たな中央銀行法に対して三三%の代表が反対票を投じた。中央政府が用意した議案に対する支持率としては、記録に残る限り最低である。全人代の代表たちは、地方の利益を擁護する際の有効な手段として自らの投票権を行使できるようになったのであり、『中国青年報』はこのことを「心躍るすばらしい発見」と報じている。(56)

省の力は、省長や省の党委員会第一書記などがますます中央の指導的地位へと昇進するようになったため、いっそう強化されている。例えば趙紫陽は、国務院総理と党総書記に就任する前、広東、内蒙古、四川で省や自治区の党委員会書記を務めていた。天安門事件後に総書記に任命された江沢民の前職は、上海市党委員会第一書記であった。一九九二年一〇月開催の第一四回党大会において選出された七人の政治局常務委員のうち四人は、省や自治区の党委員会第一書記や省長を務めた経歴をもっていた。

しかしながら、以上のような進展にもかかわらず、地方政府に自治権があるわけではない。地方エリートの参加は常にローカルな問題に限定され、さらにそのような参加でさえ、中央政府はいつでも制限できるのである。例えば一九九一年一月、北京は輸出補助金を撤廃したが、この措置は地方政府の独立性の拡大防止を意図したものであった。(57)

シンクタンクの重要性が増してきている

知識人とシンクタンクは、外交政策の策定においてますます重要な役割を演じるようになってきている。毛沢東のもとでは、反右派闘争や文化大革命といった、数多くの反知識人キャンペーンが行われた。大規模で時に無慈悲であったこれらの政治キャンペーンは、効果的に知識人の声を押さえ込んできた。

しかし一九八〇年代初頭以降、対外問題のシンクタンクがその数を増し、参加の範囲を拡大してきている。例えば国務院は国際研究センターを自前で運営しており、外交部、国家安全部、対外経済貿易協力部など、外交政策上のアジェンダを有する諸省庁も独自の研究機関をもっている。中国社会科学院の国際関係分野のいくつかの研究機関は、世界の政治・経済関係の分析だけではなく、国際的な地域研究にも精力的に取り組んでいる。さらに北京大学や人民大学といった北京の主要大学にも、研究機関が設置されているのである。

これらの研究機関の仕事のほとんどは、次の二種類に分けることができる。すなわち第一に、国際問題を研究しその背景についての報告を準備することである。そして第二に、外交政策上の諸問題を分析し、行動計画を提案することである。これらの研究機関は、政府内のさまざまなレベルに対して制度的・個人的なチャンネルをもっており、彼らの意見は公式の路線とは異なるかもしれない。シンクタンクと知識人は、このようなやり方で外交政策決定過程で助言者としての役割を果たしてきた。例えば一九七八年から八五年にかけて、知識人や政府の官僚たちの間でソ連の社会主義をめぐる論争が起きたが[58]、この論争によって八〇年代末までに北京がモスクワとの関係を正常化するために必要な内部準備が促進されたのである。

しかしそれにもかかわらず、外交政策上の諸問題に対する中国知識人の政治的影響力は依然として大きなものではない。シンクタンクは、種々の問題をめぐって内部で議論を行う際にはかなり高度な自由を享受している。だが研究機関が公然と異を唱えることは、不可能ではないにしても非常に困難なことである。外交政策上の諸問題について公的に論じることを許されている学者には、政府の公式路線を説明し正当化する役割が期待されている。知識人は中国の政治生活においてはいまだ独立した存在にはなっていない。彼らは仲間内では政策上の諸問題を以前と比べてより自由に議論できるようになってきたが、対外的にはあるいは公的な場では、政府の公式路線を支持しなければならない。これは、水平的権威主義における重要な特質の一つである[59]。

政治・経済情勢全般

中国における全般的な政治・経済上の変動のダイナミクスは、外交政策に常に直接的な影響を及ぼしてきた。一九四九年の共産党勝利後は、北京は外国からの借款に対しては不審の念で接していた[60]。七七年になってもなお、中国指導部はいかなる外国企業や合弁会社にも国内資源の開発を認めず、外国からの借款も許さなかった。七七年の『人民日報』の社説にしたがえば、「われわれはソ連の修正主義者たちのように、外国資本を用いてわれわれの国内資源を開発することは決して認めないし、他国と共同して事業を運営することもありえないだろう。外国からの借款を受け取ることもまた決してないだろう。中国には国内債務も国外債務も存在しないのである[61]」。

日本は、中国に借款を申し出た最初の主要先進工業国であった。一九七二年の日中関係正常化後、東京は何度も経済協力の一形態として政府借款の問題を取り上げたが、その提案は北京によって明確に拒絶されたのである[62]。ところが七八年以後になると、北京の強硬な姿勢に変化が生じた。この年から北京は改革・開放政策に着手し、経済発展や現代化が最優先事項に格上げされたからである。外国からの借款こそが経済発展のために廉価の資本を獲得するうえで必要な手段であることに、北京はしだいに気づくようになっていった。米国、日本、EC諸国など、先進工業諸国の外国資本や先進技術、市場を熱心に追い求めることが、中国の政策決定者にとって大きな関心事となったのである。中国の重要なプロジェクトが財政危機でしばしば脅かされている状況下においては、外国政府からのソフト・ローンが有用であることが明らかとなっていった。一九七九年、日本は、中国に政府借款を提供する初めての非共産主義政府となった。ベルギーやデンマークなどの他の西側諸国や世界銀行を含む国際機構が速やかに後に続いた。

日本や他の先進工業諸国からの借款の重要性が増したことは、一九八八年に鄧小平が行った公式声明によって明瞭となった。この声明のなかで鄧は、借款は「きわめて重要である」と語ったのである[63]。この発言は当時の首相・竹下登を歓迎した際になされたものであり、このとき竹下は八一〇〇億円（五四億ドル）の中国に対する第三次政府借款を約束したのだった。(64)

民衆の力

外交政策の策定に影響を及ぼす水平的権威主義のもう一つの特徴は、民衆の気分が演じる役割である。中国では政治参加をめぐって二種類の非公式な方式が存在している。一つは一九八九年の初夏に起こったような公然としたデモであり、もう一つは消極的抵抗である。このような発展は、文化大革命による政治的大混乱の直接的な結果であり、中国の政治文化の漸進的変化を示している。この二つの参加形態は、民衆の要求を当局に伝達する際有効である。消極的抵抗は、八九年の武力鎮圧の後に広範に採用されたものである。天安門事件から一年後、『ファー・イースタン・エコノミック・レビュー』誌掲載の記事は、次のようにコメントしている。

> 陰謀が存在している……おそらく北京において最も強烈に、しかし中国全土にも広く行きわたっている陰謀が……。それは沈黙という名の陰謀であり、何千もの人々が友人や隣人、同僚を売りわたすまいと心に決めたことによって生まれたものである。この自然発生的な大衆の拒絶行動は、去年の動乱の参加者に対する全面的な調査や粛清の発動を妨げているのである。(65)

「思想を純化する」目的で当局が組織した多くの政治討論は、党の指導の不手際やデモに対する稚拙な対処の仕方を人々が批判する機会に転じてしまった。(66) 消極的抵抗の劇的な実例は、一九九〇年一二月、当局の統制下で実施された北京市人民代表大会の選挙で生じた。北京市のほとんどの大学が集中する海淀区では、失脚した趙紫陽元総書記が三〇〇票を獲得した。趙紫陽の名前は候補者名簿にはなく、投票名簿には共産党によって慎重に選別された共産党支持者のみが載せられていたにもかかわらず、である。[67][10]

共産党による支配と国内的安定を維持するためには、北京の指導部はこの種の政治的要求を考慮していかなければならないであろう。国際的な圧力は北京の指導部から譲歩を引き出すのに一定の役割を演じてはいる。例えば数百名の政治犯の釈放や反政府指導者の方励之の出国が一九九〇年に認められたこと、さらには九三年春、最も重要な指名手配者であった学生運動のリーダー王丹の早期釈放が実現したことなどである。[11] しかし北京が示したこれらの行動はまた、国内の要求に応えようとするものでもあり、北京は中国人民に対して「より寛大な」イメージを示したいと考えているのである。

変化がもたらした効果

垂直的権威主義のもとでは、外交政策は決まり文句の姿をとりやすく、イデオロギーに主たる関心が置かれている。毛沢東時代に関する初期の研究では、中国外交政策の革命的性質が強調されている。水平的権威主義のもとでは、より多くのプレイヤーとより多様な問題が外交政策策定過程に入りこみ、より集団的な政策決定となる。多種多様な利益とより多くのプレイヤーが参入することで、中国外交政策からは硬直性が失われ、より実務的なものになっていくように思われる。多くの外国人専門家は「柔軟性の増大こそが……中国の対外関係を特徴づけている」ことに注目し(Harding, 1987: 243)、中国がその対外関係で示す機敏さは「より慎重でより冗長な米国(およびソ連)の政策決定過程を一歩も二歩も置き去りにするかもしれない」と語っている(Pye, 1988: 106)。

しかし対外関係における水平的参加の発展には限界がある。中国ではすべての政府機関や部局が中国共産党によって統制されている。官僚たちがより高い地位へ昇進するためには職階制という階段を昇っていかねばならない。そのため、ある個人がより大きな自律性を求めようとすると、これまでの政治キャリアを危険に晒すことになる。さらにそこに戦略的、政治的な問題が係ってくると、危険はより大きなものとなる。

今日でさえ中国と主要大国との関係といった微妙で戦略的に重要な問題は、トップリーダーたちの小グループが取り扱っている。一九九〇年代後半における江沢民のような党の第一人者の影響力は（江の場合は国家主席も兼任していた）、しばしば他の指導者たちの影を薄くしてしまう。党中央政治局の直属で五つの指導グループ（領導小組）が存在し、それぞれ外交問題、財政・経済、宣伝、台湾問題、法・政治問題といった異なる政策分野を担当している。[12]九六年の半ばまでに江沢民は、強力な実権をもつ中央軍事委員会主席のほかに、上述した五つの指導グループのうち、法・政治問題を除く四つのグループのトップの座を占めるに至った。江沢民は、外交問題のトップにはなかなか就かず、九五年三月になってようやく李鵬首相に代わって就任した（ちなみに李鵬は、銭其琛外相とともに、外事領導小組の副組長に就任した）。[68]

水平的権威主義は、個人独裁体制からしだいに離脱していく進歩的な政治発展である。同様の政治発展は台湾や韓国でも起こった。台湾と韓国における水平的権威主義は、垂直的権威主義と、議会政治によって特徴づけられる民主化過程との間の一段階であった。

一九七八年から胡錦濤時代の現在に至るまで（八九年の天安門事件とその後二年間続いた事件の余波の時期を例外として）、中国は韓国や台湾が過去数十年間歩んできたのと同じように、水平的権威主義の方向へと進んできている。しかし中国と韓国・台湾との間には、いくつかの重要な点で相違がある。まず第一に基本的な経済構造、とりわけ民間企業に関しては、中国は韓国や台湾に比べて発展が遅れている。第二に国外、特に西側からの政治的影響の度合が、韓国や台湾と比較して中国ではより限定的である。そして第三に中国のトップリーダーたちの民主主義や政治発展に対する意識は、韓国や台湾より全般的に低い水準にある。そのため、中国が今後自動的に他の東アジア社会の先例にならって歩みを進めていくかどうかについては、誰も確かな予測はできない。[69]中国は国内政治において長い不確定の時期を迎えているともいえる。そしてそれは必然的に、中国の対外行動についてもある程度の不確かさをもたらすことになるものと思われる。

原註

（1）彼の古典的著作である『君主論』を参照（Machiavelli, 1950）。

（2）「中国在世界事務中的重要作用」『北京周報』一九九〇年一〇月一五—二一日、一一—一二頁。銭は安定した政治状況と経済成長は「外交を行うにあたって有利な環境を作り出す」と述べている。

（3）分裂した政治［fragmented politics］という考え方は、Kenneth Lieberthal and Michel Oksenberg（1988）のなかで初めて論じられ、その後、Lieberthal and David Lampton（1992）とLieberthal（1995）において詳論された。

（4）D. Barnett（1985: 7）を参照。

（5）このような判断は、学者や専門家たちの間で広く支持されている。例えば、Michel Oksenberg（1991: 4）を参照。

（6）Frederic Teiwes（1984）も参照。

（7）一九八〇年代初めの時点で中国は二つの超大国に対して再評価を行ったが、この点についての完全な説明は、Carol Hamrin（1983）を参照。

（8）中国政治の派閥主義モデルをめぐる見事な分析と要約は、Lowell Dittmer and Yu-Shan Wu（1995）を参照。

（9）Robert Delfs, 'Thought Control, Conservatives behind Chen Yun in Reform Strugle,' *Far Eastern Economic Review*（8 November 1990）: 19–20.

（10）『世界日報』一九九一年六月一九日、第一〇面、『世界日報』一九九一年七月二七日、第一〇面。

（11）David Shambaugh（1992: 257–259）を参照。

（12）Carl Goldstein, 'Death Watch: Is Deng's Frail Health a Boon to Conservatives?,' *Far Eastern Economic Review*（24 February 1994）: 17–18.

（13）「元老的消失有利於第三代領導?」『亜洲周刊』一九九五年四月二三日、二〇—二三頁。

（14）江沢民が第三代領導グループの「核心」であることを強調する一方で、鄧小平は「第一代領導グループの核心は毛主席であり」、そして「私が第二代の核心である」と主張した。Deng Xiaoping（鄧小平）「中国第三代集体領導的緊迫任務」一九八九年六月一六日（Deng, 1994: 300–302）を参照（「領導グループ」の中国語原語は「集体領導」である。中国語の「領導」と「指導」には意味の違いがあり、領導は指導に比べてかなり強い意味を持つ。本書では可能な限り、「領導」の語をそのまま使用することとした）。

（15）Willy Wo-lap Lam, 'President All But Unassailable in Battle for Post-Deng Power,' *South China Morning Post*, 15 November 1994,

p. 1.

(16) Willy Wo-lap Lam, 'Jiang's Faction Pushes Agenda,' *South China Morning Post*, 16 December 1994, p. 11.

(17) Tai Ming Cheung, 'Policy in Paralysis: Deng's Cameo Fails to Tilt the Delicate Balancing Act,' *Far Eastern Economic Review* (10 January 1991): 10–11.

(18) 中国官僚制の変化に関する分析は、Hong Yung Lee（1991）や Martin K. Whyte（1989）を参照。

(19) 駐米中国大使館の趙錫欣公使とのインタビュー。一九九一年二月八日、ワシントンＤＣ。

(20) このエピソードについての詳細な回想は、Xu Jiatun（許家屯）（1993: 106–111; 邦訳1996: 122–127）を参照。また、Andy Ho, 'Tracking Down China's Official Line,' *South China Morning Post*, 27 October 1994, p. 23も参照。

(21) Lincoln Kaye, 'Vital Signs,' *Far Eastern Economic Review* (30 March 1995): 14–15.

(22) Victor Sit, 'The Power of Change,' *South China Morning Post*, 27 May 1995.

(23) K. C. Yeh（1992: 528）を参照。

(24) Nayan Chanda, 'Fear of the Dragon,' *Far Eastern Economic Review* (13 April 1995): 24–26.

(25) 人民解放軍による大規模な商業活動とそれが中国の兵器取引とどのように関連しているかについては、次の巻頭特集を参照。'PLA, Inc., China's Military Launches Profit Offensive'（by Tai Ming Cheung）, *Far Eastern Economic Review* (14 Octorber 1993): 64–71.

(26) John Calabrese（1990: 873）を参照。

(27) Eberhard Sandschneider（1990: 113–124）を参照。

(28) Tai Ming Cheung, 'Serve the People,' *Far Eastern Economic Review* (14 Octorber 1993): 66.

(29) Nayan Chanda, 'Gentle Giant: China Seeks to Calm Southeast Asia's Fears,' *Far Eastern Economic Review* (4 August 1994): 15–16.

(30) Nayan Chanda, 'Fear of the Dragon,' *Far Eastern Economic Review* (13 April 1995): 24–26.

(31) 中国の政治生活における人民解放軍の役割については、Ellis Joffe（1987）, Gerald Segal and William T. Tow（eds.）（1984）, Hsiao-shik Cheng（1990）を参照。

(32) 詳細な説明は、Tai Ming Cheung, 'Back to the Front: Deng Seeks to Depoliticize the PLA,' *Far Eastern Economic Review* (29 Octorber 1992): 15–16を参照。

(33) ブッシュ〔シニア〕政権下の国家安全保障会議のアジア部長［Director of Asian Affairs］だったダグラス・パール氏とのインタ

ビュー。一九九一年二月五日、ワシントンDC。さらに米国国務省のケント・ウィードマン中国・モンゴル局長［Director of the Office of Chinese and Mongolian Affairs］とのインタビュー。一九九一年二月二五日、ワシントンDC。

（34） 『人民日報』一九九一年二月一日、第一面。

（35） Tai Ming Cheung, 'Missile Refrain,' *Far Eastern Economic Review*（27 June 1991）: 12–13.

（36） 『人民日報』一九九一年八月一日、第一面。

（37） Nigel Holloway, 'Goodwill Proliferates,' *Far Eastern Economic Review*（20 Octorber 1994）: 20.

（38） 「反撃『中国脅威論』」『亜洲週刊』一九九五年一二月三日、三〇―三二頁。中国の軍備管理政策に関する詳細で包括的な研究については、A. I. Johnston（1996）を参照。

（39） James Hsiung（ed.）（1986）, *Human Rights in East Asia* と Andrew Nathan（1986）, 'Sources of Chinese Rights Thinking'を参照。

（40） Gordon Fairclough, 'Standing Firm: Asia Sticks to Its View of Human Rights,' *Far Eastern Economic Review*（15 April 1993）: 22.

（41） ダグラス・パール氏とのインタビュー。

（42） Susumu Awanohara and Tai Ming Cheung, 'Abusive Treatment: China Hedges Response to US Human Rights Pressure,' *Far Eastern Economic Review*（3 January 1991）: 8–9.

（43） この訪問に参加した米国国務省ケント・ウィードマン中国・モンゴル局長とのインタビュー。

（44） Lincoln Kaye, 'Commerce Kowtow: Human-Rights Concerns Lost in Rush of US Deals,' *Far Eastern Economic Review*（8 September 1994）: 16–18.

（45） Shada Islam, 'Pressure on Beijing: Foreign Firms Urged to Insist on Workers' Rights,' *Far Eastern Economic Review*（29 December 1994, and 5 January 1995）: 16.

（46） 'United States: China Business Code,' *Far Eastern Economic Review*（8 June 1995）: 57.

（47） 中国外交政策における人権問題に関する詳細な説明は、Andrew Nathan（1994）, 'Human Rights in Chinese Policy'を参照。

（48） 米中教育交流についての詳細な説明は、Joyce K. Kallgren and Denis Fred Simon（eds.）（1987）, Leo A. Orleans（1988）, Chang-gui Chen and David Zweig（1994）を参照。

（49） Mahlon Meyer, 'Class Politics: Taiwanese, Chinese Students Don't Mix, Even on US Campuses,' *Far Eastern Economic Review*（1 December 1994）: 56–58.

（50） The Xinhua（新華）General Overseas News Service, 1 July 1993.

(51) Xinhua（新華）News Agency, 19 April 1995.
(52) 中国の頭脳流出に関する詳細な説明については、Changgui Chen and David Zweig（1994）を参照。
(53) The Xinhua（新華）General Overseas News Service, 1 July 1993.
(54) この点に関する優れた分析としては、Kenneth Lieberthal and Michel Oksenberg（1988: 339–353）を参照。
(55) Lincoln Kaye, 'The Grip Slip,' *Far Eastern Economic Review*（11 May 1995）: 18–20.
(56) Lincoln Kaye, 'Vital Signs,' *Far Eastern Economic Review*（30 March 1995）: 14–15.
(57) Elizabeth Cheng, 'Power to the Center: China Removes Export Subsidies to Curb Regional Privileges,' *Far Eastern Economic Review*（24 January 1991）: 34–35.
(58) この点に関する詳細な説明は、Gilbert Rozman（1987）を参照。
(59) 中国における知識人と国家の関係を扱った文献に関して、詳しくはMerle Goldman（ed.）（1987）を参照。
(60) 例外は、一九五三年から六〇年にかけてソ連と東欧の社会主義国から受けた一五億ドルの政府借款である。
(61) 『人民日報』一九七七年一月二日、第一面。
(62) Chae-jin Lee（1984: 113）を参照。
(63) *Japan Times*, 27 August 1988, p. 1.
(64) *ibid.*
(65) *Far Eastern Economic Review*（31 May 1990）: 17.
(66) この点について詳細は、Hong Shi（1990: 1210）, 'China's Political Development after Tiananmen: Tranquillity by Default'を参照。
(67) *Far Eastern Economic Review*（24 January 1991）: 9.
(68) Willy Wo-Lap Lam, 'Jiang's Power Continues to Grow,' *South China Morning Post*, 17 March 1995, p. 1.
(69) 東アジア（中国、日本、韓国、香港、台湾）における民主化の比較を特集した優れた共同研究としては、Edward Frieman（1994）を参照。

訳註

〔1〕 一九四三年三月の中央政治局会議では、毛沢東が中央委員会主席に任命された。その後七六年九月に死去するまで毛沢東は終身その地位にあり、「党主席」は四〇年以上にわたり共産党の最高ポストであった（もっとも二五年の第四回党大会から四五年の

第七回党大会で廃止されるまで、党の最高職は総書記だった）。この間、五六年の第八回党大会から六九年の第九回党大会の期間は、書記局の具体的な業務に責任を負うポストとして、党主席の他に党総書記の職位が存在した。「主席‐総書記制」と呼ぶこともできる。この意味での総書記は今日の総書記とは意味合いを異にする。七六年一〇月党主席の地位は華国鋒が継承する。八一年六月の一一期六中全会で華国鋒に代わって胡耀邦が党主席に選出される。八二年九月には主席制が廃止され、総書記制となる。胡耀邦が改めて総書記に就任した（胡耀邦は八〇年二月の一一期五中全会で総書記に就任していた。つまり八〇年二月から八二年九月の期間は主席‐総書記が併存したことになる）。党の最高ポストについて見れば、一九四五―七六／毛沢東主席、七六―八一／華国鋒主席、八一―八二／胡耀邦主席、八二―八七／胡耀邦総書記、八七―八九／趙紫陽総書記、八九―〇二／江沢民総書記、〇二―／胡錦濤総書記と整理することができる。鄧小平が八九年に言及した第一代～第三代領導グループの「核心」は必ずしも党の最高ポストと一致しているわけではないことがわかる（巻末の「付録I　中国共産党の指導者」を参照されたい）。

他方、中央軍事委員会の責任者について見ると、一九四五―七六／毛沢東主席、七六―八一／華国鋒主席、八一―八九／鄧小平主席、八九―〇四／江沢民主席、〇四―／胡錦濤主席となる。二〇〇二年一一月の胡錦濤総書記選出後も江沢民前総書記は中央軍事委員会主席のポストをすぐには手放さなかったが、〇四年九月の一六期四中全会で退任するに至った。なお、党中央軍事委員会の他に、国家中央軍事委員会があるが、構成員はほぼ同じである。国家中央軍事委員会の成立は、八三年六月とされる（参考とした論著：「中国共産党中央主席（中居良文）」「中国共産党総書記（唐亮）」「華国鋒（浅野亮）」「胡耀邦（佐々木智弘）」『岩波現代中国事典』一九九九。魏娜・呉愛明『当代中国政府与行政』中国人民大学出版社、二〇〇二。浦興祖『当代中国政治制度』復旦大学出版社、一九九九。鄢聖華『中国政府体制』天津社会科学院出版社、二〇〇二）。

なお、「書記局」は中国語原語では「書記処」であるが、本書では一般に用いられている「書記局」に統一してある。

〔2〕　呉邦国は、二〇〇二年一一月の第一六回党大会で政治局常務委員に選ばれ、〇三年三月の第一〇期全人代第一回会議で全国人民代表大会常務委員長（議長）に選出される。現在（〇四年一〇月）、党内序列は二位。一九四一年生まれで、六七年清華大学卒。八三年上海市党委常務委員、八五年同党委副書記、当時書記だった江沢民、朱鎔基に仕える。九一年朱鎔基の副首相就任に伴い、同市党委書記に昇格。いわゆる上海閥で江沢民派と目される。姜春雲は一九三〇年生まれ、九二年一〇月政治局員、九五年副首相。九七年九月に政治局員再任、九八年三月全人代常務副委員長を経て〇二年一一月に引退した。曽培炎は一九三八年生まれ、清華大学卒。二〇〇二年一一月に政治局員、〇三年三月に副首相（参考とした資料：共同通信社『中国動向二〇〇三』。共同通信社『世界年鑑一九九九』）。

〔3〕　曽慶紅は、現在政治局常務委員で国家副主席、中央書記局書記、中央党学校長。江沢民前総書記の側近中の側近とされる。一

九三九年生まれ。八四年上海市党委員会組織部副部長、同部長。上海市党委常務委員、秘書長を歴任し、八六年党委副書記。八五年に江沢民が上海市長として赴任し、市党委書記を経て中央に転出するまで、秘書長、副書記として仕える。八九年六月総書記に栄転した江沢民は上海からただ一人曽慶紅を中央に帯同した。八九年八月中共中央弁公庁副主任、九三年三月同主任、九七年九月第一五回党大会で政治局候補委員に昇格、書記局書記を兼任。九九年三月党中央組織部長。中央に転出後も一貫して江沢民の側近であった。矢吹晋氏によれば、九二年の共産党第一四回党大会前夜の楊白冰追放劇の演出をしたのは曽慶紅だという。二〇〇二年一一月の第一六回党大会で政治局員を通り越して政治局常務委員に昇格、一二月党学校長。〇三年三月の第一〇期全人代第一回大会で国家副主席就任。江沢民引退後の胡錦濤政権の行方に最も影響力をもつ人物の一人であるといえる（参考とした論著・資料：共同通信社『中国動向二〇〇三』。矢吹晋『中国の権力システム』平凡社、二〇〇〇。「中国新指導部の新顔」『朝日新聞』二〇〇二年一一月一六日）。

〔4〕　差額選挙は候補者数が当選者を一定の比率で上回っている選挙の方式。一九七九年の全国人代・地方各級人代選挙法から導入され、選挙のレベルによって差額の割合には違いがある。従来型の信任投票に普通選挙の要素を盛り込むものだが、差額は最大で二倍にすぎない。定員に対して同数の候補を立てて信任投票を行う従来型の選挙の仕方を等額選挙と呼ぶ。

〔5〕　表4－1と図4－1は、原著では一九五〇年から九二年までであるが、日本語版作成にあたって九三年から二〇〇二年までの統計を加え読者の参考に供することとした。なお原著の数値が最新の統計と異なる場合には、『中国統計年鑑』二〇〇三に基づき原著の数値に修正を加えてある。

〔6〕　表4－2と図4－2は原著では、一九五〇年から九三年までであるが、日本語版作成にあたって九四年から二〇〇二年までの統計を加え読者の参考に供することとした。なお原著の数値が最新の統計と異なる場合には、『中国統計年鑑』二〇〇三に基づき原著の数値に修正を加えてある。

〔7〕　中国語では「党指揮槍」と表現される。軍に対する政治の優越を意味し、旧ソ連赤軍の軍事制度に由来し、国民革命軍に採用され、人民解放軍の前身である紅軍に引き継がれた。連隊以上の組織には軍事指揮員とならんで政治委員が置かれるが、軍の各級党委員会の書記を政治委員が兼務（軍事指揮員は副書記）し、軍事工作はすべて党委員会で決定され、命令は政治委員の署名があって初めて有効であると定められることによって、軍に対する党の指揮権が保障されている。この指揮系統の最上位に党中央軍事委員会が位置する（参考とした論著：「政治委員（村井友秀）」『岩波現代中国事典』一九九九。鄢聖華『中国政府体制』天津社会科学院出版社、二〇〇二）。

〔8〕　一九八七年に発足した「ミサイル技術管理体制（ＭＴＣＲ）」に中国は参加していないが、その規制を遵守する旨を表明してい

る。その最初のものは九二年二月一日付のベーカー米国務長官宛の銭其琛外相の書簡である。本文にいう九四年一〇月（四日）の協定は「ミサイル拡散防止に関する共同声明」であり、これにより中国側はMTCRに違反する輸出を事実上行わないことに同意したと理解されている。なお、中国がミサイルの部品、技術などをイラン、パキスタンに供与し、パキスタンには短距離弾道ミサイルを輸出していたとして、米国が中国に経済制裁を課そうとした際、中国外交部報道官は二〇〇〇年一一月二一日、中国の「MTCRガイドライン遵守」の立場を確認している。中国がMTCRに参加していない以上、中国の輸出管理の実効性については曖昧なやりとりが繰り返されるのは否めない。九八年六月〜七月のクリントン訪中の折りの首脳会談でMTCR参加問題が話し合われたが、その際に中国側はMTCR参加の条件として、「米国による台湾への武器輸出問題、特に戦域ミサイル防衛（TMD）システムの開発・配備の中止を挙げた」といわれる（参考とした論著：鈴木祐二「ミサイル技術管理体制（MTCR）と米中関係」茅原郁生編著『中国の核・ミサイル・宇宙戦力』蒼蒼社、二〇〇二）。

〔9〕 中国の地方制度を見ると、省→地区→県・区→郷鎮の四レベルになっている。省は二〇以上あり、その他に四直轄市、五自治区がある。省と、直轄市と、自治区は行政上同格である。つまり省のレベルには省、直轄市、自治区を合わせて三〇を超える地方政府がある。直轄市には北京、天津、上海、重慶があり、自治区は少数民族が多数居住する地域であり、チベット自治区、新疆ウイグル自治区、内モンゴル自治区、寧夏回族自治区、広西チワン族自治区がある。省の首長は省長、直轄市の首長は市長、自治区の首長は主席と呼ぶが、本文にいう「省長」はいわばその総称として使われている。なお、各地方政府には当然、某省（市・自治区）共産党委員会が存在し、その責任者が「党委員会書記」である（本文では時代を反映して「党委員会第一書記」という呼称が用いられているが、意味は基本的に同じである）。地方政治の最高権力者は、党委員会書記であり、一般に筆頭副書記が省長、市長、自治区主席を兼任する。

呉国光は、改革開放期の中央—地方関係には五つの段階があったと言う。第一段階は一九七八年から八二年までで、中央の非主流派（鄧小平たち改革勢力）が地方勢力と同盟を形成した。八二年から八八年までが第二段階であり、この時期に中央は財政請負制度の導入、企業管理権や経済決定権の地方移譲、さらに人事権の地方移譲などによって地方の自主性を高めることになった。特に経済分権は経済改革の重要な柱であり、地方の積極性を引き出す目的があった。第三段階は、中央と地方の利害が対立した時期にあたり、八八年から九四年前後がそれにあたるとされる。対立は経済発展の戦略や、成長の速度をめぐって生じ、財政矛盾や人事権をめぐる確執が顕著であった。九四年前後から九八年初頭が第四段階であり、この期間、中央は経済、財政、政治などのさまざまな面で調整政策をとった。その典型が中央の財政力を高めることを目的とした分税制である。

注意すべきことは、この時期には一方的に中央の権限が強化されたわけではなく、地方の自主性を承認し制度化するなかで、中央のマクロコントロール能力の強化が図られた点である。九八年初頭以降の第五段階では第四段階以来の調整がほぼ完了し、中央は地方に対して統制権を確保し、指導的な地位を確立した。九四年九月（一四期四中全会）以降、中央は地方幹部の人事異動を頻繁に実施し、頻繁な任地変更を行うことで、省に対する人事統制権を大いに強化している。また、地方における厳格な定年制の実施や、九五年以来の大規模な反腐敗運動も中央の統制力の回復に寄与している。人事権は確かに第二段階で地方に移譲されているのだが、唐亮によれば、中央は⑴採用基準などの幹部政策、⑵届出制、⑶中央組織部による承認などの人事規制、⑷特別審査などによって、省委員会の人事権を管理し得ていることになる（参考とした論著：呉国光「地方主義の発展と政治統制、制度退行」『現代中国の構造変動　4政治』東京大学出版会、二〇〇〇。呉国光・鄭永年『論中央—地方関係』Oxford University Press, 1995, 香港。唐亮「省指導体制と人事による中央統制」『現代中国の構造変動4　政治』東京大学出版会、二〇〇〇）。

〔10〕　趙紫陽は、中国共産党元総書記。一九一九年生まれ、六五年広東省党委書記、六七年七月文革で批判され失脚。七一年内モンゴル自治区党委書記として復活、七二年広東省党委書記、七四年同党第一書記、七五年四川省党委第一書記兼省長。農家経営請負制の導入、企業自主権の拡大など「四川の経験」と呼ばれる改革を行う。改革派の旗手と呼ばれ、民衆は（やはり改革派の安徽省党委第一書記・万里とともに）「要吃糧找紫陽、要吃米找万里」（メシが食いたきゃ趙紫陽をさがせ、米が食いたきゃ万里をさがせ。「糧」と「陽」、「米」と「里」は韻を踏んである）と語り継いだ。七九年中央政治局委員、八〇年二月政治局常務委員。同四月より国務院副総理、九月国務院総理。八二年より国務院国家経済体制改革委員会主任を兼任。八七年一月胡耀邦の辞任を受けて、総書記代行、一一月の第一三回党大会直後の一三期一中全会で総書記兼中央軍事委員会第一副主席。八九年六月の天安門事件で失脚、党籍のみを残して全職務解任。同事件後は実質的な軟禁状態にあった。

二〇〇五年一月一七日、名誉回復の機会がないまま北京にて死去。八五歳だった。死去に際して、新華社は簡単に事実を伝えただけであり、党による追悼行事も行われなかったが、葬儀は二九日に八宝山革命公墓で行われ、党内序列四位の全国政治協商会議主席らが参列するなどの配慮が払われた。失脚した指導者の葬儀としては異例の格式がとられ、また、北京市王府井にほど近い同氏自宅への市民の弔問が許可されたことは、同氏が持っていた威信と同氏に対する同情論を考慮したものと思われる。失脚後も、同氏を支持する幹部や知識人は少なくなく、葬儀に招待された二〇〇〇人以外にも、警官に排除されはしたものの多くの市民が追悼に訪れた。経済改革の基本的な道筋は同氏が国務院総理時代につけたものであり、天安門事件で挫折したものの第一三回党大会の政治改革案は時代を先取りするものであった（参考とした論著：馬立誠、凌志軍『交鋒』今日中国出版社、一九九八（伏見茂訳『交鋒』中央公論社、一九九九）。「趙紫陽（仲居良文）」『岩波現代中国事典』一九九九）。

〔11〕　王丹は、一九七〇年生まれ、八九年の学生運動の際には天安門広場の副総指揮。運動鎮圧後、逃亡中に逮捕。九三年二月仮出

獄。九五年五月に再逮捕、九六年一〇月政府転覆陰謀罪で懲役一一年の判決を受ける。九八年四月病気治療を理由に仮釈放、渡米（参考とした論著：「王丹（田原史起）」『岩波現代中国事典』一九九九）。

〔12〕中国語では、共産党中央「工作領導小組」のこと。その責任者は「組長」であり、次席責任者は「副組長」である。本文に示された五つの指導グループの中国語の正式名称は、中央外事工作領導小組、中央財経工作領導小組、中央宣伝思想工作領導小組、中央対台工作領導小組、中央政法委員会、である。なお二〇〇〇年秋には米国の国家安全保障会議をモデルに「安全工作領導小組」が作られたという。胡錦濤総書記は、第一六回党大会の後〇二年末までには、外事工作領導小組と安全保障領導小組の責任者（組長）に就任したとされる（『朝日新聞』二〇〇三年三月一四日）。

第五章　権力／体制マクロ構造と戦略、戦術——厳格性から柔軟性へ

前章では、毛沢東と周恩来の関係のさまざまな面や、鄧小平と陳雲によって代表された権力中枢をなす二人の異なった実力者の関係の諸側面を紹介したが、これらの例からも明らかなように、**権力と権威のダイナミクスと体制の正統性**は、中国外交政策に直接的な影響を与えてきたのである。

本章では、外交政策の戦略や戦術などミクロレベルの行動をより詳細に検討する。行動パターンを確定するためには、政策決定者が直面する複数の選択肢と選好を分析し、政策決定者がなぜ多くの選択肢の中からある特定の政策を選択するのかを問うことが重要である。中国外交政策の決定過程には投票行為は存在しない。だが権力政治をめぐるマクロ構造の検討を通じて、マクロレベルとミクロレベルの諸要因間の収斂を考察することは可能である。政策決定者の選択は、しばしば一定の時間内のマクロレベルにおける各要因の変化に影響され、この変化は政策決定者にさまざまな戦略や戦術を用いさせる。そこでミクロレベルの戦略と戦術を把握し、それらがどのようにマクロレベル上の諸要因にリンクしているかを知ることは、ある国の対外行動を理解するにあたって決定的に重要なのである。

権力／体制マクロ構造を分析する過程において、以下では北京独特の外交政策の戦略と戦術を広範に検討する。まず中国語の二つの概念、すなわち**原則性**（原則に忠実であること）と**霊活性**（柔軟性）の起源と用法について簡単に振り返ってみよう。そのうえで次に、外交政策上の諸問題と北京の交渉スタイルを詳しく研究する。第一の検討課題である外交政策上の特定の**問題**に対する中国の行動を理解するためには、**本質的原則**と**レトリック的原則**とを区別し、優先順位の高低を区別する必要がある。第二の検討課題であるリーダーシップのスタイルは、外交政策研究上、注目

すべき研究の焦点となっている[1]。この二つの検討課題は、さまざまの事例研究をとおして説明されていくであろう。

イデオロギーと伝統的思考様式の影響力

毛沢東はかつて「われわれは、国民党社会と一〇月革命という二人の親をもっている」と強調したことがある[2]。毛沢東はもちろん、「一〇月革命」という言葉でマルクス・レーニン主義の影響について語っていたのであり、「国民党社会」には、「国民党統治の二〇年間においてだけでなく、中国の長い歴史を通じて発展してきた考えや態度、制度」という意味を持たせていた (Schram, 1989: 134)。中国の伝統的思考様式における謀略、特に古代皇帝の宮廷における謀略は、毛沢東の思考の深層レベルでは、マルクス・レーニン主義よりもずっと強い影響力をもっていた[3]。例えば外交についての古代の原則の一つに**遠交近攻**がある。一九六九年に中ソ国境紛争が発生したすぐ後に、初めて米国との関係改善の可能性に言及したとき、毛沢東はまさにこの原則を引用している (Z. Li, 1994: 514)。

イデオロギーと伝統的思考様式の結合、マルクス主義と文化的伝統の影響[4]は、国内の政策と政策決定ばかりでなく、外交政策とその政策決定にも及んできたし、外交政策目標を追求する際、北京が特徴的に用いる戦略と戦術にも明白に現れている。その影響力は、中国の外交政策上の一貫した独特の行動パターン、すなわち**原則性**と**霊活性**概念に基づいた厳格性と柔軟性の二元性にはっきりと示されているのである。

原則性と霊活性

中国政府の公文書を調べていると、二つの用語が頻繁に現れることに気づくであろう。「原則」あるいは「筋の通った」を意味する**原則性**と、「柔軟性」を意味する**霊活性**である。中華人民共和国の総理と外交部長に任命された周恩来は、「外交事務活動の指示」と題する中国共産党中央委員会文書を起草した。この文書は中華人民共和国が成立する九カ月前の一九四九年一月に発表されたものである。この指示は、「外交活動に関して、われわれの立場をしっかりと保持し、しかし柔軟でもあるために、われわれは正しく**原則性**と**霊活性**を身につけなければならない」と強調している（P. Li, 1994: 306）。対外活動について用いられるとき、**原則性**は国益や主権、中国の社会主義の道を含む一組の諸原則[5]を意味する。それと対照的に、**霊活性**は国際的アリーナにおける柔軟性と妥協の必要性を認めている。

中国共産主義者の認識によれば、資本主義を根底から覆すためには、革命家は基本原則に固執しなければならず、しかしチャンスがあったら、それを十分生かせるほどには柔軟でなければならない。一九三〇年代には早くも、毛沢東は**原則性**と**霊活性**の戦略を提起していた。真の革命家は中国の古い硬貨のように、内側は四角く外側は円くなければならない。それは内部は確固としており（原則に忠実）、外部は柔軟であることを意味する。[6]

「外国の帝国主義者と反動勢力」に対処するに際して、毛沢東は「反革命の二重戦略に対抗する革命の二重戦略」を用いた。一九四六年に毛沢東は「二重の性格」をもつものとして米国を表現した。すなわち、長期にわたる戦略上の衰退が避けがたいので、アメリカは結局は「張子の虎」である。しかしながら、その軍事・技術上の優越性ゆえに、短期的には米国は「鉄の虎」と見なされなければならない、というのである。[7]

毛沢東の**原則性**と**霊活性**の戦略は、マルクス主義哲学によっているだけでなく、中国の伝統思考にもよっている。例えば伝統的な中国的観念である「中学為体、西学為用」とは、中国的価値を原則として用い、西洋的価値を技術的、実践的目的に使用することを主張している。[8] 出来事を任意に一つ、どれを取り出して考察してみても、北京の行動パターンと政策選択においては、厳格性と柔軟性とが混ざりあっている。北京は基本原則に忠実である点で厳格であるが、実際的・技術的事柄においては柔軟である。

最高指導者の権力政治

他のほとんどの国と同じように、中国でも重要な外交政策の決定は、最高指導者によって直接行われる。もっとも中国では、指導者の統制と関与の度合いが際立っている。毛沢東は「全面的に支配的」であり、ほとんどすべての重要決定を行ってきた。他方、鄧小平は政治エリートのなかで「中枢的役割を果たしてきた」と見なされている。(9) 外交部と対外経済貿易部(1)の官僚は、交渉および履行責任をもっており、重要度が少なく優先順位の低い問題では柔軟性を見せるかもしれないが、重大な問題においてこれら官僚が自由に行動する余地はほとんどない。一九七〇年代末以降、「個人的政策決定から集団的政策決定へ」(Barnett, 1985: 16)、あるいは「垂直的権威主義から水平的権威主義へ」(第四章参照)という動きがあるにせよ、この過程はなお制度化からはほど遠いのである。

結局のところ、外交政策における変化は、最高指導者の選好と中国におけるリーダーシップの変化と密接に対応している。例えば一九六〇年代から七〇年代にかけて、中国がソ連と関係を断ち、米国と関係改善したのは、なによりもまず第三章で説明した国際環境の変化による。けれどもこの変化は、毛沢東の内面に深い根をもつ彼の個人的な選好とも密接に関係していた。中国外交政策上の諸問題の背後にあるミクロレベルの個人的選好とマクロレベルの権力構造との関連をはっきりと見極めるため、毛沢東自身が外交政策上どのような選好をもっていたのかにもう少し接近してみる必要があるであろう。

毛沢東の個人的な主治医であった李志綏の回想によると、毛の数多くのプライヴェートな談話は、一九五〇年代から六〇年代にかけて、米中両国が冷たい関係にあった時代においてさえ、毛がアメリカに対して抱いていた真実の気持ちを表しているという。アメリカに対する毛沢東の個人的な賞賛は、以下の発言のなかに見て取ることができるであろう。

- 抗日戦争期間中、米国は延安に軍事視察団を派遣した。「そしてわれわれは、とてもうまくやっていたのだ」。
- ロシアとは異なり、「米国は、いまだかつて中国の領土を占領したことがない」。
- 「米国は、中国のために多数の熟練した技術者を養成してくれている」。また「米英両国が育ててくれた人材が私のために働いてくれることは喜ばしい」と毛が語るとき、彼は米国と西側の技術や活力、科学に対する心からの賞賛を表していたのである。

- 毛沢東は、中国の文化的停滞を心配し、西側の考えが中国に再び活気を与えてくれ、その結果「中国的でもなく西側的でもなく、混成の何か新しいもの」が生み出されてくることを考えていた（Z. Li, 1994: 68, 101, 102, 124, 180, and 514）。

毛沢東のこの時期の談話には、ソ連とその指導者に対する嫌悪感がはっきりと示されており、そこにはスターリンと、とりわけフルシチョフが含まれている（Z. Li, 1994: 114–119）。毛沢東の個人的選好は次の点にも見出せる。「ソビエトという兄から学ぼう」という大規模なキャンペーンが中国で依然として行われていた一九五五年段階ですでに毛沢東は、「一部の人たちは、私がロシア語を学ぶべきだと考えているようだが、私は学びたくない。むしろ英語を学びたい」と告白している（Z. Li, 1994: 68）。

毛沢東が一九五〇年代末から早くもソ連に対する嫌悪を表明し始めていたことは、公開された資料で確かなものとなっている。『建国以来毛沢東文稿』と題された選集の第八巻に、五九年に毛沢東によって書かれた「演説概要」がある。[10]この概要で毛は、四五年から五九年にかけて中ソ関係に大きなダメージを与えたソ連の数多くの過ちを列挙した。いくつかの有名な事件（例えば四〇年代末にスターリンが中国革命の性質を疑ったことや五〇年代末と六〇年代初頭の中印国境紛争の際にソ連がインドを支持したこと）に加えて、最も興味深いのは、ソ連が中国の国内政治に関与したことへの非難であり、それは五三年から五四年の高崗・饒漱石事件[11]と有名な五九年の廬山会議である。[12]これらの事件は、当時毛沢東とその側近のリーダーシップに対する最も深刻な内部からの挑戦を意味していた。毛沢東はこの脅威について外部からのいかなる支持も容認しなかったのである。

外的な条件が許さないときには、毛沢東の個人的な選好は外交政策になんら役割を果たさなかったという見解がある（He, 1994）。少なくとも一九四九年四月の段階で毛沢東は、米中間に正式の外交関係が樹立される可能性をはっきりと提起していたが[13]、この構想は当時の国際的・国内的諸事情ゆえに実現しなかったのである。この個人的選好は条件しだいでは、中国外交政策の方向転換を助けることになったであろう。国際環境の変化（マクロレベル）と毛沢東の個人的選好（ミクロレベル）の結合は、七〇年代初めに対米政策の変更を可能にさせた。

文革初期、国防部長林彪や毛沢東夫人江青を含む極左指導者は、世界革命を推し進める戦略を精力的に提唱していた[14]。この派閥が優勢を占めたことにより、中国は急進的で厳格な外交政策を実行し、この自分で選んだ孤立は外交上の柔軟性を失わせた。さらに林彪と周恩来との間には、外交政策上の主要な問題をめぐって食い違いが存在していた。ロウェル・ディトマーが指摘したように、（穏健派が提唱した）米国、日本、そしてその他の西側諸国に対するより懐柔的で柔軟な政策は、「考えられるその他のどんな選択肢よりも林彪の官僚的利益と一致しなかった。というのはそのような政策は、都市部の近代的工業部門に有利であり、主要なライバルである周恩来の穏健派を支えるものだったからである」（Dittmer, 1978: 113–114）。このように中国の外交政策を理解する際、最高指導者間での個人的な政策選好の差異が重要な鍵となることは明らかである。

一九六〇年代末と七〇年代初めに、毛沢東と周恩来は、文化大革命による国内的混沌と六九年の中ソ国境紛争に特徴づけられる国際環境の変化に直面していた。これらの出来事ゆえに毛沢東と周恩来は、西側陣営の大国、とりわけ米国および日本との開かれた関係を追求するようになっていったのである。一九七一年、毛沢東の見かけ上の後継者、林彪は不首尾に終わったクーデターを企てたかどで告発され、まもなく飛行機事故という疑わしい状況下で命を落とすことになった。林彪の死後、周恩来と穏健派は、江青をリーダーとする急進派から外交活動に対する統制権を奪い返し、中国外交政策は穏健なものとなった。当時、毛沢東の健康状態は明らかに悪化し、さらに彼が林彪の裏切りに深く失望していたため、毛は周恩来が中国外交政策に従来以上に影響力を行使することを認めたのである。

中国の権力中枢をなすさまざまな実力者や政府部門は異なった政策志向をもちうる。中国を担当する外国の政府職員がこの現象を利用しようとした場合もある。例えば香港を管轄する中国の二大機関、すなわち国務院香港・マカオ弁公室と新華社香港支社の間に競争関係があったことは一九九四年にはよく知られていた。香港・マカオ弁公室は魯平が指導しており、彼は新華社香港支社よりも香港に対してより穏健で同情的だと見られていた。他方、新華社香港支社の責任者は周南であり、彼は経験に富む外交官で強硬派であった。英国香港政府は、この二つの機関の競争を利用することによって、自分たちの政策に対するある程度の支持を北京から獲得できるのではないかと考えた。九四年末、香港政府は野心的な養老年金計画を準備し、魯平の弁公室にはすぐに計画の写しを提出したにもかかわらず、新華社には情報を漏らさなかった。もっともこの場合、戦術は成功しなかった。魯平と周南が団結してこの計画に反対したのである(15)。

外交政策上の問題が国内の権力政治のために直接利用される場合もある。この面での格好の事例は、一九八三年に胡耀邦総書記が三〇〇〇名の日本の青年を中国に招待したことである。日本人青年の訪中は八四年一〇月に実現したが、中国の若者と保守的な党指導者はこれを「浪費」と見なし、この浪費と胡耀邦の未熟な仕事のスタイルに少なからず憤慨した。この胡耀邦の個人的な外交上の決定は、共産党最高指導者層の批判を受け、三年半後に最終的に彼の失脚を招いた原因の一つになったといわれている。八七年一月一六日の政治局拡大会議で、党の元老、薄一波とその他の党員が胡耀邦に対する問責一覧を提出し、それが八七年の中央第三号文件になった。その他の問責事項とともに「三〇〇〇人の日本の若者を中国に招くといったような、外交政策に関する、まだ承認されていない声明を出し、まだ承認されていない行動をとった」として、この文書は胡耀邦その人を批判していた(16) (Goldman, 1994: 208–210)。この会議で胡耀邦は「自己批判」し、党の最高職を辞職するよう迫られたのである。

権力政治と外交政策の相互作用は、情報収集の領域にも反映されていた。この事例は香港に関連する。中央政治局員の廖承志は北京の最高指導者層のなかで長年にわたって香港問題の責任者であった。尊敬された政治家であり経験豊富な実務家であった廖承志は、習仲勳をはじめとした他の政治局メンバーから、香港に関する「情報を独占」しようとしていると非難された (Xu, Jiatun, 1993: 12–16)。この問題を「是正」するために、党総書記の胡耀邦と政治局員の万里は一九八三年初め、秘密の情報チャンネルを開拓した。彼らは喬宗淮（喬冠華元中国外交部長の息子）を香港中文大学に派遣し、訪問学者を装って香港に関する情報を収集させ、直接胡耀邦と万里に報告させた。廖承志が数カ月後に突然亡くなると、このチャンネルはもう不要となり閉ざされた。喬宗淮も香港の中国代表部である新華社香港支社へ移って働き、後に新華社の副社長に昇進した（Xu, Jiatun, 1993: 12-16）。

中国の交渉スタイルの明白な特徴は、実際にはその場に居ない最高指導者が交渉に干渉することであったし、これからもそうであり続けるであろう。中国の政策は干渉の結果、そのときの支配的な国内政治と指導者の個性に応じて、より柔軟にもなりうるし、より厳格にもなりうるのである。二つの事例を検討してみよう（Whiting, 1989: 187）。

一九五八年五月に起きた長崎国旗事件により、第四次日中民間貿易協定による日中貿易は突然停止に追い込まれた。当時二人の日本の青年が長崎のデパートで開催されていた切手展覧会において中国国旗を引きずり下ろしたのである。その前年、日本の岸信介首相が台湾を公式訪問し、大陸を奪回するという台湾の目標が実現できるよう蒋介石を激励したと噂されていた。岸首相の台湾訪問ともあいまって、国旗事件は、毛沢東に岸政権が中国を敵視しており、事件は東京と台北の陰謀であると確信させたのである。「独立した主権国家の尊厳を維持し、その権利を守る」ために、中国政府は日本との貿易関係を停止する以外の選択肢はないと感じた。[17] この厳しい決定は、中央指導者層と官僚の中の穏健派による内的な留保にもかかわらず、毛沢東自身が行ったといわれている。穏健派は、基本的な貿易チャンネルを保つためもっと穏当な手段をとることを望んでいたのであった。[18]

一九七二年の日本との関係正常化の過程で、周恩来首相は中国外交政策に責任を負っており、細部にわたる日中交渉のすべてと、二国間で取り交わされるほとんどの文書を管轄していた。この期間、中国の中央官僚は**一事一報**の規則（すべて外交政策事項は逐一最高指導者層に報告されなければならない）によって管理されていた。[19] 貿易協定交渉の日本代表団の大石敏朗副団長によれば、中国の代表団は、北京に電話をし指示を待つために交渉を何度も中断したという。「周恩来首相本人の指示を待たねばならないのだと彼らから言われた」と大石は述べている。[20] 中国対外貿易部の日本担当の責任者であった林連徳は、周首相は交渉の細部まで管轄し、草案に眼をとおし手を入れていたと回想している。[21]

二国間交渉が膠着状態に陥ったいくつかの局面で、中国の最高指導者は介入して行き詰まりを打開した。[22] 一九七三年夏の航空協定はこの事例である。日本と中国は、台湾の航空機が日本へ運航を許される条件（名称、旗、着陸空港）について譲歩できないでいた。東京にいた中国代表団は、意図的に話し合いの開始を遅らせていた。[23] 日本政府は（与党保守派という）国内の圧力と、（台湾当局とそのロビイストという）外部の圧力のもとで、さらなる譲歩をするかどうか慎重に考慮していた。

一九七四年一月に、大平正芳外相が北京を訪問するまで状況は未解決のままだった。大平には貿易協定への署名と、航空協定交渉の打開という二つの目標があった。一つ目の純粋に儀式的な任務は、大掛かりな接待によって完了した。大平は毛沢東と周恩来の歓迎を受け、彼の写真は『人民日報』の第一面に掲載された。[24] 二つ目の目標については、双方とも譲歩したくなかった。中国訪問の最終日、大平は姫鵬飛外相と会談した。会談の最中に一人の中国側の官僚が会議室に入り、姫鵬飛に電話をつないだ。二〇分後に姫鵬飛は新しい条件を提示したが、それは日本側の提案に非常に近いものだった。二時間のうちに、二人の外相は航空協定について妥協に達した。周恩来が電話をかけることで膠着状況を打開させたのだった。[25]

中国の外交政策決定者の過去の経歴に細心の注意を払うことによって得られるものも多い。特にその人物の経歴が特定の外国と関係している場合には、そのことが個人的選好に影響しているのでいっそう示唆的である。しかし関連性を見つけ、つながりをつけようとする際には、慎重にも慎重であるべきである。政策決定者の心のありかを推察することは容易ではなく、政策決定者自身が実際に行う連想や相互の関連づけを頼りにするのが最良であろう。

一九八九年の天安門事件の後、西側が中国に課した経済制裁に対する鄧小平の強烈な反応が一つの例である。鄧小平は以下のような批判的な講話をした。

私は一人の中国人であり、外国が中国を侵略した歴史を熟知している。西側七カ国が首脳会議で中国への制裁を決定したと聞いたとき、私がすぐに連想したのは（外国が介入してきた時代である）一九〇〇年であった。このとき、八カ国から成る連合軍が中国を侵略した。七カ国のうち、カナダを除いた六カ国に帝政ロシアとオーストリアが加わり、当時連合軍を編成した八大国を構成していたのである[26]。

鄧小平のように一九〇四年に生まれた人は、中国が清末から受け始めた屈辱に対して、苦い思いを抱いている。とりわけ鄧小平についてそのままあてはまるのだが、それは彼が政治に係り始めたのが学生時代だったことや、パリにいた一〇代の頃だったことによる。若き鄧小平の経験と記憶は、あの時代のナショナリストの情感に彩られている。中国が近代史において受けたそのような屈辱を端的に表すのが、二〇世紀初めに上海租界の市営公園に立てられた札であり、そこには「中国人と犬は入るべからず」と書かれていたといわれている[27]。鄧の娘である鄧毛毛が書いた半ば公的な鄧小平伝には、西洋列強から中国が受けた痛みに対する若き日の彼の観察が数多く回顧されている。鄧小平は、四九年以後、国内問題と外交活動双方に責任をもつ中国最高指導者の一人としての経歴をもっている。中国は五〇年代と六〇年代には米国に対抗し、六〇年代と七〇年代にはソ連に対抗していた。この経歴が外国勢力は中国を辱め優位に立つことを狙っているという鄧の（早くから獲得されていた）信念をよりいっそう強めることになったのである。これらの経験と経歴に励まされ、鄧小平は一九九〇年、西側の制裁に対し次のような強硬な声明を発表したのであった。

中国の発展の特徴の一つは、人民共和国の建国以来、四〇年間のほとんどを国際的な制裁のもとで進んできたということである。私たちが上手くできることは他にないかもしれないが、制裁に対抗することは得意である……中国は国内問題についていかなる国からの干渉も受け入れることはない[28]。

天安門事件後中国を訪問した米国のリチャード・ニクソン元大統領と会った際、鄧小平はこの主張を重ねて言明した。「中国人がアメリカに制裁の取り消しを懇願することはありえない。たとえ一〇〇年続いたとしても、中国人はそんなことはしない」と鄧は説明し、加えて次のように指摘している。「中国のいかなる指導者といえども、この点について失敗をすれば、中国人民は彼を許さないし、彼は必ず失脚することになるであろう」(29)。

本質的原則とレトリック的原則

さてこれから、**霊活性**と**原則性**の概念をもっと踏み込んで分析していくことにしよう。外交政策と外交関係に**原則性**を適用する場合、そこで言及される原則とは、次の二類型のどちらかに属することになる。すなわち、**本質的原則**と**レトリック的原則**である。本質的原則は、国防と主権の主張を含む中国の死活的で永続的な国益を意味する。これらの原則に対する北京の執着は、一貫して確固としたものである。レトリック的原則は、きわめて敏感だが実質性の少ない問題に関して形成されている。これらの問題は緊急の政策目標の外部に置かれる二次的な目標としてしばしば用いられてきたし、本質的原則がいったん実現すれば、しばしば消え失せるか、あるいは解決されてしまう。

北京の政策における原則と優先順位は、北京が自らの体制の生き残りを国際的、国内的にどのように評価しているかによって左右される。外交政策上の問題は、しばしば権力闘争の武器として使われるので、国内権力政治は非常に重要である。ある原則に重きがおかれるかどうかも与えられた状況しだいであり、さらに政府が示す柔軟性の程度は、その問題の優先順位に対応している。

一九四九年の成立以降、中華人民共和国が他国と外交関係を樹立する際はいつでも、相手国は、中国は一つだけであり、台湾は中国の一部であり、北京が中国の唯一の代表であることを明確に承認しなければならないと北京政府は主張してきた。中華人民共和国がある国と外交関係を実現するときには、その国は台湾との関係を断絶しなければならない。逆に台湾がある国と国交を樹立したときには、北京はその国と関係を断ち、「二つの中国」状況が出現することを避けている。この原則は一貫して維持されてきた。なぜなら、国際社会においても国内的にも体制の正統性にとって決定的だからである。

主権と体制の正統性という問題は、明らかに本質的原則のカテゴリーに属している。本質的原則が脅かされていると認識すれば、北京は強硬になり、軍事力の行使という脅迫さえ辞さない。万一、台湾の独立宣言に直面すれば、軍事力は実際に行使されるかもしれないのである。

本質的原則が維持される限りにおいて、北京は柔軟性を示し、その他のレトリック的原則を放棄したりさえする。中華人民共和国が台湾問題を外国と話し合うとき、政治的、公的問題では厳格であるが、貿易や文化提携といった非公式な問題については柔軟である。あらゆる大国、例えば米国や日本、ドイツ、さらに東北・東南アジアの諸国はみな台北に非公式の事務所を維持しているが、北京の強い反応を引き起こしてはいない。

本質的原則とレトリック的原則の役割は、北京と主要国との関係正常化の過程によっても説明できる。それは、以下の旧ソ連、米国、フランスとの事例からも明らかである。

一九七〇年代末から九〇年代半ばまで、ソ連の指導者は中華人民共和国に対して関係の正常化を繰り返し呼びかけた。モスクワとの関係を正常化するために、中国は以下の三つの条件を出したが、当時これらはみな、北京の政権にとって主要な対外的脅威となっていたのである。(1)中ソ国境と中蒙国境のソ連軍の削減。(2)アフガニスタンからのソ連軍の撤退。(3)ヴェトナムのカンボジア侵攻へのモスクワの支持の取りやめ。モスクワがこれらすべての条件を満たしたのち、北京はようやく二国間関係の正常化に同意し、この変化は八九年五月に行なわれた鄧小平とゴルバチョフの首脳会談によって象徴されたのである。

一九七二年のニクソンの北京訪問の後も、台湾は米国と中国が正式な関係を樹立するうえで大きな障害であった。七五年、ジェラルド・フォード大統領が中国の指導者と二国間関係の交渉のために北京を訪問したとき、当時副首相だった鄧小平は、**「断交・廃約・撤軍」**という、米中関係正常化の三原則を打ち出した。(1)断交――米国は台湾との正式な関係を断絶しなければならない。(2)廃約――米国は台湾との相互防衛条約を破棄しなければならない。(3)撤軍――米軍は台湾から撤退しなければならない。七九年、ジミー・カーターが大統領としてホワイトハウス入りした後、鄧小平はサイラス・バンス国務長官にこの三原則を再度言明した[30]。カーター政権がこの三条件を満たすつもりがあると意思表示しただけで、米中関係の正常化は七九年一月に達成された（ただその後、カーターと米国議会は「台湾関係法」をすばやく制定し、台湾との非公式な関係を維持した）。

中国が台湾問題に関して米国と交渉を行うときは、妥協の余地のないほど厳格であるが、この三つの条件の達成に向けた交渉においては、いくつかの妥協が生まれた。例えば正常化の第二の条件である**廃約**についての中国のもともとの解釈は、米国は一九七九年一月に米中が正式に国交を樹立する前に、台湾との相互防衛条約を破棄しなければならないというものであった。しかし米国側は、当該条約が満期となる七九年一二月三一日以前に破棄されるべきではないと考えた。つまり中国側の要求より一年遅い期日を主張したのであるが、米国が抱える困難を考慮して、中国側は最終的に米国の提案を受け入れた。したがって米華相互防衛条約は、米中国交回復の一年後まで破棄されなかったのである（Gong, 1992: 318）。

中国はフランスとの関係樹立交渉においても柔軟性を発揮した。一九六四年、フランスが中華人民共和国と正式な外交関係を樹立すると決定したときに、北京はフランスに台湾との関係を断ち切ることを要求した。フランスはまず北京と国交を樹立しそれから台湾にフランスとの関係を終わらせると提案した。北京はこの提案を受け入れたが、それは台北にはそうする以外に選択肢がないと確信していたからであった（当時台北は、現在のように「二重承認」を考慮に入れることを拒絶していた）。パリが北京との正式な外交関係の樹立を宣言したとき、台北はフランスとの関係を断ち切ったのだった[31]。技術的に言えば、短いながら中華人民共和国と台湾の「二重承認」の時間が存在したわけだが、それはフランス政府が台北の主導による外交関係の断絶に持ち込みたかったからである。これに関連して興味深いエピソードがある。台北がパリとの正式な関係を断ち切るのを確実にするために、北京は秘密チャンネルを通じて香港の親台湾の新聞に対して、蔣介石総統に民族正気（民族の正しい気風）のため、直ちにフランスと断交するよう促す社説の発表を要請した。蔣介石は後になって、同紙上で自分がこの提案に完全に同意し皮肉にも北京が望んでいたことをしてしまったと述懐している。[32] このように中国は、フランスとの外交関係樹立という本質的原則に焦点を絞り、その一方で戦術的問題については柔軟に対処したのであった。

類似した方法は三〇年後にも採用された。一九九一年九月、中国は旧ソ連から新しく独立したラトヴィアと外交関係を樹立した。しかし九二年四月、ラトヴィアは台湾領事館の開設を許可した。中華人民共和国は直ちにラトヴィアの首都リガから外交官を引き上げさせ、「ラトヴィアが北京を中国の唯一の合法政府として認め、台湾領事館が閉鎖されない限り」中国は外交官をリガに戻さないと表明した。北京はリガとの外交関係を維持し続け、一定の問題については ラトヴィア外務省と連絡を保ち続けた。この方法は短期間ではあるけれども、ラトヴィアを北京および台湾と同時に外交関係をもつ国にした。[33] この不正常な状況は、九四年七月にラトヴィアが中国との共同声明に調印し、台湾と断交し両国関係が正常化するまでおよそ二年間続いた。北京側から見れば、この方法は「外交活動に大きな余地を残しておき」、しかも『ラトヴィア現象』の蔓延を防ぐ」ことを可能とした（Qu, 1994: 21-22）。この事例も中国外交政策における「原則への執着」と「柔軟性」の結合を明らかにするものである。

本質的原則は、中国の国益と主権に直接結びついた核心をなす条件である。これまでの議論で論証してきたように、本質的原則に対する北京の立場は終始毅然としていた。中国の対外的安全保障や台湾の外交的承認の問題は、体制の生き残りと正統性に係る本質的原則なのである。レトリック的原則は、中仏交渉における技術的問題など、きわめて敏感で、しかし実質性の少ない問題に係るものであった。レトリック的原則は、ふつう二次的な目標に係るものであり、二次的な目標は直接的な政策目標とは異なっており、主要な目標が達成されたときには消滅するか解決されるものなのである。

高い優先順位と低い優先順位

すべての国家と同じく、中国の外交政策には高い優先順位と低い優先順位とがある。中国はしばしば高い優先順位の問題に**原則性**を適用し、低い優先順位の問題に**霊活性**を適用している。

米国の台湾向けの武器売却に関する北京とワシントンとの一九八二年の交渉がこの点についての例を提供してくれる。中国は米国に対して武器売却をやめる期日を確定するよう求め続けた。ワシントンは将来の武器売却の質と量の制限を決めることは承諾したが、武器売却をやめる期日を確定したくはなかった。北京は八二年八月一五日にワシントンの提案を受け入れたが、それはレーガン政権が台湾とのF－5E戦闘機の共同生産に関する協定を延長するかしないかを議会に通告する期限の四日前であった。ある中国専門家が指摘するように、「中国が明確な中止期日のないコミュニケを受け入れるか、それとも質と量についてなんの制限もない米国の台湾への武器売却を許してしまうか、そのどちらかしかないこと」を、北京は最後の局面で認めたのである。[34] この場合、高い優先順位は、台湾向けの武器売却を制限するワシントンとの合意そのものであり、明確な中止期日のような具体的条件は低い優先順位となった。北京は低い優先順位の問題で譲歩し、優先順位の高い問題では確固とした立場を保つことを希望したのである。

もう一つの例は、一九七三年から七四年までの関係正常化後最初の貿易協定に関する日中交渉である。中国は長きにわたってパリの対共産圏輸出統制委員会[35]（COCOM）が課した技術輸出制限に反対し、また日本から完全な最恵国（MFN）待遇を得ることを要求していた。日本の代表団メンバーは、可能な限り早く合意が達成されなくてはならないが、日米関係が日本の外交政策の要石である以上、COCOMの制限は守らなければならないということで意思統一されていた。こうした代表団内部の討議で、日本の官僚は四つの可能な交渉結果を予測していた。(1)「完全な最恵国待遇」、それは直ちにCOCOMの制限を廃止することを意味する。(2)「COCOM制限を除いた最恵国待遇」、すなわちCOCOM制限を明らかに示すことを意味する。(3)「一定の限界はあるがCOCOM制限を掲げない最恵国待遇」、つまり協定は一見十分な最恵国待遇であるかのように見えるが、双方がともに最恵国待遇は一定の限界を超えられないと理解することを意味する。(4)合意を達成できないこと。[36]

交渉中、最恵国待遇の条項を議論したときに、中国代表団はCOCOM問題を取り上げた。中国は日本の輸出規制は中国に対して差別的であり、両国間に友好関係が樹立されていることから、日本はこれらの制限を廃止すべきだと主張した。[37] 日本側は、それらの「多国間協定」、つまりCOCOMに係る目標を除けば、あらゆる目標が達成可能であるとの立場に立った。実際、中国代表団は、事前にこの困難を予期しており、貿易協定締結の延期や中止を招かないように準備していた。これが代表団にとって第一の優先順位であった。[38] 中国代表団の驚異的な妥協の姿勢により、残りの交渉は順調に進み、日中間の二国間貿易を拡大するこの協定は、一九七四年一月に北京で調印された。

柔軟性のもう一つの例は、国際経済機構における台湾の加盟問題をめぐって中国が展開した政策である。ここでいう国際経済機構とは、国連開発計画（UNDP）、国際通貨基金（IMF）、世界銀行（＝国際復興開発銀行（IBRD））、関税貿易一般協定（GATT）およびその発展型としての世界貿易機関（WTO）、さらにはアジア開発銀行（ADB）などを含んでいる。

一九七一年に、国連は北京を中国の唯一の代表として受け入れ、中華人民共和国は安全保障理事会の常任理事国にもなった。その後の二十数年間、北京は世界銀行やIMF、アジア開発銀行を含む国際経済機構に積極的に加入し始めた。それと同時に、北京の地位の変化と北京の台北に対する政策ゆえに、台湾と国際経済機構との関係は非常に複雑になった。国際関係のダイナミクスの変化や北京の台湾政策と台北との関係、さらに台湾の内的条件と台北の柔軟性の程度など、台湾と国際経済機構との関係の決定には、数多くの要因が関与している。しかし七〇年代以降、最も決定的な要因は、北京と台北の競合関係と体制の正統性に関する北京の関心である。[39]

IMFや世界銀行、GATTのような国際経済機構への台湾の参加は、国連の加盟問題と密接に関連している。これらの機構のほとんどは国連に由来し、国連と密接な関係をもっているからである。一九七一年一〇月に、中国は国連の代表権を承認され、同時に台湾は国連から除名された。ハロルド・ヤコブソンとマイケル・オクセンバークは、北京の国際経済機構への加入とそのことが台湾にどのように関係するかについて詳細な研究を行った（Jacobson and Oksenberg, 1990: 1）。この研究によれば、七〇年代初頭以前、中国は国連加盟国でなかったために世界銀行やＩＭＦ、ＧＡＴＴからずっと排除されてきた。そして台湾はこれらの組織のほとんどにおいて中国を代表していた。しかし北京はその地位を変えるために絶えまなく努力し続けた。五〇年代には早くも、ＩＭＦ理事会での中国の代表権問題が、北京の東欧における同盟国であるチェコスロヴァキアとポーランドによって提起された。別の事例であるが、チェコスロヴァキアは、ユーゴスラヴィアとインドの支持を得て、台湾が選定した中国人の総務や理事あるいはその代理人をＩＭＦと世界銀行から追放する動議を提出した。この問題は政治問題であり国連で解決されるべきであるというフィリピンの提案の後、この動議は挙手による表決で否決された。数年後この問題はまた提案されたが、表決の結果は依然として同じであった。(40)

中国はＧＡＴＴの設立メンバーである。けれども国民党政府は台湾へ落ち延びた後、内戦の混沌の余波のなかで一九五〇年にこの組織から脱退した。その後六五年に、台湾はＧＡＴＴのオブザーバーの地位を要求し認められた。七一年に北京が国連の加盟国になったとき、このオブザーバーの地位は廃止された。けれどもこのとき、中華人民共和国は、（文化大革命によって生じた）国内的困難ゆえにＧＡＴＴのメンバー国の地位を積極的に求めなかった。その代わりに北京は、ジュネーヴの国連事務局がＧＡＴＴの活動を今後ずっと監視し続けていくよう求めたのである。

世界銀行とＩＭＦにおける台湾の地位は、国連の加盟国としての地位を失ったことで大きなダメージを受けた。またＩＭＦと世銀での台湾の存在感は、自らの行動によっても減少していった。例えば分担金と出資金の相対的な規模の低下ゆえに、台湾は理事の指名権を一九六〇年に失ったのである。(41)北京が七一年に国連に加盟した後、台湾はこれらの機構での地位を維持するのにきわめて大きな困難に直面した。七二年以降、台湾はＩＭＦでも世銀でも執行役員会での中国代表の地位を失った。事実、七三年一一月、ロバート・マクナマラ世銀総裁は中華人民共和国に電報を送り、もし世界銀行への加入を北京が申請すれば歓迎するだろうと伝達した（Jacobson and Oksenberg, 1990: 63–64）。マクナマラのこの姿勢は、七二年二月の上海コミュニケで示された米中関係の重要な進展と、七三年二月に北京とワシントンが相互に連絡事務所を設置したことに、おそらくは影響されていたのである[42]。

当時の国内政治の混乱とイデオロギー的な考えから、北京はＩＭＦと世界銀行に加入しないことを決定した。例えば社会主義システムと国際問題に対する毛沢東の自力更生原則が考慮すべき重要な理由として持ち出されたのであった。中国がＩＭＦや世界銀行への加入を決定したのは一九七九年初め、鄧小平の指導部のもとにおいてである。一年にも及ぶ交渉の後、八〇年に中華人民共和国は、ＩＭＦと世界銀行において中国を代表することを承認された。北京側の加入の基本条件の一つは、台湾がこの国際機構から排除される必要があるということであった。その後、台湾はＩＭＦと世界銀行から脱退した[43]。

北京側から見ると、ＧＡＴＴ加盟問題は、ＩＭＦと世界銀行の加盟問題とはいくぶん異なっていた。北京はＧＡＴＴに全面的に加盟することは中国にある程度有利であると理解していたが、他方で北京の政策決定者は、中国国内の工業と市場の保護に関する「不利益」があることも認識していた。すなわち北京は、第一に「ＧＡＴＴ加盟国に対して市場を開放することで譲歩をしなければならないであろうし」、第二に「自国の貿易体制を国際的な検査と監督に従わせなければならないであろう。そして中国は最終的には、自らの貿易体制を自由化するために手段を講じなければならないであろう」(**Jacobson and Oksenberg, 1990: 83**)。これらすべての点を考慮して、北京はＧＡＴＴへの加盟申請を先延ばしにすることになった。一九八三年に中国はＧＡＴＴのオブザーバーの地位を許可され、八六年には正式に加盟を申請した。その時以来、北京と現在は「世界貿易機構(ＷＴＯ)」と呼ばれているＧＡＴＴとの間で長い交渉が続けられ、その交渉は九〇年代半ばまで続いたのである[2]。

ＧＡＴＴにおける台湾の地位は、しばしば北京の申請と連動していた。一九八七年、台北はＧＡＴＴ事務局と接触し、台湾のＧＡＴＴ加盟の可能性について照会した。九一年に当時のブッシュ〔シニア〕政権は、台湾のＧＡＴＴ加盟を支持することを決定した。その翌年、ＧＡＴＴは、この問題を専門に扱う「台湾作業部会」を設置した(**Feeney,**

1994: 245)。台北のGATTへの加盟申請は、政治的に見ると、国連加盟問題ほど議論を引き起こすものではない。GATTの第三三条は、関税の自主権を持つ地域は独立した代表を出してよいと規定している。実際、香港は八六年にGATTの加盟者になっており、そのうえGATT理事会から、中華人民共和国が香港の主権を回復した後も香港が依然としてその独立した地位を維持できることを約束されている (Jacobson and Oksenberg, 1990: 101–102)。

アジア開発銀行(ADB)はまた別の事例である。北京と台北の間には、ADB加盟をめぐって対立があるが、双方ともさまざまな場合にある程度の柔軟性を見せてきた。台湾は一九六六年のアジア開発銀行の設立メンバーであった。八三年、中華人民共和国は台湾の排除を条件として、公式にADBへの加盟を申請した。米国や日本といったほとんどの加盟国が台湾追放に反対した。その後八五年に、台湾は加盟国にとどまるには、新しい名称「中国—台北」を使用しなければならないという了解が中華人民共和国とアジア開発銀行の間でまとまった。台北はこの処置に非常に強く反対し、以後二年間アジア開発銀行の会議への参加を拒絶した。李登輝のリーダーシップのもとで、台湾は八八年のマニラでのアジア開発銀行会議に戻ってきたが、卓上の国名の札を隠して「抗議中」であることを示した(台北は、「中華民国」という正式名称で参加が許されていないという事実に抗議したのである)。この他、台北は翌年に北京で開かれたアジア開発銀行の年次総会に政府代表を派遣した。これらの展開はみな、北京と台北双方のある程度の柔軟性を反映している。(44)

中華人民共和国の国連と国際経済機構に対する政策を理解することは、中国外交政策の優先順位を検討するうえで非常に重要である。本章ですでに触れたように、体制の正統性についての北京の関心と結びついた問題はすべて、国内的なものであろうと対外的なものであろうと、外交政策アジェンダにおける最優先事項と見なされている。台湾の国連加盟問題は、最後まで反対し続ける以外に方法がないと北京が信じている問題の一つである。いかなる北京の政治指導者も、「二つの中国」という状況が正式に現れるのを手をこまねいて見ていることはできないのである。それでは、国際経済機構についてはどうであろうか。北京が世界銀行と国際通貨基金のような国連に関係する国際経済機構を政治的に重要だと考え、危険なものになりかねない台湾の加盟問題に対して柔軟ではなかったことはすでに見た。その一方で、GATT(ないしはWTO)やアジア開発銀行のような国連と無関係な国際経済機構では、北京はより柔軟に対応できるように見えるのである。

公式調整と非公式調整〔3〕

中国は他国と公式の調整をするときに緩慢で柔軟性を欠いていると信じられている。けれども同時に、政治的に困難な問題を解決するための非公式な調整には類いまれな柔軟性を発揮する。国際問題についての著名な日本の専門家である緒方貞子は、中国と日本の長い非公式の関係が、「北京と接触をもち、(日中正常化のための非正式なチャンネルとして機能しているという)認知を求めてしばしばお互いに競いあっている広範な(日本人の)人的ストック」を生み出してきたことに注目している。(45) 非公式調整は、非正式のチャンネルを通じて行われ、中国の最高指導者への、あるいは逆に中国の最高指導者からの重要な情報とメッセージを伝達するだけでなく、後になって立ち上げられる正式で公的な調整の基礎としても機能する。

例えば日本やシンガポール、韓国、イスラエル、米国との完全な外交関係を打ち立てる前に、中国はまずこれらの国家とそれぞれ非公式な調整を行った。米国の場合には、ワシントンと北京は一九七三年にそれぞれの首都に互いに連絡事務所を設置することに同意した。これはニクソン訪中から一年後のことであるが、公的な外交関係が最終的に樹立される六年も前であった。

外交関係が正式に樹立されるのに先立って進められる非公式調整過程の詳細は、日本との国交回復の事例を用いて説明するのが適している。冷戦が国際環境を支配していた一九五〇年代、中国とソ連は同盟関係にあり、日本の外交政策は米国の強力な統制下にあった。中国にも日本にも、政治的あるいは経済的領域で二国間交流を行う余地はほとんどなかった。もっともアメリカが日本の政策に影響力をもっていたとはいえ、日本は米国とは異なった観点から中国を見ていた。[46] 日本の外務省はしだいに「政経分離」と呼ばれる政策、つまり政治活動と経済活動を分離させるやり方を発展させた。政経分離のもとで政府職員を除けば、日本人なら誰でも外務省の許可を得ることなしに中国を訪問することができた。[47] 政経分離に対する北京の公式の反応は強硬であった。周恩来首相はあからさまにこの政策を拒絶し、経済活動と政治活動を分けるのは不可能であると主張した。その後、彼は日中関係を律する三項目の政治原則〔日中政治三原則〕を提起した。それは、日本が(1)中国を敵と見なさない、(2)「二つの中国」を作り出すいかなる陰謀にも加担しない、(3)中国との関係正常化を妨害しない、ことである。この原則はその後、中国がビジネス相手として「友好商社」と呼ぶ日本の企業を選別する基準となった。「友好商社」の数はかなり少なかったけれども、それに該当する三〇〇社は日中貿易の主要なチャンネルとなった。もっとも、北京の柔軟性は、これ以前の一九五二年、五三年、五五年、五八年に日本と非公式の民間貿易協定を締結することを可能にした。

一九六〇年代初めになると、国際環境の変化すなわち中ソが分裂したこと、ならびに中国と日本がソ連から脅威を感じたことが、北京と東京に二国間関係の改善を促した。両国は制度化した貿易関係を打ち立てることにいっそう関心をもつようになっていった。その結果、六二年一一月に両国の間で日中総合貿易〔LT貿易〕に関する覚書が調印された。LT貿易覚書はその後六七年に期限切れとなり、六八年には覚書貿易〔MT貿易〕協定が調印され、MT貿易がLT貿易を引き継ぐことになった。LT貿易覚書は非公式な性格のものであったが、覚書に基づいて北京と東京に設置された貿易事務所は、双方から「半公式」という扱いを受けた。中国側の覚書署名者であった廖承志は、中日友好協会会長として署名したが、中国政府においても公式の地位を保持しており、また党の中央委員でもあった。日本側署名者の高碕達之助は、与党である自由民主党の衆議院の有力者であり、前通産大臣でもあった。

中国にとっては、LT貿易覚書とMT貿易協定が非政府的であるのは、ただ名目上に過ぎなかった。社会主義経済システムのもとで当時の政府は、あらゆる貿易会社を所有していたからである。例えば日本の貿易会社に相当する中国国際貿易促進会は、対外貿易部の管轄下におかれていた。この他、東京の貿易事務所に駐在している中国の代表はそのほとんどが対外貿易部の職員であった。[4] これらの非公式の接触は日中の二国間交流を大いに促すこととなった。日中の関係正常化に先立つ非公式貿易は急速に発展した。これらの非公式のやりとりをとおして、両国は非常な柔軟性を示すとともに、多大な経済利益を獲得したのであった。

もっとも北京が日本との間での非公式貿易の調整に好意的だったからといって、中国がその政治原則を犠牲にしたというわけではない。中国政府が日中関係正常化のための三項目の政治条件〔日中国交回復三原則〕を放棄したことは一度もない。三項目の政治条件とは、中華人民共和国を中国の唯一の合法政府として承認すること、台湾が中華人民共和国の領土の分割できない一部分であると認めること、日本と台北政府が交わした平和条約を廃棄することである。

これらの条件を踏まえたうえでの北京の非柔軟性は、日本のマスコミに対する態度にも現れている。MT貿易協定に関して交渉中だった一九六八年に、日本と中国の間で記者交流を継続するための協定が締結された。この協定によれば、もし日本の新聞社が政治三原則の厳守を保証しないのならば、中国へ記者を派遣することは許可されない。この原則に「違反した」日本記者は、すべて中国から国外追放され（毎日や産経、読売、西日本新聞）、中国への再入国を許されず（NHK）、場合によってはスパイ活動の罪名によって逮捕された（日本経済新聞）。こうした厳格な規制と日本の新聞社間の熾烈な競争は、日本の新聞に中国についての記事を書き、編集するに際しての自主規制を強いることになった。[48]

公式の調整と非公式の調整に対して異なる戦略を採用することによって、周恩来が提出した条件は友好的な日本企業を通じた二国間貿易の促進に役立っただけでなく、政治的な国交回復の前に経済的な国交回復を実現した。言い換えれば、北京は政治目標を実現させるのに経済的手段を用いたのである。貿易関係においてほとんどの場合に中国が主導権をとったのに対し、日本は概して受け身の姿勢であった。それは、日本が中国の内政の不安定さに大きな注意を払っていたためであり、また西側諸国、とりわけ米国の政治圧力があったためである。非公式の貿易調整により、日本はいっそう実際的で柔軟な立場をとることが可能になった。チェジン・リーがまさに指摘しているように、「さまざまな団体や協会が民間企業や非政府組織の代表として行動したことによって、そうでない場合以上に、日本では中国の強硬な政治的要求がいっそう受け入れやすくなったのである」(Lee, Chae-jin, 1984: 11–12)。

本質的原則とレトリック的原則、高い優先順位と低い優先順位、そして公式調整と非公式調整とを区別してきたここまでの事例から、柔軟性と厳格性とが結び合わさった中国の戦術が具体的にどのように機能しているのか、その実際を私たちは見ることができるのである。ミクロ・マクロモデルに関しては、私たちはまた、(イデオロギー的、政治的あるいは民族主義的な関心から生まれた)本質的原則とレトリック的原則が、例えば指導者たちのものの見方の一部を形成し、さらにそれが権力／体制のマクロ構造に影響を及ぼすことになると結論づけることができるだろう。これらの関心が、前述の事例において論じたように、選択肢に関する指導者の見通しや国家の対外行動をめぐる彼らの選択を決定づけるのである。

正式チャンネルと非正式チャンネル

非公式調整と同じように、非正式チャンネルもしばしば政治上の困難な問題を解決するのに使用される。北京が国際的な場で困難な位置に置かれた際、これらの非正式チャンネルが実際に有効であった。一九八九年の天安門事件の後、中国は先進工業国に経済制裁を受けることになった。北京は多くの非正式チャンネルを用いることで、経済制裁による国際的孤立を突破すべく懸命に努力した。銭其琛外交部長といくつかの国の外交責任者が天安門事件後初めてもった会談では、正式な儀礼を捨ててそれに代えてきわめて非正式のやり方が採用された。八九年七月三〇日、銭其琛は五〇名以上の大使とその夫人を北京の郊外で催された「西瓜パーティー」に招待した。このパーティーで、銭其琛は多くの大使と私的な会談を行い、中国がこれらの国家と友好関係を続けることを希望しているという北京の公式の立場とメッセージを伝えた(49)。

中国はまたしばしば中立地域として香港を利用し、外交目的の非正式チャンネルを確立した。一九九〇年代初頭以前には、中国は韓国やイスラエルと外交関係がなかった。香港は中国とこれらの国家が非正式の接触をするのに格好の場所になった。これらの非正式な接触は主に韓国とイスラエルの駐香港領事館と、中国の香港における非公式代表である新華社をとおして行われた。政治的、経済的関係について議論する以外に、北京は新華社に情報交換と情報入手を要求したが、それはこれらの国々との間で予想外の事件を解決するのに役立たせるためであった。例えば、八〇年代に中国軍用機が韓国へ亡命したり、中国の民間航空機がハイジャックされて韓国へ向かった事件がそれにあたる (Xu, Jiatun, 1993: 351-352)。

中国の非正式な交渉のやり方は、日中国交回復の過程においても示されている。中国の指導者、特に周恩来は一九六〇年代と七〇年代の初めに非正式チャンネルをとおした日本人との意思疎通に卓越した才能を発揮した。(米中接近と中国の国連復帰によって象徴される) 国際環境と国内世論の雰囲気の変化を感じたために、日本の佐藤栄作首相は七〇年と七一年に北京との対話を始めようと必死だった。彼は北京に対して重要なメッセージを伝え、両国の指導者間のハイレベル会談を設定しようとして多くのチャンネルを利用した。[50] けれども、親台湾という佐藤の立場と国連で反中華人民共和国の決議を支持するといった「非友好的活動」ゆえに、周恩来首相は佐藤の提案を拒否し、さらに「佐藤が日本政府の指導者である限り[51]」中国が交渉を検討することはないと述べたのである。

正式のチャンネルを構築するという佐藤の努力が拒否されたことは、すべてのチャンネルが閉ざされたことを意味したわけではない。そうではなく、二国間の情報の流れを維持するために北京は、非正式なチャンネルを設定した。中国は複数の機会に非正式の使節として、もっとも洗練された「日本通」を派遣してきた。

このような使節の一人が、王暁雲である。彼は外交部職員としての資格で日本に行ったのではなく、中国卓球チームの副団長として、一九七一年三月から四月まで名古屋で開催された第三一回世界卓球選手権大会に参加した。「第一次王旋風」として知られるこの活動で、王暁雲は自民党内の反佐藤派の指導者や野党の指導者たちと一連の会談を行った。この訪問のハイライトは、日本で最も影響力のある経済団体、例えば経済同友会や経団連、日経連の指導者たちとの会談であり、それは日本の財界の指導者が中国の高官と初めて会見したことを意味している。経済同友会の木川田一隆代表幹事は、会談後の記者会見で「日中関係の改善は七〇年代の国家的問題である」と述べた。[52]

四カ月後、自民党の長期にわたる親中派の指導者であり、日中貿易の積極的な推進者だった松村謙三の葬儀に参加する機会を利用して、王国権が訪日し「第二次王旋風」を巻き起こした。王国権は中日友好協会の副会長で老練な外交官である。一週間の訪問中に、彼は多くの政界、経済界の指導者たちと会談を行った。この訪問の衝撃はとりわけ財界の指導者たちに顕著であった。何人かの元親台湾派のリーダー、例えば新日本製鉄の永野重雄会長などは、周恩来の政治条件を受け入れると宣言し、また日中関係の改善を呼びかけた。[53]

一九七二年七月に田中政権が発足した後、日本と中国は国交回復のプロセスを加速させた。多くの著名な政界や財界の指導者たちが中国政府高官との意見交換を望んだ。同年八月になると孫平化率いる中国代表団が「孫旋風」のなか日本を訪問した。孫平化の公的な職位は、中日友好協会の副秘書長であったが、訪問中は上海舞劇団の団長であった。孫平化は日本の大平正芳外務大臣に対して中国の姫鵬飛外交部長の公式のメッセージを伝えた。それは「周恩来総理は、田中角栄総理の訪中を歓迎し招待する」というものだった。[54] 田中は孫平化と中国の舞劇団のメンバーたちを暖かくもてなし、周恩来の招待を受け入れた。

非正式チャンネルの二つ目の道筋は、日本の野党をとおしたものだった。当時の二大野党である日本社会党と公明党は、関係正常化において重要な非正式チャンネルであり、特に一九七一年と七二年初めには関係正常化プロセスは最終の微妙な政策決定段階に至っていた。

北京と日本社会党は長期にわたって形成された協力的な関係にあり、しかも日本での対中関係正常化の大衆運動を促進するために「大団結」の形成を追求していた。一九七二年夏、北京は社会党に関係正常化においていっそう直接的な役割を求めた。周恩来首相は社会党前委員長の佐々木更三を招請した。佐々木は自らを就任したばかりの田中新首相と周恩来との間の非正式の「連絡員」と自任していた。この訪問に先立って、佐々木は田中、大平と会談した。佐々木は北京で、中国側に田中の対中政策について詳細で率直な評価を披露した。台湾に関する中国の条件を田中と大平が誠意を持って受け入れるだろうと、彼は周恩来に述べた。周恩来は田中の訪中は歓迎されるだろうと回答した。[55]佐々木に対して周恩来も、両国の関係正常化の完成にあたって、北京は日本を困らせることなく柔軟に処理するだろうと個人的に保証した。[56]これらのメッセージは、佐々木が東京に戻った後に田中と大平に伝えられた。

当時、日中間の国交回復はやがて実現するだろうと広く信じられていたが、その方法や時機については誰も予測できなかった。日中間では準備会談が行われていなかったからである。日米安全保障条約と佐藤・ニクソン共同声明に対する北京の確かな立場を知る者は東京には誰もいなかった。

長期にわたって、公明党は明確な「一つの中国」政策を示してこなかった。一九七一年六月、公明党がこの政策を採用したことは中国に歓迎され、中国は委員長であった竹入義勝が率いる最初の公明党の公式代表団を北京に招待した。このことによって公明党は国交正常化過程において一定の役割を果たすことが可能となった。北京訪問の前に竹入は、田中首相・大平外相と中国問題について四回にわたって意見交換をした。これらの意見交換の後、交渉に対する田中の立場について、竹入は自分の理解に基づいて二一項目の提案草案を作った。[57]それはいくつかの論点について中国の公式の立場と異なっており、しかも日米安全保障条約には言及していなかった。[58]

佐々木の訪問のわずか五日後、七月二五日に竹入は、二一項目の提案を周恩来に渡した。それからの三日間、北京指導者と竹入は合計九時間を議論に費やした。周恩来は率直に「もし私たちが提案草案を受け入れたならば、日本政府は実行に移れるでしょうか」と質問した。竹入は、日本政府が積極的に対応することに個人として責任をもつことでこの提案に保証を与えた。その日の晩、彼は東京に電話して田中、大平と協議し、しかも積極的な確証を得た。[59]竹入の北京滞在の最終日に、周恩来は彼に周・田中共同声明の最初の中国側草案を示した。竹入は中国指導者が見せた柔軟さに驚いた。「竹入メモ」の名で知られる会談記録は、共同声明の最終案と非常に似ており、しかも日米安全保障条約や佐藤・ニクソン共同声明については言及していなかった。[60] 田中は竹入が日本に帰国した翌日に竹入メモを受けとり、それを二時間にわたって検討した後、公明党委員長に自らの訪中の意向を告げた。[61] こうして日中の正式な外交関係は、一九七二年九月末に樹立されたのである。

北京は非正式チャンネルを日本に対する「人民外交」の一部として使用した。その目標は意思疎通を促し、親北京派の力を拡大し、さまざまな政治勢力の協力をとおして日本政府に圧力をかけるための「中国応援団」を作り上げることにあった。この戦略は野党と財界に対して特に有効だった。ドーク・バーネットが指摘したように、中国が「日本の国内政治に深く」踏み込んだのに対し、日本は一九四九年以降、中国政治に対してなんら直接的なインパクトを与えてこなかったのである（Barnett, 1977: 126）。

強まる現実主義

この章で詳細に検討してきたように、中国の外交政策は厳格にも柔軟にもなりうる。それは、北京が国際環境の変化のなかで自分自身の利益をどのように見積もり、当該外交政策が体制の正統性にとってどの程度の重要性をもっていると考えるかによって決まる。さらに国内権力政治のダイナミクスも、外交政策を考慮するとき、鍵となる要因であることは明らかである。多年にわたって、その内政への統制と国際的地位を強化するにつれて、北京は国際的な諸問題についてますます自信を深めているように見える。中国のマクロ構造（象徴的、制度的、権力／体制）における非常に大きな変化は、北京の指導者たちに外交政策上の行動を厳格なものから柔軟なものに徐々に転換させる条件を提供した。けれども、これが一般的な趨勢に過ぎないことは記憶しておかなければならない。つまり中国はいかなる状況においても、柔軟に対応し、あるいは厳格性を排除するというわけではないのである。実際、厳格性と柔軟性の二重性は、依然として中国の外交政策行動の主要な特徴である。中国の政治生活における権力政治のダイナミクスの不確かさを考慮するならば、このことはいっそう真実であるといえよう。

戦略と戦術の観点から北京の対外行動のパターンを考察すると、中国外交政策における原則についての二つのカテゴリーが浮かび上がってくる。それは本質的な原則とレトリック的な原則である。本章の冒頭で論じたように、本質的原則は主権と体制の正統性を含む中国の死活的で永続的な国益を表している。この原則に対する北京の執着は一貫して確固としたものであり続けた。レトリック的原則はきわめて敏感だが、実質性の少ない問題を処理する際に公式に表明されてきた。これらの問題はしばしば政策目的の直接の範囲には属さない二次的目標のために機能してきたのである。

学習もまた中国の対外行動の変化の背後にある重要な要素である。ハーヴェリー・ネルソンが指摘するように、戦略レベルにおいて最良の抑止力は好戦性ではなく、屈服しないことであることを北京は徐々に理解してきている。すなわち「問題を確定された原則と要求にまで高め、それから『諸力の相関関係』が中国に有利であるように変化するのを待つ。軍事紛争によって初めに手に入れられなくても、後に交渉の席において勝ちとることができるのである」(**Nelsen, 1989: 263**)。

この外交政策上の行動パターンは、最大の優位性を達成できる交渉上の位置を北京が獲得することを可能にした。交渉前と交渉に入るときに、北京はその原則を明確に主張する。その原則のあるものはレトリック的、つまり「交渉可能」(霊活性)であり、あるものは本質的、したがって「交渉不可能」(原則性)である。もっとも、これらの原則の重要度は時機、国内的条件、そして国際環境に応じて変化する。例えば非公式的調整や非正式チャンネルを利用することによって、交渉不可能な原則は交渉可能な原則に変わりうるのである。

中国の原則の二重の性格は、他国が中国に望まない譲歩を強制することを妨げると同時に、中国に駆け引きの道具を提供することになった。このようにして、まず基本原則の明確化と成文化を主張し、それから「望ましい合意に至る実践において、たとえ〔基本原則に〕違反しても、最も柔軟な適用を許容すること」(S. Kim, 1989b: 123)によって、中国は国際行動に対する演繹的アプローチを獲得している。中国の取引能力は、原則の柔軟な解釈を含んでいるのである。

中国外交政策における原則性と霊活性の結合は、一方でマルクス主義と毛沢東思想の影響を、他方で外部世界を扱うときに中国が伝統的にとってきた態度をともに反映している。この結びつきはさらに、国際的な場において最大限の優位性を追求する「強まる現実主義」(Hamrin, 1986: 51) をも映し出している。この現実主義の中心にあるのは中華人民共和国体制の生き残りという問題である。

自己保存と最大限の優位性の獲得を狙いとする交渉上の立場を確立するために、北京は事前に明確な原則を立てることに成功してきた。いったん原則が確立すると、ある条件は交渉可能であり、その他は交渉不可能になる。交渉不可能な原則(原則性)は、体制の正統性や国内権力政治といった死活的な国益を含む諸原則である。交渉可能な原則は、優先順位が低いか技術的な争点と見なされている諸原則である。北京は国際行動に対して演繹的なアプローチを採用しており、それは望ましい合意に到達するために柔軟な適用を許容する基本原則の明確化と成文化を主張するものである。(62)

公式の調整と非公式の調整、正式チャンネルと非正式チャンネル、そして最高指導者の介入を含む中国の交渉のやり方は、とりわけ注目に値する。中華人民共和国は、他の国家や外交主体と公式な調整をするにあたってしばしば動きが遅く、柔軟性に欠ける。けれども同時に、政治的に敏感な問題を解決するために、たいていは非正式チャンネルを通じて行われる非公式な調整をする場合には驚くべき柔軟性を見せてきた。

ミクロレベルの権力政治と最高指導者の選好は、中国外交政策の形成にあたっては依然として重要な変数であり続けるだろう。そして交渉過程への最高指導者の介入は、北京の対外行動において決定的な役割を演じ続けることであろう。けれども行き詰まったり膠着した局面で行われがちなそのような介入の結果は予想し難いものである。さらにアーサー・ラルが指摘しているように、交渉において中国の外交官は大集団としての組織性を保持し、個々の構成要素にまで分解することがない。残念ながら、この個人的なイニシアティヴの欠如と初級・中級レベルの外交官による討論がないことが、上からの誤りを下から修正できなくしているのである（Lall, 1968: 7）。

原註

（1）この種の考察の最近の例として、James Goldgeier（1994）を参照。

（2）Stuart Schram（1989: 134）より引用。

（3）広く知られたこの主張は、毛の医師であった李志綏の身近な観察によって確認されている。Li, Zhisui（1994: 122）を参照。

（4）多くの学者は、政治において文化が果たす重要な役割に注目してきた。例えばサミュエル・ハンチントンは、政治発展のさまざまなパターンについて説明しながら、文化は「中心的な独立変数」であると指摘している（Huntington, 1987: 122）。同様にルシアン・パイは、「民主主義への移行」過程における文化的要素を強調し、「経済を近代化するという文脈の中で民主主義のための文化的基礎とはどのようなものであろうか」と問いかけている（Pye, 1991: 506）。フリッツ・ゲインスレンは、政策決定過程に関する研究の中で、どんなに小さな文化的差異であっても「集団の意思決定の中ではきわめて重大でありうる」と強調し、研究者に対して「文化的差異を詳細に記録するよう努めること」を推奨している（Gaenslen, 1986: 101–102）。しかしそれでも、レイモンド・コーエンが観察してきたように、文化はしばしば「隠された次元」、すなわち目には見えないが、個人や集団、社会の行動に幅広い影響を及ぼす「隠された次元」として出現するものなのである（Raymond Cohen, 1991: 153）。

（5）「原則性」という言葉は、もちろん多くの意味をもっている。ここではこの言葉は、北京の対外行動を示す際、西側研究者だけでなく、中国共産党自身も使うのと同じ意味で使用される。

（6）Bo Yibo（薄一波）（1989: 7）を参照。

（7）Mao Zedong（毛沢東）「和美国記者安娜・路易絲・斯特朗的談話」一九四六年八月六日（Mao, 1994: 57–62）を参照。「帝国主義者は張子の虎」であるという毛沢東のアイディアは、一九五八年には再提起され、いっそう精巧になっている。毛沢東「関于帝国主義和一切反動派是不是真老虎的問題」一九五八年一二月一日（Mao, 1994: 362–370）を参照。

（8）「体—用」論争については、Joseph Leverson（1968: 59–69）を参照。

（9）Doak Barnett（1985: 2-9）を参照。

（10）Mao Zedong（毛沢東）「関于国際形勢的講話提綱」一九五九年一二月（Mao, 1993: 599–603）。

（11）高崗・饒漱石事件の詳細については、Frederick Tiewes（1990）を参照。

(12) 盧山会議の詳細については、Roderick MacFarquhar（1983）; Jurgen Domes（1985）; Li Rui（李鋭）（1993）を参照。

(13) Mao Zedong（毛沢東）「如果美英断絶同国民党的関係可考慮和它們建立外交関係」一九四九年四月二八日（Mao, 1994: 83）を参照。

(14) 例えば、Lin Biao（林彪）（1965）を参照。

(15) 'Divide and Rule,' *Far Eastern Economic Review*（1 December 1994）: 12.

(16) もちろん、胡耀邦に対するより厳しい非難もあった。これらの非難は一九八七年の中央第三号文献に詳細に記録されている。そのなかには、精神汚染とブルジョア自由化に反対するキャンペーンへの反対、「右ではなく左への反対」、批判的知識人への寛容、四つの基本原則（社会主義の道、プロレタリア独裁、共産党の領導、そしてマルクス・レーニン主義と毛沢東思想）堅持の失敗、そして重要問題についての集団指導原則への不服従、などが含まれていた。

(17) 「中日貿易為甚麼中断?」『人民日報』一九五八年五月二〇日。

(18) 中国外貿部元副部長・劉希文氏への筆者のインタビューより（一九八六年秋、北京）。

(19) 呉学文氏への筆者のインタビューより（一九八六年七月一五日、福岡）。呉氏は、日本で教育を受け、一九六〇年代と七〇年代に中国新華社の東京特派員だった。中国における数少ない「日本通」の一人である。

(20) 大石敏朗氏への筆者のインタビューより（一九八六年三月六日、東京）。

(21) 林連徳氏への筆者のインタビューより（一九八六年一〇月二八日、北京）。林氏は中国における数少ない日本専門家の一人である。国交正常化以前から、中国国際貿易促進委員会で日本との貿易に従事していた。一九七二年以後、林氏は初代の対外貿易部日本課長に任命され、後に局長に昇進した。その後中国商務参事官として東京に三年間駐在した後、一九八五年に退職した。

(22) 劉延周氏への筆者のインタビューより（一九八六年四月一二日、東京）。劉氏は、一九六四年に、日本での駐在を許可された最初の中国人ジャーナリストの一人である。劉氏は日本で一五年以上を過ごした。

(23) *Japan Times*, 31 August 1973.

(24) 『人民日報』一九七四年一月六日。

(25) 小川平四郎氏への筆者のインタビューより（一九八六年三月八日、東京）。小川氏は、初の駐中華人民共和国日本大使として、大平代表団の一員となった。

(26) Deng Xiaoping（鄧小平）「振興中華民族」一九九〇年四月七日（Deng, 1994: 344）を参照。

(27) 上海のこの立て札に関する詳細な研究は、Robert Bickers and Jeffrey Wasserstrom（1995）.

(28) Deng Xiaoping（鄧小平）「中国永不允許別国干渉内政」一九九〇年七月一一日（Deng, 1994: 346）を参照。

(29) Deng Xiaoping（鄧小平）「結束厳峻的中美関係要由美国采取主動」一九八九年一〇月三一日（Deng, 1994: 321-322）を参照。

(30) 詳細については、Han Nianlong（韓念龍）（chief ed.）（1987: 225-231）を見よ。

(31) Han Nianlong（韓念龍）（chief ed.）（1987: 188-190）。

(32) 金饒如「双重承認、大陸早開先河」『世界日報』一九九六年一月一〇日、A一〇面。

(33) Jeffrey Lilley, 'Baltic Two-Step: Latvia Struggles to Maintain Ties with Both Chinas,' *Far Eastern Economic Review*, 13 January 1994: 27.

(34) Jaw-ling Joanne Chang（1991: 52）を見よ。

(35) 対共産圏輸出統制委員会（ＣＯＣＯＭ）は、ソ連を盟主とする共産圏との戦略的物資の取引をコントロールするために、米国、そのヨーロッパの同盟国および日本により一九四九年に創設された。とりわけ中国を対象にした同様の委員会は、対中国輸出統制委員会（ＣＨＩＮＣＯＭ）と呼ばれ、中華人民共和国への輸出の統制を強化するために五二年九月に設立された。この二つの委員会は、類似しておりかつしばしば部分的に重複しているため、ここでＣＯＣＯＭは、両方の貿易機構を指すものとする。冷戦の終結に伴って、九四年三月、ＣＯＣＯＭ構成一七カ国はパリにおかれていた四五年の歴史をもつ機構を解散することに合意した。

(36) 大石敏朗氏への筆者のインタビューより（一九八六年三月六日、東京）。インタビュー時の大石氏は、財団法人海外貿易開発協会理事長だった。

(37) 林連徳氏への筆者のインタビューより（一九八六年一〇月二八日、北京）。

(38) 同上。

(39) 北京―台北―ワシントンの関係について、北京―台北間の対抗を軸にして概括的に論述したものとしては、Martin Lasater (1984) ; June Dreyer（ed.）(1989) ; John Copper（1992）を参照。

(40) 詳細は、Harold Jacobson and Michel Oksenberg（1990: 59-60）を参照。

(41) ＩＭＦ協定の条項に基づいて、構成国は分担金を割り当てられる。各国の分担金は、国際取引に占める大まかなシェアに基づいている。H. Jacobson and M. Oksenberg（1990: 22）を参照。

(42) これらの発展に関する詳細な論述は、Martin Lasater（1984: 153-156）を参照。

(43) Harold Jacobson and Michel Oksenberg（1990: 77-78）を参照。

(44) 詳細は、William Feeney（1994: 239–240）を参照。
(45) Ogata Sadako（緒方貞子）（1988: 103; 邦訳1992: 182〔ただし本書の訳文は必ずしても邦訳にしたがっていない〕）を参照。
(46) Ogata Sadako（緒方貞子）（1965: 389）を参照。緒方は、「多くの日本人が、共産主義中国を『冷戦』の敵と見なしていたわけではなく、また『中国＝共産主義＝敵』という等式は、米国のようには幅広く受け入れられなかった」と指摘している。
(47) 初代駐北京日本大使・小川平四郎氏への筆者のインタビューより（一九八六年三月八日、東京）。
(48) Osamu Miyoshi and Shinkichi Eto（三好修・衛藤瀋吉）（1972）を参照。
(49) 王力「銭其琛：西瓜外交破制裁」『星島日報』一九九四年一二月一一日、C二頁。
(50) 佐藤は、自民党幹事長の保利茂、香港総領事の岡田晃、日中覚書貿易事務所所長の渡辺弥栄司、東京都知事の美濃部亮吉、そして親北京の自民党衆議院議員である田川誠一など、少なくとも五つのチャンネルを試みている。詳細な論述は、Quansheng Zhao（趙全勝）（1993a）の第三章、また、Seiichi Tagawa（田川誠一）（1972: 24–25）を参照。
(51) 『朝日新聞』一九七一年一一月一一日。
(52) 『朝日新聞』一九七一年八月二五日。
(53) 秀逸な論稿として、Ogata Sadako（1977: 195）を参照。
(54) *Beijing Review*（18 August 1972）: 3.
(55) 『朝日新聞』一九七二年七月一七日。
(56) 周恩来は、以下のような個人的保証を行った。⑴台湾問題に関する三つの原則について、日本側が「受け入れる」とまでいかなくとも、「充分な理解」さえ示せば、中国はそれで満足する。⑵中国は、田中の訪問にニクソンに対するものと同様の外交儀礼を与える。⑶中国は、台湾問題についての自民党内部の論争を理解し、また、日台平和条約問題を処理するためのさらなる時間的猶予を田中に認める。⑷中国は、戦争賠償問題において柔軟な立場をとる。Chae-Jin Lee（1976: 114）を参照。
(57) Jiji Tsushinsha Seijibu（時事通信社政治部）（1972: 114）を参照。
(58) Tadao Ishikawa（石川忠雄）（1974: 158–159）を参照。
(59) Japan–China Economic Association（日中経済協会）（1975: 5）を参照。
(60) Akihiko Tanaka（田中明彦）（1985: 234–236）を参照。
(61) Japan–China Economic Association（日中経済協会）（1975: 5）を参照。
(62) 啓発的な議論としては、Samuel Kim（1989b: 123）を参照。

訳註

〔1〕一九五二年に中央人民政府対外貿易部が発足、五四年には国務院対外貿易部に改称した。その後、対外貿易部、対外経済連絡部、外国投資管理委員会の三つの組織が統合して、八二年に対外経済貿易部に改編された。九三年には対外貿易経済合作（協力）部に組織再編され、対外技術協力や対外労務請負、対外援助なども管轄するようになった。二〇〇三年三月には、対外貿易経済合作部は、国家経済貿易委員会と統合され、商務部に改変された（参考とした論著：「対外経済合作部（河合弘子）」『岩波現代中国事典』一九九九。石井明「中国の外政機構の変遷――一九四二―八二年」毛里和子編『毛沢東時代の中国』日本国際問題研究所、一九九〇。石井明「中国の対外関係組織――その沿革と現状」岡部達味編『中国外交』日本国際問題研究所、一九八三。『朝日新聞』二〇〇三年三月七日）。

〔2〕中国は一九八六年七月、GATTへの「復帰（resumption）」申請を行った。通常の加盟申請ではなく、締約国の地位の回復であるとの立場に立っていたためである。八七年五月、中国復帰作業部会が設置された。もっとも、天安門事件後の西側による対中経済制裁が実施されるなかで、中国の加盟問題は事実上棚上げされていた。台湾は九〇年一月、「台湾・澎湖・金門・馬祖」の関税地域として加盟申請をした。中国は台湾の先行加盟を阻止するため、幅広い影響力を行使したとされる。この問題は九二年九月のGATT理事会での議長声明において、事実上、中国・台湾の加盟時期の前後関係に配慮する方針が出されて決着が図られた。同時に、台湾の加盟作業部会設置への道が開かれた。九五年一月に発効するWTO協定をにらんで、九四年には集中的な協議がなされたが、妥結に至らず、中国のWTO原加盟国地位の獲得はならなかった。WTO成立後の九五年六月、中国はオブザーバーとなり、一一月WTO事務局に対し、中国GATT復帰作業部会からWTO加盟作業部会への改名について覚書を提出した。九九年七月の日中交渉の妥結が呼び水となって、同年一一月には米中二国間交渉が妥結し、中国加盟の基本的なハードルは乗り越えられた。二〇〇〇年五月のEUとの合意を経て、中国のWTO加盟は、〇一年一一月カタールでの閣僚会議で承認され、一二月一一日中国は正式にWTOに加盟した。台湾の加盟は中国の加盟承認の翌日（一一月一一日）に承認され、台湾は〇二年一月にWTO加盟を果たした（参考とした論著：『中国のWTO加盟』蒼蒼社、二〇〇二）。

〔3〕原語は Official Arrangements and Unofficial Arrangements。本節と次節「正式チャンネルと非正式チャンネル（Formal Channels and Informal Channels）」で、著者は日中国交回復を主な事例として中国の外交戦術を四つのキーワード（Official/Unofficial/Formal/Informal）で巧みに説明している。翻訳に際して、Official を公式、Unofficial を非公式、Formal を正式と訳すことは問題ないであろうが、Informal を非正式とすることには日本語の語感上若干違和感があることは否めない。述べるまでもなく、Informal には、形式張らない、打ち解けた、普段着の、内々の、といったニュアンスがあるが、ここでは、四つのキーワード間の関連

性を重視し、あえて「非正式」と訳すこととする。

〔4〕 中国側の東京駐在の民間事務所は、一九六二年からのＬＴ貿易では廖承志事務所、六八年からのＭＴ貿易では中日備忘録弁事処と称した。日本側の北京駐在民間事務所は、ＬＴ貿易では高碕達之助事務所、ＭＴ貿易では日中覚書貿易事務所と称した（参考とした論著：「覚書貿易（今井理之）」『岩波現代中国事典』一九九九）。

第六章　ケーススタディ——日本の対中政府開発援助（ODA）

外交政策研究一般に対するミクロ・マクロリンケージモデルの適用可能性を証明する経験的試みとして、この章では政府借款や無償援助、技術援助を含む日本の対中政府開発援助（ODA）を取り上げる。したがって、このケーススタディを読む場合には、これまでの章で示してきた理論的アプローチを心に留めておく必要がある。表6－1は日本のODAに対する中国の政策を研究するための分析的な指標をミクロ・マクロリンケージアプローチに基づいて示したものである。

表6－1の「ミクロ過程」のなかに、これまでの章で議論してきたいくつかの馴染みのある概念に加え、「国内的な批准可能な範囲［domestic win-sets］」[1]があるのに注目してほしい。この概念はミクロ・マクロリンケージモデルを理解し、同モデルを国際協定研究へと適用する際、その理解の一助となるかもしれない。「国内的な批准可能な範囲」概念は、先に言及したロバート・パットナムによる「二層ゲーム」の研究において示されたものである（Putnam, 1993）。外交政策の策定過程は、国際的アリーナと国内環境の双方の政治の場でプレイする政策決定者の行う二層ゲームとして最もよく理解することができる。この対外的－対内的な政策決定者の総合化の試みをさらに詳しく説明するために、パットナムは国際的な交渉プロセスを以下の二段階に分けて考えている（Putnam, 1993: 438-439）。すなわち、

一、交渉者間の取引により暫定的な合意に至る段階。これをレベルⅠと呼ぶ。

二、その合意を批准するかどうかについて、決定権をもつ人々が、個々のグループごとに行う個別の議論の段階。

表6-1　日本のODAに対する中国の政策のミクロ・マクロリンケージモデル

マクロ構造	マクロ構造の変化	北京におけるミクロ過程
象徴的マクロ構造	「現代化」が国家目標とされ，中国は世界経済のなかによりいっそう統合される．人権や他の問題などについても，中国に対する圧力が強まる．	すべての貸付を拒否する姿勢から，受け入れによって中国の国内問題への干渉が発生しない限りは，外国からの貸付を歓迎する姿勢へ．
制度的マクロ構造	制度的な規範やメカニズムが対外的な経済活動の促進のためによりいっそう用いられる．	日本の貸付を受け入れるための国内的な批准可能な範囲が拡大する．多様化した利害が国家および省レベルで観察される．
権力／体制マクロ構造	改革派の指導者が実権を掌握するが，保守派もいまだ影響力を保持し，両派とも国家の独立と利益を強調する．	環境や経済の問題においてはより柔軟に，けれどもODAと人権問題・国防活動とのリンケージには強硬に対応．

これをレベルⅡと呼ぶ。

この「二層ゲーム」の考えを基礎にして、**「批准可能な範囲」**概念は発展してきた。それは、「レベルⅡの決定権者にとっては、『批准する』ことができる、つまり決定権をもつ人々の間で必要な多数を形成できるような、考えられるすべてのレベルⅠ合意の組合せである」。「批准可能な範囲」が大きければ大きいほど、レベルⅠの合意は実現しやすくなるといえる。

パットナムによれば、成功した協定というものはみな、各党派それぞれが合意した国内的な批准可能な範囲のなかに協定の合意内容が収まっていなければならない（Putnam, 1993: 439-440）。したがってそうした複数の批准可能な範囲が重なりあう場合にのみ合意は形成可能となり、批准可能な範囲が大きければ大きいほど、相互の重なり合いやすさは増すことになる。逆にいえば、批准可能な範囲が小さければ小さいほど、交渉が決裂する危険性が高いということである。具体的な研究に先立って、ここではまず日本の対中ODAの概要を把握しておく必要があるであろう。

日本の対中ODAの全体像を捉えるためには、以下のような問いを発する必要がある。⑴なぜ日本は一九七〇年代後半に主要な対中援助計画を決定をしたのか。⑵日本は援助とともに何をしようとしたのか。

(3)中国はなぜ一〇年間の孤立主義の後に日本からの外国人アドバイザーや資金援助を受け入れると決めたのか。(4)日本という援助国と協力することによって、中国はどのようにして自国の現代化を強固にしていこうとしたのか。その際中国はどのようなヴィジョンを持っていたのか。(5)その結果生まれた援助プログラムで、どのような問題が提起されたのか、そしてどのような意味において援助プログラムを構成する各部分は、日中両国の国際的・国内的な諸力の妥協の産物であるのか。(6)この日中両国の国際的・国内的諸力は、安定対人権問題、インフラストラクチャー対環境、経済発展対国防予算といった異なった問題領域において、いったいどのようなかたちでその組合せや連携のあり方を変化させていったのか。

この研究の対象は、日中両国に影響を与えた国際的要因と国内的要因の中間もしくは合流点に存在していた一連の行為であり、それは一九七九年以降、完全に首尾一貫した政策の継続性を生み出したのである。以下の各節では、まずこの援助に影響を与えたいくつかの基礎的な要因を見ていき、それから援助問題に関する中国と日本の政策決定過程を別々に検証することで、右記の問いに答えていくこととしたい。

日本の対中ODAの概観

中国と日本が二国間関係を正常化した一九七二年以降ずっと、両国の経済協力は、アジア太平洋地域の発展と地域の安定の最も重要な要因の一つであり続けてきた。通商、海外投資、合弁企業、技術移転、人材交流などの面での中国と日本の政策決定は、一つのまとまりをもった政策体系を構成しており、それ自体が研究対象となりうるものである。中国と日本の間の交流は、アジア史の主要な新しい時代を導いたのである。

一九七二年の日中国交正常化と七八年の日中平和友好条約が二国間関係の急速な発展の基礎となったが、七九年になるまで中国は日本のどんな政府開発援助(ODA)も受け入れようとしなかった。同年になって、北京は政府借款を受け入れるという東京との協定に署名したのである。そのとき以来、経済協力開発機構(OECD)の開発援助委員会(1)(ＤＡＣ)のメンバーのなかで、日本は対中ＯＤＡの最大の供与国であり続け、中国は日本のＯＤＡ受入国のトップに位置づけられてきた。中国が「国際共産主義運動のメンバー」であったという事実のために、米国が対外援助法により中国へのＯＤＡ拡大を明白に禁止されていたことを考慮すると、この状況は理解しやすい(2)。もっとも米国務省と対外援助機関は、穏健で開かれた中国は米国の国益につながるという戦略的観点から、対外援助を通じた中国と西側との関係を日本がリードするように勧め続けていた(Orr, 1990: 73)。中国はかなり遅く、七九年になって日本の援助受入国リストに入ったにもかかわらず、日本の対中援助は八〇年代をとおして大きく伸び、そのまま九〇年代に入ったのであった(2)(表6－2参照)。

日本は対中ＯＤＡの最大の供与国である。一九七九年から八四年までの期間に、日本の対中ＯＤＡは、中国が受けた二国間援助(ＤＡＣメンバー)と多国間援助(国際機構)を含む海外からの援助総額の四五％を占めていた。同期間では国際通貨基金が中国に対する二番目に大きな援助提供者(一四％)であり、国連機関が三番目(一一％)、西ドイツが四番目(九％)であった(3)。中国に対する二国間ＯＤＡについて見れば、八〇年代と九〇年代の初めには、日本はＤＡＣメンバーのなかで最大の援助国であり続けた。例えば九〇年と九一年には、対中援助での日本のシェアは、二国間ＯＤＡ総額の半分以上であり、多国間援助を加えても全体の約三分の一を占めていた(3)(表6－3参照)。

中国は日本の援助の最大の受入国の一つであった。伝統的にはインドネシアが日本のＯＤＡの最大の受入国であったが、一九八二年から八六年の期間では、中国は日本のＯＤＡリストのトップとなった。そして八七年から九二年まで(九一年を除く)、中国はインドネシアに次いで二番目であった(4)。

一九七九年から九五年まで、「ソフト・ローン」として知られている、日本の対中政府借款の三つの主要なパッケージ(いわゆる「第一次～第三次円借款」)があった。最初の政府間貸付は、中国の五カ年計画(一九七九―八四)に対する三五〇〇億円(一五億ドル)の貸付であった。この貸付金は七九年一二月の大平正芳首相の中国訪問において誓約された。つづいて中曽根康弘首相が八四年三月に、八五年から九〇年の五年間に四七〇〇億円(二一億ドル)の援助に同意した。さらに竹下登首相は八八年八月の北京訪問の際、九〇年から九五年の期間を対象に八一〇〇億円（当時五四億ドル）の第三次貸付パッケージを約束した。後述するとおり、その後九四年一二月に、九六年から九八年の三年間に五八〇〇億円（五八億ドル）の円借款を行うことが二国間で合意されている[4][5]。

大規模な二国間経済交流と日本からの政府援助は、日中両国間に経済上の相互依存を生み出した。一九七〇年代末の中国との貿易は日本の貿易総額の五％以下であったが、二国間貿易はそれ以降急速に増大した。何年もの間、日本は香港とともに中国にとって最重要な貿易相手国であり、中国の対外貿易総額のほぼ四分の一を占めていた。二国間貿易は九〇年代の初めに顕著に増大し、九三年になると、中国は前年比三〇・九％増で、日本にとって二番目に大きい（米国に次ぐ）貿易相手国に浮上した[5][6][7]。

表6-2　日本の対中 ODA 支出（1979-1992）

（単位：百万ドル）

年度	無償援助	技術援助	借款	合計
1979	0.0	2.6	0.0	2.6
1980	0.0	3.4	0.9	4.3
1981	2.5	9.6	15.6	27.7
1982	25.1	13.5	330.2	368.8
1983	30.6	20.5	299.1	350.2
1984	14.3	27.2	347.9	389.4
1985	11.6	31.1	345.2	387.9
1986	25.7	61.2	410.1	497.0
1987	54.3	76.0	422.8	553.1
1988	52.0	102.7	519.0	673.7
1989	58.0	106.1	668.1	832.2
1990	37.8	163.5	521.7	723.0
1991	56.6	137.5	391.2	585.3
1992	72.1	187.3	791.7	1050.6

出典：外務省『わが国の政府開発援助』各巻.

日本の対中ＯＤＡ問題に関する二国間合意の達成が、両政府が直面したかなり異なった状況と考慮の産物であったことを、以下の詳細な分析は示している。分析は日本の対中ＯＤＡの二つの段階について実施される。二つの段階とは、中国が日本からのＯＤＡを受け入れた最初の一〇年間である**相互に有益な最初の段階（一九七九―八八）**と、一九八九年の天安門事件後に日本が中国へのＯＤＡをいったん中断し、その後再開を決定し、そして東京の新しいＯＤＡ原則とそれに対する北京の反応が現れる**危機と交渉の段階（一九八九―九五）**である。最後に、これら二つの段階を日本と中国の両側から検討し、以上のケーススタディに比較の視座を加味することとしたい。

表6-3　中国が受け入れたODA総額における
DACメンバー国のシェア（1990-1991）　（単位：百万ドル，カッコ内%）

年度	1位	2位	3位	その他	二国間援助合計	多国間援助合計
1990	日本 723.02 (*51.0*)	ドイツ 228.94 (*16.2*)	オーストリア 102.84 (*7.3*)	361.57 (*25.5*)	1416.37 (*100.0*)	659.80
1991	日本 585.30 (*50.1*)	フランス 138.46 (*11.9*)	ドイツ 107.09 (*9.2*)	337.04 (*28.9*)	1,167.89 (*100.0*)	782.95

出典：外務省『わが国の政府開発援助』各巻.

相互に有益な最初の段階（一九七九－八八）

日本の対中ODAの最初の一〇年（一九七九－八八）は、「相互に有益な最初の段階」と考えられる。国際環境と国内的な批准可能な範囲は、どのようにして両国の政策決定に携わる人々をODA問題に取り組むよう促したのだろうか。中国と日本の政策決定過程を別々に検証してみる。

（一）ミクロ・マクロリンケージと中国の政策決定

表6－1で分析されているように、中国政治のマクロ構造における変化は、外国からの援助に対する北京の方針に深い影響を及ぼしている。より包括的な理解のためには、中国の象徴的マクロ構造での変化をまず理解する必要がある。

一九四九年の共産主義の勝利の後、ソ連と東欧諸国からの一五億ドルの政府貸付（五三年から六〇年まで）を例外として、北京は外国からの貸付の受け入れを拒否してきた。六〇年代と七〇年代のほとんどの期間、中国は断固として「自力更生」という毛沢東の考えに執着し、資本主義国家との経済協力を拒絶し、世界経済から自らを孤立させていた。

一九七二年の国交正常化の後に、東京はいくつかの機会に経済協力の一形態として政府借款の問題を取り上げたが、そのたびに北京によって明確に拒絶されていた（C. Lee, 1984: 113）。人民日報の社説は、七七年にはまだ次のように主張していたのである。

　われわれは、ソビエト修正主義者のようには、わが国の資源開発のために外国資本を使うことをけっして許しはせず、他の国と提携して事業を行うこともしないし、いかなる外国貸付も受け入れない。中国は国内にも国外にも負債をもたない[6]（強調は筆者による）。

北京が現代化（象徴的マクロ構造）を促進する改革開放政策を始めた一九七八年末以降、中国の国内政策と外交政策は劇的に変化した。七八年九月に北京で、日中両国は日本の対中ＯＤＡの可能性について初めて真剣な会談をもった。会談は中国の対外貿易部の劉希文副部長と日本の日中経済協会の稲山嘉寛会長の間で行われた。中国の最高権力者鄧小平は、一カ月後、東京訪問中に中国がこうした貸付を受け入れる意図を公式に確認した[7]。こうした政策転換の説明要因は、国際環境のなかにも国内環境のなかにも見出される。

国際的には北京は外部環境の大きな圧力を感じていた。一九七〇年代の終わりまでには、中国は東アジアの四小龍（台湾、香港、シンガポール、韓国）に大きく遅れをとっており、しかもそのうちの三つは中国人社会であった。これらの経済圏の成功例はまた、北京の指導者に外国からの貸付のために外に目を向けるよう促した。

より重要なことは、北京の政策決定に携わる人々が、外国からの貸付に対する中国の姿勢を急激に変えるために、まず国内の支持の獲得を迫られたことである。一九七八年に鄧小平の時代が幕を開けて以来、中国の現代化を優先するという象徴的マクロ構造の主要な転換にもかかわらず、外国からの貸付を受け入れることへの抵抗は依然として残っており、その抵抗の大半は権力政治における保守派に由来するものであった。

そこで以下、外国からの貸付に対する中国の政策の背後にある権力／体制マクロ構造を見てみることにしよう。当時、中国の政策決定の母体である党と政府内の政治指導者の多くは、外国からの貸付については三つの懸念を分かち合っていた。まず第一に、主要国からの資本の流れが中国の主権を危険にさらすのではないかということであり、第二に、西側諸国に対する開放が資本主義のイデオロギーを呼び込むのではないか、そして第三に、外国貸付の受入れが中国の「無債務」国家としての評価に終止符を打ち、国家イメージを損ねるのではないかという懸念であった[8]。

こうした懸念に対抗するために、鄧小平と当時の趙紫陽首相に代表される改革派の政策決定者は、まず中国の現代化にとって外国からの借款が必要であることを強調した。彼らは、外国借款の利用が、中国が大いに必要としている安い資本を得るのに必須であると主張した。外国からの借款と投資は、経済成長を刺激してくれる四つのもの、すなわち新しい資本源、進んだ技術、高度な経営管理技術、国際市場へのアクセス、を中国に提供してくれる。マーガレット・ピアソンは、中国の開放政策の背後にある主要な考え方を析出した（Pearson, 1991: 51-56）。改革派は、外国からの貸付および投資が国家計画にしたがい国内経済に従属しているかぎり、中国の主権や本質的な独立性が危険にさらされることはないと主張した。

制度的マクロ構造では、制度的・官僚的レベルで国内の懸念を払拭しておく必要があった。そのため中国の指導者は、繰り返し主権と独立の問題を強調する発言を行った。一九七九年九月、中国と日本の間で最初の貸付パッケージが署名される三カ月前、谷牧副首相は日本訪問の際に「中国の主権が損なわれることなく、かつ条件が適切であるなら、われわれは友好国からの貸付を受け入れる」と宣言した。[9] 八二年末、趙紫陽首相は、「外国との経済交流と技術交流の目的は、もちろん自力更生の能力を高めることである」と強調していた。鄧小平は八四年に日本の代表団に対してさらに踏み込んで確認し、「われわれの社会主義経済の基盤は大変大きいため、揺さぶられることなしに数百、数千億ドルもの外資を吸収できる」と述べている。[10]

外国からの援助の受け入れにあたっては、その当初から、プログラムの策定、プロジェクトの選択、開発、実行など、すべての主要な決定を自国が完全にコントロールする方針を中国政府は貫いてきた。この原則に基づいて、中国は日本などの援助供与国と広範囲にわたる協議と協調を進めていくことになるのである。[11]

中国の経済官僚の視点から見ると、日本のODAを得ることには多くの動機があった。まず第一に、日本の政府借款はかなりの優位性をもっていた。これらの政府借款は「ソフトローン」として知られるが、長い返済期間と低い利率といった国際基準にしたがっていた。つまり貸付金は、三％（もしくは三％より少し高い）利率で一〇年の猶予のついた三〇年返済であった。ときに利率はさらに低いこともあった。例えば一九八八年には、日本政府は発展途上国に対する円借款の利率をほぼ二・六%に引き下げると発表した。中国はそのような低い利率で援助を受ける最初の国の一つであった。[12] 他方、中国が他のチャンネルから受ける借款の条件はずっと厳しかった。最も顕著なのは、短期の民間の営利貸付および輸出入銀行の貸付である。例えば七九年五月、日本輸出入銀行は一五年間で利率六・二五%で二〇億ドルの貸付に同意した。その三カ月後、中国はそれより高い利率と短い返済期間（それぞれ六カ月と四年半）で合計八〇億ドルの二つの商業貸付を獲得した（Whiting, 1989: 121-122）。

第二に、商業貸付も有用ではあったが、鉄道、港湾、水力発電といった、国家と省の二つのレベルでの大規模なインフラストラクチャー整備プロジェクト向けの中国側の継続的な資金要求には、外国政府の「ソフトローン」の方がよりいっそう役立った。実際、日本からの貸付援助に集中する傾向ははなはだしく、中国が受けた二国間ODA総額の最初のパッケージの八五%〜九〇%までを日本からの貸付が占めていたのである。財政危機が繰り返し中国の基幹プロジェクトを脅かしていたことから、その点でも日本の援助は北京の要求に適っていたのである。

第三に、政府借款を中国に提供する最初の非共産主義政府として、日本は他の先進国に先行する役割を果たした。米国の政府高官は、「中国の最も重要な国際関係が日本とのものであることはきわめて明白である」と評した。[13] 最後に中国の経済官僚は、日本の貸付機関との経験を通じて、国際的な金融コミュニティーに参入するのに貴重な管理技術と有用な知識を得たのである。[14] 政策決定のミクロ過程では、日本からの貸付を受け入れるための国内的な批准可能な範囲の拡大は、親改革派の指導者の地位をかなり高めることになった。さらに北京は、国家と省の二つのレベルで日本の援助に対する広範囲で多様化した利害が存在することをはっきりと認識できたのである。

したがって国際的・国内的な諸条件は、日本からの貸付を受けとるための中国の国内的な批准可能な範囲を順調に拡大させ、その結果、外国からの貸付を扱う際の北京の交渉力と柔軟性がいっそう強化された。このような環境のもとで、日本の低利の資本と進んだ技術、そして市場が、中国の政策決定者にとって徐々に魅力的なものとなっていったのである。

（二）ミクロ・マクロリンケージと日本の政策決定

一九七〇年代末に日本が直面していた国際的条件と国内的な批准可能な範囲は、中国とはかなり異なっていた。中国向けのODAに関する日本の政策決定について、以下詳細に検討していきたい。この政策決定を完全に把握するためには、まず日本における象徴的マクロ構造の変化とそのミクロ過程への影響について理解しなければならない。日本は一九六一年には早くもOECDの開発援助委員会（DAC）のメンバーとなって、発展途上国に対してODAを提供する国々との調整に携わってきた。[15][8] 八九年、円高が日本を世界で最大の援助国に押し上げた。経済的、地政学的考慮から、東京はアジア地域の国々に援助の大部分を配分していた（八〇年には日本の援助総額の七一％、八五年には六八％、九二年には六五％がアジア諸国対象である）。[16][9]

DACメンバーとして日本は、同グループ内の国際的地位に敏感であった。日本は、一九六八年には早くもDAC内で四番目の位置に就き、それから二番目の地位をフランスと争った。日本の対外援助支払いの総額は急速に増えていったが、GNPにおけるODAの割合という指標では低いままだった。七八年までは日本の対外援助は、GNPの約〇・二五％程度（例えば七〇年は〇・二三％、七五年は〇・二五％、七八年は〇・二三％）であり、先進国に対する国連のガイドラインである〇・七％を大きく下回っていた。この指標で見た場合、日本の位置はその当時の一八カ国のDACメンバーのなかではまったく低かった（Rix, 1980: 31–32）。国際的地位を維持するために日本は援助額を増大させることを迫られた。七八年七月、福田赳夫首相は三年以内に日本のODA資金を二倍にすることを誓約した。日本は中国をこの増大したODA予算の新しい適切な対象国と見なした。DACの統計委員会を説得して中国をDACの「低開発国（LDCs）」リストに追加することで、日本は自国が拠出するODA総額のなかに中国へのODAも含めることができるようになった。[17] 依然として低いものの、日本のGNPに占めるODAの割合は、八〇年代と九〇年代には〇・三％くらいに増えた。例えば八八年は〇・三二％、九一年は〇・三二％、九二年は〇・三％、九三年には〇・二六％であった。[18][10] 日本のODAは、九三年には一一二億五〇〇〇万ドル、DACのメンバー国が提供するODA全体の二〇・五％に達し、日本は三年連続して世界トップの援助国となった。[19][11]

日本の他の先進国との経済競争は、中国に対する援助政策を系統的に説明する主要な要因であった。対外援助は日本と西側諸国が競争する領域となっていたのである。ODAに支えられた大規模事業は、通常「高い実行可能性」を備え、また国際社会での大きな宣伝効果をもつので、それだけにいっそう日本にとっては望ましいものであった。

中国からの最初の貸付依頼は、三つの水力発電所と三つの鉄道、二つの港湾施設を含む計八つのインフラストラクチャー建設計画のパッケージであった。一九七九年の夏に、これらの計画のための貸付の可能性を中国が探り始めたとき、東京は西側諸国からの挑戦を十分に意識していた。例えばフランス（七〇億ドル）や英国（五〇億ドル）、スウェーデン、カナダからいくつかの民間商業貸付が提案されていた。また米国のウォルター・モンデール副大統領が七九年に訪中した際、〔米国の〕輸出入銀行が中国に対して二〇億ドルの信用供与を行うと約束したことも、日本は知っていた。日本政府はこうしたプロジェクトに対する貸付が日本の長期的な経済的利益に好都合で有益であることを理解していた。つまりチェジン・リーが指摘しているように、それは日本に「中国の経済的インフラストラクチャーにしっかりとした足場を築き、また日中経済協力の他の分野にも波及効果を引き起こす」ことになるものだった（Lee, Chae-Jin, 1984: 116–119）。

最初の貸付パッケージ（一九七九年）から、日本は政府借款候補として指定された（八つのうち）六つの建設計画への資金供与に同意した。東京は中国の要求リストから鉄道と港湾施設の建設を選ぶ一方、二つの水力発電所建設計画を退けた。この選択は明らかに日本の経済的利益を反映していた。二つの港、石臼所と秦皇島は、エネルギー資源（特に石炭）を日本に輸出する重要な港であった。三つのうちの二つの鉄道、兗州―石臼所鉄道と北京―秦皇島鉄道は直接二つの港につながっていた。日本は要求された貸付総額の六二％と一〇〇％をそれぞれに提供した。三番目の鉄道、衡陽―廣州鉄道は日本のエネルギー供給ルートと無関係であったため、中国側は要求のわずか一六％しか受けとれなかった。日本の経済的利益と競合していたため、東京は二つの水力発電所計画（龍潭と水口）を拒絶した。龍潭水力発電所は、年間六〇万トンの生産能力を備える大規模なアルミニウム精製所に電力を供給する能力をもつことになったはずだが、これはインドネシアとブラジルにおける日本のアルミニウム生産の合弁事業と利益が衝突するものであった。[20] グレッグ・ストーリィが指摘しているように、要求された計画からの実際の選択は、「援助される側よりも援助する側の必要、つまり中国よりも日本の経済的優先順位」を反映していたことを、これらの事例はよく表している（Story, 1987: 35）。

日本にとって中国は、経済的な見地からだけではなく、戦略的・政治的な観点からも重要であった。『北京周報』の記事が指摘するように、「日本はその経済力を使って政治大国にもなろうとしていた」。[21] 参議院答弁で中曽根康弘首相が日本は対外援助の配分に戦略的考慮を加えないと主張したにもかかわらず、[22] 戦略的考慮は明らかに援助政策に影響を与えていた。憲法が国境を越えた軍事力の行使を禁止しているため、ODAを含む経済的な手段が、日本政府にとって国際的影響力を発揮し、アジアの近隣諸国、とりわけ中国と係り合うために残された最も有力な方法の一つだったのである。[23]

戦略的に言えば、中国の天然資源、とりわけエネルギー資源は、日本にとってどうしても必要であった。一九七〇年代のオイルショックの後、日本は中東の政治的不安定が同地域からのエネルギー供給の確実性を危うくすることに気づいた。そこで、日本は石炭や石油など豊富な天然資源をもち、しかも安全、安価な近い海上輸送距離に位置する中国を、エネルギー供給を多角化するうえで理想的な供給源だと考えたのである。

中国への援助外交をめぐって国際社会が敏感に反応することを日本はよく意識していた。他の国の懸念をなだめるために、一九七九年九月に外務省は、中国への援助方針の「大平三原則」を発表した。[12] この三原則が目指していたのは次の点である。(1)日本が中国市場を独占するのではないかという懸念を緩和するために、米国や他の西側諸国（主としてEEC諸国〔当時〕）と協力する。(2)他のアジア諸国、特にASEAN諸国への援助と中国への援助とのバランスをとる。(3)中国の国防関連産業への援助は避ける。最後の原則は、ソ連やヴェトナム、韓国の批判をそらすためであった[24]。

国交正常化以降、日中が最も険悪となったのは、日本の「軍国主義復活」に対する告発をめぐってであった。一九八二年、そして八五年から八六年に再び日本政府による学校教科書の過去の戦争行為の見直しを中国が激しく批判し、中国の主要都市で大きな反日デモが巻き起こった。この論争の期間に日本は中国に対する大規模な「ソフトローン」を誓約したのである。教科書問題と貸付との間には、直接的な関係はなかったが、日本は中国とのつながりに対する善意の姿勢を示すものとして政府借款を利用したのである。

日本の対中財政援助政策には、さらに個々人のレベルでの中国に対する情緒的なつながりも一役買っている。一九八九年以前に日本で行われた世論調査では、何年もの間、中国はいつも最も「友好的」な国として米国に次いで二番目に位置づけられてきた。共有された文化と歴史的、地理的近さのために、中国に対する日本人の情感は、スワデッシュ・デ・ロイが示唆しているように、ときとして「理性を超えた」ものとなる[25]。また中国に対する日本の過去の戦争については、日本人の間に後悔の気持ちが広く共有されており、それはより年長の世代において顕著であった。国民党の蔣介石も、共産党の周恩来も、それぞれ善意の姿勢として日本に対する戦争賠償の請求権を放棄した。多くの日本人は、日本は政府借款を賠償の代わりに使えると感じていた。ある老練な香港の外国人銀行家が語ったように、「財政的にはこれらの貸付には意味はないが、政治的にはまさにそれは姿を変えた賠償なのである[26]」。すでに分析したように、東京がしばしば日本の潜在的な経済的利益に基づいて貸付のプロジェクトを選んできたことを考えると、この見解には異議もあるかもしれない。しかしそれにもかかわらず、このような見解には、日本の対中援助の政治的含意が反映されているのである。

二国間関係をさらに促進し、公的レベルにおいて相互の理解を増大させるために、日本は、人道的な目的と文化交流に(貸付ではなく)無償援助のほとんどを集中させた。最も重要な計画の一つは、北京の日中友好病院であった。

日本が採用した方法の一つは、一九九〇年四月に予定されていた八一〇〇億円の政府借款の凍結であった。他の手段は、高レベルの政府折衝やすでに予定されていた経済的・文化的交流会合の中止であった。それらの会合には、中国への投資促進機関の発足や高度技術の移転に関する日中会議が含まれていた。

国際的な圧力は、天安門事件に対する日本の反応に重要な役割を果たした。中国に対する経済制裁という意味での国際的義務を、東京は深く意識せざるをえなくなった。もし日本が強く厳しい姿勢をとらなかったなら、東京は「自分たちが国際的に孤立していることに気づくことになったであろう」と多くの識者が信じていた。[33] 国際的圧力は、日本が中国に対する経済制裁を解除するのを遅らせもしたのである。

貸付を拡大することに乗り気ではなかったけれども、中国をいっそう孤立させないように日本政府は配慮していた。武力弾圧の直後に、外務省の首席スポークスマン渡辺泰造は、第二次世界大戦中の日本軍の行動に言及しながら「政府が最も考慮しなければならないのは、日本と中国の関係は、米国と中国の関係とは当然違うという事実である」と強調した。彼はまた、当時の社会的不安定から国内の注意をそらすために、北京が東京の経済制裁を激しく攻撃するかもしれないことに、日本は注意深くあるべきだとも警告した。この政府の見解は多くの経済界の指導者も共有した。例えば日銀総裁の澄田智は、北京の武力弾圧の後、すぐに「出方を見守るべきである」と主張していた。[34]

日本政府が待っていたのは、西側諸国からの、特に米国の対中経済制裁が解除される明確なシグナルであった。当時のワシントンの雰囲気は、北京に対してまったく否定的であった。ジョージ・ブッシュ〔シニア〕大統領が中国に対する最恵国（ＭＦＮ）待遇を延長しようとしたが、連邦議会は対中政策についていっそう厳しくなっていった。米国の政治家は世界銀行への影響力を行使して対中貸付を制限するために、さらに努力することを決定した。[35] ブッシュ〔シニア〕政権もまた貸付関連の政策を引き締めるようになった。米国の国家安全保障問題担当大統領補佐官ブレント・スコウクロフトは、自民党の指導者の一人である前外務大臣三塚博に「貸付の再開を急ぎ過ぎないように」と釘をさした。[36] このような環境のもとで、日本は対中政策に慎重になっていった。

もっとも天安門事件の前でさえ、日本の対中援助に関する米国の態度はアンビヴァレントなものだった。一方で、商務省は、日本の対中援助の重みゆえに、中国市場に対する日本の思惑を疑わしく思い懸念を抱いていた。さらにまた、保守的な政治家は、中国での人権侵害を憂慮し援助は中国にまで拡大されるべきではないと考えていた。しかし他方で、国務省と対外援助機関は、対外援助を通じて中国の経済発展と政治改革を促進することで、日本が中国と西側諸国の関係をリードするべきであるとの戦略的考慮をもっていた。

新たな貸付を拒絶する一方で、一九八九年八月に日本は進行中の中国への援助の凍結を解除したが、凍結を解除したのは日本が最初であった。[37] 八九年一〇月から世界銀行は、地震災害の復興に対する三〇〇〇万ドルの借款(八九年一〇月)および農業プロジェクトのための六〇〇〇万ドルの信用供与(九〇年二月)を含む人道的援助のための対中貸出を再開した。[38] 世界銀行に続いて日本の外務省は、天安門事件以来初めて八九年一二月に北京テレビ放送局と上海病院の設備を改善するための三五〇〇万ドルの新しい無償援助の再開を決定した。[39]

その後日本は頻繁に、米国や他の西側諸国に対し、重い制裁を中国に課しても彼らの利益にはならないことを自覚させようと試みた。換言すれば日本の行為は、一般的な国際環境から強く影響を受けていたが、しかし他方で、さまざまな日本の政府機関の関心は、対中経済制裁を導くことになった象徴的マクロ構造をゆるやかに変化させるにあたって重要な役割を果たしたのである。

日本は一九八九年七月にパリで開催された西側主要先進七カ国サミットでも、中国を公然と批判するのを渋る態度をみせた。[40] 九〇年の新年記者会見において海部俊樹首相は、「中国を孤立させることは世界平和と安定に望ましくない」と主張した。[41] 日本は中国と西側諸国との間の調停役となることを望んでいた。日本の経済担当官僚は、その気持ちを次のように表現している。すなわち「中国との関係の改善について、日本は他の国々より一歩前へ出るべきである。日本は他の国々が北京との関係を改善するための雰囲気を作り出す手助けができるであろう」。[42]

東京は、天安門事件の一年後に中国に対する貸付を再開することを決定した。一九九〇年七月、ヒューストンで開催された先進主要七カ国サミットにおいて、海部俊樹首相は、八一〇〇億円にのぼる中国への政府借款の第三次パッケージを「日本は徐々に再開する」と発表し、中国に対する一年間の経済制裁に終止符を打った[43]。中国へのこのソフトローン・パッケージは五年間続くように設定されており、総額の約一五％（一二〇〇億円、もしくは八億ドル）が九〇年会計年度に支払われることになっていた。

経験あるアジア問題の識者は、『ファー・イースタン・エコノミック・レビュー』誌で報道されているように「世界の他の指導者たちが距離を置いていたのに対し、天安門の余波のなかで精一杯もっとも迅速に北京との友好的な関係を回復するように動いたのは日本であり、ヒューストンのG７の会合において中国の利害のためのスポークスマンとして振る舞ったのが日本の海部俊樹首相であった」ことに注目している[44]。米国や他の西側諸国が日本に続いてすぐに対中政策を変更しなかったとはいえ、これらの国々は経済制裁を解除するという日本の決定に理解を示していた[45]。

国内の制度的マクロ構造においては、日本の政策決定者は天安門事件に向けられた強い反応に直面していた。さまざまな政治制度は頻繁に経済制裁を要求し、中国における政治抑圧への対抛は幅広い政治的・公的支持を受けた。この支持は与党自由民主党や政府の高級官僚だけではなく野党からも寄せられた。自民党外交部会の柿澤弘治会長は、日本は民主主義、自由、人権の原則を尊重する国家であるとはっきりと示すべきであると論じ、経済制裁を公然と要求した。日本共産党の金子満広書記長は、「日本人が額に汗した税金で賄っているのだから、中国に対する援助をただちに停止すべきだ」と主張した。日本最大の労働組織であり、「連合」として知られている日本労働組合総連合会（約七六四万組合員）や約八六万人の構成員を擁する全国労働組合総連合は、北京の行動に抗議するために中国との交流を中止することを発表した[46]。

しかしいくつかの野党が態度を軟化し始め、日本の対中援助外交のために活動を開始した。民社党と日本共産党が北京に強硬な態度をとり続けたのに対して、日本社会党と公明党は、貸付の再開を要求し始めた。日本社会党の山口鶴男書記長は、一九九〇年五月半ばに北京を訪問し、江沢民と宋平〔政治局常務委員〕と会見した。

山口は日本社会党が第三次貸付パッケージを再開するために熱心に働きかけると約束した(47)。五月の終わりに江沢民と李鵬は、北京を訪問中の党創設者で〔支持母体である創価学会の〕名誉会長の池田大作率いる公明党の代表団と会談し、二国間関係について意見を交わした(48)。重要なのは、日本の財界が援助の停止は対中輸出に「深刻な影響を与える」と不満を訴え、政府借款を再開すべしと主張し始めたことであった(49)。

中国への援助の再開に対する国内の要求を満たすために、日本政府は貸付パッケージの再開を再び保証した。北京訪問直前の社会党の山口書記長との会談で、海部首相はこの約束をしたが、それは一九九〇年七月のヒューストン・サミットの二カ月前であった。山口書記長は、貸付パッケージの凍結を解除するよう海部首相に促した。首相は総額八一〇〇億円の貸付について「日本は確かにその約束を守る」ことを社会党指導者が中国側に告げてもかまわないと述べたが、「ただちに援助を再開することは難しい」とも語った(50)。

天安門事件に対する日本の二重の姿勢は、象徴的マクロ構造と制度的マクロ構造の変化を明らかに反映していた。この複雑な姿勢は、天安門事件一周年の『ジャパン・タイムズ』紙の社説で強調されている。社説が述べているように、東京は、北京の抑圧的な政策を強く非難し続ける一方で同時に、「国際社会で中国を孤立化させるにあたって、門外漢の中国に対する一面的な見方が行き過ぎともいえるほどの大きな役割を果たしてきた」と主張し、「中国を一人前の資格で国際社会に復帰させる道筋をつけるべきときがきた」と論じたのである。こうした議論によって、海部政権はさまざまな選択肢の間でバランスをとることを余儀なくされ、西側と中国双方に次の二つのことをはっきりと示そうとした。すなわち第一に、日本は西側諸国との協調姿勢を維持し続けながら、しかし第二に日本は中国がよりいっそう孤立化するのを防ごうとするということである。したがって天安門事件後の中国に対する政策では、日本は中国と西側という二つの外交の前線で行動する必要があったのである。

一九九〇年夏に日本が対中ＯＤＡを再開してから、二国間の相互関係はかなり急速に和らいだ。政治、経済、文化面での接触は高いレベルにまで達し、日本の外務省の評価によれば、日本の対中援助プログラムは、政治的にも経済的にも「完全に成功した」のであった。[51] しかしながら、中国への貸付援助を再開する九〇年の決定との関連で見れば、その「成功」は、とりわけ外交面で大きかったと感じられるかもしれない。

天安門事件の影響を受けて、一九九〇年代の初めから日本の対中ODA政策は、ポスト冷戦の国際秩序の変化とより多様化した国内需要に対応して変化し始めた。九一年四月、海部俊樹首相は、政府の新たなODA原則を初めて公表し、その強調点は九二年一月に宮澤喜一首相によっても確認された。新しい政策は、日本のODAが国連憲章の原則（とりわけ主権の平等と内政不干渉の原則）と以下の四つの原則にしたがって提供されることが必要だとしている。[13] すなわち、⑴環境保護と開発の整合性が追求されること。⑵軍事目的や国際的対立を悪化させるようなODAのいかなる使用も避けること。⑶国際平和と安定を守り強化するために、被援助国の軍事費や大量破壊兵器、ミサイルの開発や生産、兵器の輸出入の傾向に全面的な注意が払われること。⑷民主化を促進し市場志向の改革を導入し、市民の基本的人権と自由の保障を高めるために、被援助国が行っている努力に全面的な注意が向けられること。[52]

環境、不可侵、軍事面での公開性、人権といった問題を新たに強調したことは、日本の対中ODAに影響を及ぼす象徴的マクロ構造における主要な転換（認知上の変化）を反映している。すなわち日本の政策決定者たちは、対中援助プログラムの政治的、経済的、安全保障上の意味合いに新たな解釈を持ち込んだのであり、これらの原則は、一九九〇年代以降、日本の対中ODAに長期的な影響をもたらすことになったのである。

一九九二年初めに、両国は第四次対中パッケージのための一連の協議を開始した。日中間の広範囲にわたる長引いた交渉は、第四次の援助に関する合意を困難にした。日本は米国ほどには中国に人権問題を押しつけないことを強調する一方で、東京は北京に軍事支出方針を「より透明に」してほしいと伝えた。[53] 日本の細川護熙首相は、九四年三月の北京訪問の際『ジャパン・タイムズ』紙が注目したように、はっきりと「国際社会が安心できるようにその軍事計画を透明性のあるものにするよう中国に促した」のである。[54]

興味深いことに二国間の援助交渉での議論では、人権や軍事支出という慎重な取り扱いを要する微妙な問題には直接触れられなかった。むしろ双方とも、表面上はパッケージ期間の長短といった明らかに技術的な問題に集中した。日本の対中援助政策は、一九九三年と九四年に広範に見直された。日本政府の再検討は、東京が複数年にわたる円借款をあらかじめ保証してきた、北京に対するそれまでの特恵的なやり方を変更するかどうか、またどのようにして変更するかに焦点が絞られていた。[55] 自らの統制力を増大させるために、日本は五年間のパッケージという以前のパターンから一年ごとのパッケージに変更することを提案したのである。[56] 中国側はこの提案に強く反対した。

日本側の視点に立つと、一年ごとの貸付パッケージに変える理由は四つあった。第一に、中国は当時そのような好意的な扱いを受けている唯一の日本の援助国であった。他のすべての被援助国は、一年ごとのパッケージを与えられていた。第二に、日本社会のさまざまな部分でODA予算について国民の関心が高まっていた。第三に、大蔵省にとっては予算関連の問題は、一年ごとに決定するのが通常のやり方であり原則であった。[57]

そして第四に、西側からのとりわけ米国からのかなりの圧力があった。日中経済協会の鈴木章雄主任研究員によると、貸付期間に関するこの変更は、米国の圧力を反映していた。日本の中国政策に関する日米協議が頻繁に開かれ、ワシントンは東京に対してODA政策を考える際には、中国の人権問題を考慮に入れなければならないことを強調した。[58] 象徴的マクロ構造と制度的マクロ構造の変化は、日本のODA政策の決定に間違いなく大きな影響を与えたのである。しかし外からは簡単に見えないが、権力/体制マクロ構造の影響も無視すべきではない。興味深いことに与党自民党の政治家は中国への長期間の円借款を強く支持していたが、政府の官僚機構は一年ごとの見直しに好意的だった。しかし一九九〇年代初めの日本の国内政治の混乱、とりわけ九三年夏に自民党が政権の座から降りると、政治家の影響力ははっきりと低下し、期間を短くしようという声が強くなっていったのである。[59] そして日本の援助政策の大部分が、外務省、大蔵省、通商産業省、経済企画庁といった政府機関の協調の結果、生み出されるようになった。[60] この場合には、権力/体制マクロ構造の変化もまた、日本の新しい政策の方向性が定まっていくにあたっては明らかに注目に値する役割を果たしたのである。

(二) ミクロ・マクロリンケージと中国の政策決定

東京の政策決定者がそうであったように、北京の政策決定者も天安門事件から生じた重大な挑戦と関連したマクロ構造の変化に取り組まなければならなかった。中国はまず象徴的マクロ構造の大幅な変化と戦う必要があった。北京は国際社会におけるイメージと評判を回復するために、また米国をはじめとする先進国が課した経済制裁をやめさせるために努力しなければならなかった。

天安門事件の余波で、外貨準備や援助、投資の減少によって悪化した経済状況に脅威を感じ、中国の指導者は経済制裁を解除させるために力を尽くした。この努力のなかで、中国は債権国の筆頭であり最大の貿易相手国である日本に特別な注意を払った。日本と西側諸国との間の微妙な違いと、東京が果たしうる特別な役割を完全に意識して、中国は日本を引き寄せその理解を得ることに腐心した。一九八九年七月のパリ・サミット直後、中国の李鵬首相は日本が中国をこれ以上非難することに消極的だったことを称えた。八九年一一月に北京で鄧小平に会った後、経済団体連合会(経団連)の斎藤英四郎会長は、鄧小平や他の指導者が「日本に大きな期待を寄せている」と明言した。[61] 同月、西側の経済制裁について議論しているときに、李鵬首相は経済制裁は遅かれ早かれ解除されると予測して、「ある国が最初で、ある国は遅いだろう。どの国が最初に動くか見守ろう。その国は勇気があり賞賛に値する」と述べた。[62] 李鵬首相が「最初に動く」と言及した国は明らかに日本を指していた。しかし東京は八一〇〇億円の円借款について北京が望むようにはその立場をすぐに緩和せず、一二月に「人道的理由」でわずかな無償援助(三五〇〇万ドル)を実施しただけだった。八九年の終わりに中国の呉学謙副首相は日本に対して失望を示し、東京は天安門事件後高官レベルでの交流を制限するワシントンの政策の後ろに立っているだけだと批判した。呉副首相はジョージ・ブッシュ〔シニア〕大統領が北京に派遣したブレント・スコウクロフト国家安全保障問題担当大統領補佐官の訪問にも言及した。[63]

中国側は日本の貸付の再開の陳情のために、個人レベルでも特別な努力を払った。一九九〇年一月、一〇日間の日本訪問の際に、中国国家計画委員会主任の鄒家華(天安門事件後、日本を訪問した最高位の中国高官)は、両国関係を改善するために、またとりわけ政府借款パッケージについて広範な外交活動を繰り広げた。彼は海部俊樹首相および中山太郎外務大臣と八一〇〇億円の貸付問題を中心とした会談をもった。しかしながら中国への援助研究ミッションの派遣計画といった好意的な姿勢を除けば、日本の「中国に対する約束された貸付の即時延期」にはなんら変更はなかった。(64) 九〇年三月の演説のなかで、中国の銭其琛外交部長は両国の間の「歴史的背景や地理的位置、文化的遺産」を強調し「より良い関係」を訴えた。(65) けれども、銭外相の演説の直後に開かれた二国間の準閣僚級の年次会議では、日本の経済制裁を解除するような進展は見られなかった。(66)

しかし一九九〇年になると、日本の国内ムードも国際的な対中感情もともに徐々に変わり始めたことから、東京は北京の努力に対して肯定的な反応を示し始めた。九〇年四月半ば、自由民主党の小沢一郎幹事長は、中山太郎外務大臣に「たとえ米国のような国々が同じような行動をとらないとしても」貸付を再開する準備を始めるよう要請した。(67) 自民党の最大派閥の一つのリーダーである渡辺美智雄前政調会長は、五月初めに中国を訪問して江沢民共産党総書記と李鵬首相と会談した。渡辺はできるかぎり早く貸付を実行することを約束し、「日本の他の指導者たちと話しあってあるので、はっきりと約束できる」と李鵬首相に語った。李鵬首相は、貸付を可能にした日本の指導者の努力に感謝する一方で、「もし貸付があまり長期間にわたって遅れるようなことがあれば」日中関係を害することになるだろうとも言及した。

渡辺前政調会長の訪問の数日後、中国通で知られている八八歳の古井喜実前自民党議員が北京を訪問して李鵬首相と会った。李鵬首相は、(貸付問題で)日中関係を悪化させたくないと再び強調した。(68) 三カ月後の一九九〇年七月に、日本は対中政府借款を再開することを決定した。日本はこの方向に動いた最初の先進国であった。

それ以降北京は、日本のODAのパターンを継続したいこと、そして一九九五年に第三次円借款の期限が切れる前に第四次円借款を確定したいという明確なシグナルを東京に送った。中国政府内では、日本のODAはインフラストラクチャー整備という中国の要求を満たしてくれており、非常に役立っていると広く考えられていた。他の西側諸国が「ソフト面の整備」(例えば社会科学研究の支援)に重点を置いていたのと違って、日本の貸付は交通やエネルギー分野への資金や技術を提供するような「ハード面の整備」計画に集中していた[69]。中国の政府職員たちは、日本の援助は他の国からの援助に比べて「高いレベルで(両国首脳が自ら直接協定に署名している)、惜しみなく資金を提供してくれ、非常に多くの貸付項目(計画)をもち、幅広く分配され多様な分野にわたり、明白な結果をもたらす」と褒め称えていた[70]。技術援助もまた中国の現代化を進めるにあたっては重要であった。一九九三年に中国の技術輸入の約三〇パーセントが日本からきていた。九四年二月の日本訪問の際、朱鎔基副首相は、日本に「いっそうの技術の提供」を求めた[71]。

しかしながら日本の新しいODAガイドラインは、二国間にいくつかの問題をもたらした。一九九四年六月の中国の地下核実験に、日本政府は素早く反応し不快感を示した。外務省の平林博経済協力局長は、中国の行動は「中国への援助提供について国民の支持と理解を得ようとする政府の努力に悪影響を及ぼすだろう」と表明した[72]。同年一〇月七日、中国は再び核実験を行った。東京はこれに「抗議して」、ただちに第四次円借款で実施されるプロジェクトを協議するチームを北京に派遣するのを延期した。このミッションは、通商産業省、外務省、大蔵省、経済企画庁の官僚で形成され、一〇月一六日に二日間の協議のために出発する予定であった[73]。この抗議は北京では好意的には受けとられず、この問題は両国関係を悩まし続けた。九五年五月と八月に中国が新たな地下核実験を実施した後、東京は核実験に対する回答として七八億円の予定だった九五年の中国への援助を約五億円に九三%削減する(貸付は影響なし)と通告した[74]。中国の李鵬首相はこの行動を「経済的恫喝」であると鋭く批判した[75]。

(国連の会議に参加してニューヨーク滞在中だった)江沢民国家主席と村山富市首相が一九九五年一〇月に会談した際、援助問題について厳しい意見交換を行った。村山首相は、日本は中国が完全に核実験をやめないかぎり援助を大々的に縮小し続けるという東京の新しいスタンスを何度も繰り返した。他方、江沢民主席は、北京は政治目的で経済援助を利用する試みには徹底して対抗することを明確にした[76]。

以前の複数年にまたがる約束ではなく、一年ごとの契約に切り替えるという日本の提案も、中国側の強い抵抗にあった。長期の取り決めでなくなれば、日本は援助を縮小させるのではないかと北京は懸念していた。[77] さらに深刻なことは、東京は別の争点についても交渉の影響力を増大させるかもしれなかった。つまりワシントンの中国への最恵国待遇の供与と同じように、東京のODA援助も中国の人権状況について一年ごとに見直すための手段となるおそれがあり、もしそうなったら、中国はそのような「内政」干渉のいかなる試みにも反対しなければならないであろう。環境問題について言えば、中国政府職員の間ではそれを強調することは現実的ではなく、中国はまだ高い環境保護の水準を保てるような経済段階に達していないと信じられていた。[78]『人民日報』は、一年ごとの条件よりも長期貸付の取り決めを公然と支持した。五年期限のODAは中国の経済発展五カ年計画と調和しており、日中間の安定した関係に貢献してきたと同紙は論じたのである。[79] この論争のために中国に対する第四次円借款をめぐる二国間合意は遅れた。一九九四年二月の朱鎔基副首相の訪日、翌月の細川護熙首相の訪中でも、細川首相が「日本はすでに約束した貸付は推し進める」と主張したにもかかわらず、援助に関する完全な合意には至らなかった。[80]

もっとも障害は長くは続かなかった。一九九四年の終わりには最終的な妥協に達し、一二月に日本と中国は、第四次のODAパッケージに署名した。この妥協案は、中国の五カ年パッケージの要求も日本の一年ごとという要請も満たしてはおらず、三年間（一九九六—九八）で総額五八〇〇億円（五八億ドル）の援助となった。[81] この妥協案は、実際には五年間を二段階に分け、「三＋二」の形で援助を行うものであった。最初の三年の総額は初めの段階で決められ、その後の二年間の配分については、次の段階で改めて議論されることになり、五カ年パッケージと似たような形になっていた（**Nishimoto, 1995: 6**）。

マクロレベルにおいては、両国の政策決定者の援助協力での経済的・政治的利益の認識が重なっていることは明らかに見て取れる。さらにミクロレベルでも、日本の対中ODAの総量を維持することに対する強力な官僚的利益も見て取れるだろう。一九八〇年代初頭以降、中国政府は対外経済貿易部（九三年に改組され現在は対外貿易経済協力（合作）部）や財政部、中国人民銀行、国家計画委員会（九八年に改組され現在は国家発展計画委員会）、国家科学技術委員会（九八年に改組され現在は科学技術部）など経済に責任をもついくつかの政府部門のもとに、外国からの貸付を専門的に取り扱う官僚部門を設置してきた。[82] 日本のODAプログラムは、省のプロジェクトにも大きな援助を行い、地方レベルの官僚からも高い評価を受けていた。例えば天津の地方政府職員は、第二次と第三次の円借款の援助で天津の遠距離通信システムを刷新・拡張できたことを高く評価していた。[83]

また日中両国間ではODAプロジェクトについて一年ごとに二国間の高いレベルでの協議が開催され、さらに中国の貿易担当官と日本大使館の経済担当官との間では一カ月ごとの折衝が行われた。このように両国間には協調のチャンネルやメカニズムがうまく作られていたのである。したがって変更や新たな意向についての情報が公式の交渉に先立って充分に交換されていた。対外貿易経済協力部国際貿易経済事務局の龍永図局長によると、二国間の交渉のテーブルでは「驚くようなことは何もなかった」という。[84] このことから、中国と日本の官僚制の間では共通の利益を分かちあうODAに関連する制度がよく発達していたと見なすことができるであろう。

(三) ODA関係——異なった理由による共通利益

ミクロ・マクロリンケージの概念が、中国と日本における政策決定の包括的な研究をどれほどわかりやすくしてくれるかを、このケーススタディは示している。対象とした一六年間（一九七九—九五）のほとんどの場合に、北京と東京の政策決定者は、異なった国際的・国内的環境に直面していた。最初の段階では、中国は経済の現代化という国家目標を達成するために外の世界に道を開かざるをえなかったのに対し、日本は国際的立場を高め国際市場からの資源の供給路を増やすことを目標としていた。八九年の天安門事件によって、両国は異なった相対立する国際圧力に直面した。中国が先進国による経済制裁を打ち破るのに奮闘していたのに対し、日本は西側諸国とりわけ米国から中国に対する経済制裁に参加し、それを継続するようにとの大きな圧力のもとにあった。

こうした異なった外部と内部の圧力にもかかわらず、両国の国内的な批准可能な範囲が共通利益に注目したとき、中国と日本は協調することができたのである。すでに議論したように、国際的合意はそれが国内の各党派が一致するような批准可能な範囲のなかに収まる場合にのみ成功しうるものである。もし国内の批准可能な範囲の重なりあいが十分に大きくなければ、交渉は失敗に終わる危険性がある。この二国間協力に基づく経済的利益への考慮が、中国と日本の双方にとって支配的な要因であった。また日中両国には、経済協力の勢いを維持し、協力を拡大し続けたいという制度的利害と官僚的利害もあった。中国の国内的安定は北京と東京の政策決定者双方にとってもう一つの関心事であり、この関心が日本に中国への大規模援助を促したのである。ロバート・パットナムの概念を適用すると、中国と日本の政策決定過程は、政策決定者が国際的アリーナと国内環境という二つの政治的場でプレイする二層ゲームとして最もよく理解することができるであろう。

中国の外交政策とその日本との関係について見ると、中国と日本との間の経済的、政治的、外交的な相互依存は、長期的な現象であると結論づけることができよう。日本の対中ODAは日中関係の不可欠な部分となっている。アジアの二大国間の大規模な経済協力の二つの段階は、重要な政策的・理論的意味をもちうる。中国側の視点で見ると、日本の援助プログラムは比較的安価で大規模な資本を提供し、中国の現代化とりわけその大型インフラストラクチャーの整備計画のための先進技術を提供した。さらにそれは、世界経済システムと国際市場における中国の立場を大きく高めることにもなった。

日本にとっては、対中援助プログラムは、原料（とくにエネルギー）の長期の供給源を保証しただけではなく、中国市場での立場を広く深く強化させることにもなった。中国経済における日本の関与の程度は、このケーススタディの期間、他のどのような国も争う余地がなかった。大規模な援助プログラムにより、世界最大の援助国の一つとしての日本の国際的評価も強まった。経済的利益には双方があずかった。他方、日本は、実際に中国との交渉における影響力を拡大させた。援助外交は日本にその有利な経済力を十分に利用することを可能にさせた。中国における予想外の政治的混乱であった天安門事件と事件に対する日本の素早いが慎重な対応は、東京の政治的・戦略的目標にとっての対外援助の重要性を実証するものである。援助外交は日本の国際的地位を高める機能を果たし、近隣諸国、このケースでは中国との関係を円滑にする機能を果たした。さらにこの事例では、日本が、西側とりわけ米国に対する忠実なパートナーとしての役割の維持に優先順位を与えたことも明らかにした。一九九〇年七月に日本がその政府借款パッケージを徐々に再開することを決めたとはいえ、日本が一年以上の経済制裁を行ったという事実は、「東京が経済的影響力を（政治的な）影響力と参加に変えようといっそう努力するようになったこと」を示しているのである。(85)

日本の中国に対する経済的・政治的影響力には限界がある。貸付は重大な問題になりうる借金をもたらす。すでに指摘したように、中国は借款の返済スケジュールのいくつかの段階ですでに困難に直面していた。これらの困難は中国の国内政治にもちこまれるかもしれない。日本もまた一九八〇年代中頃の中国の学生デモの際に見られたように、「経済侵略」と再び非難されるかもしれない。経済制裁は政治的な影響力をもっていたが、反動も生み出しうる。それは中国のナショナリズムの感情を刺激し、反日感情の新たな段階を生み出す恐れもある。

日本の存在は、中華人民共和国の地域的・世界的な外交上の計算においてもまた重要な意義があった。北京にとって日本は先進国のなかで最も理解ある近しいパートナーであった。日本の対中ODAは、政治的争点に関して西側諸国が経済制裁を課すような事態に直面したときにも、北京が断固とした行動をとることを可能にした。中国の人権問題と最恵国待遇とを結びつけた米国の毎年の議論と再検討は、北京の政権に敵対的挑戦と見なされていた。最恵国待遇と人権とを結びつけたことが米国にとって失敗であったと考えられる理由の一つは、日本とEUが概してこの点で米国に追随しなかったことである。換言すれば、中国と日本との間の密接な経済的結びつき、そしてとりわけ日本のODAは、国際アリーナにおける中国の交渉力を高めることに貢献したのである。

原註

（1） DACは、ヨーロッパの援助国や日本、オーストリア、カナダ、米国など、二一カ国から成る。DACの基準によれば、OD

Aは資金援助、技術協力、資金提供、政府借款、もしくは国連機関や国際的金融機構への寄付金から成り立つ［DACの現状については訳註〔8〕を参照されたい］。

（2）US Congress, *Legislation on Foreign Relations Through 1985*, 1, p. 171.

（3）Tasuku Okubo, *China and Japan: Financial Aspects*, Tokyo: Sophia University, 1986, p. 5 を参照。

（4）Charles Smith, "Eager to Please: Tokyo Sets Aside Own Rules in China Aid Package," *Far Eastern Economic Review*（26 January 1995）: 25–26.

（5）'China Emerges as Japan's 2nd Largest Trading Partner in 1993,' *The Japan Times*（Weekly International Edition）, 31 January–6 February 1994, p. 1.

（6）『人民日報』一九七七年一月二日、第一面。

（7）*Beijing Review*（25 October 1978）: 15–17.

（8）中国の対外貿易経済協力部国際貿易経済事務局の龍永図局長への筆者のインタビューより（一九九四年一月四日、北京）。

（9）*Beijing Review*（14 September 1979）: 4–5.

（10）Deng Xiaoping（鄧小平）「建設有中国特色的社会主義」一九八四年六月三〇日（Deng, 1994: 72）。

（11）中国対外貿易経済協力部国際交流センター計画部の孫永富副部長への筆者のインタビューより（一九九四年三月一九日、マサチューセッツ州ケンブリッジ）。

（12）*Bangkok Post*, 21 July 1988, p. 28.

（13）Amanda Bennett, "Japan Excels in Relations with China. A Fact that Washington Finds Useful," *Wall Street Journal*, 13 April 1984.

（14）中国対外貿易経済協力部外国金融機関第五（日本）局の于振生副局長への筆者のインタビューより（一九九四年一月七日、北京）。

（15）Philip Trezise, "U.S.-Japan Economic Issue," in The Atlantic Council of the United States（ed.）, *The United States and Japan*, Lanham and New York: University Press of America, 1990, p. 35.

（16）Robert Orr, "The Rising Sun: What Makes Japan Give?," *The International Economy*（September/October 1989）: 81および外務省『わが国の政府開発援助』一九九三年版を参照。

（17）Chae-Jin Lee（1984: 120–121）を参照。

（18）外務省『わが国の政府開発援助』各巻および *Japan Economic Institute Report*, 1 B（5 January 1990）: 13を参照。

(19) 'Tokyo Once Again Top Aid Donor,' *The Japan Times* (Weekly International Editon), 4–10 July 1994, p. 2.
(20) 『朝日新聞』一九七九年一二月一日および Chae-Jin Lee (1984: 121).
(21) Chu Qimen, 'Tokyo Seeks More Political Clout,' *Beijing Review* (18–24 June 1990): 17.
(22) *Asahi Evening News*, 31 January 1985, p. 1.
(23) ホノルルの高橋雅二日本総領事への筆者のインタビューより（一九九〇年七月一七日、ホノルル）。
(24) 『朝日新聞』一九七九年九月三日、九月四日、九月九日。さらに Greg Story (1987: 34) と Chae-Jin Lee (1984: 118–119) も参照。
(25) Swadesh De Roy, "Japan's Image of China," *Daily Yomiuri*, 14 January 1985.
(26) Allen Whiting (1989: 123) より引用。
(27) *Japan Times*, 14 October 1985.
(28) *Japan Times*, 7 May (p. 7) and 25 August (p. 1) 1988.
(29) Amanda Bennett, "Japan Excels in Relations with China."
(30) Jim Mann, "China and Japan: How They Buried Centuries of Hate," *International Herald Tribune*, 6 May 1985, p. 6
(31) *New York Times*, 7 June 1989, p. A 8.
(32) *Journal of Commerce*, 30 November 1989, p. 5 A.
(33) *Japan Times*, 6 June (p. 12) and 7 June (p. 10) 1989.
(34) *Japan Times*, 6 June (p. 12), 7 June (p. 10) 1989; and 10 January (p. 1) 1990.
(35) Susumu Awanohara, 'No More Favors: U.S. Lawmakers Expected to Maintain Anti-China Stand,' *Far Eastern Economic Review* (7 June 1990): 56–57.
(36) Henry Cutter, 'Politicians Prepare to Restore China Aid,' *Japan Times* (Weekly International Edition), 28 May–3 June 1990, p. 1.
(37) Steven Weisman, 'Foreign Aid Isn't Easy for Japan,' *New York Times*, 20 August 1989, p. 3 E.
(38) *Sing Tao* (星島) *International*, 11 May 1990, p. 15.
(39) *China Daily*, 6 December 1989, p. 1. さらにまた *Japan Times*, 29 November 1989, p. 3 も参照。
(40) *Japan Times*, 5 July (p. 1), and 15 December (p. 1) 1989.
(41) *New York Times*, 15 January 1990, p. 5.

(42) *Japan Times*, 9 November 1989, p. 12.

(43) *Japan Times*, 12 July 1990, p. 1.

(44) *Far Eastern Economic Review* (23 August 1990): 32.

(45) *Far Eastern Economic Review* (19 July 1990): 57–58.

(46) *Japan Times*, 8 June (p. 1), 25 June (p. 1), 27 June (p. 3), and 1 July (p. 3) 1989.

(47) 『人民日報』一九九〇年五月一九日、第一面、五月二一日、第一面。

(48) *China Daily*, 1 June 1990, p. 1.

(49) *Japan Times*, 3 May 1990, p. 7.

(50) *Japan Times*, 11 May 1990, p. 1.

(51) 外務省経済協力局の長井忠評価室長と同室の谷内哲朗氏への筆者のインタビューより（一九九三年一二月二一日、東京）。

(52) 外務省『日本のODA一九九二年版』国際協力振興協会、一九九三年。

(53) 外務省の野本佳夫中国課長への筆者のインタビューより（一九九三年一二月一七日、東京）。

(54) 'Hosokawa Renews Pledges to Beijing,' *Japan Times* (Weekly International Edition), 28 March–3 April 1994, pp. 1, 5.

(55) Hisane Masaki, 'Aid Policy toward China Comes under Review,' *The Japan Times* (Weekly International Edition), 22–28 November 1993, p. 3.

(56) 日本の国広道彦中国大使への筆者のインタビューより（一九九三年一二月一九日、東京）。さらに外務省の高橋礼一郎技術協力課副課長への筆者のインタビューより（一九九三年一二月一六日、東京）。

(57) 外務省の木寺昌人無償資金協力課長と島崎鬱有償資金協力課副課長への筆者のインタビューより（一九九三年一二月二一日、東京）。

(58) 日中経済協会の鈴木章雄氏への筆者のインタビューより（一九九三年一二月二〇日、東京）。

(59) アジア経済研究所の丸山伸郎氏への筆者のインタビューより（一九九三年一二月一七日、東京）。

(60) 国際協力事業団（JICA）企画部の神田道男部長と部員の植嶋卓巳氏、隆杉実夫氏への筆者のインタビューより（一九九三年一二月二二日、東京）。

(61) *Japan Times*, 4 July (p. 1), and 14 November (p. 1) 1989.

(62) 'Li Peng on Domestic and World Issues,' *Beijing Review*, 32, 49 (4–10 December 1989): 12–14.

(63) *Japan Times*, 30 December 1989, p. 1.
(64) *Japan Times*, 24 January 1990, p. 1.
(65) 'Foreign Minister Qian Meets the Press,' *Beijing Review*, 33, 15（9–15 April 1990）: 17.
(66) *Korea Herald*, 28 March 1990, p. 1.
(67) *Japan Times*, 17 April 1990, p. 1.
(68)『人民日報』一九九〇年五月四日、第一面、五月五日、第一面、五月一四日、第一面。さらにまた Henry Cutter, 'Politicians Prepare to Restore China Aid' も参照。
(69) 中国の対外経済貿易協力部国際貿易経済局の黄学其局長への筆者のインタビューより（一九九三年一二月二五日、北京）。
(70) 楊良華「極好的合作機制」『人民日報（海外版）』一九九三年一一月一五日、第二面。
(71) 'Zhu: China Needs Japan's Technology,' *China Daily*, 28 February 1994, p. 1.
(72) 'Beijing Warned Nuke Test May Affect Aid,' *The Japan Times*（Weekly International Edition）, 20–26 June 1994, p. 2.
(73) 'Loan Team to Beijing Protests Nuclear Test,' *The Japan Times*（Weekly International Edition）, 24–30 October 1994, p. 2.
(74) 'Japan: Aid to China Cut,' *Far Eastern Economic Review*（1 June 1995）: 13; さらに「日減経援抗議北京核試」『亜洲週刊』一九九五年九月一〇日、六二頁。
(75)「民族主義高漲与北京的強硬外交」『亜洲週刊』一九九五年一〇月一日、八頁。
(76)『亜洲週刊』一九九五年一一月五日、一八—一九頁。
(77) 中国対外貿易経済協力部国際貿易経済局の黄学其局長への筆者のインタビューより（一九九三年一二月二五日、北京）。
(78) 中国対外貿易経済協力部外国金融機関第五（日本）局の于振生副局長への筆者のインタビューより（一九九四年一月七日、北京）。
(79) 楊良華「極好的合作機制」『人民日報（海外版）』一九九三年一一月一五日、第二面。
(80) 'Hosokawa Renews Pledges to Beijing,' *Japan Times*（Weekly International Edition）, 28 March–3 April 1994, pp. 1, 5.
(81) Charles Smith, 'Eager to Please: Tokyo Sets Aside Own Rules in China Aid Package,' *Far Eastern Economic Review*（26 January 1995）: 25–26.
(82) 対外貿易経済協力部国際交流センター計画部の孫永富副部長への筆者のインタビューより（一九九四年三月一九日、マサチューセッツ州ケンブリッジ）。

(83) 天津の国際経済関係貿易委員会国際金融対外経済部の余伝梅部長と天津新聞・通信局技術官の余修如氏への筆者のインタビューより(一九九四年一月一一日、天津)。
(84) 中国対外貿易経済協力部国際貿易経済事務局の龍永図局長への筆者のインタビューより(一九九四年一月四日、北京)。
(85) 'Japan's New Gospel: Kaifu Signals Tokyo's Desire for Influence in Asia,' *Far Eastern Economic Review* (17 May 1990): 13.

訳註

〔1〕 訳語は、渡辺昭夫氏に従っている。以下の記述を参照。「パットナムのモデルは、われわれがいわば経験的に知っていることがらを定式化して、外交交渉の分析に意識的に取入れようとする理論化の試みだといって良い。簡単に言えば、レヴェル1(国家Aと国家Bの間の外交交渉)で合意案が最終的に成立するためには、レヴェル2(国家Aおよび国家B)の国内の政治過程において批准可能な範囲内にあることが必要であるというのが、基本的な命題である。この『批准可能な範囲』を彼はwin-setsと名づける。そうすると当事者の国内政治でその問題についてのwin-setsが大きいほど、交渉態度は柔軟になり、従って国際的な合意に達し易く、逆にたとえば国内の圧力団体が強硬で『一粒の米といえども入れない』と叫んでいるような場合はwin-setsがきわめて狭く、外交交渉で妥協が成立し難い。この基本的な命題から出発して、win-setsの大小を左右する条件は何か、交渉者はそのために何ができるか、などの問題が派生してくる。パットナムおよび彼のモデルを受け継いだ本書の著者たちは、こうした問題について、種々興味ある命題を提出している」。渡辺昭夫「書評/P・エヴァンス、H・ジェイコブソン、R・パットナム編『両刃の外交——対外交渉と国内政治』」日本国際政治学会編『マルチメディア時代の国際政治』(『国際政治』一一三号、一九九六・一二)一九一頁。
〔2〕 一九九三年以降の日本の対中ODA支出については訳註表6-1(本訳註の表は一八九頁以下にまとめた)を参照されたい。
〔3〕 一九九三年以降の「中国が受け入れたODA総額におけるDACメンバー国のシェア」については、訳註表6-2を参照されたい。
〔4〕 一九九三年以降の日本のODA供与対象国順位については、訳註表6-3を参照されたい。また、二〇〇三年度については、訳註〔5〕を参照されたい。
〔5〕 円借款は途上国に対して長期、低金利で円資金を貸し付ける有償資金協力であり、ODAの約九割を占める。対中円借款は一九七九年から始まり、二〇〇二年度までで合計二兆九五〇五億円に達している。対中円借款では中国の五カ年計画の中から、運輸・電力などインフラ関係の事業が選定され、約五年間を一つのラウンドとして複数年分の借款が与えられるという多年度コミ

ット方式が定着した。第一次（七九―八四年）は三五〇〇億円七案件、第二次（八五―八九年）は四七〇〇億円七案件、第三次（九〇―九五年）は八一〇〇億円四二案件、第四次（九六―二〇〇〇年）は五八〇〇億円＋三九〇〇億円、四〇案件＋二三案件（本文で後述したように第四次については「三＋二」年方式がとられた）。二〇〇一年以降は単年度コミット方式に変更された。円借款の供与は、実施機関である国際協力銀行（ＪＢＩＣ）の審査を経て、日本政府が供与額や条件を決定し、政府間で交換公文に署名する仕組みになっている。

一九九〇年代末になると、中国の目覚ましい経済発展と中国との経済的競合関係を一面的に強調するいくぶん情緒的な認識もあって、対中円借款についてさまざまな批判的言論が現れた。このような議論を受けた形で外務省は対中ＯＤＡの指針として「対中国経済協力計画」を策定した（他方で、日本の財政状況の悪化と国民の関心の高まりからＯＤＡ一般に対する見直しの声も強まっていった）。対中国経済協力計画では、中国の経済発展に伴い開発課題が変化したとの認識に立って、「従来型の沿海部中心のインフラ整備から、汚染や破壊が深刻になっている環境や生態系の保全、内陸部の民生向上や社会開発、人材育成、制度作り、技術移転などを中心とする分野を重視する」とうたった。また、実施面では要請方式の見直しが志向され、単年度方式への変更が確認されている。

円借款の重点分野は、「鉄道と港湾は一九八〇年代から一九九〇年代前半に、発電所は一九八〇年代半ばから一九九〇年代にわたって重点分野となっていたが、一九九〇年代以降は化学肥料と道路、一九九〇年代半ば以降は環境、二〇〇〇年以降は教育などへ」と変化している（朱、二〇〇四）とされる。また、第四次円借款では、環境、食料・貧困、内陸部重視の傾向が顕著にうかがえる（中川、二〇〇四）。

対中円借款は、二〇〇〇年度の二一四四億円をピークとし、〇一年度には二五％減の一六一四億円、〇二度年には二五％減の約一二〇〇億円、〇三年度は二〇％減の九六七億円となり、三年連続の減少となった。一〇〇〇億円の大台を下回り、わずか三年前である〇〇年度の半分というレベルに落ち込んでいる。また国別のランキングでも、前年度比一八％増のインドネシアの一〇四六億円、前年度比微増で一二〇〇億円のインドの後塵を拝することとなった。訳註〔13〕もあわせて参照されたい（参考とした論著・資料：朱炎「中国経済と日本のＯＤＡ」、中川聞夫「日本のＯＤＡ政策と対中支援」財団法人国際金融情報センター『中国新体制下における諸問題』二〇〇四年二月、http://www.mof.go.jp/jouhou/kokkin/tyousa/China-sintaisei 2. 外務省「ＯＤＡホームページ」「対中国経済協力計画」http://www.mofa.go.jp/mofaj/gaiko/oda/seisaku/kuni/enjyo/china_h.html. 駐日本中国大使館ＨＰ「日本の対中国経済協力」http://www.cn.emb-japan.go.jp/jp/odasummary-2.htm. 以上のＨＰの最終閲覧日はすべて二〇〇四年七月一一日）。

〔6〕 日本にとって中国は一〇年以上にわたって、重要な輸入相手国の一つであり続けている。特に二〇〇二年にはアメリカを抜いて、最大の輸入相手国となった。輸出について見ると、この一〇年間に中国がその存在感を急速に高めていることがわかる。特に、ここ数年のシェアの拡大は顕著であり、日本にとっての輸出市場としての中国の役割の重要性を見て取ることができる。訳註表6－4を参照されたい（参考とした資料：日本貿易振興機構（JETRO）HP「日本の貿易統計・国際収支統計」**http://www.jetro.go.jp/ec/j/trade/**, 最終閲覧日二〇〇六年六月一日）。

〔7〕 中国の対日貿易について見ると、中国にとって日本は最大の輸入相手国である。中国にとっての貿易相手としての日本は、輸出・輸入の両面でバランスのとれていることがその特徴であり、輸出入総額では日本が第一位である。日本は中国にとって最大の貿易相手国である。訳註表6－5を参照されたい。なお、二〇〇四年には、日本にとっても中国は米国を抜いて最大の貿易相手国になった。

〔8〕 日本は一九六〇年に開発援助委員会（DAC）の前身である開発援助グループ（DAG）に加盟。マーシャルプランの受入機関であった欧州経済協力機構（OEEC、四八年発足）は六〇年一二月に経済協力開発機構（OECD）への改組が決定され、六一年九月にOECDが発足すると、DAGはOECDに吸収されDACに改組された。日本のOECD加盟は六四年であるから、日本はOECD加盟に先立ってDAG・DACに加盟したことになる。DACは、経済政策委員会、貿易委員会と並んでOECDの三大委員会の一つとも称される。メンバーは現在二二カ国とEU欧州委員会で構成される（参考とした資料：共同通信社『世界年鑑二〇〇四』。外務省HP「OECD開発援助委員会（DAC）の概要」**http://www.mofa.go.jp/mofaj/gaiko/oecd/dac_gaiyo.html**, 最終閲覧日二〇〇四年七月一一日）。

〔9〕 日本のODA総額に占めるアジア地域の比率は、一九九五年五四・四%、九六年四九・六%、九七年四六・五%、九八年六二・四%、九九年六三・二%、二〇〇〇年五四・八%、〇一年五六・六%であり、対象地域は依然としてアジア中心である。また〇三年八月二九日に閣議決定された新「ODA大綱」でも、「重点地域」の項目でアジア重視がうたわれている（参考とした資料：「経済協力関連データ」国際協力銀行『国際協力便覧二〇〇三』（第一章）、**http://www.jbic.go.jp/japanese/research/handbook/index.php**, 最終閲覧日二〇〇四年七月一一日）。

〔10〕 その後の日本のGNI（GNPと同値）におけるODAの比率は、一九九五年〇・二八%、九六年〇・二%、九七年〇・二二%、九八年〇・二八%、九九年〇・三四%、二〇〇〇年〇・二八%、〇一年〇・二三%、〇二年〇・二三%、〇三年〇・二%（〇三年のみ暫定値）であった（参考とした資料：「世界の援助実績」国際協力銀行『国際協力便覧二〇〇三』（第二章）、**http://www.jbic.go.jp/japanese/research/handbook/index.php.** 外務省「ODAホームページ・資料」**http://www.mofa.go.jp/mofaj/gaiko/**

oda/shiryo/jisseki/souron/2002_dac_k.html. 以上、最終閲覧日はいずれも二〇〇四年七月一一日)。

〔11〕 DAC加盟諸国における日本のODAのシェアは、その後も二〇〇〇年まで首位を維持し、九一年から〇〇年まで一〇年間連続して世界のトップであった。もっとも、〇一年は一八・八%、〇二年は一五・九%で、米国に次いで二位となっている。依然として高いシェアを維持してはいるものの、総額も九九年の一五三億ドルをピークにして減少を始めており、〇一年以降は一〇〇億ドルを割り込むに至っている。暫定値ながら〇三年には総額で九〇年を下回ることになり、一位米国との差が広がる一方、三位フランス、四位ドイツとの差は急速に縮小しつつある。訳註表6-6を参照されたい（参考とした資料：政策構想フォーラム「No.43 政府開発援助の国家戦略をつくれ」http://www.skf.gr.jp/no 43/table.html, 外務省「ODAホームページ・資料」http://www.mofa.go.jp/mofaj/gaiko/oda/shiryo/jisseki/souron/2002_dac_k.html, 財務省HP http://www.mof.go.jp/2002.htm, 以上、最終閲覧日はいずれも二〇〇四年七月一一日)。

〔12〕 一九七九年一二月六日に発表された大平三原則については、『日中関係基本資料集 一九七〇—一九九二』（霞山会、一九九三、二〇四頁）に邦訳があるが、ここでは原著の記述にしたがった。また同原則をより詳細に述べたものに「大平総理の北京政協礼堂における講演」（七九年一二月七日）があるが、そこでは三原則の第三項について、「私は次のことを明確にしておかねばなりません」と断ったうえで、「その第一は、わが国は、いずれの国に対しても、軍事面での協力は行わないということであります」と述べられている（『日中関係基本資料集 一九七〇—一九九二』二〇七—二一二頁）。

〔13〕 「ODA大綱」が一九九二年六月三〇日に閣議決定されるが、そこには(1)人道的配慮、(2)相互依存性の認識、(3)環境の保全、(4)自助努力の支援という四つの「基本理念」に加えて、四つの「原則」が盛り込まれた。本文中の四項目はこの四つの原則にあたる。その後九九年八月一〇日、外務省は五年程度を目処とした政策指針として「ODA中期政策」を発表する。その「はじめに」には、発展途上国に対する支援を積極的に行っていくことが、「我が国自身の安全と繁栄にとって重要な意義を有し、平和の維持を含む広い意味での我が国の国益の増進に資する」とあり、厳しい経済財政事情や国民への説明責任について言及されており、「新ODA大綱」を先取りする内容が含まれている。また、九六年に策定されたDACの「新開発戦略」の掲げる目標が意識されている。同戦略は、人々の生活の質の向上を開発の目的として設定したものである。これを受けて、中期政策では、(1)貧困対策や社会開発分野への支援、(2)経済・社会インフラへの支援、(3)人材育成・知的支援、(4)地球的規模の問題への取組、(5)アジア通貨・経済危機の克服など経済構造改革支援、(6)紛争・災害と開発、(7)債務問題への取組の七項目が重点課題とされており、従来のインフラ偏重から、環境や、民生、社会資本などへの援助をいっそう重視する姿勢がうかがわれる。

二〇〇三年八月二九日に閣議決定された新「ODA大綱」では、ODAの目的を、国際社会の平和と発展に貢献し、これを通じて「我が国の安全と繁栄の確保に資すること」としており、国益を強く意識した認識が色濃く見られる。重点課題としては、⑴貧困削減、⑵持続的成長、⑶地球的規模の問題への取組、⑷平和の構築が示され、特に「重点地域」の項目でアジア重視がうたわれている。実施にあたっては、「国民参加の拡大」が目指され、また従来の「要請主義」の考え方が見直されている。その他、「人間の安全保障」や「グッド・ガバナンス」などの新しい視点も盛り込まれている（参考とした資料：外務省「ＯＤＡホームページ」http://www.mofa.go.jp/mofaj/gaiko/oda/seisaku/chuuki.html. 環境省ＨＰ http://www.env.go.jp/press/press.php 3?serial=4310;http://www.env.go.jp/press/file_view.php 3?serial=4862&hou_id=4310. 以上、最終閲覧日はいずれも二〇〇四年七月一一日）。

訳註 表6-1 日本の対中 ODA 支出(1993-2002) (単位:百万ドル)

年	無償資金協力	技術協力	政府貸付等	合計
1993	54.43	245.06	1051.19	1350.67
1994	99.42	246.91	1133.08	1479.41
1995	83.12	304.75	992.28	1380.15
1996	24.99	303.73	533.01	861.73
1997	15.42	251.77	309.66	576.86
1998	38.22	301.62	818.33	1158.16
1999	65.68	348.79	811.50	1225.97
2000	53.05	318.96	397.18	769.19
2001	23.02	276.54	386.57	686.13
2002	54.92	265.25	508.53	828.71

参考:外務省経済協力局編『我が国の政府開発援助 (1996-2000の各年)』国際協力推進協会.
外務省編『ODA 政府開発援助白書 (2001-2003の各年)』国立印刷局.
* なお,2001〜03年の ODA 白書については,ODA ホームページ「ODA 白書,年次報告書」〈http://www.mofa.go.jp/mofaj/gaiko/oda/〉(最終閲覧日2004年7月14日)にも掲載されている.

訳註 表6-2　中国が受け入れたODA総額におけるDACメンバー国のシェア
(1993-2000)

(単位：百万ドル；（　）内は%)

年	1位	2位	3位	その他	2国間援助合計	多国間援助合計
1993	日本	ドイツ	スペイン			
	1350.7 (*60.30*)	247.8 (*11.06*)	140.1 (*6.26*)	501.2 (*22.38*)	2239.8 (*100.00*)	1030.0
1994	日本	ドイツ	スペイン			
	1479.4 (*61.80*)	300.0 (*12.53*)	153.1 (*6.40*)	461.4 (*19.27*)	2393.9 (*100.00*)	820.0
1995	日本	ドイツ	フランス			
	1380.2 (*54.53*)	684.1 (*27.03*)	91.2 (*3.60*)	375.8 (*14.85*)	2531.3 (*100.00*)	964.9
1996	日本	ドイツ	フランス			
	861.7 (*51.57*)	461.1 (*27.60*)	97.2 (*5.82*)	250.9 (*15.02*)	1670.9 (*100.00*)	927.0
1997	日本	ドイツ	フランス			
	576.9 (*46.96*)	381.9 (*31.08*)	50.1 (*4.08*)	219.7 (*17.88*)	1228.6 (*100.00*)	841.0
1998	日本	ドイツ	英国			
	1158.2 (*66.88*)	321.3 (*18.55*)	55.4 (*3.20*)	196.8 (*11.36*)	1731.7 (*100.00*)	707.8
1999	日本	ドイツ	英国			
	1226.0 (*67.30*)	304.6 (*16.72*)	59.3 (*3.26*)	231.7 (*12.72*)	1821.6 (*100.00*)	548.3
2000	日本	ドイツ	英国			
	769.2 (*61.17*)	212.8 (*16.92*)	83.4 (*6.63*)	192.1 (*15.28*)	1257.5 (*100.00*)	460.4

参考：外務省経済協力局編『我が国の政府開発援助（1995-2000の各年）』国際協力推進協会.
外務省経済協力局編『政府開発援助（ODA）国別データブック2001』国際協力推進協会.
ODAホームページ「政府開発援助（ODA）国別データブック2002年度」〈http://www.mofa.go.jp/mofaj/gaiko/oda/shiryo/jisseki/kuni/02_databook/index.html〉（最終閲覧日2004年7月14日）.

訳註 表6-3 日本のODA供与対象国順位（1993-2002）

（単位：百万ドル；（ ）内は%）

年	1位	2位	3位	4位	5位	総額
1993	中国	インドネシア	フィリピン	タイ	インド	
	1350.67 (*16.54*)	1148.89 (*14.07*)	758.39 (*9.29*)	350.15 (*4.29*)	295.94 (*3.62*)	8164.34 (*100.00*)
1994	中国	インド	インドネシア	フィリピン	タイ	
	1479.41 (*15.28*)	886.53 (*9.16*)	886.17 (*9.15*)	591.60 (*6.11*)	382.55 (*3.95*)	9680.48 (*100.00*)
1995	中国	インドネシア	タイ	インド	フィリピン	
	1380.15 (*13.07*)	892.42 (*8.45*)	667.37 (*6.32*)	506.42 (*4.80*)	416.13 (*3.94*)	10557.06 (*100.00*)
1996	インドネシア	中国	タイ	インド	フィリピン	
	965.53 (*11.55*)	861.73 (*10.31*)	664.00 (*7.95*)	579.26 (*6.93*)	414.45 (*4.96*)	8356.26 (*100.00*)
1997	中国	インドネシア	インド	タイ	フィリピン	
	576.86 (*8.72*)	496.86 (*7.51*)	491.80 (*7.44*)	468.26 (*7.08*)	318.98 (*4.82*)	6612.59 (*100.00*)
1998	中国	インドネシア	タイ	インド	パキスタン	
	1158.16 (*13.46*)	828.47 (*9.63*)	558.42 (*6.49*)	504.95 (*5.87*)	491.54 (*5.71*)	8605.90 (*100.00*)
1999	インドネシア	中国	タイ	ヴェトナム	インド	
	1605.83 (*15.30*)	1225.97 (*11.68*)	880.26 (*8.39*)	679.98 (*6.48*)	634.02 (*6.04*)	10497.56 (*100.00*)
2000	インドネシア	ヴェトナム	中国	タイ	インド	
	970.10 (*10.06*)	923.68 (*9.58*)	769.19 (*7.98*)	635.25 (*6.59*)	368.16 (*3.82*)	9640.10 (*100.00*)
2001	インドネシア	中国	インド	ヴェトナム	フィリピン	
	860.07 (*11.54*)	686.13 (*9.21*)	528.87 (*7.10*)	459.53 (*6.17*)	298.22 (*4.00*)	7452.04 (*100.00*)
2002	中国	インドネシア	インド	ヴェトナム	フィリピン	
	828.71 (*12.32*)	538.30 (*8.00*)	493.64 (*7.34*)	374.74 (*5.57*)	318.02 (*4.73*)	6725.91 (*100.00*)

参考：外務省経済協力局編『我が国の政府開発援助（1996-2000の各年）』国際協力推進協会.
外務省編『ODA政府開発援助白書（2001-2003の各年）』国立印刷局.
＊ なお，2001〜2003年のODA白書については，ODAホームページ「ODA白書，年次報告書」〈http://www.mofa.go.jp/mofaj/gaiko/oda/〉（最終閲覧日2004年7月14日）にも掲載されている.

訳註 表6-4 日本の貿易相手国・地域別順位（1990-2003）

日本の輸入相手国・地域

	1位		2位		3位		中国の順位	中国のシェア
1990	米国	22.3	インドネシア	5.4	オーストラリア	5.3	4位	5.1
1991	米国	22.5	中国	6.0	オーストラリア	5.5	2位	6
1992	米国	22.4	中国	7.3	オーストラリア	5.3	2位	7.3
1993	米国	23.0	中国	8.5	インドネシア	5.2	2位	8.5
1994	米国	22.8	中国	10.0	オーストラリア	5.0	2位	10
1995	米国	22.4	中国	10.7	韓国	5.1	2位	10.7
1996	米国	22.7	中国	11.6	韓国	4.6	2位	11.6
1997	米国	22.3	中国	12.4	インドネシア	4.3	2位	12.4
1998	米国	23.9	中国	13.2	オーストラリア	4.6	2位	13.2
1999	米国	21.6	中国	13.8	韓国	5.2	2位	13.8
2000	米国	19.0	中国	14.5	韓国	5.4	2位	14.5
2001	米国	18.1	中国	16.5	韓国	4.9	2位	16.5
2002	中国	18.3	米国	17.1	韓国	4.6	1位	18.3
2003	中国	19.7	米国	15.4	韓国	4.7	1位	19.7

＊ 数値はシェア（%）であり，ドルベースで算出してある．

日本の輸出相手国・地域

	1位		2位		3位		中国の順位	中国のシェア
1990	米国	31.5	ドイツ	6.2	韓国	6.1	12位	2.1
1991	米国	29.1	ドイツ	6.6	韓国	6.4	9位	2.7
1992	米国	28.2	台湾	6.2	香港	6.1	8位	3.5
1993	米国	29.2	香港	6.3	台湾	6.1	6位	4.8
1994	米国	29.7	香港	6.5	韓国	6.2	6位	4.7
1995	米国	27.3	韓国	7.1	台湾	6.5	6位	5
1996	米国	27.2	韓国	7.1	台湾	6.3	5位	5.3
1997	米国	27.8	台湾	6.5	香港	6.5	5位	5.2
1998	米国	30.5	台湾	6.6	香港	5.8	4位	5.2
1999	米国	30.7	台湾	6.9	中国	5.6	3位	5.6
2000	米国	29.7	台湾	7.5	韓国	6.4	4位	6.3
2001	米国	30.0	中国	7.7	韓国	6.3	2位	7.7
2002	米国	28.5	中国	9.6	韓国	6.9	2位	9.6
2003	米国	24.6	中国	12.2	韓国	7.4	2位	12.2

＊ 数値はシェア（%）であり，ドルベースで算出してある．

参考：日本貿易振興機構（JETRO）HP「貿易・投資・国際収支統計」http://www.jetro.go.jp/jpn/stats/より（最終閲覧日2006年6月1日）．

訳註 表6–5　中国の主要貿易相手：国・地域別順位（1993–2002）

輸入

	1位		2位		3位		4位		5位	
1993	日本	*22.4*	台湾	*12.4*	米国	*10.3*	香港	*10.1*	ドイツ	*5.8*
1994	日本	*22.8*	台湾	*12.2*	米国	*12.1*	香港	*8.2*	ドイツ	*6.7*
1995	日本	*22.0*	米国	*12.2*	台湾	*11.2*	韓国	*7.8*	香港	*6.5*
1996	日本	*21.0*	台湾	*11.7*	米国	*11.6*	韓国	*9.0*	香港	*5.6*
1997	日本	*21.0*	台湾	*11.7*	米国	*11.6*	韓国	*9.0*	香港	*5.6*
1998	日本	*20.1*	米国	*12.1*	台湾	*11.9*	韓国	*10.7*	ドイツ	*5.0*
1999	日本	*20.4*	台湾	*11.8*	米国	*11.8*	韓国	*10.4*	ドイツ	*5.0*
2000	日本	*18.4*	台湾	*11.3*	韓国	*10.3*	米国	*9.9*	ドイツ	*4.6*
2001	日本	*17.6*	台湾	*11.2*	米国	*10.8*	韓国	*9.6*	ドイツ	*5.7*
2002	日本	*18.1*	台湾	*12.9*	韓国	*9.7*	米国	*9.2*	ドイツ	*5.6*

＊　数値はシェア（％）.

輸出

	1位		2位		3位		4位		5位	
1993	香港	*24.0*	米国	*18.5*	日本	*17.2*	ドイツ	*4.3*	韓国	*3.1*
1994	香港	*26.7*	日本	*17.8*	米国	*17.7*	ドイツ	*3.9*	韓国	*3.6*
1995	香港	*24.2*	日本	*19.1*	米国	*16.6*	韓国	*4.5*	ドイツ	*3.8*
1996	香港	*21.8*	日本	*20.4*	米国	*17.7*	韓国	*5.0*	ドイツ	*3.9*
1997	香港	*24.0*	米国	*17.9*	日本	*17.4*	韓国	*5.0*	ドイツ	*3.6*
1998	香港	*21.1*	米国	*20.7*	日本	*16.1*	ドイツ	*4.0*	韓国	*3.4*
1999	米国	*21.5*	香港	*18.9*	日本	*16.6*	韓国	*4.0*	ドイツ	*4.0*
2000	米国	*20.9*	香港	*17.9*	日本	*16.7*	韓国	*4.5*	ドイツ	*3.7*
2001	米国	*20.4*	香港	*17.5*	日本	*16.9*	韓国	*4.7*	ドイツ	*3.4*
2002	米国	*21.5*	香港	*18.0*	日本	*14.9*	韓国	*4.8*	ドイツ	*3.5*

＊　数値はシェア（％）.

参考：日本貿易振興会編『世界と日本の貿易ジェトロ白書・貿易編（1994–1998の各年）』，日本貿易振興会.

日本貿易振興会編『ジェトロ貿易白書世界と日本の貿易（1999及び2000年）』，日本貿易振興会.

日本貿易振興機構（JETRO）HP「海外情報ファイル」http://www 3. jetro.go.jp/jetro-file/country.do より（最終閲覧日2004年7月14日）.

訳註 表6-6 DAC メンバー国による ODA 供与総額における日本のシェア (1990-2003)

	シェア(%)	総額(10億ドル)	日本の順位	米国の順位	米国のシェア(%)
1990	*16.7*	9.1	2	1	*18.7*
1991	*19.3*	11.0	1	2	*18.7*
1992	*18.0*	11.2	1	2	*17.5*
1993	*20.0*	11.3	1	2	*18.0*
1994	*22.4*	13.2	1	2	*16.8*
1995	*24.6*	14.5	1	4	*12.5*
1996	*17.0*	9.4	1	2	*16.9*
1997	*19.4*	9.4	1	2	*14.2*
1998	*20.5*	10.6	1	2	*15.8*
1999	*27.1*	15.3	1	2	*16.2*
2000	*25.1*	13.5	1	2	*18.5*
2001	*18.8*	9.8	2	1	*21.8*
2002	*15.9*	9.3	2	1	*22.8*
2003	*12.9*	8.9	2	1	*23.5*

参考：外務省経済協力局編『我が国の政府開発援助（1991-2000の各年)』，国際協力推進協会.
政策構想フォーラム「No.43 政府開発援助の国家戦略をつくれ」.
http://www.skf.gr.jp/no43/table.html,2004.7.1, 外務省「ODA ホームページ・資料」.
http://www.mofa.go.jp/mofaj/gaiko/oda/shiryo/jisseki/souron/2002_dac_k.html, および，財務省ホームページ http://www.mof.go.jp/2002. htm より（最終閲覧日 2004年 7 月11日).
外務省編『ODA 政府開発援助白書 2005』国立印刷局.

第三部　結　論

――ポスト冷戦時代における中国外交政策

第七章　現代化とナショナリズム、リージョナリズム

ポスト冷戦時代における中国外交政策の基本的な動向を明らかにするために、**現代化**と**ナショナリズム**、**リージョナリズム**という三つのキーワードを用いることができる。経済成長を志向する現代化は中国の基本指針である。ナショナリズム[1]は、現代化に向かう中国の動きの背後にある支配的なイデオロギー潮流であり、リージョナリズム[2]は、中華人民共和国が依然としてアジアの地域大国にとどまっていることを強調したものである。

本章では、この三つの動向を考察する。この三つの動向は日本や朝鮮半島、東南アジア、ロシア、米国との外交関係のなかに、そして台湾問題のなかにはっきりと示されている。ここでの目的は、これらの事例を用いて、中国外交政策に作用するさまざまな影響力を明らかにし、北京の対外活動のパターンと政策選択を照らし出すことである。作業をさらに精緻なものとするために、いくつかの歴史的背景についても議論していく。現在中国は、グローバル・パワーというよりもリージョナル・パワーと見なされているが[3]、中国が東アジア、東南アジア地域における主要な行為主体であることを疑う者は誰もいないであろう。

表7－1から中国の地域別の貿易相手を知ることができる。貿易の規模で見てみると、一九九四年には、アジア（一四二二億ドル）、ヨーロッパ（四三八億ドル）、北米（三八七億ドル）、ラテンアメリカ（四七億ドル）、オセアニア（四六億ドル）、アフリカ（二六億ドル）の順であった。中国のアジア諸国との貿易額は、アジア以外の地域の貿易額の合計よりも多いことがわかる。図7－1が示しているように、東アジアと東南アジアは、中国の貿易活動の主要な部分であり、中国の貿易総額の五七％を占めている。また台湾、香港、マカオを含めた「グレーター・チャイナ」[4]

表7-1　中国の主要な貿易相手国・地域（1994）　　（単位：100万ドル）

地域および国家	輸出	輸入	総貿易額
総合計	**121038.48**	**115663.62**	**236702.10**
アジア	**73446.70**	**68765.15**	**142211.85**
東アジア・東南アジア	68834.12	64639.48	133514.84
日本	21573.12	26320.77	47893.89
グレーター・チャイナ	35273.16	23673.45	58946.67
香港	32364.51	9456.62	41821.16
マカオ	666.50	132.00	798.50
台湾	2242.15	14084.83	16326.98
北朝鮮	424.52	199.22	623.74
韓国	4402.30	7318.34	11720.65
ASEAN	6379.01	6829.85	13208.05
ブルネイ	16.26	0.00	16.26
インドネシア	1051.70	1588.37	2640.07
マレーシア	1117.66	1622.67	2740.32
フィリピン	475.69	272.40	748.09
シンガポール	2558.42	2482.02	5040.44
タイ	1159.28	864.39	2023.67
ビルマ	369.11	143.28	512.39
カンボジア	35.27	1.00	36.27
ラオス	35.97	4.38	40.36
ヴェトナム	341.66	149.19	532.82
その他アジア各国	4612.58	4125.67	8697.01
アフリカ	**1749.05**	**893.98**	**2643.03**
ヨーロッパ	**18803.98**	**25040.20**	**43844.19**
EEC	14580.23	16938.76	31518.99
英国	2414.00	1769.90	4183.90
ドイツ	4761.45	7136.73	11898.23
フランス	1424.36	1939.01	3363.37
イタリア	1590.66	3068.06	4658.72
旧ソ連諸国	1946.55	4662.58	6609.13
ロシア	1581.14	3495.75	5076.89
ラテンアメリカ	**2454.75**	**2247.38**	**4702.13**
北アメリカ	**22860.16**	**15801.30**	**38661.46**
カナダ	1396.94	1830.75	3227.69
米国	21461.48	13970.42	35431.90
オセアニア	**1723.84**	**2915.61**	**4639.45**
オーストラリア	1487.87	2451.81	3939.68

参考：『中国最新経済統計』，1994. 2，pp. 19-23.

＊1.「東アジア・東南アジア」の数値は，日本，グレーター・チャイナ，北朝鮮，韓国，ASEAN，ビルマ，カンボジア，ラオス，ヴェトナムの各数値を合計して得られたもの．

＊2.「その他アジア各国」の数値は，「アジア」の数値から「東アジア・東南アジア」の数値を引いて得られたもの．

＊3.「総合計」の数値は，「アジア」，「アフリカ」，「ヨーロッパ」，「ラテンアメリカ」，「北アメリカ」，「オセアニア」の各数値を合計して得られたもの．

内の貿易も突出している。[5]

経済・貿易関係に加えて、安全保障問題は北京にとってもう一つの主要な関心事である。差し迫ったものとしては、西沙（パラセル）諸島や南沙（スプラトリー）諸島をめぐる、中国と東南アジア諸国との間の領土紛争がある。東アジアにおける軍拡競争は、地域内の安全保障問題に影響を及ぼす際立った、そして潜在的な不安材料でもある。一九九五年初めに発表された米国防総省の研究[1]によると、アジアは二〇世紀末までには世界最大の兵器輸入地域になり、台湾はアジアで最大の兵器の買い手となり、その後に日本と韓国が続くと予想されていた。[6] こうした状況に直面し、当初は兵員の削減を予定していた米国は、東アジア地域に常時約一〇万の兵力を維持することを決定したのだった。[7]

以下では、中国にとってとりわけ重要な二国・地域間関係を個別に見ていくこととする。

図7-1　中国の主要な貿易相手国・地域（1994）

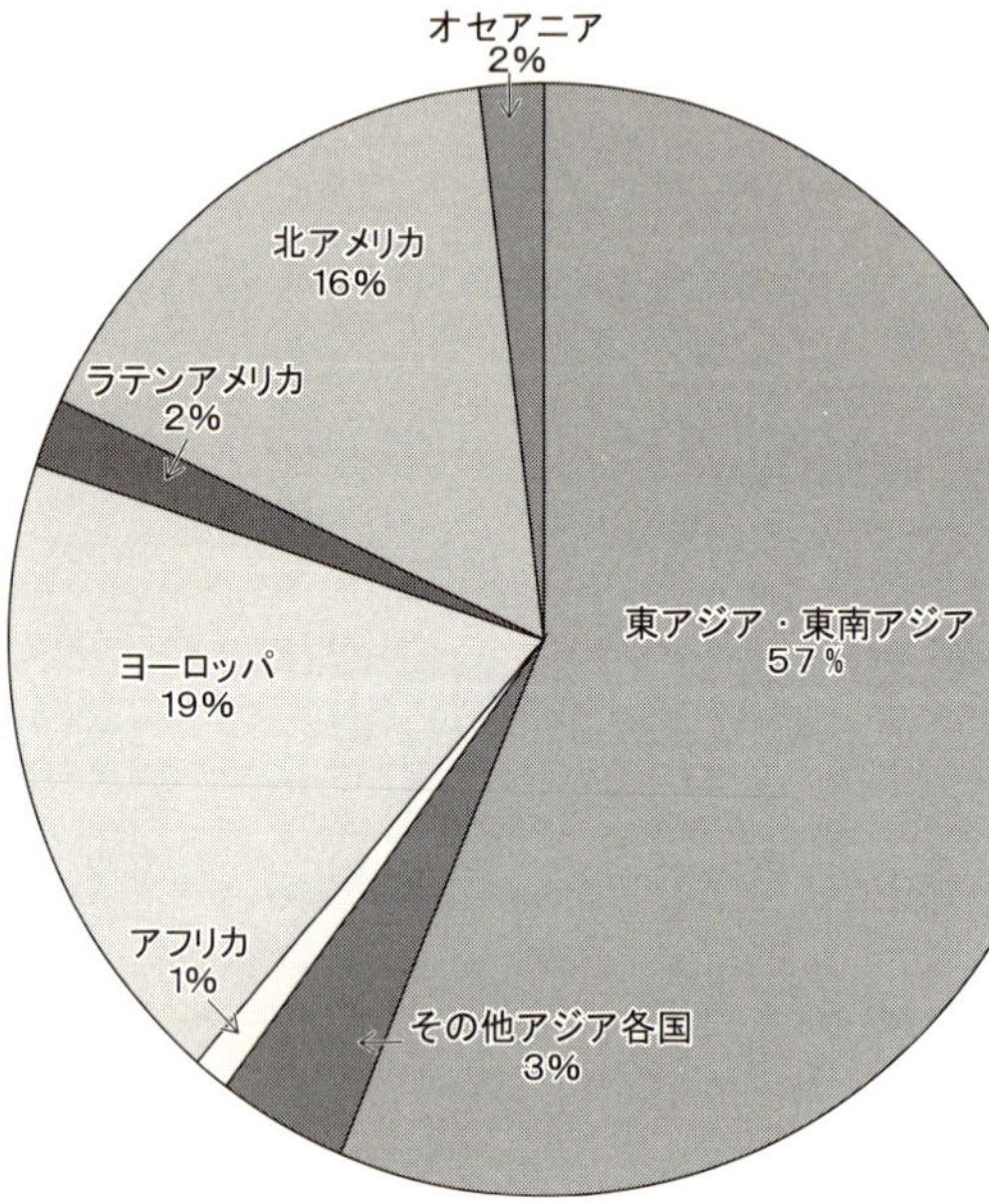

日本——中国にとって最も重要なアジアのパートナー

現在のアジアにおいて最も重要な隣国でありパートナーである日本に対する中国の外交政策は、象徴的マクロ構造の変化、すなわち北京の日本に対する認識と解釈の変化によって大いに影響を受けてきた。一九四九年から七〇年代初頭まで、中国は日本を「アメリカ帝国主義の走狗」と見なしていた。七二年に日本と関係正常化して以来、この見方は変更され、外交関係に多くの進展が見られた。日本に対するこの新しい認識は経済面にも反映されている。一九七二年の国交正常化以降、二国間の貿易は盛んになっている。日本は中国にとって資本、技術、製造品の主要な供給源である。九三年を例に挙げれば、日本は中国の第一の貿易相手国であった。日本の対中直接投資も勢いを見せている。九四年の財政年度上半期（四～九月）では、日本の海外直接投資にとって中国が二番目に大きな投資先であった。[8]

日中間の経済関係の拡大は、いくつかの問題をもたらしてもいる。例えば一九八〇年代のほとんどの期間、中国は中国製品に対する日本の保護主義を批判し、他方日本は、乗用車のようなコントロールが容易な消費財については、中国がその輸入をもっとうまく管理すべきだと主張した。技術移転の分野では、中国はハイテク技術の輸出増加を日本に迫ったが、九四年に対共産圏輸出統制委員会が解散するまで日本はその一員としての制約を受けていたのである。[9]

〔第五章の原註（35）を参照〕。

中国の制度的マクロ構造もまた、日本に対する中国の認識に影響を及ぼした。急速な経済発展を可能とし民主化への大衆的要求を満たすプロトタイプを、中国の人々は米国や欧州よりも文化的・社会的に近い日本に見出したのである。一九九三年以前の日本の政治発展は、自由民主党が与党として機能し、いくつかの小さな政党が野党の役割を果たすという状況を生み出した。北京は対抗勢力の存在を認めながら、同時に共産党が支配を維持するための一つの方法を、このモデルが提供してくれることを意識している。日本の「五五年体制」[10]は、その本質において根本的に民主的であり、民主化要求に対峙する次世代の中国の政治指導者にとっては魅力的であるかもしれない。

日本に対する中国の利害関心は、日中の文化的・社会的交流が拡大するにつれてより多様化してきている。例えば一九九二年に、日本には五万人近くの中国人留学生がいた。留学生の多くが高度な研究に従事する一方で、約半数は語学学習の名目のもと、日本で労働し収入を得るいわゆる「就学生」であった。[11]このような二国間交流の拡大は、中国の政治的・経済的発展の方向に直接的なインパクトをもつことになった。

「日本軍国主義」の問題は、中国に対する東京の意図について中国の解釈の変化を反映する重要問題である。この問題も場合によっては、中国国内の雰囲気や権力政治のダイナミクス（権力／体制マクロ構造）を含んでいる。日本の軍国主義に対する中国の懸念は明確であり永続的である。しかし北京は、政策アジェンダの変化に応じて、こうした懸念を軽視したり、逆に強調したりすることができることを示してきた。

一九六〇年代と七〇年代初頭、日本の軍国主義に対する北京の関心は、主に国際的・外交的配慮によって動機づけられていた。日本の軍国主義の復活は、アジアを侵略する危険な要因として警戒されていたのである。[12] もっとも米ソの競争と対立によって特徴づけられる国際環境に対応して、毛沢東は、最終的に第三世界の「革命勢力」と二つの「反動的」超大国との間の中間地帯として日本と西欧諸国を見ていた。北京が経済発展を必要としていたこともまた、東京との親密な関係を追求するように北京を促し、さらに政治的統制を通じて中国メディアによる「日本軍国主義」批判を抑えることを北京に促したのである。七二年に田中角栄が日本の首相になると、そうした批判は完全に姿を消した。七〇年代末までに、中国はソ連の拡張主義に対抗するため、国際的な連合を積極的に求めるようになっており、日本再軍備への反対をやめただけでなく、実際に日本との密接な防衛関係を模索していたのである（Newby, 1988: 70）。

一九八〇年代初めまでに日本軍国主義に対する北京の関心は、中国国内の現代化に向かう動きによって強化されたナショナリズムに根ざしていた。八二年、軍国主義の問題は、「教科書論争」の結果、再燃した。日本の文部省は、日本が中国やアジア周辺諸国を「侵略」したと述べるのではなく、記述を「進出」に訂正した。その政策は、東アジアと東南アジア全体で抵抗を引き起こした。北京は日本の軍国主義的傾向を攻撃する全面的なキャンペーンを始め、東京が争点となった用語の見直しを約束するまで続けられた。

教科書論争は一九八五年と八六年にも再燃した。この問題は中曽根首相が靖国神社に公式参拝したことによってさらに悪化した。この神社には一般の日本軍兵士だけでなく、関東軍の参謀総長だった東条英機陸軍大将を含む多くの戦犯が合祀されている。中曽根首相の参拝後、中国のメディアは日本軍国主義に新しい批判の波を起こし、北京などの大都市で学生デモが引き起こされ、ナショナリスティックな感情に表現の場が与えられたのである。

日本の「軍国主義」に対する中国の反応は、象徴的マクロ構造が顕著な影響力をもった局面から権力／体制マクロ構造の影響が大きくなった局面への転換を示している。結果的に北京の関心は、対外的な考慮から内政的な配慮へと転換した。一九七〇年代の初めには、日本の「復活した軍国主義」を批判する第一の目的は、佐藤首相の保守的な姿勢に挑戦することだった。しかし国交正常化が実現すると、日本は友好国と見なされ、両国関係における象徴的マクロ構造面での軍国主義問題は、その重要性を失っていったのだった。

一九八〇年代になると、教科書論争と「日本軍国主義」問題の背後にある主要な関心は、国内的要因へと転換されていた。北京政府にとってこの問題は、国内のナショナリズムを促進させ、日本に政治的・経済的譲歩をせまる機会を提供するものとなった。例えば中国人学生のデモの際の「日本の経済侵略を倒せ」というスローガンに見られるように、日本軍国主義の問題と日中貿易不均衡との間には間接的な関係があったのである。

対日政策という争点は、北京の権力政治の一要因でもある。一九八六年の学生デモは愛国的なものであり、最初は北京の公式の路線と一致していた。しかしこれらのデモは、中国の指導者の汚職や経済・政治改革の遅さについても不満を表現する機会を提供し、それが不穏な流れとなるにつれ、北京で新たな権力闘争を引き起こさせた。この権力闘争の結果は、八七年一月の胡耀邦総書記の失脚である。彼は多くの批判をあびたが、その一つは、彼が日本問題で舵取りを誤ったということであった〔第五章の原註（16）を参照〕。

権力闘争が終息したのち、北京は反日キャンペーンの国内的な結果について不安を感じ、東京との関係修復の必要性を感じるようになった。その結果、日本軍国主義の問題は棚上げにされ、中国政府は人々の日本認識を漸進的に変化させるプロパガンダを行ったのである（Whiting, 1989: 193-6）。それは、二国間関係の全体的変化と一致したものであった。けれども、十分な扇動と適当な国内環境があれば、軍国主義の問題は再燃するかもしれない。

一九九四年一一月にジャカルタで行われたAPEC首脳会議で、江沢民国家主席が村山富市首相と会談をもった。江沢民主席は、日本に対して「ときおり日本国内で軍国主義が表面化する」と警告し、「日本は歴史を反省せねばならず、歴史を若い世代に教育することが大切である」とも述べた。[13] 他方、日本も中国の軍事的発展に不安を感じていた。九四年一〇月、玉沢徳一郎防衛庁長官は、ウィリアム・ペリー米国防長官に、日本は中国の国防予算の「透明性に関心をもっている」と述べている。[14]

一九七四年九月に日中両国は、平和条約のための交渉を開始することで同意したが、七八年までこの交渉は合意に達しなかった。早い段階での合意を妨げたのは、二つの争点である。一つは、中国が条約に「反覇権条項」を入れることにこだわったこと、そして二つ目は、中国が「釣魚島」と呼び、日本では「尖閣諸島」として知られる島々についての論争であった。一〇〇隻以上の中国の漁船が島の周辺を航行した七八年四月に、論争はいっそう激しさを増した。両国の意見の相違が拡大する前に、中国外交部のある副部長が「提案されている条約の交渉から領土問題を切り離して扱うことに両国は同意する」と述べた。七八年の訪日の際、鄧小平は、その問題は「次の世代がよりうまく処理できる」と提案し、領有権に係る疑問を回避した (Whiting, 1989: 68–9)。論争は棚上げにされ、平和条約の交渉において争点となることはなかったのである。

一九七五年一月、周恩来は、反覇権原則が将来の日中関係の基本原則となるという条件を最初に提示した (Park, 1976: 477)。しかし日本は、ソ連に対抗する中国との同盟に同意したと解釈されることに難色を示して、この条項に強く反対した。北京は譲歩をしぶり、東京は平和条約に覇権条項を含めることに仕方なく同意した。北京はその際「いかなる第三国（すなわちソ連）との関係もこの条約によって影響されない」と規定する付帯条項を挿入することに同意した。[15] こうした方法で中国は、反ソ統一戦線に米国や西欧とともに日本を引き込むことに成功したのである。

北京の指導者にとって、反覇権条項と、領土問題をめぐる日本との論争とでは、明らかに優先順位が異なっていた。北京にとって反覇権条項は、ソ連の拡張主義に対抗する国際的な連合戦線を作るという最大の関心事であった。反覇権条項は取引不可能な問題だったのである。それとは対照的に、釣魚島論争は平和条約を妨げるに値しないことは確かであり、この問題に対しては柔軟に対処された。この二つの問題に与えられた異なった優先順位は、もし日本が反覇権条項に同意しなかったら、釣魚島問題は終わりのない領土問題になるだろうという北京の脅迫によってさらにはっきりとした。[16] この事例は、より高い優先目標を促進するために釣魚島問題がいかに利用されたかを示している。しかし同時に北京は、その島々の領有権を放棄しないように慎重に配慮したのである。事実、一九九二年採択の「中華人民共和国領海および接続水域法」は、中国の領土主権はその他の島々とともに釣魚島を含むと規定している（S. Kim, 1994a: 150–151)。

国際社会における体制の正統性について北京がいだく強い関心は、日中関係でも台湾問題をめぐる議論のなかに見出すことができる。一九七二年に日本が数多くの公式声明で台湾は中国の領土であると宣言したにもかかわらず、台湾は日中両国にとって潜在的に危険をはらんだ問題であり続けてきた。中国が日本とのより親密な関係を求めていたことは確かだが、台湾問題については柔軟ではなかった。例えば京都にある「光華寮」という学生寮をめぐっては、継続的な論争が存在した。日本の国土で北京と台北の双方がこの学生寮の所有権を主張し、日本は板挟みにあった。東京にとってこの問題は法廷で解決されるべき法律上の議論であり、政府が介入すべき問題ではなかった。北京にとってこの問題は、国家主権に係る問題であり、台湾の地位について日本が公言した信念を試すものと考えられたのである。[17]

二国間の不幸なエピソードは、一九九四年一〇月の広島アジア大会で頂点に達した。このとき台湾の徐立徳行政院副院長が出席を要請されたのである。重要なことは、北京が台湾問題のためにアジア大会のボイコットさえ考慮したことである。[18] 翌月のジャカルタでのAPECフォーラムのとき、村山富市首相は江沢民国家主席との会談で、東京は「二つの中国」の発展を支持しないと強調し、北京との緊張した関係の緩和を図った。江主席は「広島アジア大会に徐行政院副院長が出席したことで中国国民の間で（日本に対する）反発が現れている。しかし中国政府は自制してこの問題に対処してきた」と村山首相に伝えたのである[19]。

中国の対日外交政策の今後の方向性について考察する際、両国の内部で機能せざるをえないマクロ構造により注意を払うべきであろう。争点の存在にもかかわらず、日本が中国の主要な貿易パートナーであり、また中国市場が日本にとっていっそう重要であるという事実は、日中関係の長期的な安定を保証する要因である。東アジア地域において最も重要な二国間関係が日中関係であることは、広く認知されている。もちろん意見の相違は、確かに存在している。日本は中国の軍事能力の向上、なによりその経済力との競合に懸念を抱いている。中国は日本がきわめてナショナリスティックであると見なし続けており、日本の再軍備に対して敏感である。また、台湾問題は米国を加えた形で、日中間の不安定要因となり続けるであろう。日中双方に存在する、安定した日中関係を維持しようとする言説とアプローチを生かし活用できる空間が、少しでも広く維持されることを願いたい。

朝鮮半島――南北のバランス

現代化とリージョナリズムという二つの主要テーマは、朝鮮半島に対する中国の政策転換に主導的な役割を演じてきた。このことはまた、象徴的マクロ構造の変化という視点からも説明できる。一九五〇年代、西側帝国主義者たちによる侵略の脅威という自らの認識に駆りたてられて、中国は朝鮮戦争に参加した。犠牲者の点でも、中国の外交政策の政治的意味や東アジア国際関係の進展という観点からも、中国にとって非常に高くついたこの戦争から、北京もまた教訓を得ることとなったのである。

鄧小平時代以降、北京は大規模な軍事紛争を避けることの利益を一貫して主張してきた。それゆえ、北と南を平和的統一に導くような朝鮮半島の平和的で安定した状況の創出と維持に、北京は特別な利害関心をもっている。北朝鮮の延亨黙首相と韓国の姜英勳首相との間で一九九〇年九月に行われた会談を「緊張緩和を助け、朝鮮の再統一過程を促進」する「良い始まり」として北京は歓迎した[20]。北京はまた、ピョンヤンとソウルがともに手を携えて核兵器のない朝鮮半島を作り出すよう奨励しているが[21]、それは中国の国益に一致する動向なのである。

過去数十年の間、北京―ピョンヤン間ではときおり意見の食い違いが生じてきた。その最悪のものは、中国が文化大革命の混乱のピークにあった一九六九年に発生し、中朝の軍隊は国境沿いで衝突を引き起こすに至ったのである[22]。けれども、中国は北朝鮮と実務的な関係を維持することに努めた。八〇年代末以降の中国と東欧の政治発展は、北京とピョンヤンの相互接近を招いた。金日成は八九年の天安門広場での学生デモに対する弾圧を公然と支持した世界でも数少ない指導者であったのである。

一九六〇年代から八〇年代半ばにかけて、ピョンヤンは中国がソウルに接近することを効果的に阻止するために、「モスクワカード」を使って牽制した。ソ連と東欧諸国が韓国との外交関係を樹立すると、中国は韓国との関係を拡大する自由と自信を獲得した。ポスト冷戦時代に入ると、北京はソウルとの関係を発展させるひときわ強い動機づけをもった。ソウルとのより緊密な関係は、朝鮮問題および東アジア全体に対する政策について、中国の影響力を拡大させるかもしれなかったからである。ワシントンのある高官が指摘するように、地域問題と同様に世界政治においてもまた「双方（の朝鮮）と良好な関係を保つことは、考えられる範囲内で最良の状況を中国にもたらしてくれるのである[23]」。

一九九〇年に起こったいくつかの出来事は、『北京週報』で韓国が「冷戦の外套」を脱ぎ捨てつつあることを示すものとして描かれた。その出来事とは、韓国とソ連との間で外交関係が樹立されたこと、南北朝鮮の首相同士の三度の会談、そしてそれぞれの首都に貿易事務所を設置するという中国と韓国の決定であった。これらの発展は、「アジア諸国間の関係の再編」の一部と見られている[24]。制度的マクロ構造と権力／体制のマクロ構造の変化は、中国の対朝鮮政策の進展に重要な役割を果たしてきた。そして中国の朝鮮半島政策は、中国が韓国と公式に外交関係を打ち立てることに最終的に同意した九二年九月に大幅に変更されたのだった。

天安門事件後、共産主義体制の生き残りのために北京が北朝鮮の支持を必要としたことは韓国との関係改善にとって潜在的障害となった。北京とピョンヤンは、お互いの道義的支援を必要としていたのである。ソ連共産主義の崩壊と東欧諸国の政治的民主化の進展は北京にとって警鐘となった。一九八九年の学生デモの弾圧を金日成が断固として支持したことを中国人民に公表するのは、北京の指導者にとって嬉しいことだった。この政治的・道義的支援は、九一年一〇月に金日成が二九回目の訪中をした際に強調されたのである。(25)

両国間のこうした相互の道義的支援は、ミクロレベルにおける個人的関係にも移し換えられた。一九八〇年代には中国の北朝鮮への愛着は、個人的なつながりと共感によって支えられていた。鄧小平、陳雲、楊尚昆、李先念、彭真、王震、薄一波のような指導者たちは、五〇年代の中国を指導し、朝鮮戦争にもさまざまな程度で関係していた。金日成とその同世代の北朝鮮の指導者たちも権力を保持していた。この数十年にわたる長い友好関係は、頻繁な相互の訪問を通じて維持され高められたのであった。当時の北京の指導者にとっては、北朝鮮との関係を断ったり、抑制したりすることは、金日成と世代も違い個人的つながりもなかったゴルバチョフに比べてはるかに困難だったのである。

しかし他方、中国では経済的現代化に国内の優先順位を転換してから十分な時間が経っていた。経済発展は、韓国との関係改善に対する北京の主要な動機の一つであった。韓国は、中国にとって貿易相手国としてますます重要になってきていた。一九九三年には中韓の貿易額は、北朝鮮との貿易の八億九九六〇万ドルをはるかに越えて八二億ドルに達した。九五年一一月、韓国を国賓として訪問した江沢民は、中韓関係の重要性を再度強調し、九五年の両国の貿易額の予測が一五〇億ドルのレベルに達すると推定した。(26)新興工業国であり身近な隣国である韓国はまた、経済発展戦略、特に輸出志向工業化の面で、中国に貴重な経験と教訓を提供することも可能であった。韓国のビジネスマンは、中国に対する直接投資と合弁事業を始めた。例えば九四年四月、韓国の金始中科学技術庁長官は、サムソン［三星］とハンジン［韓進］（大韓航空の所有者）を含むコングロマリットが中国の中型の商業用航空機の生産を支援すると発表した。(27)

両国関係の強化に向けた公式の第一歩は、一九九〇年一〇月、お互いの首都に貿易事務所を設立するという合意であった。韓国はその貿易事務所の主席代表として前外務次官をすばやく任命し、九一年春に両方の事務所は公式にオープンした。このことが翌年の両国の関係正常化を導くことになったのである。

けれども中国は、内部・外部双方からのさまざまな要求を満たすため、まだ二つの朝鮮の間で行動のバランスを保つ必要があった。南北朝鮮との良好な関係を同時に維持することが中国の最大の利益となっていた。北朝鮮の対ソウル政策の面では、北京はピョンヤンに対してある程度の影響力をもっていると信じられている。例えば一九九一年五月、北朝鮮は「一つの朝鮮」政策の劇的な転換を宣言し、国連への個別加盟を求めることに言及した。北京はピョンヤンの突然の政策転換において鍵となる役割を演じ、舞台裏での操作に携わったと報じられている。[28] 韓国の国連加盟申請にはいかなる場合でも拒否権を行使してほしいという北朝鮮側の要求に今後応えることは難しいと、北京は九〇年末に北朝鮮に通告した。[29] 翌年の四月および五月、北京とピョンヤンは、五月初めの李鵬首相の訪朝も含め、国連代表権について頻繁に協議した。[30] 国連への個別加盟を求める北朝鮮の宣言の直後に、李鵬はこの動きは「統一前の暫定的処置」であり、「中国を含む国際社会によって歓迎される」だろうとコメントした。[31] 二つの朝鮮は現在国連の代表権を分かちあっており、それは朝鮮半島の平和的紛争解決に向けた重要な一歩である。[32]

両国の間で均衡を保つ中国の行動は、北朝鮮の核開発という争点にも反映されている。一九九四年春、国連の国際原子力委員会（IAEA）は、北朝鮮の秘密の核開発プログラムの新しい証拠を発見した。IAEAの事務局長ハンス・ブリクスは、ピョンヤンが放射化学研究所だとしたヨンビョン〔寧辺〕の施設を、北朝鮮の七カ所の核設備のなかで「最も核拡散の危険がある要注意の施設」と呼んだ。その後、ピョンヤンは、ワシントンとソウルから国際査察のため核設備をよりいっそうオープンにするようにとのすさまじい圧力（それに加えて経済制裁を課す可能性があるとする国際社会からの脅威）にさらされた。[33] 中国が北朝鮮の核兵器開発計画について正確な情報をもっていなかったことを認める一方で、[34] 北京はピョンヤンへの経済制裁に反対した。韓国の金泳三大統領と韓昇洲外交通商部長官が三月二六日から三〇日まで北京を訪問した際の会談で、中国の指導者たちは中国が北朝鮮へのいかなる経済制裁にも反対すること、国連安保理決議への同調にさえ消極的であることを明らかにした。むしろ北京は、「あらゆる国連制裁が課せられる前にピョンヤンを説得する」のにもっと時間が必要であると発言し、北朝鮮の核施設に対する査察の主張を、決議から拘束力のない「声明」に格下げするよう安保理に要請した。決議の採決となれば、中国に拒否権の行使か欠席か、どちらかの立場を公式にとらせることになったであろうが、声明ならば採決の必要はなかったのである。(35)

一方、北京、ワシントン、東京、モスクワは、朝鮮半島において、とりわけ北朝鮮に核兵器開発を禁ずることについては、すでに合意に達していた。このような協力は、中国にとって安全保障上の利益だけでなく経済的利益をも提供することとなった。

一九九四年七月、金日成が死去し息子の金正日が後継者となっても、中国の朝鮮半島政策は変更されなかった。九四年一〇月から一一月にかけてのソウル訪問の際、中国の李鵬首相は九月に北朝鮮と米国間で調印されたジュネーヴ核合意について中国が肯定的であることを韓国の金泳三大統領に確約した。(36)その直後、江沢民国家主席もジャカルタで行われたAPEC首脳会議で、米国のビル・クリントン大統領と会談した際、米朝間の核取引に対して「強い支持」を表明した。(37)同時に北京は、板門店の休戦を恒久的平和条約に代えることを支持すると示唆したが、それはソウルではなくピョンヤンによって強く主張されている立場であった。以上の行動は、中国が朝鮮半島の均衡状態の両側で役割を演じており、しかも北京は北朝鮮の国益を損ねずに北朝鮮の核問題を解決しようとしていたことをはっきりと示すものである。(38)

朝鮮の将来、とりわけ南北の紛争と朝鮮の統一問題は、中国と密接に関係している。江沢民は、一九九一年一〇月に金日成に会ったとき、「中国は、朝鮮半島の状況に関心をもっている。それは、この地域の緊張緩和と安定が東北アジアの全体状況に直接的な関係をもつからである」と強調した。(39)朝鮮統一に対する中国の利害関心も、米国、日本、ロシアが係るようになって、いっそう顕著となっている。(40)東アジア専門家にとっては、北京、ソウル、ピョンヤンの間の三角関係の変化するダイナミクスを観察することが、同地域に対する二一世紀のアプローチとして興味深いものとなるであろう。

中韓二国間の問題も不可避的に存在する。両国の政治システムと経済発展のレベルの違いは摩擦の原因だが、協力のための基盤は紛争の土壌よりもさらに大きい。例えば中韓両国は、どちらの立場でも、相手を日本の増大する経済的・軍事的力に対抗するための重しと見なすかもしれない。

台湾問題――最優先事項

北京にとって台湾問題は、国家主権と体制の正統性の問題と分かちがたく結びついている外交政策上の最優先事項である。[41] ミクロ・マクロリンケージモデルを適用することで、北京の対台湾政策の進展をよりよく理解することができるであろう（表7－2を参照）。

毛沢東時代、台湾海峡には米国の第七艦隊が配置されていたため、北京は米国を最大の脅威と見なしていた。五〇年間台湾を支配し、第二次大戦後米国と堅い同盟を結んだ日本も潜在的な侵略者と考えられていた。こうした懸念が、中華人民共和国が成立した後、その最初の三〇年間に北京が非妥協的な台湾政策をとった根本にあった。一九七九年以前には北京は、「台湾解放」のスローガンを主張していた。

一九七九年以降、中華人民共和国は国内的にも、国際的にも根本的な変化を経験し、国際的承認を手にしている。現在世界の主立った政府は、中国の正統な統治者として北京を承認しており、台湾が中国の一部であると公式に見なしている。九二年時点で一五四カ国が中国と国交を樹立しており、三〇カ国に満たない小さな国々が台湾との国交を維持している（表3－2、第九章訳註〔2〕を参照）。

国際的承認が外の世界に対する北京の認識を変えた面もある。北京は、外部の諸大国をあまり脅威とは見なさなくなり、台湾問題を扱うことに自信をもつようになったため、いっそう懐柔的な態度をとるようになった。毛沢東主義のスローガンである「台湾解放」は、鄧小平の提案である「平和統一」と「一国二制度」に席を譲ることになった。

表7-2　中華人民共和国の台湾政策に関するミクロ・マクロリンケージモデル（1949-現在）

マクロ構造	マクロ構造上の変化	北京におけるミクロ過程
象徴的マクロ構造	中華人民共和国の国際的な地位および国内的な統制の度合いは高まっている．台湾では**台独**（独立）傾向が強くなってきている．	「武力による台湾解放」から「平和統一」と「一国二制度」への変化，ただし**台独**には警戒心増大．
制度的マクロ構造	政策決定上の諸制度は，全国規模の経済・政治改革によって大きな影響を受けている．	台湾海峡を越える相互に絡みあった経済的，政治的，文化的交流に影響されて，中華人民共和国の台湾政策の中にかつてに比べてずっと多様な利害関心が見出される．
権力／体制マクロ構造	権力政治と体制の正統性は，かつてに比べて，共産主義イデオロギーに影響されることが少なくなり，その代わり体制の生き残りと勃興するナショナリズムによって影響されている．	中台二国間交渉の運営や来るべき統一の条件に関しては，より柔軟になったきたが，しかし「二つの中国」と**台独**には強硬に反対し，軍事的手段を選択肢からはずすことは拒否している．

蔣経国と李登輝指導下の台北に見られた非敵対的な兆候にも呼応して、この政策転換は台湾海峡を横断する空前の経済的・文化的交流をもたらしたのである。けれども、この相対的に平和な環境は、台湾が法的な独立国家を志向する動き——**台独**——を見せれば激変するだろう。そのような見通しは、中国の指導層をぞっとさせるものである。この方向に進む可能性があることは、一九九五年夏と九六年春の第三次台湾海峡危機によって明らかになった。

一九九〇年代初めから台湾は、国連の代表権を獲得するために腐心してきた。九四年九月末の第四九回国連総会の際、二八の加盟国からなる一般委員会でいくつかの親台湾の小国に主導されて「台湾の地位の例外的状況」を分析し、「第五〇回国連総会に解決策を勧告するために」特別委員会を設置するかどうかが議論された。[42] 北京はこの動きにはっきりと反対した。一般委員会で台湾支持を表明したのは、七カ国のみだったので（支持表明の草稿は、もともと委員会メンバー以外の一四カ国によるものだったが）、提案は投票なしで棄却された。さらなる交渉の場を求めて台湾が仕掛けた国連キャンペーンはこのようにして幕切れとなった[43]。

北京に対する最大の挑戦は、一九九五年六月の李登輝総統の「私的」訪米であった。中国は、七月と八月に東シナ海でミサイル演習をしただけではなく、李総統に対する辛辣なプロパガンダ攻撃でその怒りを表した。台湾にいっそうの圧力を加えるため、北京は九六年三月二三日の総統選直前に別のミサイル試射と軍事演習を始めた。誘導弾道ミサイルは、台湾から三〇マイル以内で実験され、軍事演習は台湾が実効支配している沖合の島々からわずか一一マイルのところで実施された[44]。『ニューヨーク・タイムズ』紙のトーマス・フリードマンによれば、これは「実際に開戦することなしに、台湾にいかなる独立の考えも放棄するよう脅す」ことを目的とした行為と見なされたのである[45]。

一九九五年一二月の台湾の立法院選挙は、この衝撃をよく示していた。大陸との関係について柔軟志向である新党が七議席から二一議席へと三倍になる一方、与党国民党は立法府内での過半数をわずか三議席しか上回れないほどに（九六議席から八五議席に）後退した〔2〕。これらの結果は、選挙前の中国の脅迫による効果であると信じられたのである。もちろん投票結果が変化したことには、例えば新党の中産階級イメージや国民党の汚職問題（**黒金政治**〔金権政治〕として知られている）など、他にも多くの理由があった[46]。

中華人民共和国の台湾政策は、中国の権力政治の国内的なダイナミクスによってさらに複雑になっていった。北京の政治指導者で、永久に国家を分裂させるような行動をとったとして、**歴史罪人**（歴史により断罪される人）というレッテルを貼られることに耐えられる者などいない。そのような風評は、北京の権力者にとっても致命的な一撃となろう。

北京は台湾に対して武力行使をしないと誓約することを一貫して拒絶してきた。江沢民総書記は、一九九二年一二月「もし台湾が**台独**を宣言すれば、中華人民共和国は断固たる手段をとる」と述べている[47]。実は八八年の蒋経国の死後、北京は**台独**の可能性が増大すると見ていた。この分析に基づいて、鄧小平は中国統一には軍事的手段の方がより現実味を帯びており、北京はそのための備えをするであろうと述べ、軍事行動がとられるとすれば、台湾が公然と独立を宣言したときであろうと示唆していたのであった(48)。

北京にとって有利な点は、近い将来台独が引き起こされる国際状況にはないことである。一九七一年の中国の国連復帰以来、国際社会は台独に対して好意的ではない。今日の世界において中華人民共和国との関係断絶や国際的な危機の誘発という代償を払ってまで、台湾の独立宣言を公式に支持したいと思っている主要国は一つもないであろう。

このように台独に好意的ではない国際的環境であっても、やはり北京は、台独問題についてはきわめて敏感に反応し続けるであろう。台湾が事実上、大陸から分離したままである限り、台湾内外の政治勢力は台独を要求し続けるであろう。万が一天安門事件に匹敵するような政治的騒乱が大陸でさらに起きるとしたら、台独の傾向は勢いを増すだろう。そのような環境下でなら、国際世論は台湾に対してより同情的な態度をとるかもしれない。

マクロ構造のレベルでは、別の変化も見られるようになった。とりわけ一九七八年以降、北京の改革開放政策が中華人民共和国の台湾政策に重大な変化をもたらしてきた。この変化は七九年に起こり、その年、北京は、「三通」（通商、通航、通郵）と「四流」（学術、文化、体育、工芸の交流）を提唱することで、台湾政策を変更した[3]。そして今度は、台湾海峡を越えて増加し相互に関連し合うようになった経済的・政治的・文化的交流が、北京の政策決定過程にいっそう多様化した利害関心と考慮とを持ち込むようになったのである。台湾当局が長らく維持してきた「三不政策」（接触せず、交渉せず、妥協せず）を転換し、台湾市民の大陸訪問を許可し始めた八七年一〇月に、二国間関係はさらに勢いを増した。一年後、特別な集団に限って大陸からの台湾訪問も許可され、双方の接触は、それ以来劇的に増加している。八七年から九二年までの累積人数で見ると、台湾から大陸への訪問者が四二〇万人以上、大陸から台湾への訪問者が約四万人であった。台湾と大陸とを結ぶ直通電話と郵便の開設を台北が決定したことにより、八八年には一〇〇〇万通以上の郵便が行き交い、交流は大幅に増加した。八九年、台湾当局は台湾の新聞やテレビ局が記者を大陸に駐在させることを許可した。郭婉如台湾財政部長率いる二〇名の公式代表団が、アジア開発銀行の会議のために、八九年五月に初めて北京を訪問した。台湾の政治、経済、学術上の重要人物が、郭の訪中を嚆矢として、その後数年間これに続いたのである。

中台間貿易の総額も、ほとんどは香港をとおしてだが、一九七九年の七八〇〇万ドルから九三年には一二九億ドルに爆発的に増加した（表7－1を参照）。さらにこれに台湾と香港との貿易も加えるならば、その総額は九三年には二一二億ドルにも達した。九三年には大陸は、台湾にとって米国、香港に次ぐ三番目の輸出市場となった[49]。台湾の大陸への直接・間接投資も、八九年の政治的混乱にもかかわらず急増していった。九二年に台湾のビジネスマンは、大陸に二五億ドルを投資し、その額は九四年半ばまでに一五〇億ドルに達した。台湾にとって中国は、マレーシア、タイ、インドネシア、ヴェトナム、フィリピンをはるかに越えて（これらの諸国は、総額で中国より下位にランクされる）、第一位の投資対象国となっている[50]。北京はこうした経済的・人的接触が最終的には台湾独立を妨げ、国家統一へと導いてくれることを期待しているのである。

今日の台湾は、蔣介石や蔣経国の統治時代とは大きく異なっている。台湾社会はすでに基本的に多元的社会を実現している。台湾政治の多元的性質は、国民党が台湾省長の地位を維持したものの、民進党に台北市長の座を奪われた一九九四年一二月の選挙の時点ではっきりとしていた。現職市長であった国民党の黄大洲は選挙で第三位に終わり、民進党の陳水扁だけでなく、最も新しい野党である新党を代表する趙少康に対してさえも、後塵を拝することになったのである[51]。国民党の影響力の低下は、先述したように、九五年一二月の立法院選挙でさらにはっきりと示された。九六年の総統選で、国民党公認候補の李登輝と連戦に対抗するために、党副主席の林洋港と郝伯村が総統と副総統候補として立候補登録するという決断によって、与党国民党の分裂が加速した[52]。林と郝は、結果的に国民党から除名されたが、新党に暖かく迎えられた。この時点では、国民党、民進党、そして新党という三党構造が台湾政治に打ち立てられた。二〇〇〇年には陳水扁の総統就任により、与野党政権交代さえ生じている。

台湾が一党支配の政治体制下にある中国へ復帰することはありそうもない。台湾に対して、資本主義的な政治経済体制の維持を認めることで最大限の譲歩をしていると北京は信じているが、資本主義体制は、通常、複数政党制をも意味しているのである。長期的には、もし北京が独立した台湾を見たくないのなら、よりいっそう多元的な社会を準備しなければならないかもしれない。そしてそのような社会では、共産党は、政治権力の独占放棄を迫られるかもしれない(53)。

一九九三年四月にシンガポールで行われた中国の汪道涵と台湾の辜振甫との会談は、内戦終結以来の「最初の公式会談」として広く歓迎された。両者は中台関係を扱うことを目的とした組織の長という「非公式」の地位にあったが、同時にそれぞれ江沢民と李登輝の側近でもあった。こうした会談は、「統一」に向けての第一歩、あるいはもっと謙虚に、過去四五年間のほとんどの期間、台湾を孤立させ、包囲してきた緊張を緩和するための最も期待に満ちた試み」と見なされたのである(54)。以上のようなミクロレベルでの交流は、マクロレベルにおける将来の変化にとって重要な意味をもつことになろう〔4〕。

東南アジア――認識の変化

毛沢東時代の硬直した孤立主義的な政策から鄧小平によって奨励された協力的アプローチへとマクロ構造が転換したことは、中国と東南アジア諸国との関係を大きく変容させた。東南アジア諸国機構（ASEAN）の構成国は一〇カ国である。ASEANは一九六七年に結成され、原加盟国はインドネシア、マレーシア、フィリピン、タイ、シンガポールの五カ国だった。ブルネイが八四年一月英国の保護領から独立と同時に加盟、ヴェトナムは九五年七月、ビルマ、ラオスは九七年七月、カンボジアが九九年四月に加盟を果たし、「ASEAN10」が完成した〔5〕。

一九五〇年代と六〇年代には、中国はASEANを「アメリカ帝国主義の走狗」と見なして切り捨ててきた。北京は七〇年代にその見方を変えたが、東南アジア諸国との関係はすぐには改善されなかった。例えば六七年に中国との関係を凍結したインドネシアは、九〇年に公式に関係を正常化するまで、二〇年以上にわたって北京に疑いの目を向け続けた。また、およそ四〇年間も反共的であったシンガポール政府は、中華人民共和国との外交関係を樹立していなかった。インドシナ諸国との関係は、円滑とはさらにほど遠かった。ヴェトナムと中国は、「同志プラス兄弟」の関係を七〇年代初めまでは共有していた。しかし、ヴェトナムが国家統一を成し遂げると、中国とヴェトナムとの関係は、主にヴェトナムによるカンボジア占領や国境沿いと南シナ海における領土問題などが原因で急速に悪化した。七九年には中国はヴェトナムに対して懲罰戦争を行った。

中国と東南アジアのいくつかの国との間の主要な問題は、数多くの紛争、とりわけ南シナ海上のいくつかの島をめぐる領土問題（ヴェトナム、フィリピン、マレーシア、ブルネイとの紛争）が依然として解決していないことである。主たる係争地域は、西沙（パラセル）諸島と南沙（スプラトリー）諸島である。中国の説明では、南沙諸島においては、中華人民共和国が八つの島を事実上占有しており、台湾はわずか一、フィリピンが九、マレーシアも九、ヴェトナムは二七の島を占有している。ブルネイも領有権を主張しているが、実際には一つの島も支配下に置いてはいない（F.Sun, 1994: 14–15）。

この地域の主権問題について見ると、中国は一九九五年までに三度、軍事行動を起こした。まず七四年一月に、中国陸軍と海軍が西沙諸島を南ヴェトナムから奪取した。また八八年三月には、中国海軍が南沙群島の六つの環礁をヴェトナムから奪った。さらに九五年二月、中国は南に移動して、フィリピンがカラヤーン群島の一部であると主張している（北京との間に論争がある）ミスチーフ礁〔中国名は「美済礁」〕に国旗を立てた。中華人民共和国は、繰り返し南沙地域の共同開発のための二国間協議を要求してきたが、係争国からは、これまでのところなんら積極的な回答を得ていない。ミスチーフ礁地域における中国の行動は、いくつかの東南アジア諸国の首都で警戒心を呼び起こした。(55) 例えばフィリピンのフィデル・ラモス大統領は、ミスチーフ礁での中国の行動にすぐに反対し、南沙地域における領有権の主張を強めるため対策本部の設置を宣言した。(56) 三月にフィリピン海軍は、いくつかの岩礁と環礁で中国の測標を動かし、その海域で四隻の中国漁船を拿捕した。(57) これらの行動は北京側から非難された。九五年八月、両国は紛争が軍事的手段によって解決されるべきでないこと、そして国連海洋法条約を遵守すべきであることに合意した。[58][6]

主権の問題に加えて、強い経済的動機もある。一九九五年の官製紙『中国青年報』の報告によると、南沙諸島は一〇〇億トンの原油生産を支配する鍵となる地域であり、その数値は中国の確認済み原油埋蔵量である約七八〇億トンの八分の一以上になる。同紙は、南シナ海は「第二の中東」になることを運命づけられていると主張している。[59]

南シナ海での紛争を処理するために北京が行った政策選択を分析した数多くの研究がある。例えば形式モデル・アプローチ［formal model approach］を適用することで、サミュエル・ウーとブルース・デ・メスキータは、南シナ海の紛争に中国が軍事力を行使する可能性について研究を行った（Wu and Mesquita, 1994）。彼らの結論は中華人民共和国の改革派が自分たちのアジェンダを実行する機会に恵まれたため、「安定した国際環境を強調する政策が、近い将来、優勢になるだろうと予想され」、「ここ数年のうちに、なにかしら意味ある重要な軍事力行使を起こすことはありそうもなかった」（Wu and Mesquita, 1994: 398-9）。もっとも、中国の領土上の要求を煽りたてるナショナリズムの推進力を見落とすわけにもいかない。北京は南シナ海で大規模な戦闘を避けるために最善を尽くす一方で、南シナ海域での立場を強めるため限定的な軍事行動、すなわち「ローカルな戦争」を行うかもしれない。[60]『ファー・イースタン・エコノミック・レビュー』紙の社説が示唆したように、中国自身、「自分がなにをしたいのか正確にはわかっていない」のかもしれない。「しかし中国は、自らが最終的に決定したとき、そうすることができる能力を確実にもっていたいのである。中国が大国となるよう運命づけられているとするならば、そのように考えることは、一概に不合理だとはいえないであろう[61]」。

中国と東南アジアとの関係の転換点となったのは天安門事件であった。ソ連と東欧の共産主義体制が崩壊してしまったことは、北京の国際場裡での孤立をいっそう深刻なものとさせた。北京の新しいイニシアティブの一つは、アジア志向の外交政策であった。北京は一九九〇年代初めに、この方向で四つの具体的歩みを実現していた。まず最初に九〇年八月、北京はインドネシアとの関係を正常化した。第二に、その二カ月後、シンガポールとの外交関係を樹立した。第三に、北京は九〇年以降、カンボジアでの国連平和維持活動に積極的に参加した。そして第四に、九一年にハノイとの関係正常化を果たし、九二年一二月、李鵬首相がヴェトナムを訪問した。訪問の最後に李鵬は、「私たちは係争点よりもはるかに多くの共通点をもっている」と宣言したのである(62)。九四年末までに北京とハノイの間で、一一三〇キロに及ぶ両国の陸上国境の係争点について三回の会談が行われた。これらの会談ではいくらかの進展があったと伝えられている(63)(7)。以上のような関係改善は、ＡＰＥＣ会議に出席する途中で江沢民国家主席兼党総書記が九四年一一月にシンガポールとマレーシアを訪問したことで頂点に達した。帰路、江沢民はヴェトナムに立ち寄り、それは過去数十年で最初の公式訪問となった。その訪問の最後に中国とヴェトナムは、南シナ海の島をめぐる両国の海上紛争を交渉で解決するために、専門家グループを設置することで合意した。銭其琛中国外交部長も、紛争を棚上げし、お互いの経済発展に専念すべきであるという両国の思いを強調したのであった(64)。

一九九〇年代前半の中国と東南アジアとの関係改善は、地域の国際関係に肯定的影響と否定的影響の双方を及ぼした。例えばビルマと中国南部、特に雲南省との貿易は、かつてなかったほど活発となってきた。両国の貿易は、九三年に四億九〇〇〇万ドルに達した。ラングーンと北京の間では同時に軍事的結束も拡大し、両国関係を大いに強化したのである。中国とビルマのさらなる軍事協力の進展は、東南アジアの近隣諸国の懸念を呼び、中国がビルマの陸軍、空軍、とりわけ海軍に大量の物資を発送したことは、それら諸国の警戒心を強めさせた。例えばインドネシアの軍関係者は、中国軍にビルマの軍事基地へのアクセスを提供することは、マラッカ海峡、すなわち東南アジア海洋貿易にとって主要な水路への脅威をもたらすことになるであろうと述べている。北京は東南アジアへの影響力行使の意図はないと言明したが、東南アジア諸国政府の多くは、中国が軍事的・政治的影響圏を拡げるためにビルマを利用し始めたと恐れたのである(65)。両国のいわゆる胞波情誼、すなわち「兄弟関係」を強めるために、九四年一二月、李鵬首相はビルマを訪問し、これが八一年以降で最初の高官レベルでの訪問となった(66)。

中国とビルマとの関係の高まりは、意図せざる結果をもたらした。伐採、アヘン生産、不法中国移民のうねりである。メコン川は中国から西側への不法移民にとって絶好の水路となった。同時にビルマに居住することに満足する何千もの中国人もいた。(67) 将来いつか、北京はこれらの問題に真剣に取り組まなければならなくなるであろう。実際、一九九四年の李鵬のビルマ訪問の際に話し合われた主要な問題の一つが、中国・ビルマ国境沿いで行われている麻薬密売を押さえ込むため、いかに協力するかということであった。(68)

中国の東南アジアに対する主たる関心は地域の安定である。ヴェトナムのカンボジア撤退に伴う、一九九一年一一月のヴェトナムとの関係正常化は、北京にとって歓迎すべき結果であった。同時に中国は、経済的繁栄と地域的安定を促進するために、ASEAN諸国と協力し続けている。他方で、九五年のヴェトナムのASEAN加盟は、中国の軍事的重みに対抗しバランスを維持する試みと見なされた。八五万人以上の武装兵力を有するヴェトナムの軍事力は、ASEANで最大の兵力を有するタイ軍とインドネシア軍(それぞれ三〇万人)よりもはるかに大きな規模を維持し続けているからである。(69)

東アジアや東南アジアで軍事的・政治的危機を未然に防止し、経済活動を調整していくためには、より大きな地域的調整機構が必要になるかもしれない。マレーシア首相のマハティール・モハマドは、一九九一年一月にマレーシアを訪問した日本の海部俊樹首相と会談した際、新しい東アジア貿易ブロック構想を示した。(70) この構想はアメリカの反対ですぐには実現しなかったが、やがて九〇年代半ばには日中韓を含んだ「ASEAN+3」というかたちで姿を現すことになる。すでに引退したマハティールだが、その構想はさらに「東アジア共同体」に結実しつつあるかのようである。〔8〕

対ロシア関係の変化

中国の対ロシア政策は、ソビエト/ロシアの力をめぐる北京の認識の変化(象徴的マクロ構造)と密接に関連してきた。ソビエト帝国と共産主義イデオロギーの崩壊は、中国の国内政策および外交政策にきわめて大きな影響を及ぼした。旧ソ連と東欧の諸共和国からの「精神汚染」に対する恐怖は、少なくとも西側からの精神汚染と同じくらい深刻で[71]、それゆえ北京はロシアとほとんどの東欧諸国から留学生を呼び戻したのである。中国は民主化の進むモンゴルからの「精神汚染」でさえ恐れた。一九九一年、中蒙間の輸送条約をめぐる交渉の際、北京は国境の行き来は、当該国境地域の住民に限定すべきだと主張した。ウランバートルの方は国境を横断する往来の拡大を望んでいたので、そのような制限には好意的でなかった[72]。実際、九二年にロシアの兵力が撤退した後、北京のモンゴルに対する関心は、安全保障よりもイデオロギーの側面にあった。中国はモンゴルを「以前はソ連の衛星国として、今はまさに中国の玄関先にある新しく民主化した国として、中国の心臓に向けられた短刀」のように見ていると述べる研究者もいる[73]。

旧ソ連と東欧の激変に直面し、北京は中国の社会主義をどのようにして守るかについて厳格な結論を導き出した。中国共産党のある内部文書は、一九九一年八月の失敗に終わったソ連のクーデターから学んだ五つの教訓を概略次のように記している。(1)プロレタリア独裁は維持されねばならない。(2)多党制は許されない。(3)国有企業と国家統制部門が経済の基礎とならねばならない。(4)党は軍を指揮せねばならない。(5)「ブルジョア・リベラリズム」に対抗するキャンペーンを強めねばならない[74]。

しかし同時に、ソ連の脅威の低下は、両国関係のいっそうの関係改善をもたらした。一九八九年のミハイル・ゴルバチョフの訪中、九一年の江沢民のロシア訪問、そして九二年のボリス・エリツィンの中国訪問という三度の会談によって、両国関係は目に見えて改善された。何人かの西側研究者が早くも八八年に指摘していたように、中国は「少しでも優位な立場を得るために、モスクワに向けて少しずつ進んでもほとんど失うものがなかったのである」[75]。エリツィンの北京訪問は中ロ関係に有意義な結果をもたらした。軍事・技術協力、宇宙探査、核エネルギー開発を含む諸分野で、二四もの共同声明、文書、申し合わせ事項に関する覚書にサインすることにより、中国は軍備を格段と高度化でき、一方ロシアは、必要とする多くの食糧供給を受けられるようになったのである[76]。

一九九四年九月、江沢民主席はモスクワにもう一度足を運んだ。江沢民とエリツィンは、次のことを確認する宣言に署名した。すなわち中ロは、お互いに相手を核ミサイルの標的にはせず、決して互いに軍事力を行使しないこと、そして国境に配備された部隊数をはっきりと制限することに合意したのである。この訪問と同様に重要な成果は経済協定であった。中国の成功した改革政策とこの一〇年の目覚ましい経済成長に言及しながら、エリツィンは江沢民に「われわれは中国の経済改革の経験を学ぶことに多大の注意を払っている」と語った。一年も経たずに、江沢民は九五年五月、ヨーロッパでの第二次世界大戦の終結を記念する祝賀式典に参加するためモスクワを訪れた。そして銭其琛中国外交部長は、「両国の関係にはなんの問題もない」と宣言したのである。(77) 実際、両国間の経済関係は急速に発展し、ロシアにとって中国はドイツに次ぐ二番目に大きな貿易相手国になり、貿易総額は九三年には七六億八〇〇〇万ドルにも達し、過去三年で二倍となった。(78) 中国の制度的マクロ構造もまた、両国関係の急速な発展に貢献した。例えば中国の軍事エスタブリッシュメントは、ロシアとのいっそうの交流を歓迎したのである。(9)

ロシアは現在、人民解放軍の装備刷新努力に対して先進的な軍備の新たな供給者になっている。例えば一九九四年一一月、中国は四隻のキロ級パトロール潜水艦を購入するため、ロシアと一〇億ドルの取引契約を結んだ。それは中国海軍にとって重要な装備の刷新であった。(79) 中ロ国境沿いでのもう一つの発展は、現在進行中の図們江〔韓国・朝鮮語では「豆満江」〕開発計画であるが、UNDP（国連開発計画）が中国、ロシア、北朝鮮をつなぐ国境地帯での国際貿易地域の開発計画を支持している。中国の関心は、図們江を通じて日本海に直接アクセスできるようになることである。(80)(10)

李鵬首相が指摘したように、中国にとって一九五〇年代の「古き日々」に戻ることは不可能だった。(81) 換言すれば、中国の旧ソ連・ロシアとの関係改善は、中国に米国や日本との協力関係を断念させるものではない。それどころか、これらの大国は互いに対立しあう理由よりも、協力するための理由をより多く見つけられるであろう。例えば九〇年代の初め、北京、ワシントン、東京、モスクワが、朝鮮半島、とりわけ北朝鮮の核兵器開発を禁止することで合意に達したのはその好例である。

中ロ二国間に潜在的問題がないわけではない。その一つは、ロシア極東とシベリアへの中国人不法移民である。一九九五年のロシア紙の報道によれば、九〇年代初めに二〇〇万から五〇〇万人の中国人がロシアに流出した。これは、マクロレベルではモスクワと北京との間の論争の種となる恐れがある。なぜなら、ロシア領土内にかなり大きな中国人コミュニティが存在することに、ロシア人が不安を感じるかもしれないからである。[82]

洗練された兵器の中国への売却にはロシアにも批判がある。モスクワに本部のあるロシア・中国センターの副所長、アレクセイ・ヴォスクレセンスキーは、「ロシア極東において中国の圧力を受けることになるという、こうした取引の長期的な結果」にとりわけ注意を払う必要があると強調している。「大まかに言ってアメリカ規模の経済力をもつ権威主義的な隣国が、いつの日か人口学的圧力の解決をロシア極東に見出すだろう」と彼は警告している。[83]

二一世紀を迎えてなお、北京とモスクワはまだ相手に対する政策の調整過程にある。中ロ関係の将来の発展は、中ロ双方のマクロレベルとミクロレベルで、どのようなダイナミクスの変化が起きるかに大きく左右されることになろう。

米中関係——ジグザグのパターン

米国はこの地域にはかりしれない影響力を行使してきており、米中関係について言及することは不可欠である。歴史的経緯のいくつかについては、本章に先立つ各章で論じてきた。[84] 本章では、一九九〇年代の発展のみに焦点を絞ることとする。

米中関係の進展に関しては、象徴的マクロ構造のダイナミクスの影響力を、はっきりと見て取ることができる。米中関係が近年で最も沈滞したのは、一九八九年の天安門事件以後である。当時両国はお互いをイデオロギー的脅威と見なした。二国間関係の主要な三つの領域である、政治、経済、戦略のすべての分野で深刻な停滞が生じた。

一九九〇年代初頭以降、北京とワシントンとの間で活気のある関係が徐々に取り戻されていった。九一年末の時点で北京の指導層は、ワシントンとの関係を重視していることを示唆し、さまざまな問題で深刻な対立があったにもかかわらず、ジェームズ・ベーカー国務長官の訪中を歓迎し、ベーカー訪中を「成功」と呼んだのである[85]。中国は、日本やEUと同様に米国を先端技術、資本、市場の主要な供給源と見なしてもいた。ビル・クリントン大統領は、大統領選の間は人権や不公正な貿易慣行の問題で中華人民共和国を批判してきたが、中国に対する最恵国（MFN）待遇の更新と人権問題とを切り離すという重要な決定を九四年に下し、二国間関係改善にとっての重大な障害を取り除いた[86]。

他方、台湾問題は米中の間の潜在的な紛争可能性であり続けるであろう。鄧小平がかつて訪中したアジアのある首脳に指摘したように、「台湾問題は、米中間のより良い関係の主要な障害であり、両国の危機にまで発展するかもしれないのである[87]」。

一九九五年六月、李登輝の米国への「私的訪問」を認めたクリントン大統領の決定は、北京に対する最もはっきりとした挑戦だった。米国議会はそれに先立って、李登輝に渡米ビザを認めることを支持する決議を採択していた。その決議は、上院では九七対一、下院では三六〇対〇で採択された[88]。これより前、ウォレン・クリストファー国務長官は、ワシントンは李登輝の訪米を認めないだろうと誓っていたので、北京は大統領の決定を信義の問題として捉え、ひときわ怒りを露わにしたのである[89]。以上は、政策決定過程における紛争要因、すなわち議会の行動と国務省の約束との対立がマクロレベルの構造にかなりの影響を及ぼすということの古典的事例である。

すでに述べたように、九六年三月の第三次台湾海峡危機に際して、ワシントンはインディペンデンスとニミッツを旗艦とする二つの空母艦隊を台湾近海へと派遣することで事態に強硬に対応したが、この二つの空母艦隊は、「この地域では、近年最大の米軍戦力」であった[90]。明らかに米中関係には、台湾問題をめぐって、今後とも軍事的衝突やエスカレーションの潜在的な危険性が常につきまとうであろう。

米中関係の全体像は、ミクロ・マクロリンケージモデルによって説明することができる。象徴的マクロ構造の観点から見れば、両国の国益は根本的に対立するものではない。実際、両国を一九七二年に結びつけた戦略的基盤の大半は、依然として変わっていない。北京は常に米国との関係を重視してきた。冷戦の終結とソビエト権力の崩壊に対峙することになった時期、鄧小平は対米政策を導く以下のような一六字の指示を提示した。すなわち、「増加信任（相互の信頼の増加）」、「減少麻煩（トラブルの削減）」、「増加合作（協力の増大）」、「不搞対抗（対立の回避）[91]」がそれである。この一六字の指示により九〇年代前半をとおして、北京は控えめな姿勢を保ち、米国との表立った対立を避けるよう試みてきたし、その対応は成功と論じうるものだった。

ワシントンもまた、東アジアと東南アジアの地域的な問題について、北京と協力することの重要性を一貫して認めている[92]。カンボジア問題がそうであったし、北朝鮮の核開発問題についてはそれ以上に中国の協力を必要としている。中国市場をめぐる国際競争も、米国の対中外交政策において重要な問題であった。その一例は、航空機産業である。世界三大航空機メーカーである米国のボーイング社とマクダネル・ダグラス社、そしてヨーロッパのコンソーシアムであるエアバス社が中国市場をめぐって争った際、「北京の地上は飛行機で交通渋滞」（『ファー・イースタン・エコノミック・レビュー』誌による命名）の状態にあった。航空機市場は一九九四年からの二〇年間で六六〇億ドルの潜在規模をもつと推定されていた[93]。アメリカ人にとって鮮明な記憶の一つは、九四年初め、フランス政府が台湾への将来の兵器売却を取りやめ、北京との関係修復を決定した結果、フランスはたちまち好景気に沸く中国に入り込めたことである[94]。かつてフランスは、台湾に戦闘機を売って北京から政治的・経済的報復を被ったことがあった[95]。アメリカ企業は、政治的要因のためにビジネスチャンスを逃すことを望まない。結局、中国との関係では、数多くの他の西側諸国は、経済を政治の前に置いてきたのである。二〇億ドル以上の損失が予想された貿易戦争を回避するため、著作権保護をめぐる論争に関して、九五年二月、北京とワシントンが土壇場で和解したことは、両国政府が相手に与えている重要性をはっきりと示しているように思われる[96]。経済的要因による戦略的判断も、米中関係においては重要な役割を演じ続けるに違いない。

要約するならば、現代化、ナショナリズム、リージョナリズムは、ポスト冷戦時代の中国外交政策の一般的方向として明白な裏づけをもち、胡錦濤時代においても存続し続けていくであろう。国内状況や対外環境についての北京指導層の解釈は、中国の外交政策において重要な役割を果たし続けるに違いない。例えば、もしワシントンがよきパートナーではなく中国に対する脅威として認識されるならば、また、あるいはモスクワとの連携がより広範な国際協調にとっての足かせとなりうるなら、たとえ経済的損失という代価を支払っても、中国はおそらく米国やロシアとの関係を縮小することになるであろう。

原註

（1）中国のナショナリズムは、長い間、中国外交政策研究の焦点であった。この分野でのすばらしい業績としては、Allen Whiting (1995), James Townsend (1992), Michel Oksenberg (1986/87), 'China's Confident Nartionalism' を参照。

（2）ここで使われる「リージョナリズム」という言葉を、中国国内政治における中央―地方関係と混同してはならない。

（3）例えばジョン・クーパーは、その論文のなかで中国を「二流の大国［a second-ranking power］」として描いている（Cooper, 1980: 132）。

（4）「グレーター・チャイナ」の概念には異なる定義がある。広義では、ハリー・ハーディングが述べているように、「グレーター・チャイナ」という概念は、「世界中の中国人社会の間の交流を妨げてきた政治的・行政的障壁が低くなるにつれて、彼らの相互作用が急速に増大してきたこと」を指し示している。またより狭い意味では、その概念は「もっぱら香港、マカオ、台湾、それに大陸中国にだけ」焦点を当てている。Harry Harding（1993: 660–664）を参照。例えば『ビジネス・ウィーク』誌は、「香港、台湾、大陸三者相互間の経済統合の結果、将来生まれてくるもの」として「グレーター・チャイナ」について語っている（*Business Week*, 10 October, 1988: 54–55）。

（5）中国の対香港貿易は、北米や欧州を含めた他の諸国への再輸出としての機能が大きいことに留意すべきである。

（6）'Defence,' *Far Eastern Economic Review*（9 March 1995）: 13.

（7）ibid.

（8）'Direct Investment in China Soars,' *The Japan Times*（Weekly International Edition）, 12–18 December 1994, p. 12.

(9) *The Japan Times* (Weekly International Edition), 5–11 September 1994, p. 3.

(10) 五五年体制とは、一九五五年から九三年にかけて、日本において長期間にわたって一党（自由民主党）が優位を占めた政治体制を指す。この概念を最初に提起したのは、升味準之輔である（升味「政治体制」『思想』一九六四年六月、四八〇号）。その後、この概念は、彼の英文の著作、*Postwar Politics in Japan*（1985: 329–342）で詳しく論じられている。

(11) 『人民日報』一九九二年一一月二七日、第四面。

(12) *Beijing Review*（10 April 1970）: 5.

(13) Simon Beck, ‘Jiang Presses Leaders Over One-China Policy,’ *South China Morning Post*, 15 November 1994, p. 13.

(14) ‘Tokyo Ready to Talk Defense with Beijing,’ *The Japan Times*（Weekly International Edition), 31 October–6 November 1994, p. 2.

(15) 日中平和条約交渉に関する詳細については、Robert Bedeski（1983）を参照。

(16) 釣魚島（尖閣諸島）への中国の関心についてその詳細は、Daniel Tretiak（1978）を参照。

(17) 光華寮は一九三一年に京都に建てられ、当時の中国政府が留学生の宿舎として購入した。六二年、この寮は正式に台湾政府のものとなった。北京と東京との関係正常化がなされた後、中華人民共和国がこの寮の所有権を要求し始めた。七七年、京都地方裁判所は、台湾が日本による政府承認を失ったとき、中華人民共和国がその所有権を引き継ぐことを認めた。しかし八二年、大阪高等裁判所はこれを却下し、京都地裁に再審を命じた。その結果、八六年に先の判決を覆し、台湾にとって有利な判決が下された。北京はこれに抗議したが、八七年、大阪高裁は京都地裁の判決を支持した。それ以来、この問題は論争継続中である。さらなる詳細については、Allen Whiting（1989: 152–157）を参照。

(18) ‘China May Boycott the Asian Games,’ *The Japan Times*（Weekly International Edition), 12–18 September 1994, p. 2.

(19) ‘Tokyo Sticks to One-China Policy Line,’ *The Japan Times*（Weekly International Edition), 21–27 November 1994, p. 5. また、Simon Beck, ‘Jiang Presses Leaders Over One-China Policy’ も参照。

(20) ‘Korea’s First High-Level Talks,’ *Beijing Review*, 33, 39（24–30 September 1990）: 15.

(21) 徐宝康「解決朝鮮半島核問題的良好基礎」『人民日報』一九九一年一二月一日、第六面。

(22) Nayan Chanda, ‘Lesser Evil,’ *Far Eastern Economic Review*（21 December 1995）: 17–18.

(23) Nayan Chanda, ‘Chinese Welcome North Korea’s Kim, But Relations are Subtly Changing,’ *The Asian Wall Street Journal Weekly*, 21 October 1991, pp. 24 and 26.

(24) Hu Xueze, Bing Jinhu, ‘World Situation Unstable Despite Detente,’ *Beijing Review*, 34, 2（14–20 January 1991）: 27–31.

(25) Lincoln Kaye, 'Friend in Need,' *Far Eastern Economic Review*（17 October 1991）: 14–15.

(26) 『人民日報』一九九五年一一月一六日、第一面。

(27) 'South Korea: Aircraft for China,' *Far Eastern Economic Review*（21 April 1994）: 83.

(28) Damon Darlin, 'North Korea Reverses Position on UN,' *The Asian Wall Street Journal Weekly*, 3 June 1991, pp. 18 and 23.

(29) Ted Morello, 'Veto Vanishes; Thaw Clears Way to（United Nations）Membership for Koreas,' *Far Eastern Economic Review*（5 December 1990）: 15.

(30) 『世界日報』一九九一年四月一二日、第一面。

(31) 'Li Peng on Domestic and World Issues,' *Beijing Review*, 34, 26（1–7 July 1991）: 24–29.

(32) 国連加盟に関するこの「暫定」という概念は、北京が「二つの中国」の誕生を恐れ、台湾の国連加盟に頑なに反対するのとは著しい対照をなしている。台湾の国連加盟をめぐる詳細な分析は、次節参照。

(33) Nayan Chanda, 'Seals of Disapproval,' *Far Eastern Economic Review*（31 March 1994）: 14–15.

(34) 'South Korea: Information Gap,' *Far Eastern Economic Review*（21 April 1994）: 13.

(35) 'Making Haste Slowly: Seoul, Tokyo, Play up to Beijing on North Korean Issue,' *Far Eastern Economic Review*（7 April 1994）: 16. 北朝鮮に対する中国の評価について詳細な分析は、Banning Garrett and Bonnie Glaser（1995）を参照。

(36) Shin Jae Hoon, 'Sitting on the Fence,' *Far Eastern Economic Review*（10 November 1994）: 15.

(37) 'Beijing Backs North Korea Pact,' *South China Morning Post*, 15 November 1994, p. 1.

(38) Shin Jae Hoon, 'Sitting on the Fence,' *Far Eastern Economic Review*（10 November 1994）: 15.

(39) 'North Korea Leader Pays 39th China Visit,' *Beijing Review*, 34, 41（14–20 October 1991）: 7.

(40) 安全保障上の観点から中国は統一朝鮮を望まないだろうと何人かの研究者は考えている。例えばチャルマーズ・ジョンソンは、北京は「中国、ロシア、日本の間で緩衝地帯としての役割を完全に果たすことができず、それゆえ半島に対する決定的な影響力を中国に与えている、構造的に分断化された朝鮮をより好ましく思っている」と論じている（Chalmers Johnson, 1995: 67）。

(41) 北京と台北は双方とも、台湾の地位と台湾の大陸との再統一問題を公式には国内問題と見なしているが、台湾問題は長期間の分離と主要な諸大国の介入のため、明らかに国際的な意味合いをもっている。

(42) Ted Morello, 'Hearing Problems: Taiwan's UN Feeler Quashed by Beijing,' *Far Eastern Economic Review*（6 October 1994）: 29.

(43) 一九九三年の国連総会において、七カ国が台湾に有利な草案を起草した。この七カ国すべてが中米諸国（ベリーズ、コスタリカ、エルサルバドル、グァテマラ、ホンジュラス、ニカラグア、パナマ）であった。七カ国のうち、唯一ニカラグアだけが九四年にも起草者の立場を維持していた。

(44) 'China Tells US to Stay Out or Strait.' この記事は、『ニューヨーク・タイムズ』紙、『ロサンゼルス・タイムズ』紙、AP通信社の報道から編集されたものである。*Virginian Pilot*（18 March 1996）: A 1およびA 5を参照。

(45) Thomas Friedman, 'Chinese Leadership Will Not Go Over the Brink, Right?,' *The New York Times*（14 March 1996）.

(46) Julian Baum, 'Politics is Local,' *Far Eastern Economic Review*（30 November 1995）: 14–15.

(47) 『人民日報』一九九二年一二月一六日、第一面。

(48) この戦略は許家屯の回想によって確認できる（Xu Jiatun, 1993: 561–562; 邦訳1996では未収）。彼は中国共産党中央委員会の前委員であり、海外に追放された公人のなかでは最高位に位置していた。

(49) 『文匯報』一九九四年一二月二七日、第一面。

(50) Julian Baum, 'Not So Fast: Taiwanese Investment in China Slows as Costs Rise,' *Far Eastern Economic Review*（28 July 1994）: 77.

(51) Julian Baum, 'Split Ticket,' *Far Eastern Economic Review*（15 December 1994）: 14–16.

(52) Juian Baum, 'One Party, Two Systems,' *Far Eastern Economic Review*（30 November 1995）: 18, 20.

(53) ある議論によると、「統一によって政治的多元化が導かれる」という意図せざる結果を台湾との統一は生み出すかもしれない。統一は支配政党の政治独占を打破し、さまざまな社会勢力や社会集団を統合することによって、中国の政治的多元化にとって触媒として役立つかもしれないのである。こうした推論に基づく議論については、Quansheng Zhao（1989）を参照。

(54) Julian Baum, 'The Narrowing Strait: Taipei and Peking Prepare for Unofficial Talks,' *Far Eastern Economic Review*（29 April 1993）: 13.

(55) 詳細は、Nayan Chanda, et al., 'Territorial Imperative,' *Far Eastern Economic Review* (23 February 1995): 14–16 を参照。この地域に対する中国の政策の進展については、Jie Chen（1994）を参照。

(56) 'Ramos Sets Up Territory Taskforce,' *South China Morning Post*, 23 February 1995, p. 11.

(57) Rodney Tasker, 'A Line of the Sand,' *Far Eastern Economic Review*（6 April 1995）: 14–16.

(58) 「中菲南沙争議有転機」『亜洲周刊』一九九五年八月二七日、四二―四三頁。

(59) Michael Richardson, 'China Scrambles for Oil,' *International Herald Tribune*, 3–4 June 1995, p. 9からの引用。

(60) 「ローカルな戦争」という概念については、Lee, Ngok（1991）, 管継先（1993）を参照。

(61) 次の社説を参照。'The Spratlys Spat: Much Ado About China,' *Far Eastern Economic Review* (13 April 1995): 5.

(62) 『人民日報』一九九二年一二月三日、第一面。

(63) Philippe Agret, 'Hanoi Beats the Drum to Solve Tense Border Disputes,' *Eastern Express* (25 October 1994): p. 8.

(64) 'Vietnam: Spratly Negotiations,' *Far Eastern Economic Review* (1 December 1994): 13.

(65) Bertil Lintner, 'Enter the Dragon,' *Far Eastern Economic Review* (22 December 1994): 22–24.

(66) 『文匯報』一九九四年一二月二七日、第一面。

(67) Bertil Lintner and Chiang Saen, 'River of Dreams: Chinese Emigrants Pour Down the Mekong,' *Far Eastern Economic Review* (22 December 1994): 26.

(68) 『大公報』一九九四年一二月二八日、第七面。

(69) Saritdet Marukatat, 'Vietnam in ASEAN Will Counter China's Weight,' *The Japan Times* (Weekly International Edition), 28 November–4 December 1994, p. 8.

(70) Anthony Rowley, 'In the Bloc-Hole: Kaifu to Stall on East Asian Trade Group Plan,' *Far Eastern Economic Review* (17 January 1991): 11–12.

(71) 中国と東欧との関係の変化についての情報は、Alyson Bailes (1990) を参照。

(72) 'New Great Wall,' *Far Eastern Economic Review* (7 November 1991): 8.

(73) Bertill Lintner, 'Mongols Fear Hordes: China Seems Too Close for Comfort,' *Far Eastern Economic Review* (18 May 1995): 30.

(74) Nayan Chanda, 'This Week's Sino-Vietnamese Summit Crowns the Emergence of China as the Regional Power,' *The Asian Wall Street Journal Weekly*, 4 November 1991, pp. 2, 20.

(75) 'Moscow, Meet Peking,' *The Christian Science Monitor*, 30 September 1988.

(76) 『人民日報』一九九二年一二月一九日、第一面。また、'Talks Open New Russia–China Era,' *The Virginian-Pilot and the Ledger-Star*, 19 December 1992, p. A 11を参照。

(77) Alexei Voskressenski, 'Russia's China Challenge,' *Far Eastern Economic Review* (22 June 1995): 34.

(78) Michael Specter,'Russia and China Act to Cut Arms, Widen Ties,' *The New York Times*, 4 September 1994, p. 8.

(79) 'China: Subs from Russia,' *Far Eastern Economic Review* (23 February 1995): 13.

(80) 筆者は吉林省琿春と延吉で行われた図們江開発計画の国際会議に出席し、一九九五年にその地域を視察した。

(81) 『人民日報』一九八八年九月一九日。*The Christian Science Monitor*, 19 September 1988も参照。

(82) Alexei Voskressenski, 'Russia's China Challenge,' *Far Eastern Economic Review* (22 June 1995): 34. 詳細でバランスのとれた分析としては、James Moltz (1995) を参照。モルツは、ロシア極東地域の中国人の具体的な数字については確実な概算がないと述べ、「その数についてはおよそ二〇万人から二〇〇万人以上までの開きがある」と記している (Moltz, 1995: 521)。

(83) Alexei Voskressenski, 'Russia's China Challenge.'

(84) 中国と米国、中国とソ連の関係の変遷を歴史的視点から詳細に説明したものとしては、例えばGordon Chang (1990) を参照。

(85) 'Baker's China Mission Called a Success,' *Beijing Review*, 34, 47 (25 November–1 December 1991): 7–8.

(86) 米国による中国への最恵国待遇をめぐる論争についての詳細な説明は、例えばQingshan Tan (1990), David Lampton (1994) を参照。

(87) Deng Xiaoping (鄧小平)「和平共処原則具有強大生命力」一九八四年一〇月三一日 (Deng, 1994: 102) を参照。

(88) Nigel Holloway, et al., 'Shanghaied by Taiwan,' *Far Eastern Economic Review* (1 June 1995): 14–15.

(89) Matt Forney, 'Under Fire,' *Far Eastern Economic Review* (31 August 1995): 38.

(90) Dana Priest and Judith Havemann, '2nd Carrier Group Heads to Taiwan,' *The Washington Post*, March 11, 1996. p. 1.

(91) 「中美之間失去最後的互信」『亜洲周刊』一九九五年六月一八日、七頁。

(92) 米国の対中国外交政策の進展については、Banning Garrett (1990) を参照。

(93) Nury Vittachi and Michael Westlake, 'Tribute Time: Western Aircraft Companies Woo China,' *Far Eastern Economic Review* (25 August 1994): 42.

(94) Lincoln Kaye, 'Learning to Bow,' *Far Eastern Economic Review* (27 January 1994): 12–13.

(95) 一九九一年、台湾はフランスから武装解除したラファイエット級のフリゲート艦一六隻の購入を取り決めていた。中国の抗議にもかかわらず、フランスは、のちに台湾の空軍力増強のため、六〇機のミラージュ2000–5 sを売却することに同意していた。中国は、広州のフランス領事館の閉鎖を命じ、広州市が計画していた地下鉄システムへの参入からフランス企業を閉め出した。Paul Godwin (1994: 182) を参照。

(96) Lincoln Kaye, 'Trading Rights,' *Far Eastern Economic Review* (9 March 1995): 16.

訳註

〔1〕 国防総省の研究とは、一九九五年二月に提出された米国防省の（第三次）「東アジア太平洋地域に対する米国の安全保障戦略」（当時日本では「ナイ・レポート」あるいは「ナイ・イニシアチブ」と呼んだ）のこと。同研究については、樋口廣太郎アサヒビール会長を座長とする首相の私的諮問機関「防衛問題懇談会」（細川護熙首相が「防衛計画の大綱」見直しの指針作りのために九四年二月に発足させた）が九四年八月に村山富市首相に提出した報告書『日本の安全保障と防衛力のあり方 二一世紀へ向けての展望』（通称「樋口レポート」）。草案の実質的な執筆者は渡辺昭夫・青山学院大学国際政治経済学部教授（当時）だとされる）が米国の知日派の危機感を惹起した結果という見方がある。樋口レポートでは、「多角的安全保障協力」が「日米安全保障協力」の前に置かれており、それが日本の米国離れという懸念を生んだ。その結果がナイ・イニシアチブなのだという（「安保を問う一――『続』再定義をどう見るか」『朝日新聞』一九九六年六月一四日）。他方、エズラ・ボーゲル氏は「ナイ・イニシアチブ」が九四年春からの日米安保関係者による勉強会の産物であることを、勉強会の七人のメンバーの名前を具体的に挙げながら認めている（「安保を問う一――再定義をどう見るか」『朝日新聞』一九九六年五月二二日）。

〔2〕 台湾の国会議員にあたる立法院委員の任期は三年。二〇〇一年の立法院選挙で、単独過半数には届かないものの、民進党は初めて第一党となった。国民党は一二三議席から大幅に議席を減らしたが、宋楚瑜の離党と同氏による〇〇年三月の親民党の結成が大きく影響している。親民党自身は議席を倍増させているが、国民党と親民党の議席を合わせても、九八年選挙からは減少している。外省人を主要な支持勢力とする新党は惨敗、躍進した李登輝の台湾団結連盟（台連）は陳政権支持を掲げた。

二〇〇四年一二月の立法院選挙では、同年三月の陳総統再選を受けて、民進党は議席過半数の獲得による政権安定を目指したが、民進党と台連の合計議席数は一議席増にとどまった。これに対し国民党は勝利宣言をしたが、それは親民党との協力関係を背景にして過半数を主張できるにとどまる。国民党と親民党の議席数の合計で比べれば、一議席減というのが実態であり、第一党が民進党である事実に変わりはない。民進党は〇五年五月一四日の国民大会代表選挙（国民大会は一九四八年の憲法では、総統選出権と憲法改正権を持っていたが、九四年に総統選出権を失い、〇〇年には非常設機関となり、その役割は徐々に低下してきていた。〇五年六月七日には自らの廃止を盛り込んだ憲法改正案を承認し、国民大会の廃止が決定されたため、五月の代表選挙が最後の選挙となった）でも、三〇〇議席中一二七議席を獲得し第一党の座を確保している。

右記憲法改正によって、次回の〇七年総選挙では立法院は定数一一三議席で小選挙区比例代表並立制（議員任期四年）となることになり、長期的には民進党と国民党の二大政党制に収斂していく可能性が高いと考えられる。もっとも当面のキャスティングヴォートを握っているのは親民党であり、状況しだいでは同党の動向は無視できない。実際、〇五年二月二四日には、陳総統が四年ぶりに宋親民党主席と会談して、一〇項目の政策合意を発表している。もっとも国民大会代表選挙における親民党の惨敗は、同党内の路線対立を表面化させることになった。また五月には、連戦国民党主席、宋親民党主席が相次いで訪中するなど、台湾の国内政治のアリーナでは、北京との距離の取り方がいっそうその重みを増している。連戦は〇六年四月にも国民党名誉主席として北京を訪れ国共会談を行っている。国民党も共産党も、〇八年の次期総統選挙を意識していることは確かだが、その先のベクトルにまで了解があるわけではない。もとより、この国共会談は中国政府にとっては台湾住民と国際社会、さらには米国に向けた平和攻勢としての意味を持つものであった。

〔3〕 台湾は一貫して中台間の「三通」には消極的だったが、二〇〇一年一月から、金門、馬祖両島と福建省に限定した「小三通」を解禁した。これにより、〇二年四月には金門―厦門（アモイ）間に、七月には澎湖諸島―泉州間に航路が開設された。さらに〇三年一月には中国在住台湾人ビジネスマンの春節休暇のために、台湾の中華航空のチャーター便が、香港経由ではあったが台北国際空港から上海浦東国際空港に乗り入れ、帰省客を乗せて台湾に戻った。

〔4〕 一九九四年以降の中台の対話について見ると、九五年一月三〇日江沢民国家主席が、「一つの中国」の原則に立った八項目提案を台湾に対して行った（この八項目提案で注目されたのは第四項の「平和統一に努力する。中国人は中国人を攻めない」の部分である）。これに対し四月八日、李登輝総統は「両岸分治の現実に立脚した中国統一の追求」を第一項に掲げた六項目提案を発表した。このやりとりは双方の原則的な立場の表明を越えるものではなく、充分にかみ合っていたわけではないが、ともかくも双方の関係にはさしたる緊張はなく対話は継続されていた。この状況を打ち破ったのは、同年六月の李登輝総統の米国非公式訪問であり、その直後に中国が台湾海峡で実施

訳註 表7-1：台湾立法院選挙の議席数（1992-2004）

	国民党	親民党	新党	民進党	台連	その他	議席数
1992	102	−	−	50	−	9	161
1995	85	−	21	54	−	4	164
1998	123	−	11	70	−	21	225
2001	68	46	1	87	13	10	225
2004	79	34	1	89	12	10	225

＊1. 新党は1993年8月結成，95年の改選前議席は7.

＊2. 議席数は1998年から61増.

＊3. 親民党は2000年3月結成，01年の改選前議席は20.

＊4. 台湾団結連盟（台連）は2001年8月結成，01年の改選前議席は1.

(共同通信社『世界年鑑1993』，『朝日新聞』1995年12月2日，『世界年鑑1996』，『新潟日報』2001年12月3日，中川昌郎『台湾をみつめる眼Ⅱ』田畑書店，1995,『世界年鑑2005』より作成).

したミサイル演習である。中国の軍事演習は翌年三月の台湾総統選挙に向けて三波にわたって実施された。五四年、五八年に続いて、第三次台湾海峡危機と呼ばれる。

その後、一九九八年一〇月には台湾の海峡交流基金会の辜振甫理事長が中国を訪問、一八日には江沢民国家主席と会談を行った。この際、辜振甫は中国の海峡両岸関係協会の汪道涵会長に翌年の台湾訪問を提案した。しかし、九九年七月に李登輝総統が二国論を発表したこととあいまって、この答礼訪問は実現しなかった。李登輝の二国論については、九八年六月にクリントンが上海で「三つのノー」について言及し、中国寄りの姿勢を示したことに対するリアクションだという見方もある。二〇〇〇年の陳水扁総統就任以降の中台関係については、本書第九章を参照されたい。

〔5〕 当初、カンボジアの加盟は一九九七年に予定されていたが、同年七月五日にプノンペンでラナリット派とフンセン派の部隊が武力衝突を起こす事件があり、同月に開かれたASEAN関係会議ではカンボジアの加盟延期が決定された。なお、本書ではビルマの国名について「ミャンマー」表記は使用せずに「ビルマ」に記載を統一してある。原著が**Burma**を使用し、**Myanmar**を用いていないためである。

〔6〕 その後一九九八年一〇月から九九年一月にかけて中国政府が最初の建造物を永久施設に建て替えたことから、この地域は再度緊張の度を高めた。しかし、二度目のミスチーフ礁事件は、それほど大きな注目を集めなくなっている。そこには九七年の東南アジア金融危機や九六年の第三次台湾海峡危機も少なからず影響してはいるが、なにより台湾、ブルネイを除く実質的な中国との係争国であるフィリピン、ヴェトナム、マレーシアの間に南沙諸島問題をめぐる相互の確執と温度差があることに由来している。九〇年代末の状況では、ASEAN諸国のなかでフィリピンと他の国々との姿勢の違いが表面化しつつあった。フィリピンは孤立しつつあったとさえいえるかもしれない。二〇〇〇年一月から米比間で大規模な合同軍事演習が再開されたが、ここには中国に対抗しようというフィリピンの思惑と、九八年のミスチーフ礁事件以後に顕著となった米国の対中牽制の意図を見ることも可能である。もっとも、米国は他国の領土紛争には係らない立場であり、その関与は「航行の自由」の確保に限定されていると考えられる(参考とした論著:佐藤考一「地域紛争とASEANの機能」『転換期のASEAN』山影進編、日本国際問題研究所、二〇〇一。平松茂雄『中国の戦略的海洋進出』勁草書房、二〇〇二)。

ASEANと中国は二〇〇二年一一月の首脳会議で「南シナ海行動宣言」に調印したが、内容的には各国の占有の現状を変更しないものになっており、また名称が示すとおりその規範性にも多くは期待できない。ASEAN諸国が足並みの乱れと各国それぞれの思惑から中国に対して実効性のある対応をできない一方で、中国の立場と政策は明瞭である。中国は南シナ海に対する自己の主権を前提としたうえで、係争点は二国間協議で解決する(多国間協議には与しない)という原則を崩さず、「航行の自由」の原則を維持することで米国の干渉を封じ込め、圧倒的な海軍力を背景に占有地の実効支配を確実に進行させせている（参考とした資料：共同通信社『世界年鑑二〇〇四』）。

〔7〕中国とヴェトナムの国境交渉は、その後も継続され、一九九九年一二月三〇日、中越陸上国境協定、二〇〇〇年一二月二五日にトンキン湾の海上国境に関する協定が締結され、両国間の国境画定交渉は終了した（参考とした資料：共同通信社『世界年鑑二〇〇〇』、『世界年鑑二〇〇一』）。

〔8〕一九九〇年一二月、マハティール首相は「東アジア経済圏（EAEG）」構想を発表した。しかしメンバーに予定されていなかった米国が猛反発（米国の政策は「アジア太平洋経済協力」（APEC）の強化へと収斂していく）、日本も米国への配慮から消極的な態度をみせた。EAEGはその後「東アジア経済会議」（EAEC）にトーンダウンし、九三年のASEAN年次閣僚会議（一般に「定期外相会議」と訳される）でAPEC内部の機関と規定されるに至る。九四年の年次閣僚会議では当時のASEAN構成六カ国に日・中・韓の三カ国外相が加わり、ASEAN＋3の最初の外相会議が開催された。ASEAN創設三〇周年を記念する九七年の非公式首脳会議の際には、会議終了後ASEAN加盟九カ国に日・中・韓の三カ国の首脳が加わり、ASEAN＋3の初の首脳会議が開催された。九九年一一月のマニラでのASEAN＋3の首脳会議終了後にはASEAN＋3としては初めての「東アジアにおける協力に関する共同声明」が出された（また、この折り初めての日・中・韓の三カ国だけによる首脳会談が行われた）。ASEAN諸国は九七年の金融危機以降急速に日中韓との結束を求めるようになった。二〇〇二年になると、ASEAN＋3の主導権をめぐって日本と中国との主導権争いがささやかれるようになってくる。〇四年七月一日にジャカルタで開かれたASEAN＋3外相会議は、将来の東アジア共同体づくりに向けて協力関係をいっそう強化するとの議長声明を発表して終了した。

このように、ASEAN＋3の延長線上に「東アジア共同体」が構想されている。実質の内容はさておき、東アジア共同体はともかく言葉だけの議論を一歩越えつつあるが、構成メンバーから考えてこの構想の出発点がマハティールのEAEGにあったことは指摘しておくべきであろう。二〇〇五年になると、一二月に予定された東アジアサミットをにらんで、共同体の枠組みを一三カ国と構想する中国と、インド・オーストラリア・ニュージーランドを加えた一六カ国とする日本やインドの構想との間での確執が目立つようになった。一二月一二日のASEAN＋3首脳会議および一四日の東アジアサミットの共同声明を比較する限り、一三カ国の枠組みに比重があるように思われるが、今後の行方はなお曲折が予想される。東京と北京の主導権争いがあるとすれば、それは条件の未成熟を物語るものかも知れない。EUの本部がパリでもベルリンでもなく、ブリュッセルに置かれていることの重さが想起される。

(9) 中ロ関係はその後、一九九七年に大きく前進した。四月二三日にモスクワで開かれた首脳会議では、「世界の多極化と国際新秩序に関する共同宣言」に調印し、米国の一極支配構造を牽制した。八月二七日、中ロは、軍事技術協力覚書とロシア製武器の対中輸出契約に調印、一一月一〇日には北京で中ロ首脳会談を行い、東部国境線の画定作業終了を盛り込んだ共同声明に調印した。中ロの東部国境画定は帝政ロシア時代以来初めてだとされる。二〇〇一年七月一六日には、八〇年に失効した中ソ友好同盟相互援助条約に代わるものとして中ロ善隣友好協力条約が調印された。中ロの関係は地域的な安定の維持についての協力、いわば戦術的関係については強い一致があり、例えば上海協力機構(旧・上海ファイブ)を通じた中央アジアの安定の維持やテロ勢力との闘いについて、両者は力強い結束を見せている。また、朝鮮半島の非核化についても六カ国協議の推進に双方とも協力的である。他方、グローバルな、戦略的レベルでは、利害が一致する場合においては、対米牽制という意味での協調行動がとられることがある。例えば米本土ミサイル防衛(NMD)に反対した〇〇年七月のプーチン訪中の折りの北京宣言や、ABM条約堅持を明記した(中ロ善隣友好協力条約調印の際の)〇一年七月の共同声明、あるいはイラク戦争に対する慎重姿勢などでは一致した姿勢が見られる。もとより米国との個別的関係が優先する場合にはこの限りではない。また、経済的利害においては必ずしも協調的ではなく、東シベリアからの石油パイプライン建設ルートの建設問題でのロシアの姿勢は、決して一方的な対中配慮に彩られているわけではない(参考とした資料:共同通信社『世界年鑑一九九八』、『世界年鑑二〇〇二』)。

(10) 国連主体のこの計画は一時大ブームを巻き起こしたが、その後の北朝鮮情勢の激変や、ロシアの経済的混乱などもあり停滞している。他方、中国は一九九二年に琿春市を国境開放都市に指定し、インフラ整備や制度面での優遇策を独自に進めてきた。その結果、「『高いビルなど一つもなかった』人口五万人足らずの寒村は二十万人余りの都市へと変ぼう。国際都市の表情を見せ始めていた」(「動き出す図們江(上)」『新潟日報』二〇〇三年一〇月三〇日)という。中国側に限ってみれば、この地域は胡錦濤新政権の東北振興策と密接に結びついている。国際的な開発計画の難しさを論じたものとして、丁斗「図們江和瀾滄江―湄公河増長三角――次区域経済合作的一種研究」(『戦略与管理分析論文集』一九九八年三月)。図們江開発の現状と課題については『北東アジア経済白書二〇〇三』(ERINA、新潟日報事業社、二〇〇三)に簡潔な分析がある。

第八章　政策選択と新たな研究アジェンダ

一九四九年の中華人民共和国建国以降の中国外交政策をめぐって本書で行った回顧と考察は、中国が革命政権からポスト革命期の国家へと変容していった歩みをたどり、その変容の中身を明らかにするものであった。私たちは以下の諸点を検討してきた。すなわち、この根本的な変化が中国の対外行動パターンにどのように影響してきたのか、また国際的、国内的、個人的な各レベルにおいて、これらの対外行動パターンにはどのようなルーツがあるのか、そしてこれらのルーツが政策決定者の政策選択にどのように影響を与えてきたのか、である。ミクロの政策決定とマクロ構造の三つの次元――**象徴的**、**制度的**、**権力／体制をめぐる**――との相互作用を強調することによって、本書では中国外交政策の政策決定者の選択および選択肢に影響を及ぼす多様な変数間の関連性を考察してきた。このアプローチは、分析のための学際的な枠組みを提供し、政策決定過程だけでなく、中国の外交政策とその主要な特徴や将来の方向性について、いっそうの理解を促進するであろう。

またこのアプローチによって、各要因間のリンケージのみならず、個々の要因それぞれの重要性も同時に認識することができる。それは、ミクロレベルとマクロレベルの諸要因間の相互作用こそが中国外交政策の形成にとって決定的であるということ、そして中国外交政策の内的メカニズムを考察し把握するためには、ミクロ・マクロリンケージアプローチを適用する必要があるということを示しているのである。

革命と**現代化**、**垂直的権威主義**と**水平的権威主義**、**厳格性**と**柔軟性**という三つの対句は、中国外交政策のダイナミクスの変化を理解し解釈するための有効な概念上の道具である。これらの概念はそれぞれ、中国の対外行動パターンのある側面を説明するために使うことができる。

過去五〇数年間、北京はその外交政策の選択にあたって厳格性と柔軟性を独特なかたちで組み合わせてきた。ほとんどの国家が外交政策行動上、柔軟性と厳格性を見せるものである。けれどもルシアン・パイが「政治的レトリックの中国スタイル」と呼んだように、中国の外交政策には、特に、二重性という特徴が見られる（Pye, 1981: 28）。北京の政策は、一方では「硬直的で歪んだ」、あるいは「柔軟性に欠け」危険なほどイデオロギー的であると見なされるかもしれない（Hunt, 1984: 5）。しかし他方で中国の外交政策は、ハリー・ハーディングによって「成長しつつある柔軟性とプラグマティズム」をそのうちに含むものと表現されてきた（Harding, 1987: 243）。厳格性と柔軟性のこの二重性は、「原則は堅持するが戦術は柔軟に」と要約されてきた（S. Kim, 1989b: 123）。第五章で指摘したように、中国外交政策のこの二重性は、ミクロ・マクロリンケージモデルによって解釈することができる。それというのも、このモデルは政策決定者が直面せざるをえないマクロ構造の三つの次元におけるダイナミクスの変化に焦点を当てているからである。

中国外交政策の選択

ある国の外交政策とその選択の特徴を予測するのは、いつも非常に危険なことだが、中国外交政策の近年の全般的な傾向、すなわち現代化、ナショナリズム、リージョナリズムは明白であり、胡錦濤時代においても継続されていくことであろう。

これまでの各章からいくつかの結論を導くことができる。第一に、象徴的マクロ構造における変化は、ミクロレベルでの内的・外的環境の解釈に対して決定的な影響をもち、このミクロレベルの解釈は外交政策の優先順位の変化をもたらすであろう。換言すれば、外交政策上の諸問題について「理念はロード・マップとして機能するのである」（Goldstein and Keohane, 1993: 12）。ベルンハルト・ギーセンが主張するように、「象徴的マクロ構造は、ミクロ社会的な相互作用過程に関連してその説明の際に浮き彫りにされうるが、他方、実践的マクロ構造はそうではない」(Giesen, 1987: 351)。私たちが第二部で証明したように、象徴的マクロ構造における重要な方向づけの変化は、中国外交政策において根本的かつ戦略的な変化を生み出すように思われる。例えば毛沢東のもとでの「閉鎖的」政策から鄧小平指導下の「開放的」政策への転換のように。

第二に、例えば兵器取引のように、中国外交政策における戦術的な変化は、制度的マクロ構造のダイナミクスに支配されているように見える。そして制度的マクロ構造は、政治行動の規則や規範、あるいは政策決定過程のメカニズムに直接影響を及ぼす。さらに制度的マクロ構造は、象徴的マクロ構造レベルにおける変化によっても影響される。例えば第四章で論じたように、中国外交政策の形成に参加する範囲や程度の拡大は、たんに制度上の調整というだけではなく、中国政治システムにおける基本的信念の変化をも反映しているのである。

第三に、体制の正統性と国内の権力政治に対する関心は、具体的な外交政策上の諸問題において決定的な要因となるかもしれない。こうした考慮は、ときには目に見えないかたちで外交政策の戦略、戦術、行動パターンに影響を及ぼす傾向がある。

最後に、マクロ的現実の三次元が織りあわさって生み出される見取り図によって、より多くの選択肢とさまざまな回路の可能性が開かれ、政策決定者たちはその選択肢と回路をとおして自らの選好を考慮し、選択を行う。外交政策の専門家たちにとって、最優先課題の一つは、政策決定者の眼前にある複数の機会と回路を発見し、検討することである。同時に、これら利用可能な選択の幅は状況しだいであり、事例ごとに変化するので、ある国の外交政策の研究とは、終わりのない実践を意味することになる。

現代化に邁進することが、北京にとって今後も依然として最優先の目標であり続けるのは確かであろう。鄧小平の「改革と開放」政策は、いつも順調に進展してきたわけではない。それでも一九九〇年代前半の江沢民を中心とした北京の指導部は、八九年の天安門事件以後、西側による制裁と政治的不安定によって引き起こされたような経済の低成長期は、一時的なものに過ぎないと確信していたように思われる。九〇年代初めと半ばにおいて、中国は政治的には比較的安定しており、経済的には活況を呈していた。アジア開発銀行によれば、中国経済は九一年には七%、九二年には一二%で成長し、低調の世界経済のなかにあって「例外的な強さ」をもっていた。[1]「世紀の変わり目までの中国の経済成長が、八〇年から九三年までに達成された年平均九%の拡大に匹敵すること」は十分にありえた[2] (Lardy, 1994: 18–22)。九二年一〇月の中国共産党第一四回党大会と九五年春の全国人民代表大会での鄧小平の改革政策の確認は、ポスト鄧小平時代においても改革・開放政策を継続するという北京の意思表示であったが、実際に中国は二〇〇二年まで毎年七%以上の成長率を維持したのである。[1]

第三章で論じたように、学習は外交政策の優先順位に変化をもたらす主要な触媒作用の一つである。一般的に述べれば、確かに開放的システムよりも、旧ソ連や中国のような閉鎖的システムのほうが、学習への障害はいっそう大きなものとなる[3] (Ziegler, 1993: 13)。しかし毛沢東時代と鄧小平時代との変化を考察するならば、文化大革命という苦い経験を考慮しなければならない。文革については、指導者層のみならず人民の間でも「二度とごめんだ」という共通認識がもたれている。そのため急進的な革命思想は、もはや人々の心を惹きつけることがなく、代わりに市場経済化の推進が今のところ広範囲の支持を獲得している。加えて鄧小平によって着手された改革・開放政策は、第四章で分析したように、中国の政策決定構造を垂直的権威主義から水平的権威主義へと徐々に移行させている。鄧小平の政策を後押しするこれらの力はますます強くなっており、主要なものは以下のとおりである。(1)経済発展と現代化の努力に対する多くの支持者と受益者。(2)エリートたちのなかに現れてきた技術官僚。(3)革命世代の退場。(4)外の世界に対する中国の開放。そして(5)外交政策決定の多様性と複雑性の大幅な拡大。

鄧小平の後継をめぐる闘争は確かにすさまじかった(権力闘争では、一九九二年の第一四回党大会における楊尚昆、楊白冰兄弟の軍トップからの解任、九五年の北京市党委員会書記兼政治局員陳希同の追放がとりわけ目につく)が、垂直的権威主義から水平的権威主義への移行は継続し、そのことによって政治的なインプットや利害が中国外交政策の形成において確実に考慮されるようになってきている。

中国外交政策の最優先事項は、ロバート・サッターが述べているように、「効果的な現代化と発展に必要とされる安定した環境のプラグマティックな追求」であり続けるであろう（Sutter, 1988: 206）。またドナルド・ザゴリアも、次のようにこの点を表現している。すなわち中国の外交政策は、「中国経済を現代化させようという強力な願望と平和的国際環境を維持する必要性とに従属し続けるであろう」（Zagoria, 1991: 11）。

もっとも、中国の今後の発展の全般的な方向が経済の現代化と政治参加の拡大に向かうものだとしても、中国の将来の発展が中国が過去に経験してきたようなジグザグ・パターンをたどることはありえないことではない。プラグマティックで経済的に方向づけられた外交政策は、中国が対外紛争を解決するために軍事力を行使しなくなることを完全に保証するものではない。これまでの章で確認してきたように、対外的にも対内的にも体制の正統性とその生き残りが、中華人民共和国の政策決定上の計算においてはいつも最優先事項となってきた。天安門事件に際して、北京は改革派の指導者のもとで自国の人民を鎮圧するために軍事力を行使することを躊躇しなかった。すなわち軍事力という選択肢は、改革の拡大という理由だけで排除されるものではないのである。

国内的には、ナショナリズムが中国の現代化の努力の背後にある推進力の一つとなってきた。例えば、強力なナショナリスト的発言をする何人かのエリート知識人は、北京の指導者サークルでその影響力を増大させている(4)。支配エリート内部における権力政治が、外交政策を形成する政策決定者にとってひときわ重要な要因であり続けるのは確実であろう。したがって台湾問題（とりわけその独立）や南シナ海の島々をめぐる東南アジア諸国との紛争、あるいは釣魚島（尖閣諸島）をめぐる日本との紛争のようなきわめて敏感な問題は、国内の権力闘争に発展しうる潜在領域である。その潜在的可能性が、外交手段と軍事力行使の双方を含むさまざまな政策選択へと北京の指導部を導くのである。**台独**（台湾の独立）への北京の断固たる反対はその好例である。中国の指導者なら誰でも、保守派であろうと改革派であろうと、この問題で屈服して、**歴史罪人**、すなわち「歴史によって断罪された人物」に成り下がることに耐えられるわけがない。

この点については、香港返還に関する中英共同声明の二年前の一九八二年に、鄧小平が行った思慮深い発言から類推するのが興味深い。八九年まで新華社香港支社長であった許家屯の回顧録によれば、当時の英国首相マーガレット・サッチャーとの会談において、香港における中国の主権について、鄧小平の立場はまったく妥協の余地のないものであった（Xu, Jiatun, 1993: 84-87）。サッチャーに対して、鄧小平は交渉の結果がどうであろうとも中国は必ず香港を回収すると語った。必要とあらば、中国は非平和的手段を用いてでもこの問題を解決するという意思が、鄧小平のこの言葉には明らかに含まれていたのである。

もし一九九七年に香港を回収することに中国が失敗したとしたら、「いかなる中国の指導者も政府も、中国人民に対してこの失敗を弁明することなどできない」と鄧小平は主張した。「香港回収の失敗は、現在の中国政府が末期の清王朝であり、現在の中国の指導者たちが李鴻章であることを示すことになる」と鄧小平はさら強調している[5]。末期の清王朝は、アヘン戦争に始まる中国近代史における外交政策の失敗と屈辱に責任がある。李鴻章は外国とのいくつもの不平等条約の調印を統轄した。これらの条約の条項のもとで中国は主権を放棄し、（台湾を日本へ譲渡したように）領土を割譲し、そして賠償金を支払ったのである[6]。北京の政治指導者が誰であろうとも、もし軍事力行使を含む全面的な闘争もなしに台湾を手放したとすれば（李鴻章に対するのと）同様の譴責にさらされることになるであろう。「現代の李鴻章」[7]とされることを政治的に甘受できる中国の指導者など一人もいないのである。台湾がいったん独立を宣言すれば、中国本土から軍事侵略を受けるという内容の台湾でベストセラーとなった扇動的なスリラー小説『一九九五年閏八月——中国の台湾への武力侵攻』[8]は、それほど荒唐無稽なものではないのかもしれない。鄧小平が繰り返し強調しているように、「われわれは（**台独**に対して）軍事力行使を排除することはできない。このことは、われわれが心に留めておかなければならないことであり、次世代の指導者も心に留めておかなければならないことなのである」[9]。**台独**の情勢に直面したときには、北京の政策決定者の選択は、実際のところきわめて制約されたものとなるであろう。

だが他方で、台湾の政治情勢が以前に比べてずっと複雑であることを、北京は十分にわきまえている。北京からの訪台者のなかでは最高位の高官であった唐樹備が、一九九四年八月に台湾を訪問したとき、中国の現代化は台湾統一前に達成されなければならないという最高権力者鄧小平の発言を引き合いに出した。[10] この鄧小平の発言には、二つのメッセージが込められている。第一に、台湾の統一については、その過程を延長しなければならないことを北京が意識し辛抱強さの必要を認めたということ。第二に、中華人民共和国は、台湾問題が現代化の推進に対して障害とならないよう努力しているということである。

天安門事件後の米国との不安定な関係に対応するために、北京は将来のいかなる不利な発展にも備えられる、リージョナリズムを中核とする多方向戦略を発展させた。米国との関係を一九八九年以前の水準にまで戻そうと懸命に試みる一方で、中国は三つの方向で策略を練りあげた。

第一に、第七章で論じたように、台湾、香港、マカオというグレーター・チャイナの他の部分との関係のみならず、日本、韓国、ASEAN〔当時は六カ国〕、ビルマといった資本主義経済との関係を発展させることによって、中国は東アジアと東南アジアの地域的な諸問題に対する自らの影響力を拡大させていった。

第二に、中国はヴェトナムや北朝鮮というアジアの他の二つの社会主義国や、ロシア、モンゴルという旧社会主義国である二つの隣国との関係を改善あるいは強化した。一九九五年一一月末から一二月初めの一週間、江沢民はヴェトナム共産党のド・ムオイ書記長とキューバのフィデル・カストロ議長の二人を北京に招待した。[11] 中国はまた中央アジアにおける自らの足場固めも行った。九四年五月、李鵬は旧ソ連を構成した中央アジアの共和国であるトルクメニスタン、ウズベキスタン、カザフスタン、キルギスタンを歴訪し、この地域における北京の立場をさらに高めた。[12] 万が一国内と国外の風潮が変化すれば、政治的、経済的自由化を求める西側からの圧力に対抗するために、中国、北朝鮮、ヴェトナムによって構成される非公式のアジア社会主義国同盟の設立に中国が向かう選択肢も当時はありえなかったわけではない。

最後に北京は、（米国に加えて）日本や西欧諸国のような先進工業国との協力関係を絶え間なく発展させている。第六章と第七章で論じたように、中国は常に日本との関係の発展を重視し続けてきた。北京―東京間の関係の安定こそは、当時と今ではニュアンスに違いこそあれ、東アジアの地域的安定にとって重要な鍵であり続けている。北京はまた一九九〇年代の初めから、欧州諸国との友好関係も維持しようと努めてきた。このことは、ＥＵの貿易問題担当理事であるレオン・ブリタンが九四年一一月に北京を訪問したことによってもはっきりと見て取れる。この訪問でブリタンは、中国のＷＴＯ加盟問題について、より強硬な米国の立場とは異なる態度を示したのである。(13)

北京の指導層は世界的な諸問題への対応にいっそう自信をもつようになっており、そのことで中国はより断固とした行動を示すことができるようになっている。もし中国の政権が、米国やロシア、日本からの脅威にあまりさらされていないと判断するならば、国際的な諸問題についていっそう協力的になり、アウトサイダーや挑戦者というよりはむしろ、インサイダーや協力者として行動するようになるであろう。ハリー・ハーディングが論じているように、毛沢東時代には中国の協力関係は選択的で気紛れであったのに対し、鄧小平時代の中国はより広範な国家や国際機構と協力関係を創り出そうとしている（Harding, 1994: 399）。もちろん世界が脅威に満ちたものとして把握されるならば、国家安全保障上の考慮と体制の生き残りの問題が中国外交政策において最優先事項となり、北京が極端な方向へと押しやられる可能性も排除できない。(14)

これから先も中国は世界的野心を抱く地域大国であり続けるであろう。世界的な問題では中国は世界で主流となる意見に従いつつも、独立した外交政策の推進を目指し続けることであろう。もっとも、チベット、内蒙古、新疆など、国境地域に沿った少数民族地域では、エスニックな面で潜在的な不安定を抱えており、北京はこれらの地域だけでなく、隣接する国々に対しても細かな注意を払わなければならない。例えば新疆でのイスラム原理主義の拡大に対する懸念から、北京は一九九二年から九五年まで、アフガニスタンやタジキスタンにも近い、新疆とパキスタンとをつなぐ連絡路であるカラコルム・ハイウェーを閉鎖した。(15) 独立した外交政策という概念は、中国にとって南北問題に関していっそう有用であろう。第三世界のなかで主導的な役割を担うこと、そして先進諸国との関係においては第三世界を代表してさらに独立的な役割を演じることを中国は望んでいる。国連安全保障理事会における唯一の第三世界国家として、中国はある場合には他の大国の政策に従うが、ある場合には第三世界の利益の保護者としても行動するであろう。

中国国内の風潮は外交政策にとって決定的な変数である。ルシアン・パイによれば、中国の独特な国家―社会関係は、「特殊な政治的リズムの一因となっている」(Pye, 1992: 254-255)。指導層の権力闘争は、「西側におけるような左派と右派、あるいはリベラルと保守派との間の振り子の動きだけではなく、集権化と分権化、あるいは社会に対する国家の浸透の締付けと緩和という上下の動きも」生み出してきた。この「上下」あるいは「締付けと緩和」の動きは、国内政治における指導層の重大な変化が中国外交政策の方向性や戦略の変化を引き起こしうるという事実と一致している。例えば、毛沢東指導下の「閉鎖的」政策から鄧小平指導下の「開放的」政策への転換がその一例である。一般的に述べれば、国内の風潮が「下」であるか「緩和」しているときには、北京はその対外行動に柔軟性を見せるのに対し、「上」ないし「締付け」のときには、より硬直的な姿勢を示すように思われる。どちらの動きも、北京の政策アジェンダに異なった優先順位を生み出すのである。

逆説的な言い方だが、共産主義の衰退は、数多くの領域で中国の外交政策をよりいっそう柔軟なものとした。同時にまた、ナショナリズムは中国外交政策に影響し続けるであろうし、中国の国家的統一性と国益の擁護によって、領土関連の諸問題は外交政策上の論争の一要因となるかもしれない。釣魚島(尖閣諸島)をめぐる日本との紛争や、南シナ海の島々をめぐるヴェトナム、マレーシア、フィリピンとの紛争のような領有権の争いが、国際紛争の原因となるかもしれないのである。[2]

最後に総括して述べれば、中国の外交政策上の行動は、柔軟性と厳格性との混合であり続け、そのバランスは以下の要因にしたがって変化するであろう。すなわち権力政治のダイナミクスの変化（権力／体制マクロ構造）、変動する国際的・国内的環境に対する北京指導部の認識（象徴的マクロ構造）、そして外交政策上の諸問題に対する官僚的、社会的利害の関与の増大（制度的マクロ構造）である。

他国は中国とどう接するべきか

中華人民共和国と接するための第一歩は、その外交政策の個々の部分を支える基本的な要因が検討されるべきだということである。本書で展開されたミクロ・マクロリンケージアプローチは、中国外交政策上の諸問題の全般的な背景と基本的方向を把握し、さらに制度的変化や体制の正統性、権力政治の役割と影響を理解するうえで役立つことが証明されるであろう。

例えば、次のように自問してみることができるであろう。ある特定の政策は安全保障に係る政治的考慮に基づいているのか。あるいは経済的利益こそが第一の動機なのか。国内の権力闘争こそが対外政策の真の理由なのだろうか。さまざまなマクロ構造（象徴的、制度的、権力／体制をめぐる）に対応した種々異なる動機が、政策選択の異なる組み合わせを提起するのである。例えば、北京は、台湾のアジア開発銀行のメンバー資格といった経済問題を処理するときには、**台独**のような政治的・国家的問題が係っているときと比べて、普通は自発的といっていいほどに柔軟である。

中国の外交政策上の行動をより正確に解釈するうえでのリンケージモデルの優位性は、一九五八年の中国による金門島への大規模な砲撃の事例によって証明される。金門島と馬祖島は、福建省の沿海に位置し、台湾の軍隊が依然として駐屯している地域である（第三章参照）。このときの北京は、台湾までも占拠しようとしているという見方もあった。けれども、意思決定のミクロレベル、すなわち毛沢東自身の思考を深く検討するならば、そこからは異なった構図が見えてくるのである。最近出版されたいくつかの回顧録によれば、この軍事行動の背景には、少なくとも以下の四つの要因が存在していた。

第一に、毛沢東はこの砲撃によって、米ソ間の緊張緩和を意図するフルシチョフに挑戦しようとした。この軍事行動は米中ソによる現実の戦略トライアングルについての認識を強化し、トライアングル内での中国の決定的な役割を承認させようとしたものである。毛沢東は、これらの島々（金門島、馬祖島）こそが「フルシチョフとアイゼンハワーを躍らせておける二本の指揮棒である」と信じていた。

第二に、毛沢東は金門島を砲撃することで、台湾を防衛するために米国がどこまでするかを見定めようとした。当時の毛沢東は、米国が福建省に原爆を落とす可能性に備えてさえいたのである。

第三に、毛沢東は中国最高指導部の「内部統一」の維持を助ける外圧として台湾問題を機能させ、自分のために利用した。「外部からの圧力が除かれたならば、国内の争いが勃発してしまう」と彼自身述べている。

第四に、この時期の毛沢東は、本気で両島を奪回して問題を解決しようとしていたというよりも、むしろ緊張状態を維持しようとしていた。毛沢東は、この両島を中国と台湾との連接環と見なしており、この連接が切れれば台湾はいっそう容易に独立に向かってしまうであろうと考えていたのである（Z. Li, 1994: 270-271, 262）。したがって毛沢東にとっては、金門島砲撃はたんに対台湾および両岸情勢のための行動だったのではない。それは、国内政治という場で、さらに世界政治といういっそう大きな舞台で、彼が演じていたゲームの一つでもあったのである。中国の対外行動の背後にある実際の動機は、人々がもともと思い描いていたものとはまったく異なっていたと結論づけることができそうである。

一九四九年の共産党の勝利後、ただちに香港の回収を行わないという北京の決定の背後にも類似の考慮があった。一九五一年に周恩来は、香港の将来について新華社香港支社長と内輪の会談をもった。この会談のなかで周恩来は、香港を回収しないという決定は、「領土と主権の原則という偏狭な思考」によるものではなく、むしろ次のような国際的・戦略的な考慮に基づくものであると主張した。すなわち「（一定期間は）英国に香港を管理させるほうが望ましく、そうすることで、米国によって指導される西側陣営が中国に課している外交的孤立化と経済制裁に対抗して戦う、われわれの統一戦線を拡大するために、米国と英国との間の（中国政策という意味での）相違を、われわれは完全に利用することができるのである」（Xu, Jiatun, 1993: 472-475; 邦訳1996では未収）。

中国外交政策の決定の背後にある内的考慮と外的考慮の複雑な様相を理解することは、当事者ではない観察者にとっては往々にして長い時間を要するものである。したがって忍耐と非正式チャンネルが、北京と接触するときには二つの重要な要素となる。中国は大多数の国と比べると、世界に対してきわめて長期的な視点をもっている。つまり北京は待つことができると信じており、しばしば緩慢で慎重な行動をとるのである。北京にとって、不屈と忍耐とは、実りある交渉に到達するための掛け替えのない資産なのである。非正式の接触も同じように役に立つ。舞台裏の交渉と非正式なチャンネルや接触は、中国と真正面から対決するよりは、しばしばはるかに有効なやり方である。正面からの対立は、甘受できないほどにその面子を潰すような仕方で中国を脅迫することになったり、あるいは中国の主権に対する挑戦に見えるかもしれず、それは結局、中国を非柔軟性に追いやることになる。

ただし、用心深さを行動しないことと取り違えてはならない。穏やかな外圧によって、中国の指導層は、国際的批判や国内的要求に対しより敏感になるであろう。外圧はまた北京がその行動においてよりプラグマティックでより非硬直的に行動することを促すかもしれない。もっとも、外圧が用いられるときには、それは中国国内の雰囲気と一致するように慎重に計算されたものである必要がある。外圧があまりにも強烈で、外部からの批判があまりにも粗暴であるときには、結果は意図とは逆のものになり、中国国内でナショナリズムや反西側感情を引き起こすに違いない。そうなれば、中国は外部世界とのチャンネルを狭めたり、あるいは閉ざすことさえありうるのである。

例えば、米国が一九九五年六月に台湾の李登輝総統の米国訪問を許可する決定をしたことは、新たに企てられた中国への外圧として広く受け取られた。そこで北京は迅速かつ苛烈な反応を示したのである。この中国の反応に対しては、二つの異なる評価が存在する。

一つの見方は、「関係の主要部分では変化はまったくない」という米国のある外交官の言葉に現れている。あるいはアメリカの一実業家が見なすように、「これが政治ってものであり、政治的レトリックなのさ」ということであり、ビジネスは今後もこれまでどおり続けられるのである。[16] 駐北京米国大使と駐台北米国代表を歴任したジェームズ・リリーもまた、「重大な結果」などという北京の脅しを信じていない。リリーは、ジョージ・ブッシュ〔シニア〕大統領によるF-16戦闘機の台湾への売却や、クリントン政権による閣僚の台湾派遣などを引きあいに出しながら、これまでの北京の警告は見せかけでしかないと主張している。[17]

もう一つの見方は、この問題についてまったく異なった捉え方をしている。この事件は両国間における相互信頼の基盤となる最後の一本の藁となるかもしれず、一九八九年の天安門事件とともに始まった両国関係の退潮傾向をさらに悪化させるだろうと、香港誌『亜洲週刊』は論じている。この雑誌はアジア・太平洋地域の将来の発展は、中国と米国との対立関係の増大によって特徴づけられるだろうとまで予測した。[18] 米国の官僚のなかには、米国が一つの中国政策を放棄するのではないかという北京の不安が沸点にまで達し、数年以内に台湾海峡で軍事的な事件が起きるのではないかと懸念を抱いている者もいる。元米国大使で、米国の国防次官を務めたチャス・フリーマンは、「われわれは、この地域で危険な一年の生活に臨むことになるだろう」と公言していた。[19] フリーマンの懸念は、九六年春の軍事的緊張で実証されたのである。

前述した議論のどちらがより現実に近いかを判定できるのは、明らかに歴史だけであろう。重要なのは、この二つの議論が実際には異なる視点から引き出されている点に注目することである。二国間の貿易関係は「ビジネスとしてこれまでどおり」継続すると見るのが前者だが、これは制度的マクロ構造に着目した見方である。相互の信頼が失われ、両国の相手への基本的解釈が「建設的パートナー」から国益と体制の安全に対する脅威へと変化すると考えるのが後者であるが、これは象徴的マクロ構造と権力／体制マクロ構造に基づいた見方である。換言すれば、信頼の喪失は、鄧小平が提示した中国の対米政策の十六字方針（前章で紹介した）の基盤になんらかの根本的なほころびが生じたことを示すものかもしれないのである。どちらの議論を信じるにしても、最も重要なことは、北京の政策決定におけるミクロ過程とマクロ構造のさまざまな次元との相互作用を十分に理解する必要があるということである。

米中関係についてのある重要な政策文献（米国大西洋理事会［the Atlantic Council of the United States］と米中関係全国委員会［the National Committee on United States-China Relations］が一九九三年初めに刊行）は、人権問題のような敏感な問題で中国と接するときには、西側は中国の隣邦である国々の多数派の姿勢を考慮に入れなければならないと強調した。中国との関係では「文化的・歴史的経験の相違、人口学的要素、統治システム、経済の発展段階」を考慮しなければならないと、これらの国々は信じている。[20] 文化的、歴史的要因を考慮するならば、より精巧で信頼度の高い法律制度や統治制度を発展させるのには、中国には時間が必要であるということになる。この種の考慮からは、中華人民共和国と接する際、急進的ではなく、むしろ漸進的なアプローチが生み出されるように思われる。

東アジア・太平洋問題担当の米国国務次官補（当時）ウィンストン・ロードによれば、一九九三年秋、クリントン政権は「包括的関与」の段階に入ったという。「包括的関与」とは、「軍同士の対話」も含めて、「広範な問題領域にわたってさまざまなレベルで、すなわち実務的レベルおよび高官レベルで、中国に関与していくこと」を意味している（Lord, 1995: 248）。例えばウィリアム・ペリー国防長官（当時）は、このときから中国に対する、彼が呼ぶところの「防衛転換［defence conversion］」活動に深く係るようになったのである。[21] 米中両国の「最大限の接触」や「包括的関与」は、米中二国間関係の進展のためのみならず、中国の政治発展のためにも重要である。

アジア・太平洋地域における中国の戦略的重要性と、その膨大な人口（人類の五分の一が中国で暮らしている）に鑑みると、世界秩序における中国の位置づけは「全世界の関心事である」（Halpern, 1965: 11）。中国の外交政策は、世界のその他の国々、とりわけ米国、日本、ロシア、そしてアジア・太平洋地域の国々に対して、死活的な重要性をもち続けるであろう。リチャード・ニクソンが一九八九年に指摘したように、「日本はすでに経済的な超大国となっており、軍事的にも、政治的にも超大国となる能力を持ち合わせている。それゆえ強力で安定した中国が……」東アジアにおいて「日本の力とバランスをとるために必要不可欠なのである」[22]。孤立した中国よりは開放された中国を、そして国際社会に対する挑戦者であるよりは協力的パートナーとしての中国を、人々は将来に見出したいと望んでいる。東アジアの安定と繁栄にとって中国は最も重要な要素である。だからこそ、平和的で建設的な中国は、全世界の安定と平和に直接寄与することになるであろう。

ミクロ・マクロリンケージアプローチと研究アジェンダ

中国の外交政策研究の将来の研究アジェンダを提案するために、本書の主要な方法であるミクロ・マクロリンケージに戻ってみることとしたい。ここで強調しておきたいのは、この研究の限界を再度認識することである。その限界とは、このモデルを全面的に使用したり、あるいは外交政策の選択に関するさまざまなレベル間の相互作用を完全にカバーしようとするには、それに足るだけの経験的なミクロレベルの素材が十分ではないという点である。理論的枠組みを提供するために、この方向でさらに多くの研究が試みられることが筆者の希望である。

アトール・コーリが、(「比較政治学における理論の役割」というすばらしいシンポジウムの要約で)示唆しているように、比較政治学の分野には、二つの主要な、ただし相互に対照的な理論のあり方をめぐる関心が存在する。すなわち第一は、「理論の役割を主に経験的研究の道具としての役割に限定しようとする傾向をもつ」問題優先型の方向づけであり、第二は、理論の役割を「最前線へ」と押し出すような因果関係の一般化の追求である(Kohli, 1995: 46–47)。外交政策上の問題を分析するためにミクロ・マクロリンケージモデルを用いるときに、私たちはこのような理論をめぐる関心のありようの違いに留意しておく必要があろう。

ミクロレベルとマクロレベルの間で生成・発展していく関係を研究するには、以下の方法をとるのが合理的であろう。すなわちまず第一に、中国外交政策における国際的・国内的環境といったマクロレベルの要因の影響を検討し、それから政策決定者を動機づける権力政治のようなミクロレベルの要因の効果に注意を払うのである。ピーター・グールヴィッチが示唆するように、国内の政治・経済・社会構造は、「国際政治の原因であるよりは」、国際システムの変動の「結果」なのかもしれない（Gourevitch, 1978: 882）。国内的な要因に対する外交政策のインパクトを考察しようとした試みとしては、二つの例がある。一つは、中国における合弁事業と経済制度に対する開放政策のインパクトを研究したマーガレット・ピアソンの業績であり（Pearson, 1991）、いま一つは、中華人民共和国と台湾との関係や統一問題が中国国内の政治発展に与えるインパクトの可能性について研究した趙全勝の研究である（Zhao, 1989）。

問題志向型研究は、もう一つの有効な研究手法である。第一部で論じたように、中国外交政策に最も重要な影響を及ぼしうる要因の順位づけ、すなわち国際的、国内的、個人的要因のうちどれが一番重要であるかは、問題ごとに異なるであろうし、時間と場所の変化にも左右されよう。問題志向型研究の成果としては、中国によるナショナル・アイデンティティの追求についての共同研究がある（Dittmer and Kim, 1993）。ナショナル・アイデンティティの問題を検討するために、この研究は学際的な方法を採用した。すなわち、政治学的アプローチのみならず、歴史的、文化的、社会的、人類学的な視点を用いたのである。

もう一つの将来性豊かな研究の方向は、政策決定メカニズムとその過程に注目したアプローチである。マイケル・マンの歴史的紛争についてのマクロ理論では、権力の四つの次元（軍事的／地政学的、政治的、経済的、文化／イデオロギー的）の重要性が主張されている（Mann, 1986）。この権力の四つの次元は、中国社会がポスト毛沢東時代においてより多元的な方向へ進化していくとき、さまざまな問題を選択するうえでとりわけ有用かもしれない。

第六章で例証したように、中国外交政策におけるミクロとマクロを統合した私たちの研究をさらに進めるのに有効な方法は、比較研究を行うことである。他の国の外交政策上の行動についての研究は、中国外交政策の研究にとって見本を提供してくれるであろう。論理的に研究を行おうとするなら、中国の外交政策の策定をその他の一つないしは複数の社会主義国家の外交政策の策定と比較するということになるであろう。旧ソ連の外交政策の形成についての研究を検討し、マクロないしミクロレベルにおけるさまざまな分析にとりわけ注意を払うこともできるであろう[23]。スウエリン・ビアラーは、ソ連の外交政策の国内的な起源についての分析で、三つの次元、すなわち文化とイデオロギー、政治と社会、それに経済について論じている（Bialer, 1981）。そして彼は、ソ連を東ヨーロッパという文脈のなかで考察している。中国の外交政策を概観するため、ミクロレベルの分析を含めることによって、ビアラーの研究方法を採用しそれをいっそう発展させることができるであろうし、それからソ連の外交政策との比較を行うこともできるであろう。中国とソ連の国内の政治改革、経済改革についての比較研究はすでに行われている。(24) 中国とその他の国家との比較についてもすでに努力がなされており、その一例としては、国家統一と「分断国家の政治」というテーマに関する中国、朝鮮、ドイツ、ヴェトナムの比較研究を挙げることができるであろう（Zhao and Sutter, 1991）。

中国外交政策の複雑で洗練された性格をめぐって、新鮮で分析的な考察を行うことによって、そのような政策がどのようにして作られたのか、また国際的な政治・経済システムのなかで中国が革命政権から近代国家への移行をどのように画策していったのかについて、より良い理解が生み出されることが筆者の願いである。現代国際関係というドラマのなかで、中国はこれほど重要なプレイヤーなのであり、北京とその他の首都は、双方ともに、安定した平和な世界秩序の維持のためにも、中国の対外政策に影響を及ぼす諸要因を真摯に理解しなければならないであろう。(25)

国際関係理論は全体として、ポスト冷戦時代によってもたらされた深遠な変化に向きあう必要があるという、ジョン・ギャディスの言葉をここでもう一度引用しておきたい（Gaddis, 1992/1993）。ミクロ・マクロリンケージアプローチは、新たな出発点を代表しており、中国外交政策の研究に新たな研究アジェンダを開くものである。私たちは、中国外交政策の研究という分野において、この必要で永続的な変化を求めているのである。中国の外交政策に対して、よりいっそう統合されたアプローチが採用されなければ、中国が行ってきたこと、行っていること、そして将来行うであろうことについて、私たちの理解は、最悪の場合には誤った解釈や間違いに陥ってしまうであろうし、よくても不完全な認識にとどまることになろう。マクロレベルとミクロレベルが交差するところに新たに焦点を定めるというアプローチは、来るべき時代の中国外交政策を研究する際、その最も重要な概念上のガイドラインの一つとして、今後も古びることなく長く存続していくはずである。

原註

（1）'Asian Economic Continue to be Star Performers,' *The Japan Times* (Weekly International Edition), 7–13 December 1992, p. 17.

（2）ラーディーの予測は、以下の中国経済の要因に対する彼の分析に基づいている。すなわち、人的資本の形成、比較的小さな収入面での不平等、急激な人口移動、製造業の輸出の急激な成長、そして生産力の高度な成長である。

（3）チャールズ・ジーグラーは、閉鎖的システムにおいて学習することがより困難な原因を、以下のように説明している。「閉鎖的システムでは、中心的な意思決定者が、より低いレベルの外交政策機構や、彼らの行動を拘束するかもしれない国内環境上の諸要因から相対的に孤立している。閉鎖的システムはまた、システムの構造的基盤に挑戦する理念を導入するかもしれない国際環境上の諸影響から構成員を防御しようとする傾向がある」(Ziegler, 1993: 13)。

（4）Kari Huus, 'The Hard Edge,' *Far Eastern Economic Review* (9 November 1995) : 28. フースは、次のように観察している。「中国のエリート知識人サークル内部では、ソ連崩壊によって共産主義の粘土の足が暴露されてしまってからは、排外主義的で権威主義的な色あいをもつナショナリズムが信用されるようになってきている。そしてある人によれば、これら学者の影響力は、権力者の間でも見受けられるという」。

（5）Deng Xiaoping（鄧小平）「我們対香港問題的基本立場」一九八二年九月二四日（Deng, 1994: 23–25）参照。

（6）これらの条約には、芝罘協定（煙台条約）、天津条約、下関条約、露清（李・ロバノフ）密約、英米露独日など一一カ国との北京議定書（辛丑和約）が含まれる。Deng Xiaoping（鄧小平）(1993: 376, Note 13) を参照。

（7）他方で、一部の歴史家の間では、中国近代史における李鴻章とその役割について異なる評価も存在する。その例の一つとしては、Samuel Chu and Kwang-Ching Liu (1994) eds., *Li Hung-Chang and China's Early Modernization* を参照するとよいであろう。中国の近代化の推進に関して、李鴻章と鄧小平との類似性を強調した興味深い書評としては、Lynn Pan, 'The Ghost of Deng Xiaoping,' *Far Eastern Economic Review* (18 August 1994) : 46を参照。

（8）詳細については、Julian Baum, 'Fear of Falling: Prophet of Chinese Invasion Makes Many Nervous,' *Far Eastern Economic Review* (13 October 1994) : 24–26を参照。

（9）Deng Xiaoping（鄧小平）「在中央顧問委員会第三次全体会議上的講話」一九八四年一〇月二二日（Deng, 1994: 93）参照。

(10) Julian Baum,'Charm Offencive,' *Far Eastern Economic Review* (18 August 1994): 14–15.

(11) Matt Forney and Adam Schwarz, 'Socialist Realism,' *Far Eastern Economic Review* (14 December 1995): 21. および『人民日報』一九九五年一一月二八日、第一面、さらに同紙一九九五年一二月一日、第一面。

(12) Ahmed Rashid, 'Chinese Challenge: Li Peng Visit Highlights Beijing's Growing Role in the Region,' *Far Eastern Economic Review* (12 May 1994): 30.

(13) Shada Islam, 'Friendly Signals: Europe Wants Its Own Pow-Wow with East Asia,' *Far Eastern Economic Review* (17 November 1994): 30.

(14) ハリー・ハーディングは、中国の二国間協力関係に関する分析で、それを次の三グループに分類している。すなわち「より豊かで、より強力な恩恵をもたらしてくれる国との連携、より小さくて弱い保護対象となる国との戦略的・経済的なつながり、そして外国の多数のパートナー国とのより平等ではあるが、いささか緊密さに欠ける関係、である」(Harding, 1994)。

(15) Ahmed Rashid, 'Unwelcome Traffic,' *Far Eastern Economic Review* (7 December 1995): 40.

(16) 'US Visit Points to Better Ties,' *South China Morning Post*, 13 June 1995, p. 8.

(17) Nayan Chanda, 'Winds of Change,' *Far Eastern Economic Review* (22 June 1995): 14–16.

(18) 「中美之間失去最後的互信」『亜洲週刊』一九九五年六月一八日、七頁。

(19) Nayan Chanda, 'Winds of Change'.

(20) The Atlantic Council of the United States and the National Committee on United States–China Relations (1993), *United States and China: Relations at a Crossroads*, p. xvii を参照。

(21) これらの活動のなかでとりわけ論議の的となるのは、米中二国間における軍事関連取引である。例えばシカゴに本社を置くあるアメリカ企業は、ウィリアム・ペリーの承認を得て、人民解放軍がその半分を出資する中国企業に最新の通信技術を譲渡した。大容量の光ファイバーシステムや高速または非同期転送モード(ATM)スイッチを含む高度な技術は、「C^4I」として知られる指揮・統制・通信・コンピュータ・情報を結合した最新鋭の戦時指揮システムを発展させるうえで、中国軍部の助けとなるであろう。詳細は、Bruce Gilley, 'Peace Dividend,' *Far Eastern Economic Review* (11 January 1996): 14–16を参照。

(22) 'Advice from a Former President,' *Time* (20 November 1989): 44–49.

(23) 例としては、Morton Schwartz (1975), Erik Hoffmann and Frederic Fleron (eds.) (1980), Seweryn Bialer (1981), Richard Herrmann (1985), C. Ziegler (1993), James Goldgeier (1994) を参照。

(24) この点に関するすばらしい労作は、Minxin Pei (1994) である。

(25) ロバート・コヘインが示唆するように、「無政府性という基本構造を変えることなしに、諸政府は、自らが追求する戦略をとおして、世界をより安全なものにも、より危険なものにもすることができるのである」(Keohane, 1989: 152)。

訳註

〔1〕アジア開発銀行の統計とは若干数値が異なるが、参考までに一九九一年以降の中国の各年の成長率を示しておくと、九一年が九%、九二年が一四%、九三年が一三%、九四年が一三%、九五年が九%、九六年が一〇%、九七年が九%、九八年が八%、九九年が七%、二〇〇〇年が八%、〇一年が七%、〇二年が八%である。出典は、国家統計局『中国統計年鑑二〇〇三』中国統計出版社（北京）、二〇〇三。

〔2〕南シナ海の領有権問題については、本書第三章「軍事力の行使」の節およびその訳註〔2〕、〔3〕、また第七章「東南アジア——認識の変化」の節および訳註〔6〕を参照されたい。なお、二〇〇四年五月以来、東シナ海での天然ガス開発を軸にして、日中間で対立が発生している。その背景には、(1)東シナ海における日中間の排他的経済水域の境界線が画定できていないこと（日本が日中中間線方式を主張するのに対し、中国は沖縄トラフまでの大陸棚方式を主張）、(2)双方の主張する境界線のほぼ中央に日中台が領有権を主張する尖閣諸島があること、(3)中国側の開発に米石油資本ユノカルが資本参加していることなどがあることから、問題は複雑化する様相を見せており、対立が紛争へと発展し長期化することが懸念されている。

第四部　東アジアの国際政治と中国外交の新動向

第九章　中国新政権の直面する東アジアの国際環境

第七章では、ポスト冷戦時代における中国外交政策と東アジアの国際環境の基本動向を一九九〇年代前半を中心に分析した。本章では、九〇年代後半から二一世紀への転換点にあたる時代の東アジア国際環境について一定の分析を行う。その意味では本章は、第七章を敷衍するものである。中国外交政策にとって東アジア・東南アジア地域のもつ意味を、第七章にならって、まずは経済的次元において見てみることとしよう。

表9－1と図9－1から、二〇〇二年の中国の地域別貿易相手を知ることができる。一九九四年と比べてみる（第七章の表7－1、図7－1を参照）と、総貿易額は二三六七億ドルから六二〇八億ドルへと二・六倍に拡大している。けれども、地域別のシェアは今日でもあまり大きく変わっていない。パーセンテージで比べると、九四年に東アジア・東南アジアが五六・九％、アフリカが一・一％、ヨーロッパが一八・七％、ラテンアメリカ二・〇％、北アメリカ一六・五％、オセアニア二・〇％であったのに対し、〇二年には東アジア・東南アジアが五三・〇％、アフリカが二・〇％、ヨーロッパが一八・一％、ラテンアメリカ二・九％、北アメリカ一六・九％、オセアニア二・〇％となっている。このように、東アジアと東南アジアは、依然として中国の貿易活動の主要な部分であり、中国の貿易総額の半分以上を占めている。また台湾、香港、マカオを含めた「グレーター・チャイナ」内の貿易も依然として重要な位置を占めている。

表9-1　中国の主要な貿易相手国・地域（2002）　（単位：100万ドル）

地域および国家	輸出	輸入	総貿易額
総合計	**325595.97**	**295170.10**	**620766.07**
アジア	**170358.98**	**190283.06**	**360642.04**
東アジア・東南アジア	153945.42	177411.55	331356.97
日本	48433.84	53466.00	101899.84
グレーター・チャイナ	65924.99	63910.09	129835.08
中国国内		14980.19	14980.19
香港	58463.15	10726.24	69189.39
マカオ	876.12	142.27	1018.39
台湾	6585.72	38061.39	44647.11
北朝鮮	467.54	270.69	738.23
韓国	15534.56	28568.01	44102.57
ASEAN	23584.49	31196.76	54781.25
ブルネイ	21.02	241.81	262.83
ビルマ	724.75	136.89	861.64
カンボジア	251.56	24.55	276.11
インドネシア	3426.45	4508.35	7934.80
ラオス	54.31	9.65	63.96
マレーシア	4974.21	9296.30	14270.51
フィリピン	2042.24	3217.16	5259.40
シンガポール	6984.22	7046.56	14030.78
タイ	2957.35	5599.60	8556.95
ヴェトナム	2148.38	1115.89	3264.27
その他アジア各国	16413.56	12871.51	29285.07
アフリカ	**6961.21**	**5427.15**	**12388.36**
ヨーロッパ	**59221.76**	**53412.25**	**112634.01**
EU	48208.26	38529.50	86737.76
英国	8059.43	3335.96	11395.39
ドイツ	11371.85	16416.42	27788.27
フランス	4071.86	4253.12	8324.98
イタリア	4827.44	4319.47	9146.91
ロシア	3520.74	8406.69	11927.43
ラテンアメリカ	**9488.24**	**8336.16**	**17824.40**
北アメリカ	**74269.26**	**30876.93**	**105146.19**
カナダ	4303.46	3626.88	7930.34
米国	69945.79	27237.64	97183.43
オセアニア	**5289.20**	**6833.68**	**12122.88**
オーストラリア	4585.04	5850.57	10435.61
国名不詳	7.34	0.88	8.22

参考：国家統計局編『中国統計年鑑2003』中国統計出版社（北京），2003, pp. 659-662.

グレーター・チャイナ

香港は一九九七年七月一日に中国に返還された。これについては二つの側面、つまり、外交の面と内政の面から考えることが可能である。一八四二年の南京条約で中国は香港島を英国に割譲させられた。九五年には日清戦争の講和条約である下関条約によって今度は台湾を日本に割譲されてしまう。それにとどまらず、中国の領土はさらにいたるところで列強に蹂躙されていった。一九四九年に中国が解放されるまで、まさに「百年の恥辱」という時代が続いたのであった。[1] 香港返還は中国人にとってはこうした外交面での屈辱の時代が終わったことの大きな象徴だった。内政の面で見ると、一つには、香港は経済的な成功の模範であり続けた。中国はまず経済改革を進めるにあたって香港をモデルにし、さらに香港との相互的な影響関係を築いていった。もう一つ、香港は返還・統一のモデルでもあった。中国は香港・マカオについても、そして将来の台湾についても、その資本主義経済を社会主義経済と共存させるために「一国二制度」という仕組みを用意した。さらに、回収された領土を統治する地方政府モデルとして「特別行政区」という制度を考え出した。これらの最初の実践例が香港だったのである。以前には香港返還は失敗するという予測さえあったが、総じて香港はきわめて理想的

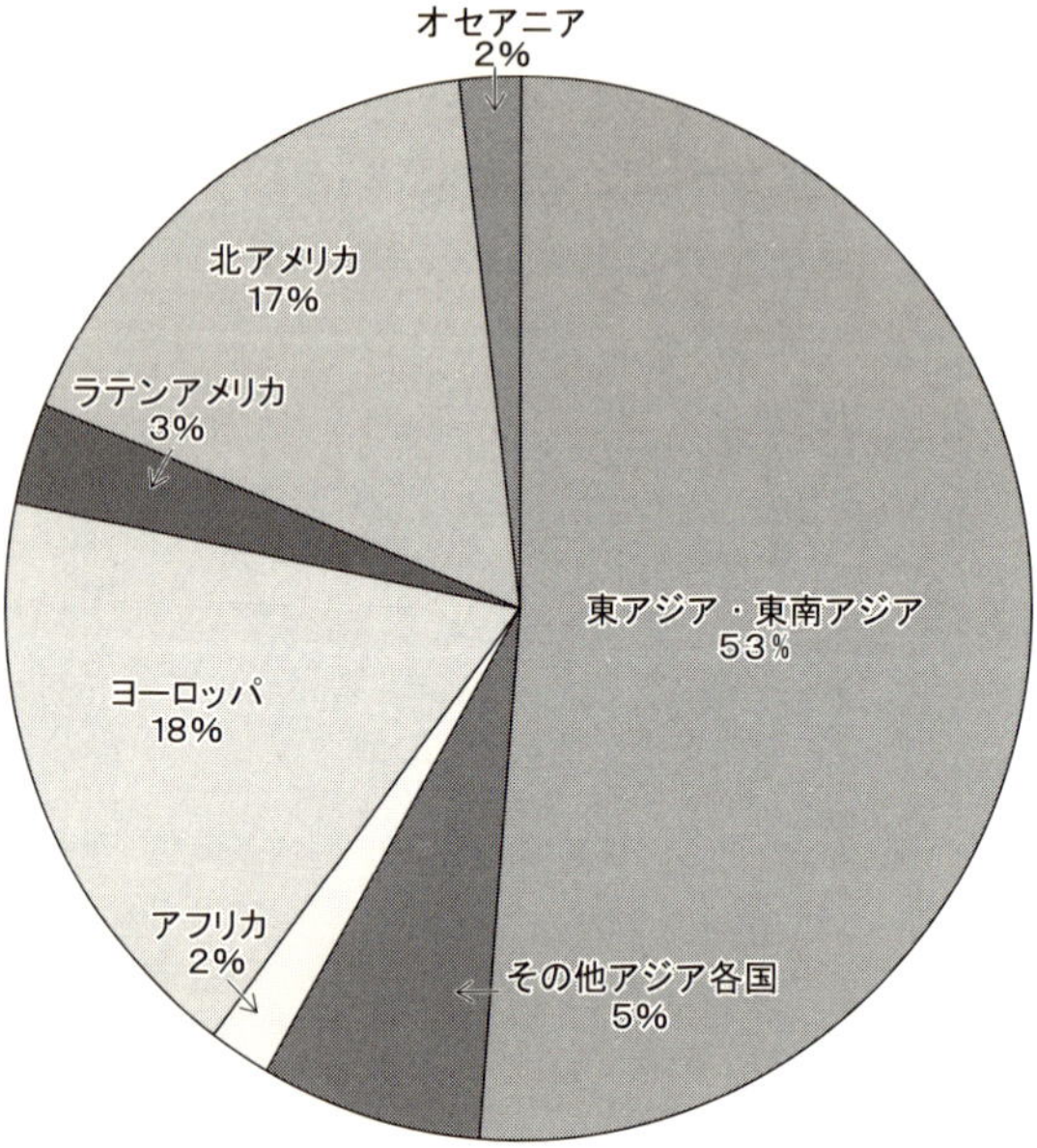

図9–1　中国の主要な貿易相手国・地域（2002）

な状態で中国に返還され、返還自体は成功だったと評価することができる。つまり、香港は内政的には返還の模範となる成功モデルを提供したのである。このように香港返還については、最初に指摘した外交面での意義と内政面での意義の二つを指摘することができる。

香港やマカオ以外でも、シンガポールは独立した国家だが、その人口の七七％が中国系の人々で構成されており、グレーター・チャイナの拠点の一つを形成している。なにより東南アジア全域では、中国系の華人と華僑の人口は二五〇〇万人にも達するといわれており、その存在が中国を中心にしたグレーター・チャイナと呼ばれる巨大な経済的ネットワークを構成している。[1]しばしば提起される問題だが、社会主義の二大大国だった中国とロシアがいったいなぜまったく異なった結果を招いてしまったのだろうという問いかけがある。あれだけの超大国だったソ連＝ロシアが見るも無残な形で弱体化していったのに対して、中国は非常に順調に経済的な実力を蓄えている。この問題を考える場合に最も重要な要因の一つは香港や台湾の存在である。香港や台湾、特に香港は中国が改革開放を始めてから資金、技術、経営管理の手法、その他あらゆる資本主義的なノウハウを片時も休むことなく中国に提供し続けている。そこにはさらに国際経済体制に参入するための手引きも含まれる。このような海外の中国系社会からの支持によって、中国は回り道をすることなく一直線に経済建設を進めることができた。シンガポールの経済発展に多大な貢献をしたリー・クアンユー〔李光耀〕元首相も事実上は中国の顧問であり、同じくシンガポールの副首相だったゴー・スンケイ〔呉慶瑞〕も中国の経済発展に大きく貢献している。このようにグレーター・チャイナの存在が中国に有利に作用したという背景を忘れることはできない。ロシアと中国の違いを生み出したものについては、まったく別の要因もあるが、ここでは多くは触れない。ただグレーター・チャイナという空間があったことが中国の市場経済化に大きな役割を果たした、この点のみを強調しておきたいと思う。中国にとってのグレーター・チャイナのように市場化を支援してくれる外的要因が、少なくともロシアにはなかったということだけは確かである。

台湾問題の性格

一国二制度構想は、台湾ではあまり支持されてはいない。台湾では現在十数％の支持があるものの、実際には多様な見解が存在している。台湾問題は中国の側からすれば、なによりも体制の正統性の問題である。中国と台湾の承認国数の毎年の推移を見ると（第三章の表3－1と表3－2を参照）、これがある意味ではゼロサム・ゲームであることが理解される。承認国の数はそのまま体制の正統性の認知度につながる。転換点は一九七一年であり、それ以前は台湾承認国の方が多かった。七一年から中国の影響力が増していく理由は、米中接近と国連代表権の回復である。九二年には韓国も中国承認に踏み切り、台湾を承認している主要国はなくなった。わずかに三〇弱のラテン・アメリカやアフリカの小国が財政的支援を当てにして台湾を承認しているにすぎない。九二年の時点で中国承認国は一五〇を超えていた。このように、台湾をめぐる問題はまず、国際社会における体制の正統性の問題という性格をもっているのである。[2]

台湾問題はまた香港問題以上に、歴史的な問題であるともいえる。香港は西洋の強国に割譲され、台湾は東洋の強国に奪われた。下関条約の後、日本が第二次世界大戦に負けるまでの五〇年間、台湾は日本の支配を受けた。日本が一九四五年に負けると中華民国に返還されたものの、今度は三年間の国共内戦が続き、四九年には蔣介石が台湾に落ち延びていき、それから今日までさらに六〇年近い歳月が流れた。このように振り返ってみると、台湾がすでに中国大陸から一〇〇年以上にわたって切り離された場所であることが見えてくる。中国にとっては、香港と同じで、台湾を割譲されたことも百年の恥辱以外のなにものでもない。香港もマカオもすでに返還されたが、台湾はいまだに返還されていない。それどころか、台湾独立問題まで存在する。この恥辱という心理的要素、歴史上の恥辱をそそぎたいという中国人の強烈な意識を考慮しなければならない。これが第一点。それから二点目に、国共内戦の決着がついていないということがある。ある意味で台湾問題は、決着のついていない国共内戦の延長線上にあるという意識が中国人にはあるのである。この二点を見据えなければ、中国の対台湾政策を見誤ることになろう。

台湾アイデンティティ

ここで平和、戦争、独立、統一という四つのキーワードを組み合わせて、台湾問題の性格を分析してみることとしよう。中国が一番望んでいるのは、平和的に統一を実現することである。つまり、平和と統一のセットである。他方、台湾は平和と独立のセットを一番望んでいる。もちろん中国が平和的独立を認めることは絶対にありえない。中国の二つ目の選択は戦争による統一である。他方、台湾が軍事力を使ってまで独立したいかどうかには疑問が残る。このように区分けすると、問題の性格が明らかになる。はっきりしているのは平和的な独立という選択肢はありえないということである。

中国政府が一番恐れている問題に、台湾アイデンティティがある。それは「明独」ではなく、「暗独」の準備作業として行われており、陳水扁から始まったわけではなく、すでに李登輝時代から始まっている。[2] 一番顕著な例は教育に現れており、歴史の根のところで中国と台湾に距離を創り出す作業が行われている。蔣介石の時代には中国四〇〇〇年の歴史について教えられていたわけだが、李登輝時代以降は四〇〇年の歴史、要するに明末の頃を起点に歴史教育を始めるようになっている。そうすると台湾が中国の一部だという歴史にはならず、中国は日本をはじめスペインやポルトガルと同じように次々に台湾を侵略した外部勢力の一つになってしまう。このような形で、台湾人の意識を中国から分離するような教育が行われているのである。この歴史教育の結果、自分を中国人であるよりも台湾人だと考える人が確実に増えているように思われる。台湾で独立に一番反対しているのは軍部のはずだが、あるとき参謀総長が国会で新党の議員から質問される機会があった。「あなたが中国人か、台湾人か明確に答えて下さい」と尋ねられた参謀総長は、答えに詰まって「私は中華民国の国民だ」と答えた。[3] このように直接の返答を避けたこと自体、問題の所在を示している。つまり、台湾問題は単純な政治的問題であるにとどまらず、アイデンティティの問題でもあるのである。このことは将来の可能性として、台湾の中国からの完全な分離がありえなくはないことを示唆するものであろう。大陸側は当然このことを強く意識している。台湾ではシンガポールを例にして、もう一つの華人国家を作るという声を耳にすることが少なくない。台湾人の意識のなかに、こうした傾向を見て取ることは容易である。これは中国が台湾に向かって「同胞よ帰れ」などと宣伝したところでどれほどの効果があるのか、という疑問につながる。

中台の経済的つながり

視点を変えて経済の面から中台関係に目を向けてみよう。台湾から中国への投資は確実に増大している。台湾の企業家は巨大な市場と安い労働力ゆえに投資を始めたのである。経済的な生産効率の原則からすれば、時代遅れの産業をより生産費の安い場所に移し、自らの企業経営を高度化しなければならない。そしてそれが実際に始まった。貿易額で見ても、一九七九年の数値はほとんどゼロだったが、八七年が跳躍点となった。台湾が中国大陸に対して大幅な黒字を維持し続けたのは興味深い現象である。もちろん、この現象は部分的には大陸側の友好的政策によって支えられ、また、部分的には台湾側の好況によっても支えられた。

ここで台湾の投資について検討してみると、台湾の対中投資は一九九〇年代の初め以来、三〇億ドルのレベルに到達している。つまり投資の規模は変わっていない。しかしながら、投資プロジェクトの数は、九三年をピークとして減少している。これは中規模の企業が先に中国に投資したためである。したがってプロジェクトの数は減っても、投資高は三〇億ドルで維持されていることになる。台湾は確かに一面で大陸への過度の依存を警戒している。大陸への輸出が台湾の総輸出額に占めるシェアは、八七年にはわずか二%程度だったが、一〇年後の九七年にはほぼ二〇%に達しており、神経質にならざるをえないシェアであることは確かである。

大陸と台湾の間での経済的融合は急速に進んでいる。上海は中国経済の動脈都市だが、政府の公式統計では上海近郊には台湾の貿易・商取引関係者が三〇万人も暮らしている。非政府系の統計では四〇万人を超えるともいわれている。上海に行ったことがあるというのは台湾商業界ではあたり前の話で、今日では上海に家を持っていないのか、と聞かれるほど、驚くべき速度で台湾と中国の経済の融合が進んでいる。(4)

グレーター・チャイナの角度から考えると、この地域での経済融合、相互依存はますますはっきりしてきている。そこには陳水扁政権の政策変更も関連している。かつての李登輝時代には「戒急用忍」（急がず辛抱強く）という慎重な政策がとられていた。(5) 陳水扁総統は、就任以降、台湾経済界の要請を受けてこの政策を放棄した。このため両岸の政治的関係は寒々としているが、経済関係の面では大きな進展が見られる。今日投資はますます拡大し、三通〔通商・通航・通郵〕の実現は避けられず、四流〔学術・文化・体育・工芸の交流〕のようなさまざまな面での交流も拡大している。(6) こうした形で中国と台湾との経済面での相互依存はいっそう強さを増しているといえるのである。

二〇〇四年陳水扁再選と中台関係の新局面

台湾の現状を考えるにあたって重要なのは、やはり二〇〇〇年三月と〇四年三月の二度の総統選挙である。〇〇年の選挙では、今まで野党であった民進党から総統つまり大統領が誕生した。民進党はいうまでもなく、台湾独立を目指す綱領をもった政党である。そして際どい勝利ではあったが、〇四年三月陳水扁は再選を果たし、同年五月総統に就任した。この二度の総統選挙に前後する期間の中台関係は、次の五つの段階に整理することができる。〇〇年三月に選挙があり、同年二月の台湾白書の発表から総統選挙までの期間が第一段階であった。この期間、中国は台湾白書を発表して、かなり強い調子で台湾に圧力を加えることで選挙結果に影響を与えようとした。(3) 朱鎔基首相が台湾問題について厳しい内容の警告演説をしたりしたが、結局、中国はこの政策で思いどおりの成果を収められなかった。

第二段階は、二〇〇〇年三月から〇二年一月までの期間である。総統選挙で予想外に陳水扁が勝ったために、中国は選挙後は一貫して相手の出方を注意深く見守る姿勢をとった。この姿勢は「聴其言、観其行」（言葉を聞くだけでなくその行動も観る）と表現され、選挙の後もずっと続いていた。(7) 第三段階は、〇二年一月から〇二年の八月までの期間である。〇一年一二月の台湾の立法院選挙では民進党が第一党になる。過半数には及ばないものの、八七議席を獲得し国民党を上回る議席を獲得した。陳水扁の当選で政権党になっただけでなく、議会内の政党勢力としても民進党が第一党になったことの重みは、中国も無視できなくなる。そこで〇二年一月二五日になると、副首相で前外相の銭其琛が民進党の友好的な人々の中国訪問を歓迎するという談話を発表した(8)。銭其琛副首相のこの談話は、台湾独立派である民進党を一律に黙殺していた今までの姿勢を大きく変えたものといえる。つまり、民進党の中でも台湾独立派とそうではない人々がいるはずだという認識に立ったからこそ、このような呼びかけをしたわけである。

ところが、この状況は二〇〇二年八月になると、再び冷めてしまう。理由は陳水扁による「一辺一国論」の提起である(4)。したがって、〇二年八月から〇四年三月までの期間を第四段階と呼ぶことができる。この一辺一国論に対して、当然のことながら中国は祖国分裂の主張であると批判し厳しい対応をした。そしてこの期間、大陸は経済交流の拡大による統一を希望しながらも、再び状況を観察する姿勢をとるようになった。そして〇四年三月以降が第五段階である。〇四年の総統選挙で、国民党と親民党は総統連戦・副総統宋楚瑜という統一候補を立て、選挙協力をしたにもかかわらず、僅差ではあるが民進党候補の陳水扁に及ばなかった。今回の選挙結果は少なくとも、前回のような偶然の勝利ではない。陳水扁の再選によって民進党による独立の志向が強まったものと、中国は判断している。そこでは経済関係の強化による平和的な統一に代えて、軍事力に依拠した統一を目指さざるをえないという志向が現れ出した。ある意味では台湾海峡で予期せぬかたちで軍事的な危機が発生する可能性が非常に高まっている。

台湾の将来の決定要因

台湾の将来についての話題に戻ると、台湾の将来は三つの要因で決まると考えられる。

第一は、台湾の人々自身である。もとより台湾にもさまざまな意見がある。国民党は統一を掲げるが、それには大陸中国の民主化と近代化が大切であるという前提に立つ。野党の頃から民進党は台湾独立を唱道しているが、実際のところ与党になってからはその立場を修正してきており、現実には誰も彼らの独立の主張を信じてはいない。彼ら自身も本気で独立を考えているわけではない。もちろん、独立の動きは潮流として存在する。

台湾の将来を決定する第二の要因は中国大陸である。中国は台湾問題を主権と体制の正統性の問題と考えている。台湾問題での妥協は中国には容易ではない。その背景をなすのは中国国内でのナショナリズムの興隆である。万が一台湾が独立を宣言したら、台湾独立の潮流と中国のナショナリズムという二つの強力なエネルギーが正面から向き合うことになる。

第三に、米国も重要な役割を演じている。一九九五年に李登輝が母校コーネル大学の卒業生として訪米した折りには台湾海峡に緊張が走った。九六年春の総統選挙の際には中国は大規模な軍事演習を行い、米国は二隻の空母を台湾海峡に派遣した。台湾海峡問題は米国と中国との間で大きな対立の引き金となりうるのである。米国が徐々にその政策を変化させている理由の一つはここにある。クリントン大統領が訪中した折り、彼は「三つのノー」を確約した。一方、台湾に対しては非公式の信用状で済ませ、中国との交渉のテーブルにつくように圧力をかけたのである。

米中関係のなかの台湾問題

中国と米国との外交関係について見ると、台湾問題こそまさに米中関係の焦点である。台湾問題は中国にとってはそもそもアメリカ問題なのである。米中間の台湾問題は、一九七二年にニクソン大統領が電撃的に中国を訪問して、米中接近があったときに基本的には決着がついている。そのときに台湾は中国の一部であり、台湾海峡の両岸の人々が一つの中国を認めるという前提に立つこと、つまり一つの中国ということを原則として確認し合っており、この原則に立つ限り問題はなかった。ところが、二〇〇〇年に独立派の陳水扁が政権に就いてからは、この原則が少し危うくなってきており、米中関係を微妙なものにしている。米国と中国の間には三つのコミュニケがある。一つ目は七二年二月のニクソン大統領訪中の際の上海コミュニケ。二つ目は七九年一月の米中国交正常化に先立って七八年一二月一六日に出された米中国交正常化コミュニケ。そして三つ目が八二年にレーガン大統領が訪中した際の台湾問題に関するコミュニケ（あるいは武器に関するコミュニケ）である。基本的には中国と米国の関係はこの三つのコミュニケによって規定されている。もっとも七九年一月の米中国交樹立からわずか三カ月後に米国は台湾関係法という国内法を通過させた。この台湾関係法には米国が台湾への武器の売却を含めて台湾問題の平和的解決に保護を与える義務があるという内容が含まれている。また、台湾との経済的、文化的関係を維持することもうたわれている。とはいえ、一つの中国という原則はともかく守られてきた。けれども、二〇〇一年のブッシュ〔ジュニア〕政権の登場は状況に重大な変化を生じさせている。

クリントン大統領からブッシュ大統領への政権交代により対外政策の面できわめて大きな変化がみられた。特に台湾政策ではあからさまと呼んでいいほどの変化が見られる。クリントン政権は八年間の長きにわたったが、この政権でさまざまな出来事が発生した。例えば一九九五年に米国は李登輝にヴィザを発給し入国の許可を与えた。この李登輝訪米が引き金になって、九六年の第三次台湾海峡危機に発展した。こうした大事件こそあったものの、クリントン大統領の八年間は、基本的には中国に対して関与政策、つまりいたずらに敵対したりあるいは無視したりするのではなく、中国に関心をもち寛容に接触していくことで、米中関係の悪化を避ける政策がとられていた。九八年にクリントン大統領が中国を訪問した際に、「三つのノー」(中国語では「三不」)を明言したことはその象徴の一つであろう。三つのノーとは、台湾の独立、一中一台〔一つの中国一つの台湾〕、台湾の国連加盟の三つを認めないことだが、米国大統領クリントンは、中国滞在中に初めてこれらの原則をはっきりと認めたわけである。(9) このようにクリントン時代には基本的に関与政策がとられていた。けれどもブッシュ時代になると、そこに変化が生まれた。これほど大きな変化が生じたのは、まず第一義的にはマクロレベルで大きな変化があったからである。中国の経済的な実力が向上した結果、米国にとって中国の存在の重さが変わった、つまり、中国は将来的に米国を脅かす潜在的パワーとして認識されるようになったのである。米国はその国際的地位に対する挑戦者を認めない。こうして中国脅威論は米国の政権と世論に公認されることとなったのである。このことがブッシュ大統領時代の大きな政策転換の背景にある。その限りではブッシュ政権の政策は民意を受けたものだともいえる。米国の利益を守るための政策は、「抬日本、圧中国、親台北、遠北京」〔日本を持ち上げ、中国を牽制し、台北と親しくし、北京と距離を取る〕という一二字に要約される。クリントン時代には米中間の建設的で戦略的なパートナーシップが喧伝された。けれどもそれに代わって、二〇〇〇年の大統領選挙の最中からブッシュ大統領候補、まだ候補者だったブッシュは、中国と米国は戦略的パートナーではなくて戦略的競争者だとさえ発言するにいたる。(10) このような形でブッシュ大統領は、選挙戦の最中から対中政策の戦略転換を予測させていた。ブッシュ政権成立後の現実の政策転換は後述のとおりである。

ブッシュ政権の外交チーム

第一期ブッシュ政権の外交政策に携わる重要ポストの構成を見てみると、第一の特徴は、前ブッシュ政権時代からの継続性が強いということである。つまりブッシュ政権の外交チームは、典型的な共和党政権の外交チームという要素が濃厚である。第二の特徴だが、軍事戦略と安全保障の専門家が多くを占めている。チェイニー副大統領は前ブッシュ政権の国防長官であり、ドナルド・ラムズフェルド国防長官にしても海軍出身で以前にも国防長官を経験している。コリン・パウエル国務長官にいたっては、元統合参謀本部議長であり、ブッシュ政権の外交チームでは、軍出身者の比率が非常に高いことが見て取れる。さらに、国家安全保障担当のコンドリーザ・ライス大統領補佐官も前ブッシュ政権時代からずっと安全保障の担当者である。このようにブッシュ政権の外交チームには軍事戦略と安全保障の専門家が多い。この点はクリントン政権ではマドレーン・オルブライト国務長官をはじめとして、政権の中枢に軍事戦略や安全保障の専門家がほとんど見当たらなかったことと比べてみると、いっそう顕著な特徴をなす。(5) それから三つ目の特徴として、副長官、次官、次官補（=局長）などの重要ポストに「ブルーチーム〔blue team〕」の出身者が多いということがいえる。(11) ブルーチームとは、米国の立法や行政に携わるさまざまな実務家や官僚のグループのなかで、保守的な立場に属することを自認し、中国に対しては強硬、台湾に対しては独立を支持し、日本や韓国といった同盟国に対しては好意的な態度をとる、このような姿勢と考え方を濃厚にもっている人々のことを指す。軍事演習のときに二つのグループに分かれて練習するところからきた言葉だが、ブルーチームの人々は、随分自慢気に自分がブルーチームに属することを公言するという特徴がある。ブルーチームに対しては、「レッドチーム［red team］」という言い方がある。レッドチームは、もちろん中国に対して融和的である。けれども、レッドチームに属する人々は、ブルーチームとは反対に、自分たちがレッドチームだと言われることをあまり好まない傾向がある。自分たちの立場を客観的であるとか中立的であるとか主張することが多い。そのようなレッドチームとの対比という意味で、ブッシュ政権にはブルーチームの出身者が多いのである。見てきたように、共和党の保守的な空気を代弁し代表していることと、軍事戦略と安全保障の専門家が多く、ブルーチームの人材が多いということがブッシュ政権の外交チームの特徴であると整理することができよう。

ブッシュ政権のこのような性格から、その外交チームは当然同盟国との関係をまず第一に考えることになる。一九九八年にクリントン大統領が中国を訪問したときに、日本に寄らずにアメリカに帰った。いわば日本を素通りしたわけである。クリントン大統領は日本を一顧だにしないで中国に行き、中国からそのままアメリカに帰ってしまった。このことでクリントン大統領はアメリカに帰ってからずいぶん多くの批判を受けた。同盟国を無視するとは何事かと批判されたわけである。このクリントン大統領の行動とは対照的に、ブッシュ大統領が二〇〇二年二月に東アジアを歴訪した際には、まず日本を訪問し、それから韓国に行って、最後に中国に行くという順序をとり、米国との外交関係が深い順に、訪問日程を進めていった。そしてこの順序は滞在した時間にもきちんと表れている。日本に滞在した時間が一番長かった。こうした形でブルー・チームに支えられたブッシュ政権にあっては、同盟国との関係を基本に据えながら対外戦略が実践されているのである。

米国ブルーチームにとっての台湾

二〇〇一年四月のこと、ブッシュ大統領はマスコミのインタビューを受けて、「もし中国が軍事力で台湾問題を解決しようとすれば、われわれもできる限り台湾を防衛するであろう」という主旨の発言を行った。[12]この発言が伝わるやいなや、アメリカの外交界・言論界に大きな波紋を呼び、その日のうちにきわめて大きな反応が起こった。ブッシュ大統領自身はすぐにこれを沈静化する活動を始め、その日の夕方には米国の外交政策には基本的な変更はない、ということで落ち着きをみた。しかし実際には少なからぬ変化があったと考えるべきであろう。

これまで言及してきたように国際情勢は大きく変化した。中国の実力の向上、そしてその実力に対する認識の変化は、アメリカ国内の言説、そして社会、さらに政策決定に影響を与えずにはおかない。ブッシュ政権では当然このような変化のうえに立って、米国の利益に適った政策が追求される。では、米国の利益とはなんであろうか。

軍事戦略上の利益なら少しは明らかである。台湾は一九五〇年代には米国にとっていわば不沈空母としての役割を担っていた。しかしこの役割は長らく求められてこなかった。けれども、二〇〇一年にアメリカン大学で開催されたあるシンポジウムの折りに、国家安全保障会議の構成員であるアジア問題担当の高官は、中国の統一は米国にとって利益にはならないという見方を示した。安全保障上の観点に立つ限り、中国と台湾が分裂していることが米国にとってはむしろ利益になっているという考えがそこにはある。

政治的価値の問題も関係する。台湾は民主化を成し遂げ、政治的価値観のうえでも米国と一致していると見られている。中国と違って社会制度・政治制度でも同じ自由主義に立脚しており、価値観も同じくしているので、台湾を守ることはきわめて重要なのだということである。したがって、米国の台湾政策はいっそう強硬になってきている。そのことは具体的な政策にも現れており、米国が台湾に対して今まで比較的低めに抑えてきた武器売却額をかなり大幅に高める決定をしたことは耳に新しい。それに加えて、二〇〇二年三月には台湾の国防部長湯曜明が米国を訪問し、しかも国防副長官のウォルフォウィッツと会談した。これは高官レベルでの軍事交流であり、中国は非常に神経を尖らせている。そればかりでなく、米国は、総統や行政院院長といった台湾指導者の入国に対しても、飛行機の乗り継ぎのために数時間の滞在を認めるというレベルではなく、数日間の滞在を許可するようになってきている。こうした事例の中に米国の対中政策の変化が現れているわけだが、米国が台湾問題についてどこまで進もうとしているのか、そして中国がどこまで容認できるのかということが、おそらく米国と中国の台湾をめぐる緊張のなかで今後問われていくことになるであろう。

アーミテージとウォルフォウィッツ

ここでブッシュ政権の台湾政策のルーツの一つについて紹介したい。同政権の外交チームのなかでも、注目に値するのはリチャード・アーミテージ国務副長官とポール・ウォルフォウィッツ国防副長官の二人である。彼らは一九九九年八月にアメリカの非常に保守的なヘリテージ財団から、当時はまだ民間人の立場で、クリントン政権に対する政策提案書を提出している。(13) この提案書の作成には、マイケル・グリーン（現在、国家安全保障会議のアジア担当上級部長）も参加している。彼らはブルーチームのメンバーであるから、当然台湾に対して親近感を持っており、北京に対しては冷淡な態度をとり、同盟国を重視するという政策提案をしている。この九九年の政策提案のなかで重要なのは、台湾に対する「曖昧政策」の中止を提言している部分があることである。曖昧政策とは、中国が台湾に対して軍事力を行使した場合、米国は軍を出動させるかもしれないし、させないかもしれないと、米国が自らのとりうる対応をあえて曖昧なままにしておくことを意味する。アーミテージとウォルフォウィッツは、こうした政策をやめるべきだと提案したのである。同政策提案書は次のように主張している。

中華人民共和国は民主的に選出された台湾政府に軍事行動の脅威を与え続けている。そこで、台湾にある中華民国への中国のいかなる形式の威嚇も思いとどまらせるようあらゆる努力をすることが合衆国にとって重要である。台湾について戦略的、道義的に曖昧であった時代は過去のものとなった。われわれは政府と議会の指導者が台湾の人々に対する米国のコミットメントを明確に宣言するよう主張する。

この政策提言では、民主的に選ばれた台湾の政権に中国が相変わらず軍事的脅威を与え続けているという状況に対して、曖昧政策を放棄すべきだということが明確に主張されている。また、米国の行政府、立法府は中国に対してはっきりと自分の立場を宣言すべきだとも主張されている。ここに後年、ブッシュ政権が実行しつつある政策、そしてブッシュ大統領が選挙に参加した時点で主張していた内容の原点を見出すことは難しくない。こうして彼らが政権の構成員になったとき、台湾問題は米中間の重要問題として再浮上してくることになった。米中間には駐ユーゴスラビア中国大使館誤爆事件（一九九九年五月）や、ＥＰ３偵察機事件（二〇〇一年四月）などがあったが、台湾問題は当然これらとは比較にならないほど根本的な問題なのである。

台湾問題についてのブッシュ大統領の外交姿勢は、稚拙で未経験な印象を与えることもないわけではない。しかし、ブッシュ大統領の外交政策を一面的に過度に低く見るのは禁物である。確かにブッシュは大統領になる過程で随分と失言をしたし、軽率な発言もしている。けれども、今日ブッシュ政権がとっている政策は、決して思いつきで行われているわけではない。台湾問題には長く複雑な経緯があり、これは重要問題についての政策変更なのである。それは、アーミテージの提言に見られるように、国務省の中枢を担うような人々が、少なくとも二年も前に一度は提案しているものであり、思いつきで主張され始めたのではないことは明らかである。もちろん、視点を変えてみれば、政治的に上げてみたアドバルーンと読める可能性もないわけではない。

米中関係の楽観論と悲観論

米国と中国との関係については、悲観論と楽観論がある。経済の相互依存は否が応にも拡大しており、この面から見れば楽観論が出てくることになるし、安全保障政策の面から見れば悲観論が出てくることになる。特に、九・一一以前にブッシュ政権がとっていた政策があまりに極端であったため、中国側では悲観論が強くなっていた。中国の悲観的観測は、米国が強硬な姿勢をとる限り、米中間の摩擦と衝突は避け難くなると見なしている。特にもし台湾問題でいっそう中国の主権に係るような出来事があれば悲観論はさらなる説得力と現実性を帯びることになったはずである。けれどもアメリカ側に中国と良好な関係を築くという願望がないかといえば、そのように断定することはできない。なぜならその他の面では、両国間の協力には多くの共通の利益があるからである。特に経済面ではそう見ることができる。

中国の台頭は単純に安全保障の領域の問題ではなく、中国が経済大国になることをも意味する。中国が経済成長すればするほど、米国、日本と中国との間での経済的な相互依存が深まっていくことは疑いようがない。中国は現在日本にとって最も大きな貿易相手国である。米国にとっても中国は（カナダ、日本、メキシコに次いで）四番目に大きな貿易相手国となっている。しかも中国の重要性は日増しに高まってきている。中国はＷＴＯに加盟して、オリンピックの誘致にも成功した。ＷＴＯに加盟したことは中国にとってマイナスの面、特に農業に対する打撃が非常に大きいのだが、その一方でもちろんプラスの面もある。ＷＴＯ加盟によって国内の市場化はますます促進されるであろうし、中国が国際社会に組み込まれていく度合いも大きくなっていく。こうして中国の市場価値は確実に増大している。それは当然、中国市場をめぐる競争を激化させている。例えば、ボーイング社とマクダネルダグラス社、さらにエアバス社は、中国市場への航空機の売り込み競争をさらに熾烈に展開している。また、自動車ではドイツのフォルクスワーゲン社が大きな成功を収めているが、その他に、アメリカのビュイック、さらには日本の「広本」〔広州ホンダ〕やトヨタが市場参入のためにしのぎを削っている。(14) 当然アメリカでも非常に多くの自動車メーカーが中国に参入しようとしている。そこでもしアメリカで対中経済戦略にとって不利な世論が起きると、今度は産業界の意見を代表するロビーが政治の場で発言をすることになるし、その影響力には無視できないものがある。このように現実は非常に多面的で、一面的な悲観論や楽観論には意味がない。ただ、経済的な相互依存の高まりがさまざまな可能性を意味する一方で、安全保障への関心も根強く存在していることは指摘しておかなければならない。

修正される米の対中政策

広義の安全保障の領域では米中間にさまざまな対立がある。例えば、人権問題や武器拡散の問題がそれであり、個々の問題について双方にはそれぞれの異なった主張があり、多角的で断え間のない議論と交渉が行われている。他方で、共通の利益の存在する領域もある。それは例えば、二〇〇一年の九・一一以降の反テロリズムの共同行動の潮流である。ブッシュ政権になってから米国が単独行動主義をとっていることはいろいろな事例が証明している。環境問題での京都議定書からの離脱であるとか、国連小型武器検討会議や生物兵器禁止条約への対応、国際刑事裁判所への非協力、さらにはＡＢＭ制限条約からの脱退通告まで、一つ一つ例を挙げるのに暇がないほどの単独行動主義を展開してきた。しかし、もちろん多角主義の面がないわけではない。今日、単独行動主義と多角主義はブッシュ政権の大きな矛盾となっている。この多角主義は九・一一の同時多発テロ以後に姿を現した。米国は反テロの国際的な共同行動を必要としており、同時に対テロ作戦を遂行するために国際的な支持を必要とするようになった。テロとの戦いについては中国も積極的な反応を示しているので、米国は中国との関係を若干ながら軌道修正をしたということができる。なかでも注目すべきことは、ブッシュ大統領は台湾問題で強硬なスタンスをとっていたが、その一方で〇一年一〇月にはＡＰＥＣの首脳会議のために上海を訪問し、それから何カ月もたたない〇二年二月に再び中国を訪れたことである。アメリカの大統領がわずか半年の間に二回も続けて中国に行ったことは今までに例がない。中国に対して安全保障の面で厳しい政策をとっていることは確かだが、それと同時にこれほど間をおかない二度の中国訪問は逆に米国が中国を非常に重視していることの現れであるといえる。

朝鮮半島と中国

朝鮮半島は四つの大国が係る場所であり、それゆえに関心と利害が集まり錯綜する場所でもある。四つの大国とは、米国とロシア、中国、日本である。昔からそうであったし、今もこの四カ国がこの地域に係っていることに変化はない。この四つの国にはいろいろな面で利害対立があるが、共通点もないではない。この地域の安定を図るということでは、少なくともこの四カ国の間に暗黙の合意があるのは確かである。したがって、この地域での核開発は認めない。この認識は四カ国にとって前提となる。まずはこのことを指摘しておきたい。

朝鮮半島の将来は中国と密接に関連している。一九九一年一〇月に金日成と会った際に、江沢民は「中国は朝鮮半島の状況に関心を持っている。なぜなら、この地域の緊張緩和と安定は東北アジアの全般的な状況に直接影響するからである」と強調したことが想起されるべきである。

国際環境と国内環境の変化に伴って、中華人民共和国は朝鮮半島に対する安全保障上の関心を実質的に変化させた。中国の対朝鮮政策は、親北朝鮮の立場から、南に傾きつつ二つの朝鮮のバランスをとる立場に移行した。中国の対朝鮮政策のシフトはアジア太平洋地域の国際関係にとって深遠な意味をもっている。中国は今日、米国と並んで、朝鮮半島における支配的な外部プレイヤーである。もし朝鮮問題(例えば、北朝鮮の突然の崩壊)がうまく管理されなければ、中国と米国の間に軍事的対立の危険が依然存在すると多くの人が信じている。したがって、両国間でコミュニケーションのチャンネルを維持し拡大することは、北京とワシントンにとって重要な関心事なのである。他方、ペンタゴンの朝鮮専門家は、戦争が発生した場合のシナリオについて、中国の政策が南寄りなので、中国は「ソウルが明らかな侵略国にならない限り、直接北を支持することはないであろう」と論じている。

二つの朝鮮の発展に対する中国の安全保障上の関心も、アジア太平洋地域の他の三つの勢力、すなわち米国と日本、ロシアが関係することによって強められている。中国の評価にしたがえば、韓国に三万七〇〇〇の兵力を擁する米国は、予測可能な将来においても、朝鮮半島において主要な役割を演じ続けるのである。日本は、米国の親密なパートナーであり、特に安全保障と経済の次元で自分の利益を積極的に追求するであろう。ロシアは、韓国との密接な連携を発展させてきたし、北朝鮮との緊密な関係を取り戻そうと試みている。しかし、ロシア自身が復興の過程にあるため、近い将来この地域で主要な役割を演じることはありえないであろう。

二〇〇〇年六月に金大中大統領と金正日総書記の間で南北首脳会談があったが、このことは中国の外交政策に大きな影響を与えているはずである。具体的にどんな議論がなされ、どのような政策が練られているかは私たちの知るところではないが、中国は少なくとも北朝鮮が改革開放の方向に進むよう願っていることは間違いない。金正日は総書記就任後、〇〇年五月と〇一年一月、さらに〇四年四月と、すでに三回中国を訪問しているが、〇一年の訪中のときには中国側がわざわざ彼を上海に案内して改革の様子を見せていることからも、北朝鮮の改革を促す中国の意向は確かであろう。中国は長期的には南北の和解が朝鮮半島の安定に寄与し、それが自らの利益になると考えている。したがって、金大中大統領の太陽政策についてもそれを支持してきた。南北首脳会談をもたらした太陽政策は建設的な役割を果たした。けれども、〇二年一月にブッシュ大統領が年頭教書で「悪の枢軸」に言及して以降、先行きは少し不透明になっている。朝鮮半島への関与という意味で、中国が非常に有利な立場にいることは明らかである。それは東京もワシントンもソウルとしか外交関係をもっていないのに対し、北京はソウルとピョンヤンの両方と外交関係をもっていることに由来する。もっとも良いことばかりではない。北朝鮮とは国境を接しているために、北朝鮮から大量の難民が中国に入り込むという現象が生じている。一〇万を超えるといわれる難民の実数はわからない(15)。しかし、瀋陽の日本総領事館事件(〇二年五月)以降も、在中国の各国の外交施設で同様の事件がしばしば発生しており、この問題は中国にとっては外交上放置できないものとなっている。この問題をいかに北朝鮮との関係を悪化させずに、また他の国々との関係に影響を与えずに解決するか、北京にとってそれはきわめて重要であると言わなければならない。

中韓関係の発展

中国の現代化プランは、進んだ技術、資本、市場、そして管理技術を供給してくれる工業先進国との交流なしには実現不可能であるが、中国にとって韓国はその供給源の一つである。二国間関係を促進させる最初の公的な一歩は、一九九〇年一〇月に合意された双方の首都への貿易代表部の設置だった。韓国は即座に前外務次官を貿易代表部の主席代表に任命した。両方のオフィスは九一年春に公式に開設され、両国間で国交が結ばれたのは翌年のことであった。八〇年代から韓国の経済人たちは、中国への直接投資と合弁ヴェンチャーに参入していた。中国への投資はきわめて急速に、例えば九〇年の四八三〇万ドルから九三年の四億七四六〇万ドルに増大した。韓国の海外投資にとって中国は第二に重要な投資対象になった。中国における韓国の投資は、第一に渤海地域に集中しており、それは主に山東省を意味した。また山東省以外では東北地域に投資が集中した。それらは合わせて、九三年末までの投資の八五・九%に達していたのである。

韓国は中国にとって貿易相手国としてもますます重要になっている。例えば一九九五年には、中国の韓国との貿易は一七〇億ドルに達し、対北朝鮮の五億五〇〇〇万ドルの三〇倍以上になった。北京とソウルとの二国間貿易は、二〇〇二年にはさらに三一三億ドルに拡大し、韓国の総貿易高の九・四%に達したのだった。他方、中国は韓国のODAの最大の受け入れ国になった。中国は今日、米国、日本に次いで、韓国の三番目に大きな貿易相手国である。

一九九五年国賓として韓国を訪問した江沢民国家主席は、中国にとっての韓国との連携の重要性を再度強調した。新興工業国としてまた隣邦として、韓国は中国に経済発展戦略の面で、特に輸出志向型工業化という点で、価値ある経験と教訓を提供している。同じように、九七年に始まった韓国の金融危機は、北京の政策決定者に重要な教訓を与えることになった。今度は中国が、韓国が経済危機を克服するのを支え、援助を提供したのであった。九八年四月のソウル訪問に際して、胡錦濤国家副主席は金大中大統領に、「安定した元がアジアの経済的安定と繁栄の活力である」ことを確認しながら、元の引き下げはないと確約した。胡錦濤は中国市民の韓国旅行を解禁し、これによって韓国の経済回復を助けることをも公言した。

近年、バランサーとしての中国の役割は、北朝鮮と韓国双方から求められている。例えば一九九九年六月三日から七日まで、中国の国家主席江沢民と北朝鮮のナンバー2金永南の間で会談が行われた。北朝鮮の高級代表団が北京を訪れるのは八年ぶりだった。NATOによるベオグラードの中国大使館誤爆事件の後、北朝鮮の指導層は米国の北朝鮮に対する軍事行動の危険を気遣っていた。そして中国との緊密な関係が賢明だと判断したのである。目に見える変化は、香港に領事館を開設したいという北朝鮮の要請を北京が認めたことである。その一カ月後、韓国が中国に対して同じような動きを見せた。韓国の趙成台国防相が、韓国国防相としては初めて中国を公式訪問し、その際に中国に北朝鮮との「橋渡しの役割」を演じるように求めたのである。さらに趙国防相は韓国が中国、日本、そしてロシアといった他の勢力との軍事的連携を強めると表明したが、それはソウルが多角的安全保障システムに関心をもっていることを示すシグナルであった。こうした状況は北京における中韓両国の国防相間の歴史的会談によって強化された。そして、趙国防相による韓国への招請を遅浩田国防相が受け入れたことは、相互に時宜を得た合意であった（遅国防相の答礼訪問は二〇〇〇年一月一九日）。

もっとも、北京は金正日体制下のピョンヤンの発展に目を凝らしている。一九九八年八月三一日、北朝鮮は日本近海で衛星打ち上げ用ロケット試験を行ったと宣言した。しかしそれは実際にはミサイル実験であったと一般に信じられている。この展開によって、中国は警告を受けたに等しい。なぜなら、中国は「政治的に不安定で、核武装可能な北朝鮮」を見たくはなかったからである。[6]

激変する国際環境

一九八九年の冷戦の終結は、その二年後のソビエト帝国の崩壊とともに、アジア太平洋地域の主要な権力関係の配置を大きく変化させた。日米安全保障条約の新ガイドラインや戦域ミサイル防衛（ＴＭＤ）構想といった戦略的挑戦に、中国は対処を迫られている。朝鮮半島の緊張は二〇〇〇年六月の金大中と金正日の首脳会談によって大いに緩和されたかに見えたが、ＴＭＤ計画はなお継続している。さらにブッシュ新政権と、その悪の枢軸発言によって、ワシントンとピョンヤンが和解に向かう歩みは速度を落とし、あるいは後退さえしている。この展開は北京にとっても警告となっている。この敵対的環境を緩和するために、中国は二〇世紀最後の数年から二一世紀にかけて、以下の四つの外交政策を発展させてきた。

第一に、中国はロシアおよび旧ソ連構成国との協力をいっそう強化している。それは経済と政治の領域においてだけではなく、安全保障の領域を含めて二〇〇一年に上海協力機構が設立されたことに示されている。[7] 第二に、北京はピョンヤンに対する実質的な影響力を維持することに再び強い関心をもっており、そのことによって朝鮮半島の政治的戦略的行動において多大な影響力をもとうとしている。第三に、中国は東南アジアの隣国、すなわちＡＳＥＡＮ各国との関係の強化に向かっている。第四に、中国は東アジアでの共同体形成の努力を強めている。それは、経済と技術分野での中国－日本－韓国フォーラムの設置によって示される。この三者フォーラムは二〇〇〇年の一一月にシンガポールで開催された「ＡＳＥＡＮ＋３」会議中の朱鎔基首相、森喜朗首相、金大中大統領の首脳会談において決定されたものである。

六カ国協議と中国

朝鮮半島における平和条約を交渉するために一九九七年八月に始まった四カ国協議に、日本とロシアは参加していなかった。だが日ロ両国は協議の外側で積極的な役割を演じてきた。韓国の金大中大統領が九八年一〇月に日本を訪れた際に、日本の小渕恵三首相は現在の四カ国協議の形式は日本とロシアを含む六カ国協議に置き換えられるべきだと主張した。この六カ国協議の構想は、二〇〇三年八月に現実のものとなる。六カ国協議実現までのプロセスを、朝鮮半島の核開発とミサイル開発をめぐる三回の危機と関連させると、概ね次のように整理することができる。

一九九〇年代以降朝鮮半島では、核開発とミサイル開発をめぐって、これまでに三度の緊張した状況が発生している。第七章で詳しく言及したのが最初の危機で、九三年二月一一日に起こった。ＩＡＥＡが北朝鮮に対し、ヨンビョン〔寧辺〕周辺の〔査察リストに載っていない〕未申告施設への特別査察を要求するが、北朝鮮は一般軍事施設だとして査察を拒否した。その後三月一二日には、北朝鮮が核拡散防止条約（ＮＰＴ）からの脱退を宣言、翌九四年の六月一三日にはIAEAからの脱退を宣言するに至った。この核危機は九四年一〇月二一日に米朝が包括的枠組み合意に調印することによって回避されることになった。

二度目の危機はミサイル問題に端を発した。一九九八年六月一六日、朝鮮中央通信はミサイルの開発・輸出を認めていたが、同年八月三一日、北朝鮮は人工衛星打ち上げを名目に三段式の「テポドン1号」ミサイルの発射実験を行った。国土の上空を事前通告もなくミサイルが通過した日本が大きな衝撃を受けたことはいうまでもない（日本は翌日KEDOの軽水炉建設への資金協力を一時凍結する一方、一二月には国産情報衛星を〇二年までに四基打ち上げる方針、TMD構想の技術研究への参加を閣議決定した）。米国もまた北朝鮮のミサイル開発を東アジアの安定に対する脅威と認識した（射程五五〇〇キロの潜在到達能力をもつテポドンは、将来的には北朝鮮からアラスカまで到達可能であるといわれた）。クリントン政権は、ウィリアム・ペリー前国防長官を北朝鮮政策調整担当に起用、ペリーは一二月と九九年三月に日本および韓国を訪問し政策調整を進める一方、五月二五日には大統領の親書を携えて北朝鮮を訪問し、北朝鮮が核やミサイルの開発を中止すれば経済制裁緩和や関係改善に応じるが、開発を継続すれば毅然とした態度で臨むという内容の対北朝鮮政策の見直しを通告した。北朝鮮は六月から八月にかけミサイルの発射実験実施の動きを見せたが、日米韓の警告を受け、九月七日から一二日にベルリンで開かれた第五回米朝高官会談で米朝協議継続中の発射実験の凍結を約束、米国は対北朝鮮経済制裁の緩和を発表した。これによりミサイル再発射をめぐる危機は事実上終了した。米国は一〇月一二日、北朝鮮が核とミサイルの開発を放棄した場合には関係を改善するが、継続する場合には封じ込めを行うという二段階戦略を内容とするペリー報告書を発表した。

最後の危機は、今日まで続いている。二〇〇二年九月一七日の小泉純一郎首相のピョンヤン訪問は、朝鮮半島問題の動向にいっそう参与しようという日本の新しい努力を示していた。[8] この日朝首脳会談からわずか数週間後、〇二年一〇月三日から五日まで、米国のケリー国務次官補（東アジア・太平洋担当）を団長とする代表団がピョンヤンを訪問、姜錫柱第一外務次官、金桂寛外務次官と高官協議を行った。これはクリントン政権で〇〇年一一月に行われて以来の高官レベル協議だったが、この席で北朝鮮が高濃縮ウラン施設建設など、核開発を継続していたと正式に認めていたことを、一〇月一六日になって米国政府が発表した。日米韓が共同で北朝鮮に核開発の中止を呼び掛ける一方、一一月一四日KEDOは北朝鮮に核開発放棄を求めて、一二月から重油提供を凍結すると発表した。北朝鮮は一二月末にIAEAの監視要員を国外退去させ、〇三年一月一〇日には核拡散防止条約からの脱退を表明し、事態は緊迫の度を深めた。多国間協議の姿勢を崩さない米国に対し、北朝鮮は米国との二国間協議に固執したが、三月二〇日からイラク攻撃が始まると、多国間協議の受け入れに姿勢を転換した。その結果、四月二三日から二五日に北京で米中朝の三カ国協議が開かれた。この協議の期間中に北朝鮮は「核保有」を表明した。その後、多国間協議は中国の活発な仲介を経て、米中朝に韓、日、ロを加えた六カ国協議（六者協議）の形で実現し、八月二七日から二九日まで北京で行われた。六カ国協議はその後、第二回が〇四年二月に、第三回が同年六月に開かれている。二回目までは、米国が北朝鮮の核の「完全で検証可能かつ後戻りできない放棄」を求めたのに対し、北朝鮮はその対価を要求するという原則論の応酬に終止した。六月二三日から二六日まで開かれた第三回協議では、米国が北朝鮮の核兵器開発に対してその「機能停止」、「解体」、「除去」を目指す提案を行い、それに対する北朝鮮の姿勢に応じて、重油や経済制裁の解除などを提供する包括的な提案をした。北朝鮮もこの提案を建設的に受けとめている。もとより核凍結の範囲や検証の方法をめぐって対立が残っている。その後、第四回六カ国協議は開かれていない。六カ国協議は、今のところ、明確な進展と成果をもたらしていないが、この協議は当面、協議の場が継続して提供され続けることに、その意味があるのである。[9]

朝鮮半島問題について中国の主要な関心は米国である。ワシントンでは、朝鮮における「軟着陸」が唱道されてきた。つまり、ゆっくりした統一の過程と、北朝鮮が中国式の経済改革を達成できるように米国が手助けすることである。北京は米国が演じる役割に非常に懐疑的である。米国が本当に朝鮮問題を解決しようとしているとは信じていない。しかし、中国の専門家が指摘したように、「予測可能な将来において、中国は米国の前方展開や米国がアジアに張り巡らせた同盟の網の目を変えることはできない。米国との協力は、選択ではなく、必要なのである」。中国は統一朝鮮の中朝国境に沿って米軍が存在するのを目にしたくないと望んでいる。結果的に、両国にとっては、信頼を醸成する手段をいっそう発展させ、北京とワシントンの朝鮮問題に関する日常的な意見交換を強化していくことが必要である。こうしたメカニズムは、中国と米国の双方にとって、二つの朝鮮という利害と同じくらいにきわめて大きな重要性をもっている。

アジア太平洋地域においてすべての地域紛争が直面している鍵となる要因、特に朝鮮半島の緊張を解決する要因が、米国と中国という二つの優勢な勢力の関係をどのように管理するかであることははっきりしている。アジア太平洋の安全保障環境は、九・一一にもかかわらず、当面はこの米中関係に影響され続けるであろう。同時に、反テロリスト同盟の必要性も主要な勢力関係の全面的なダイナミクスを反映する新鮮な枠組みを供給するであろう。この新しい枠組みの精神は、二〇〇一年一〇月、APECの上海会議でアジア太平洋の指導者たちが署名した反テロリズム共同声明に反映されている。この共同声明によって、朝鮮の統一を管理する問題と和平のプロセスが、地域の安全と安定にとっていっそう決定的であることが分かるのである。

日米同盟への関心

二〇〇二年は一九七二年に田中角栄首相が中国を訪問してから三〇周年である。国交回復以来、中国と日本は急速に関係を深めたし、特に経済面ではきわめて順調に深い関係を築くことに成功した。しかし一方でそれを阻害する、つまり両国関係を冷やすマイナスの要因があることも忘れることはできない。

日中間の問題について中国側が最も関心をもっているいくつかの問題のなかから、二つのことを指摘したい。一つ目は米国と日本と台湾の協調関係とその緊密化である。米国と日本、米国と台湾との間にはそれぞれ防衛協力の関係がある。特に米国と日本の間には日米安全保障条約という安定した基礎が存在するし、近年ではそれを補強した新ガイドラインが一九九七年に登場し、九九年には日本で周辺事態法が成立している。こうした形で日米間の防衛協力が進んでくると、両国が協同対処する周辺事態の中に台湾が入るのか入らないのかということがいっそう声高に議論されるようになってきた。もちろん日本の外務省は、周辺事態というのは事態の性質に関する概念であって地理的概念ではないから台湾が含まれているともいないともいえない、という言い方をしている。他方、日本の国会議員の中には、当然台湾は含まれていると明言する人もいる。しかし時間が経つにつれて、周辺事態の中に台湾が含まれているのはかなり確実だ、と認識されるようになってきており、中国はそのことに非常に神経を尖らせている。実際に台湾海峡で危機が発生し米国が係ることになった場合の日本の行動について、一般的には「日本はおそらくこの問題に係ることからできる限り逃れようとするであろう。しかし、新ガイドラインがある以上、後方支援に従事することは避けられないであろう」と見られている。したがって、北京は台湾海峡をめぐって二対一になること、つまり日米が共同して中国に対峙するような状況が出現することを危惧している。もし台湾問題に関して、日本と米国が台湾と強く手を握るようなことがあれば、中国にとってきわめて望ましくない状況になる。

その意味では、TMDについても同じ観点から論じることが可能である。これは中距離・短距離の弾道ミサイルによる攻撃から海外派遣米軍と同盟国を防衛するという考え方に立った構想だが、日本はこのTMDの共同開発に参加している。米国は北朝鮮を視野に入れたものだと説明しているが、TMD開発（と将来の配備）が中国のミサイル能力を削ぐのは明らかである。このような形でも日米間では協力が進んでいる。もし日米安全保障体制に台湾が加わり、日・米・台という枠組みが意図されているとすれば、それは日中関係にとって大変深刻な要因となるであろう。少なくとも台湾がTMDへの参加を表明しているのは事実なのである。もう一つは長年の懸案の問題で、言うまでもなく歴史問題と言い換えることができる。それは教科書問題であり、靖国問題も広い意味ではそれに含まれる。小泉首相はその任期中に六回にわたって靖国神社に参拝したが、この問題は北京で相当の反感を呼び、日中間のマイナスの要因として作用したことは否めない。[10]

対日政策の戦略性

米中間で台湾海峡をめぐって摩擦が起きても、日本は、中立を守り巻き込まれないと主張しており、そのように努力するだろう。けれども一九九六年の第三次台湾海峡危機の際、米国が派遣した航空母艦インディペンデンスは横須賀から出港した。また二〇〇一年四月、アメリカの偵察機EP3が中国機と接触する事故が起こったが、このEP3の基地は沖縄にある。したがって、日本がどんなに巻き込まれないと主張しても実際にはもう巻き込まれているというのが実態であり、日本が米中関係にいっそう係っていかざるをえないことは明らかである。台湾問題が日中関係の将来を考えるにあたって、頭の痛い問題になっていくことは確実であろう。

日中関係を中国の対日政策という観点から見てみると、二つのことが指摘できる。一つは中国の対日政策は非常に長期的な戦略の観点から決まるということである。毛沢東の時代には対日政策は対ソ政策とリンクして、つまり米中ソの「大三角〔戦略的トライアングル〕」のなかでソ連にどう対抗するかという観点に立って構想されていた。鄧小平時代には中国の現代化をどうするのかという戦略の観点から対日外交が考えられた。つまり日本の経済的支援をどうやって引き出し、それをどうやって中国の現代化に使うのかということが、ある意味では鄧小平時代の対日戦略の根幹にあった。江沢民時代は日本の経済的な後退期と重なっていたこともあって、対日政策の全体像は捉えづらい。ただ、以前の時代に比べて歴史問題にいっそうの重きが置かれた傾向と合わせて、後世から振り返れば、対日政策の転換点だったと認識されるかもしれない。最近ワシントンで会う機会のあった中国外交部日本課の課長に対日政策の方向を尋ねたところ、対日政策を考えれば考えるほど、この問題が米日台関係と切り離せないことを痛感しているとの答えだった。いずれにせよ中国の対日政策は戦略レベルで構想されるし、そのような視点で注目する必要がある。

対日政策を考えるうえでもう一つ重要なのは、政策をリードする人材の問題である。一九七二年の日中国交正常化の際のブレーンは日本のことを非常によく理解している人々であった。このとき周恩来首相が直接指揮を執り、多くの人材を集めて準備活動をしたことはつとに知られている。対日政策の責任者だった周恩来首相自身が日本への留学経験があったし、廖承志や郭沫若のような日本の事情に通暁したブレーンが首相の近くにいた。さらに中日友好協会の会長だった孫平化など多くの日本通のスタッフによっても対日外交は支えられていたのだった。国交正常化の折りには、このように日本に対する深い理解をもった人々が対日政策に携わっていたのである。日中間の友好的な関係を維持していくには、日本にとっても中国にとっても、双方の社会や政治の現実を深く理解している人材が求められる。これは双方が真剣に考えるべき重要な問題である。今の中国政府に国交正常化時のようなレベルの日本理解があるかどうかは少々疑問なのだが、こうした対日政策を決定する指導層と人材の問題を軽視することはできない。

東アジア共同体の構想

東アジア全体の問題としては、（第七章でも触れたが）「ASEAN＋3」の動向に注目しなければならない。ASEAN一〇カ国の会合があるたびに、日本・中国・韓国の三国も参加するようになっている。「ASEAN＋3」という形式は、ある程度正式なものになりつつある。これは構成国から見れば、マレーシアのマハティール首相が一〇年以上前に唱えた東アジア経済圏（EAEG）構想そのままであり、二〇〇一年一一月のASEAN首脳会議の折りには、中国とASEANが一〇年以内に自由貿易協定（FTA）を締結することで合意したりする動きが進んでいる。(16)プラス3を構成する日・中・韓の緊密な話し合いもたれているので、その動向に注目すべきだと思われる。

このプラス3のうち中国の外交活動が非常に活発になっている。特にAPECの総会を上海で開いたり、海南島でアジアフォーラムを開いたり、一〇年以内に東南アジア諸国と自由貿易協定を結ぼうとするなど積極的な姿勢を示している。これら中国の一連の活発な外交活動を米国との関係で考えると、特にアジアとか東アジアの名のつくものにコミットしているその背後には、可能なら米国を排除しようとする意図が読みとれる。しかし同時にそれは不可能なことでもあり、中国もこの点はよく認識している。他方、日本も中国の活発な外交活動に反応して、二〇〇二年一月には小泉首相が東南アジアを訪問し、シンガポールで対ASEAN政策演説を行った。日本は結局自由貿易にまでは踏み込めず、曖昧な方針を提示しただけだが、日本と中国が先を争うような傾向を見せ始めている。〇三年一二月の日本・ASEAN首脳による東京会議の開催を見ても、日本が中国に対抗してこの地域に対する影響力を強めるための巻き返しを図ろうとしているのは確かであろう。日本経済は後退期に入って随分たつが、それでも中国の一〇分の一の人口の日本が、GDPでまだ中国の四〜五倍あるのは確実である。GDPをどう計算するかには議論の余地があるが、今後も日本がかなりの期間重要な役割を果たすことだけは疑いようがない。このような現実のもとで、〇四年七月にジャカルタで開かれたASEAN＋3外相会議が提案したような東アジア共同体が将来ありうるとすれば、中国と日本の協力がその実現に寄与する重要な要因であることは確かだと思われる。

「韜光養晦」——鄧小平の外交政策

社会主義の存在自体が問われた一九八九年から九〇年にかけて、鄧小平が特に外交政策面での基本方針として提案したのが、本書第三章でも触れた二八字（四字×七成句）の外交方針である。これは簡単なフレーズそれぞれに意味をもたせて方針としたもので、その意味では中国の伝統に倣っているといえる。例えば毛沢東が五七年に「東風圧倒西風」（東風が西風を圧倒する）といったが、この六文字は『紅楼夢』を典拠としていた。鄧小平のこの二八字にもそれぞれいろいろな来歴がある。「冷静観察」、「穏住陣角」、「沉着応付」、「韜光養晦」、「善於守拙」、「決不当頭」、「有所作為」がその二八字だが、それぞれの意味についてはここでは一つ一つ再論しない。

ここで主題となるのは四つ目の「韜光養晦」である。『三国志』の有名な話だが、劉備と曹操、この二人の関係についての故事がある。劉備は自分の勢力が弱い時には、曹操に擦り寄って自分の力を隠して庭で野菜など作って、曹操に従う姿勢をとっていた。それに対して曹操はまったくぼんやりしていたわけではなく、劉備の活動をよく見ていた。ある日、二人で食事することになったのだが、食事をすると当然お酒が出てきて、少し飲みながら一問一答を繰り返すという場面がある。曹操が劉備に向かって次の時代のリーダーになるのは一体誰だろうと問いかける。劉備には野心があったわけだが、今は身を潜めているときなので、「いや、そのようなことを言われても、張さんかもしれないし、李さんかもしれないし、田中さんかもしれない」と、とぼけていた。ところが曹操が「いや、そんなことはない。山田さんかもしれないし、田中さんかもしれない。次の時代のリーダーは二人しかいない。俺かお前だ」と、面と向かって言った。劉備は面食らって箸を落とした。自分の野心を曹操に見抜かれたと思って箸を落としたわけだが、非常に運の良いことにその時に雷が鳴り、雷に驚いて箸を落としましたと言い訳でき、曹操は劉備の小心さに安心してその後しばらくは疑いをもたなかったという挿話である。これはあくまで劉備の戦術で、やがて時機が来て自分の勢力が強くなったときに、劉備は自分の国を立ち上げたのであった。「能ある鷹は爪を隠す」という同じ意味の言葉が日本にもあるので、この言葉は東アジア世界では容易に共通理解がもてると思う。アメリカでこの話をしても、能力があるのになぜ隠す必要があるのかと言われ、あまり理解してもらえない。鄧小平が策定した二八字方針のなかでも、この「韜光養晦」が外交政策の象徴的表現になった。江沢民時代にもこの政策は維持された。江沢民は外交政策について特に米国と対立はしないという立場を鮮明にし、基本的には鄧小平が敷いた路線を踏襲していたといえる[11]。

中国外交の現在――現代化かナショナリズムか

二〇〇二年には外交に関する中国国内の論壇で、「韜光養晦」政策を守り続けるのか否かが実に頻繁に議論された。ブッシュ政権になって米国の単独行動主義と強硬な外交路線がますます明確になり、台湾もいっそう独立の傾向を強めていた。このような現実を前にしても、いやむしろこのような状況だからこそいっそう、当面はやはり現代化、つまり経済優先の姿勢を貫くべきだという意見が一方にあった。しかしその一方で、中国がすでに相当な経済的実力といっそうの潜在力をもっていることがすでに世界で周知のことになり、中国脅威論さえ声高に語られ、しかもそのせいで、例えば外国が台湾へ肩入れするなど、いろいろな形で中国の主権が侵されたり経済的利益が侵害されるようなことが頻繁に起こっている現在、今までのような政策を続けてよいのかという意見も強く主張された。この二つの考え方のディレンマで中国の外交政策は揺れ始めていた。胡錦濤現総書記に代表される新世代、第四世代と呼ばれる指導層は外交政策の決定において、当然こうした潮流に規定されることになる。この第四世代の指導層の特徴は、政策決定の際プラグマティックに現実的な判断を下すことである。それは同時に胡錦濤総書記に顕著なように、技術官僚出身の指導者が非常に多いこととも関係している。[17] こうした高等教育を受けた世代の台頭が中国政治におけるミクロ・レベルの変化として指摘できる。そして、指導層の質的変化というこの要因は、中国の外交政策に与える影響力の大きさゆえに見逃すことができないのである。

九・一一以後の米中関係

冷戦終結後、米国はまさに唯一の超大国となった。米国の外交政策決定者が世界を見渡したところ、ソ連はすでに解体しており、米国に挑戦しうる可能性をもった国は中国のみであると認識された。こうして米国は、外交政策上きわめて大きな調整を行うことになった。米国は自分の超大国としての存在を脅かす国の存在を許さないという方向にはっきり外交政策を調整したのである。中国は将来的に米国に対抗しうる潜在的な勢力と見られている。ライバルを捜してその芽を早めに摘むという米国のやり方は今に始まったことではない。かつて一九八〇年代は、ジャパン・バッシングの時代であった。当時日本の経済力は米国にとって脅威と映ったので、日本たたきの潮流ができあがった。今日米国にとって日本は脅威でもなんでもない。その時代が終わると、米国では今度は中国脅威論が台頭してくる。現在のブッシュ政権の外交政策は、アメリカ国内の中国を脅威とする世論の高まりと決して無関係ではない。

このようにブッシュ政権において、中国が新たな脅威として浮かび上がってきた。ブッシュ政権にとってそれは基本認識にさえなった。ブッシュ政権が成立すると、二〇〇一年四月にはＥＰ３の事件が起きた。中国沿岸をスパイ偵察していたアメリカの軍用機が中国の戦闘機と接触して中国機は墜落し、米軍機は海南島に緊急着陸したという事件である。[18] この事件をめぐって、長い間緊張した交渉が続いた。軍事衝突の可能性さえささやかれ、中国と米国の外交関係は非常に深刻となった。もっともこの交渉の結果、米中双方が軍事的緊張が好ましくないと感じ取るようになる。しかし、緊張の回避はこの時点ではあくまでムードでしかなかった。それが大きく転換するきっかけが九・一一の同時多発テロである。中国が将来の脅威であるという基本認識を変更しないまま、米国は九・一一の後、脅威の優先順位を並べ替えた。こうして、米国にとって一番の脅威は中国ではなくなるのである。テロリズム――恐怖主義と中国語では言う――こそが、米国にとって真の脅威、最も重要な脅威であると認識され強調されるようになる。その意味では、九・一一は大きな契機となった。もっとも、九・一一だけで変わったわけではなく、それに先立つ出来事と経緯があって九・一一はきっかけを与えたのである。九・一一以後、米国は外交政策を調整して、いかにして反テロリズムの国際的協調関係を作るかということに精力を傾注するようになる。中国も米国のこの変化に対応しながら、米国との接触の仕方を調整していくことになった。

ブッシュ政権が誰を新たな脅威として認識したかは、二〇〇二年の一般教書演説で「悪の枢軸」という言葉を使って、イラクと北朝鮮、イランを名指ししたことから明らかであろう。こうして新たな脅威がいったん確定されると、米国にとってはどの一つの問題をとっても、中国の協力が不可欠だということが強く意識されるようになった。中国は安全保障理事会常任理事国であり、その一票は重要である。イラク戦争のときにフランスとロシアはイラク攻撃に明確に反対したし、場合によっては拒否権の行使までちらつかせた。中国は反対に近い立場をとっていたけれども、拒否権についてはあまり立場を明確にしなかった。中国は投票になれば棄権するつもりだったとも言われている。中国の存在はこのように到底無視し難いものである。イラク戦争についてみれば、結果的に米国は英国とともに攻撃を決定して戦争にいたったが、いずれにせよ中国の協力が米国にとって重要であることには変わりがない。イラク戦争が終わって、朝鮮半島危機についても米国は中国の重要性をいっそう強く認識している。北朝鮮に対してエネルギー、食料、さまざまな物資を実際に提供しているのは中国である。米国が北朝鮮に対しどのような姿勢をとるにせよ、中国の支持、協力は不可欠である。米国にとっては、自らの脅威に対抗するにあたって、中国は外交的に非常に重要に

なってきている。同時に中国も米国のこの認識の変化を強く意識しながら外交政策の調整を行っているのである。(19)

安全保障面では米国は唯一の超大国であり、ＮＡＴＯが束になっても勝負にならないような軍事力をもっている。中国はあえて米国と対抗するという危険を冒せない状況にある。中国にとって一番大事な外交問題は台湾問題であるが、米国は台湾問題に係る最も重要な要因だからである。米国の支持がなければそもそも台湾問題は存在してない。台湾問題は中国にとってはアメリカ問題なのであり、この問題を処理するためには、中国は米国との協調を必要としているのである。

米中関係は現在、相互に不断の調整過程にある。二〇〇三年一二月、訪米した温家宝首相との首脳会談後の記者会見で、ブッシュ大統領が台湾の住民投票に警告を与えたことは、この調整の延長線上で考えるべきであろう。もっとも、第一〇章で示すとおり、ポスト冷戦時代の国際政治、特に東アジアにおける権力シフトを筆者は「二つの上昇」と「二つの下降」と理解する。その意味するところは、米国と中国の上昇であり、日本とロシアの下降である。米中両国はまさに上昇する二つの国である。上昇する、つまり実力を高めつつある国は往々にして国際秩序に対して新しい要求を突きつける。これはもとより実力に基づいた要求である。この二つの上昇する国家が向き合っているのだから、そこに摩擦が生じるのはある意味では自然なことであろう。双方がこうした摩擦をどうコントロールするのかという問題に対峙し続ける時期は、なおしばらく続くと予想される。

原註

(1) 筆者 'Modernization, Nationalism, and Regionalism in China,' in Steven W. Hook, ed., *Comparative Foreign Policy*, New Jersey: Prentice Hall, 2002, pp. 67–68を参照。

(2) Yun-han Chu and Jih-wen Lin, 'Political Development in the 20th Century Taiwan: State-Building, Regime Transformation and the Construction of National Identity,' in Richard Louis Edmonds and Steven M. Goldstein, ed., *Taiwan in the Twentieth Century: A Retrospective View*, Cambridge: Cambridge University Press, 2001, p. 128 を参照のこと。

(3) 二〇〇〇年六月、台湾立法院における筆者の聞き取り調査による。

(4) David Murphy and Maureen Pao, 'A Place to Call Home,' *Far Eastern Economic Review* (5 July 2001), p. 56.

(5) 李登輝の「戒急用忍」政策については、Tun-jen Cheng, 'Limits of Statecraft: Taiwan's Political Economy under Lee Teng-hui,' Paper presented at the Conference at Wake Forest University, North Carolina, 14–15 September 2001, p. 24 を参照。

(6) 両岸間の交流の良い例の一つは台湾海峡をまたぐ才能の流れである。Tse-Kang Leng, 'Economic Globalization and IT Talent Flows Across the Taiwan Strait: The Taipei/Shanghai/Silicon Valley Triangle,' *Asian Survey*, Vol. 42, No. 2 (March/April 2002), pp. 230–250.

(7) 『人民日報』二〇〇〇年三月一九日、第一面。

(8) 『人民日報』二〇〇〇年一月二六日、第一面。

(9) James Mann, *About Face: A History of America's Curious Relationship with China, from Nixon to Clinton*, New York: Alfred A. Knope, 1999, p. 330.

(10) ポスト冷戦時代における主要国間の関係の変化を論じたものとして、筆者 'The Shift in Power Distribution and the Change of Major Power Relations,' in Quansheng Zhao, ed., *op.cit.*, 2002, pp. 49–50 を参照。

(11) 「ブルーチーム」とは「議員、議会職員、シンクタンク研究員、共和党の政客、保守ジャーナリズムの論客、台湾ロビイスト、元情報要員や学者たちの緩やかな同盟」である。David Shambaugh, *Modernizing China's Military: Progress, Problems, and Prospects*, Berkeley: University of California Press, 2002, p. 347. また、Robert G. Kaiser and Steven Mufson, 'Blue Team Draws a Hard Line on Beijing: Action on Hill Reflects Informal Group's Clout,' *Washington Post*, 22 February 2000, p. A 1 を参照。

(12) Denny Roy, op. cit., 2003, p. 238.

(13) 'Leading Conservatives, Foreign-Policy Experts Call for the Defense of Taiwan' と題されたこの政策提案書は、一九九九年八月二四日に公開された。The Heritage Foundation: Policy Research & Analysis <http://www.heritage.org/Press/NewsReleases/nr082499. cfm> (最終閲覧日二〇〇四年七月一一日) を参照。

(14) 中国市場の顕著な拡大については、David M. Lampton, *Same Bed Different Dreams: Managing U.S.-China Relations* 1989–2000, Berkeley and Los Angeles: University of California Press, 2001, pp. 113–116 を参照。

(15) この問題については『コリア・ヘラルド』紙の以下の社説を参照されたい。[Editorial] 'Human rights of N.K. refugees,' *Korea Herald*, 6 September 1999, from Korea Herald <http://www.koreaherald.co.kr/news/1999/09/-01/19990906-0318. htm> 〔ただし二

○○四年七月一一日時点で閲覧は不可能だった〕。

(16) John Wong and Sarah Chan, 'China–ASEAN Free Trade Agreement: Shaping Future Economic Relations,' *Asian Survey*, Vol. 43, No. 3（May/June 2003）, pp. 507–526.

(17) この傾向の詳細な分析については、Hong Yung Lee, *From Revolutionary Cadres to Party Technocrats in Socialist China*, Berkeley and Los Angeles: University of California Press, 1991.

(18) Mel Gurtov, *Pacific Asia? Prospects for Security and Cooperation in East Asia*, Lanham, MD and Oxford: Rowman & Littlefield Publishers, 2002, p. 101 を参照。

(19) 朝鮮半島における核危機に対する中国の影響力の重要性については、Murry Hiebert and Susan Lawrence, 'North Korea: Powell Says "No",' *Far Eastern Economic Review*（8 May 2003）, pp. 18–19 を参照されたい。

訳註

〔1〕 英語で Oversea Chinese と表現すると一括りになってしまうが、中国語では「華人」と「華僑」を区別して用いる。現地国籍をもつ中国系を「華人」と呼び、中国籍を維持している者を「華僑」と区分する。中華人民共和国では「華人」よりも「華裔」という言葉の方が使用頻度が高いようである。シンガポールやマレーシアなどでは自称として「華人」が用いられている。

〔2〕 二〇〇五年末現在、中国と外交関係のある国は一六五、台湾と外交関係をもつ国は二五である（参考とした資料：中国外交部政策研究室編『中国外交二〇〇六年版』世界知識出版社、二〇〇六。共同通信社『世界年鑑二〇〇四』）。

〔3〕 「二〇〇〇年三月の台湾の総統選挙に先立って中国は台湾白書を出して台湾の選挙に圧力をかけた。この台湾白書で中国が台湾に対して武力行使をする際の条件に大きな変化が加えられた。今まで条件はたった二つだった。一つ目はもし台湾が独立を宣言したら武力を使用するというもの。それから二つ目はもし外国勢力が台湾を占領したり台湾に干渉した場合には武力を使用するというもの。この二つの条件だけだったわけだが、〇〇年二月の台湾白書（「一つの中国の原則と台湾問題」）では、もし統一のための対話や話し合いを無期限に延期するならば武力行使がありうるという条件が加わった。確かに大きな変化だったわけだが、この三つ目の条件は実際にはあまり深刻に受けとめられてはいない。台湾ではその真実味に疑問がもたれている」（二〇〇二年五月一五日の新潟大学法学会研究会における著者の報告より）。

〔4〕 陳水扁総統は二〇〇二年八月三日、「東京で開かれた台湾独立派団体の年次総会で、台湾からインターネット中継で講演し、中国と台湾を『一辺一国（それぞれ一つの国）』とした上で、台湾の将来を決める住民投票の立法化の必要性に言及」した（引用は

共同通信社『世界年鑑二〇〇三』より）。

〔5〕　二期目のブッシュ政権でも、副大統領、国防長官に変更はないが、ライス国家安全保障担当大統領補佐官は国務長官に異動した。コリン・パウエル、リチャード・アーミテージ、ポール・ウォルフォウィッツ、マイケル・グリーンなどはすでに政権を去っている（なお、二〇〇六年一一月八日、ブッシュ大統領は、ドナルド・ラムズフェルド国防長官の辞任を発表した）。

〔6〕「中国の対北朝鮮政策には方向の違う二つのベクトルがあると思います。それはそのまま二つの問題があるということなのです。中国は北朝鮮問題については自己の利益をもっています。中国は北朝鮮の崩壊を望んではいない。これは中国にとって最悪のシナリオです。そんなことになれば大量の難民がいちばん流れ込んでくる先は中国ですし、北朝鮮の経済崩壊は中国経済にとってもマイナスになります。また、最悪の事態でアメリカが侵攻することになれば、米軍が鴨緑江の南側に駐留する可能性も生じ、これはもちろん望ましいことではありません。アメリカや西側が経済制裁をかけすぎて、その結果北朝鮮の崩壊が生じないよう、中国はブレーキをかけ続けるでしょう。他方、北朝鮮の核武装に、中国は徹底して反対することになるでしょう。これは何よりも中国自身にとって安全保障上の脅威になるからです。またこの点では、アメリカ、日本、ロシア、韓国を含む周辺諸国が一致しています。核武装した北朝鮮はどの国にとっても脅威となるからです。北朝鮮に核開発を思いとどまらせるために圧力をかけることについては、中国は積極的に協力するはずです。北朝鮮に対してかかりすぎる圧力を和らげるというのが最初のベクトルですし、北朝鮮に対する圧力に協力するのが、後者の核武装をめぐるベクトルです。おそらくはこの二つのベクトルの範囲内で、中国が北朝鮮に対してとる政策の範囲は決まっていくものと思われます」（二〇〇三年六月二四日、著者談）。

〔7〕　上海ファイブはロシア、中国に加え、カザフスタン、クルグズスタン（＝キルギス）、タジキスタンの中央アジア三カ国による第一回首脳会議が一九九六年に開かれたことに始まるが、その成り立ちは、八八年から次官レベルで開始された中ソ間の国境画定交渉にある。「東部国境画定協定」が九一年五月に調印されたのに対し、同年のソ連の崩壊により破綻する可能性もあった西部国境に関する交渉を、九二年以降ロシア、中国と中央アジア三カ国の間で進めることが合意され、信頼情勢措置に関する協議と合わせて定期的な首脳交流に発展していった。上海ファイブでは、イスラム武装勢力に対するテロ対策での協力などが協議された。二〇〇〇年七月の第五回首脳会談では、江沢民・プーチンの初の首脳会談も行われ、「ドゥシャンベ宣言」が採択された。この会議から、ウズベキスタンがオブザーバーとして参加するようになった。この時点でタリバン包囲網としての意味をもつようになったといえる。〇一年六月の第六回首脳会議では、ウズベキスタンの正式参加を得て、上海協力機構への格上げが決定された。上海ファイブは独立国家共同体（ＣＩＳ）による安全保障に好意的なカザフスタン、クルグズスタン、タジキスタンの三カ国だけだったのに対し、上海協力機構にはＣＩＳに距離をとるウズベキスタンが加入しているという点で、性格の違いがある

（参考とした論著：岩下明裕「上海プロセスの軌跡と展望——ソ連崩壊から機構設立まで」『ロシア研究』三四号、二〇〇二）。

〔8〕　日本と北朝鮮は一九九〇年代の初めに、関係正常化のための八回の会談を行ったが不成功に終わり、当該交渉は九二年一一月以来中断されたままだった。日朝国交正常化交渉は〇二年九月の小泉訪朝を受けて一〇月に開催されたが、拉致被害者家族の帰国問題や核開発問題をめぐって膠着状態に陥った。〇三年八月の六カ国協議の折りに、一〇カ月ぶりに日朝協議が行われ、その後数回の協議が続いた。小泉首相は〇四年五月に再び北朝鮮を訪問した。

〔9〕　二〇〇六年一〇月九日、北朝鮮中央通信が地下核実験の成功を表明した。同三日の同国外務省による実験予告声明後、安保理が制裁を警告し、中国が自制を求めるなかでの出来事だった。これは北朝鮮が瀬戸際政策を越えて現実の核保有を志向するようになったことを意味する。この行動がNPT体制への挑戦を意味することは言うまでもないが、NPT脱退という経緯をもつ北朝鮮のケースは、インドやパキスタンに比べてもいっそう挑発的である。中国外交部は九日、「（北朝鮮は）粗暴にも［悍然］核実験を行った。中国政府はこのことに断固として反対する［堅決反対］」と声明を出した。「堅決反対」も強い表現には違いないが、「悍然」はいっそう厳しい批判の意味を含んでおり、友好国である社会主義国に対して中国がこの言葉を使うのは、きわめて異例（例えば、「悍然」はかつて一九九九年五月のNATO軍の旧ユーゴの中国大使館誤爆事件に際して使われたことがある）である。六カ国協議の議長国としての外交努力を踏みにじられたに等しい中国は、最大級の不快感を示したことになる。中国は相応の制裁に傾いているが、強すぎる制裁による北朝鮮の崩壊と難民の流出は中国にとって最悪のシナリオであるというディレンマをかかえている。今回の北朝鮮の核実験は、北朝鮮の核保有阻止を目的としてきた六カ国協議の枠組みそのものを空洞化させるかも知れない可能性をはらんでいる。

〔10〕　小泉首相は在任期間中に、二〇〇一年八月一三日、〇二年四月二一日、〇三年一月一四日、〇四年一月一日、〇五年一〇月一七日、〇六年八月一五日と、合計六回の靖国参拝を行った。〇二年四月の靖国参拝の影響で、（日中国交正常化三〇周年の）同年九月に予定されていた首相の公式訪問は延期され、両国首脳の相互訪問は、それ以後、安倍政権の成立まで途絶えた。

〔11〕　中国の外交史では、建国後の各時代の中国外交を例えば次のように整理している。五〇年代初から六〇年代初は『一辺倒』的聯蘇反美戦略」（向ソ一辺倒で反米）、六〇年代初から七〇年代初は「反帝反修的戦略」（反帝国主義・反修正主義）、七〇年代初から八〇年代初は「『一条線』与聯美反蘇戦略」（反ソ統一戦線と米中接近）、八〇年代初から八〇年代末は「和平与発展的全方位外交」（独立自主の平和外交政策）、八九年以降は「『韜光養晦、有所作為』的跨世紀外交」（「能力を隠して、何らかの成果をあげる」世紀をまたぐ外交）と表現される。楊公素『当代中国外交理論与実践』（励志出版社、二〇〇二、香港）を参照されたい。なお、「二八字方針」については、本書第三章（五〇頁）を参照。

第十章　ポスト冷戦時代の権力シフトと胡錦濤政権の外交政策

ミクロ・マクロリンケージアプローチの理論モデルのもとに、国際政治、特に東アジアにおけるポスト冷戦時代の権力シフトは「二つの上昇」と「二つの下降」という枠組みで理解できる。本章ではまず、具体的な統計資料や数値を挙げて、この二つの上昇と二つの下降について詳しく紹介する。次にこの権力シフトを踏まえて、本書全体のまとめとして、胡錦濤新政権の外交政策の可能性について分析を行う。分析は、ミクロ・マクロリンケージアプローチに依拠する。胡錦濤外交の抱えるディレンマについては、現代化とナショナリズムという視点から論じることになろう。新政権の外交政策にはまた、中国の指導層の交代という権力／体制マクロ構造の変化として考察すべき面もある。

ポスト冷戦時代の権力シフト

本章ではミクロ・マクロリンケージアプローチという理論モデルのもとで、中国の実力の向上——経済的な意味でも政治的な意味でも——が周辺国にいったいどのような影響を与えているのかということに優先的な関心を払うこととしたい。

東アジアの国際関係と地域社会形成の努力は、ポスト冷戦時代の開始以来、この地域の権力関係の配置によって大きく影響されてきた。一九八〇年代後半の冷戦の終結、さらにソビエト連邦の崩壊が、アジア・太平洋地域の主要な権力関係の配置に大きな影響を与えてきたと一般には信じられている。新しい世界システムを中国の研究者は「一超多強」と表現する。この単一軸の国際構造において、米国は唯一の超大国として、ＥＵとロシア、中国、日本を含む複数の大国に相対している。この新しい権力分布は、一九七〇年代と八〇年代のほとんどを通じて支配的だったいわゆる「北京―モスクワ―ワシントン」戦略的トライアングルに取って代わっている。

こうした権力分布における変化は、この地域における新しい主要な権力関係を発生させ、中国と日本、ロシア、米国それぞれの間の二国間関係を再定義している。一九九〇年代の初めからはっきりしてきたこの権力分布の再配置を筆者は「二つの上昇」と「二つの下降」と呼ぶことにする。この二つの上昇と二つの下降が筆者が考える冷戦後一〇年間の国際政治における基本的な権力シフトである。(1) 二つの上昇とは中国と米国を、二つの下降とはロシアと日本を意味する。

冷戦時代の米ソ双極体系は、ポスト冷戦の時代には単極体系に変化した。つまり冷戦時代には二超大国だったが、冷戦が終わった途端にソ連は今までの矛盾が噴出して解体してしまい、ロシアは諸大国の一つに過ぎなくなってしまった。ロシアが急速にその国力を弱めたのに対して、米国は唯一の超大国として世界に君臨するようになった。その意味で、米国とロシアについては非常にあからさまな形で米国がアップし、ロシアがダウンするという現象が指摘できる。中国と日本については、これは主に経済面に見られる。つまり中国の経済規模が急速に拡大したということ、同時に依然として世界第二位の経済規模を誇りながらも日本の経済的地位の後退が明らかなこと、この二つの現象を中国のアップと日本のダウンと表現する。これを実証するためには後述するように、国民総生産値、総貿易額、あるいは海外からの直接投資の受入額などの数値を用いることができる。いずれにせよ、中国が目に見えて経済力を向上させたのは事実であり、そのことが中国脅威論の背景にはある。他方、一〇年以上にわたって日本の経済発展がストップして非常に停滞した印象を与え、そのことが日本の国際的な影響力を削いでいることも事実である。

「二つの上昇」の内実はどのようであろうか。唯一の超大国に米国が上昇したため、ワシントンは国際社会の四つの次元――政治、戦略、経済、技術・文化――で支配的役割を獲得した。このように米国の影響力は圧倒的であり、それとの関連を考えることなしに、東アジア地域の二国間関係を検討することは難しい。同じように中国もその立場を強めつつある。経済改革と開放経済体制を採用し始めた一九七八年以来、中国はめざましい経済実績を達成している。高い経済成長率を維持し（年率一一～一二％から七～八％へ減速したとはいえ）、アジア金融危機の影響も受けなかった。[2] この実績は地域紛争や国際社会に対する中国の影響力を大きく向上させてもいる。GDPで見ると、中国は現在世界第七位である。[1] もともとは一〇位以内にさえ入っていなかった。GDPで見る限りまだ第七位であるが、PPP（＝実質購買力）で見ると、IMFの観点では中国はすでに世界第二位で日本を超えていることになる。[3] ただ中国は外交的には非常に聡明であるので、こうしたことはあえて宣伝したがらない。国際社会に対して、いたずらに自らの経済力を誇示したりはしない。しかしいずれにせよ、中国の存在は非常に大きくなっている。そしてそのことは誰の目にも明らかなほどである。

「二つの下降」の内実はどのようなものであろうか。一九九〇年代初めのソビエト連邦の解体にともなって、ロシアはあらゆる面での大きな後退を経験し、以前の地位への復帰や地域的な影響力の回復には長い時間がかかるであろう。日本の下降の性格は、それがただ経済的な面にのみ現れており、韓国や東南アジアに降りかかった大規模な金融危機が生じたことによるのではなく、なだらかに引き続いた経済的後退の結果に過ぎないという意味で、ロシアの場合とはまったく異なっている。

国内総生産・貿易総額・総海外投資

以下の四つの表はこれらの「上昇」と「下降」の動態を示している。ロシアの経済的下降は明らかであるが、ロシア関連のデータの一部には相互に矛盾するものがある。したがって、表は中国、日本、米国に関するもののみを示してある。これら三つの国のGDPについての可能な限り最近一〇年のデータを見ると（表10－1を参照）、米国が堅実な成長を維持しているのに対し、中国の米国や日本に対する後進性は、日米間の差が拡大したことで目に見えて減少している。より特徴的なことには、一九九一年のGDPと比較すると、日本が米国の約五八％だったのに対し、中

表10-1　国内総生産の米・中・日比較
（1991-2001）（単位：10億ドル）

年	米国	中国	日本
1991	5916.7	406.1	3413.9
1992	6244.4	483.0	3725.5
1993	6558.1	601.1	4292.8
1994	6947.0	540.9	4700.3
1995	7269.6	697.7	5144.1
1996	7661.6	815.4	4591.2
1997	8256.5	898.2	4313.2
1998	8728.8	946.3	3940.5
1999	9237.0	991.4	4499.6
2000	9837.4	1079.9	4841.6
2001	10171.4	1159.0	4245.2

参考：World Bank, World Development Indicators: http: //devdata. worldbank. org/data-query/

表10-2　総貿易額の米・中・日比較
（1991-2001）（単位：10億ドル）

年	米国	中国	日本
1991	930.1	135.7	552.4
1992	1002.1	165.5	573.2
1993	1068.2	194.1	603.9
1994	1201.8	236.7	672.3
1995	1355.6	277.9	779.2
1996	1447.1	290.1	760.1
1997	1555.3	325.0	759.5
1998	1592.1	317.7	625.7
1999	1639.2	381.3	774.5
2000	1787.3	512.6	803.5
2001	1841.8	647.9	898.1

参考：Economist Intelligence Unit, London, 4 Q 1998, 1999, 2000, 2001.

国は米国の約七%、日本の約一二%であった。だが一〇年後の二〇〇一年には、中国のGDPは米国の一一%に増大し、日本の二七%になっている。同時に日本のレベルは米国に対して相対的に低下し、大まかに言って九一年の五八%から〇一年の四二%に縮小しているのである。

同様の傾向は同じ一〇年間の貿易総額の比較からも観察される。総貿易額における中国の米国や日本に対する後進性は、一九九一年と二〇〇一年を比べてみると、米国に対しては七倍の格差から三倍に、日本に対しては四倍の格差から二倍以下に縮まっている。同時に日本の総貿易額は米国との比較では、九一年の約六〇%から〇一年の四九%に縮小している（表10－2を参照）。

同じように、米国は一九八〇年代末から九〇年代末まで、海外直接投資の最大の受け入れ国であり、その経済的好調のエネルギーとなっている。米国の受け入れる海外直接投資は九〇年の四八四億ドルから九九年には三〇一〇億ドルへと堅実な成長を見せている。中国と日本はこの一〇年間に異なった道筋を歩んだ。日中両国は九〇年には海外直接投資の受入額においてほぼ同じレベルであった。九年後に中国が三八八億ドルと一一倍に成長したのと対照的に、日本に対する海外直接投資は九九年にわずか一二三億ドルにとどまり、米国や中国にはるか後塵を拝している（表10－3を参照）。海外直接投資に対する需要という点で、日本と中国はまったく異なった経済成長の道筋をたどったといえる。また他方で、中国と米国がこの面で同方向に成長の経験をしたことを見て取ることができるのである。

表10-3　海外からの直接投資の米・中・日比較（1990-1999）（単位:10億ドル）

年	米国	中国	日本
1990	48.4	3.5	2.8
1991	22.8	4.4	4.3
1992	18.9	11.0	4.1
1993	43.5	27.5	3.1
1994	49.9	33.8	4.2
1995	60.8	37.5	3.3
1996	79.9	42.4	3.2
1997	105.6	44.2	3.2
1998	178.2	43.8	3.3
1999	301.0	38.8	12.3

参考：World Bank, World Development Indicators: http: //devdata. worldbank. org/data-query/

表10-4　1人当たりGDPの米・中・日比較（1991-2001）（単位:10億ドル）

年	米国	中国	日本
1991	23421	354	27557
1992	24450	415	29979
1993	25406	508	34449
1994	26658	427	37632
1995	27636	584	41975
1996	28863	670	36521
1997	30263	733	33231
1998	31488	773	29900
1999	32875	704	30986
2000	34369	752	32683
2001	35462	809	36581

注：数値は実質購買力に換算されたものではない.

出典：Japanese Ministry of Economy, Trade, and Industry; US Department of Commerce.

ジャパン・ナッシング

ここで日本について触れてみると、一九八〇年代半ばの日本に対する国際社会、特に米国の対応はまさに、ジャパン・バッシングというかたちで現れていた。つまり、誰が次の世界のスーパーパワーかと考えると、日本の経済力がアメリカの覇権的地位に取って代わるのではないか、そんな可能性が真剣にささやかれた時代背景がそこにはあった。しかし、時代の流れは非常に早く、ジャパン・バッシングから、今は日本を素通りするジャパン・パッシング、そしてジャパン・ナッシングになるのではないかという不安が語られる時代になっている。九八年にクリントン大統領が中国を訪問したときに、帰りに日本を素通りしてアメリカに戻ってしまうということがあったが、これはジャパン・パッシングの典型であるかもしれない。いずれにせよ、日本の影響力の低下によって、ジャパン・バッシングの時代は終わりを告げたのである。逆に、今日では、まさにジャパン・バッシングの時代からチャイナ・バッシングの時代に変わったといえる。

「二つの上昇」と「二つの下降」という権力シフトが日中関係に与えた影響を分析するとき、以下の三つのポイントに留意しなければならない。第一に、中国の上昇する勢いは積極的で全般的な傾向を示している。だが、より詳細に見てみると、中国の状況は相当に脆弱でもある。国有企業改革、深刻な腐敗を伴った沿海地域と内陸地域の不均衡は言うに及ばず、もし北京が変化のペースに対するコントロールを失うなら中国の発展を遅らせるだけでなく、内的な無秩序に陥るようなその他の多くの問題など、多様な国内的困難が広まっていることを無視することはできない。

第二に、すべては相対的に見る必要がある。経済的下降にもかかわらず、日本は依然として世界第二位の経済大国である。さらに、一人当たりのGDPに目を向ければ、中国は日本にも米国にもはるかに及ばない（表10－4を参照）。中国の一人当たりのGDPは一九九一年から二〇〇一年に二倍以上になったが、九八年の中国の一人当たり七七三ドルは、日本の二万九九〇〇ドルや、米国の三万一四八八ドルと比べて、中国がなお発展途上国であることを示す明瞭な指標である。

第三に、日本の減速は経済面に限られており、ソビエト帝国の崩壊によって引き起こされたロシアの全般的な、つまり経済的、政治的、戦略的、技術的・文化的下向とは異なっている。引き続く経済的後退にもかかわらず、日本は韓国や東南アジアを襲った大規模な金融危機を回避することにも成功した。

さらにいくつかの指標は、一九九〇年代の終わりから、日本経済が回復を始めたことを示している。日本のGDPは一九九八年（三兆九四〇五億ドル）から二〇〇一年（四兆二四五二億ドル）にかけて成長を示した。もっとも専門家のなかにはこれが本当の回復なのか疑う人もいる。実際、日本経済の回復の見込みについて厳しい見方もある。事実、日本の経済財政相兼IT担当相〔当時〕麻生太郎は、〇一年四月に悲観的な予測に立って、産業アウトプットと企業投資が悪化し、経済が弱くなっていることから、回復はそう早くないであろうという見解を示している。

他方で、前述のとおり日本が依然として世界第二位の経済規模を誇っていることは認識しなければならないし、多くのアナリストは、日本がすでに空前絶後の経済革命を経験し、再び勃興すると推測している。こうした楽観主義は、二〇〇一年四月の小泉純一郎の与党自民党総裁選出と、日本国総理選出によって拍車がかかっている。彼は日本の下向傾向を逆向きにするために経済的、政治的改革を主導すると誓ったからである。

したがって、上昇と下降のダイナミクスは相対的であり、一九九〇年代初めから二〇〇〇年代初めの過去一〇年間を反映するにとどまる。現時点でこの傾向がどのくらい長く続くかを予想することは難しい。各国は今後、さまざまな上昇と下降を経験するに違いない。上昇中の国が上昇し続け、下降中の国が今後も下降し続けるという確証はどこにもない。ただ、少なくともこの一〇年間の二つの上昇と二つの下降は、この地域の権力配置に影響を与えてきたし、東アジアにおける地域的なリーダーシップ、特に日本と中国によって演じられる役割を再定義する決定的な要因となっている（例えば前章で言及した東アジア共同体をめぐる日本と中国のつばぜり合いは、この枠組みのなかでその位置が理解されよう）。こうした変化の衝撃は、経済的、政治的、そして戦略的要因との関連において分析されうるのである。

胡錦濤政権の外交政策

最後に本書の締めくくりとして、胡錦濤政権の外交政策の可能性と限界について、一定の分析を行うこととしたい。二〇〇二年一一月、第一六回党大会において胡錦濤は中国共産党総書記に選出され、中国の「最高指導者」となった。〇〇三年三月の第一〇期全国人民代表大会第一回会議では国家主席に選出され、国家元首に相当する地位に就いた。〇四年九月には党中央軍事委員会主席に選出され、党、政府、軍の三権を掌握し、名実ともに中国の「最高権力者」の地位に立ったといえる。このことは同時に、現領導グループの「領導核心」となったことを意味した。

胡錦濤は総書記就任時点で六〇歳、中国流にいえば若い指導者である。(4) 略歴を追ってみると、胡錦濤はまず非常に良質の教育を受け、豊富な仕事の経歴を持った人物であると見ることができる。胡錦濤の家系は安徽省の商家（徽商）で、生家はお茶の売買をしていた。その家庭で彼は幼少から行き届いた教育を受けることになる。やがて清華大学に入学し、地質や水利を勉強したことはよく知られている。もちろん、文化大革命にも参加した。その後は、地方の幹部として、特に辺境でいろいろな経験を積んでいくことになった。一九六五年に清華大学を卒業した後は、しばらく母校に残り、その後水利部に就職した。七四年以降は甘粛省で党務に就くが、ここで当時の省党委員会書記で後に政治局員になる宋平に見出され抜擢されることになる。八二年には、中国共産主義青年団の中央書記局書記に選出された。共青団は中国の政治世界で地歩を固めていく指導者の重要な供給源の一つであり人脈でもある。彼は宋平に見出されて、この共青団で最後は第一書記まで上りつめる。彼のもう一つの経歴はいわば封疆大吏である。つまり、彼はいくつかの省で地方の重要幹部の経験を積んだ。八五年には西南地方の貴州省の省党委員会書記に転出し、八八年にはチベット自治区で自治区党委員会書記に就任して、地方指導者として多くの経験を積むことになった。甘粛、貴州、チベットなどは非常に複雑な要素を抱えた少数民族地域であり、これらの地域での経歴は彼の政治的経験をいっそう豊かにしたはずである。九二年には政治局常務委員に抜擢され、党務を主に分掌する。また九三年には共産党の中央党学校の校長にも就任した。(5) これは人事ネットワークの根幹の一つを押さえたことを意味した。こうして中央でもさまざまな形で経験を積んでいき、九七年に政治局常務委員に再選されてからは、九八年に国家副主席に選出され、九九年には中央軍事委員会副主席にも就くことになった。このように、まさにすばらしい教育背景に基づいて、辺境地域を多く含む地方政界、さらに中央政界での長い経歴、そして軍についても一定の経験をもったうえで、ある意味では準備万端で胡錦濤は国家主席に就任したわけである。こうした経歴は、彼がこの先内政と外交でさまざまな選択をしていくにあたっての重要なバックボーンを形作っているということができる。

二〇〇二年一一月の第一六回党大会で胡錦濤総書記が新しく選出されてから、〇四年九月に党中央軍事委員会主席に選出されるまでの二年弱は、いわば権力移譲の過渡期といえた。この間、中央軍事委員会主席の地位には依然として江沢民(2)前総書記が留任していたからである。もちろん、〇三年三月の第一〇期全国人民代表大会第一回会議では、胡錦濤が国家主席に選ばれるとともに、国務院総理に温家宝[3]が選出され、胡・温新体制は胎動を始めた。〇四年九月の第一六期四中全会において、江沢民が党中央軍事委員会主席を退任し、胡錦濤がその職位を継承したことで、胡錦濤体制は政権として実質を備えたことになる。

胡錦濤政権の「二四字」外交方針

胡錦濤政権の将来の外交政策の方向は、次の三つの面、二四字にまとめることができよう。「集中経済、不搞対抗」、「区域整合、国際接軌」、「強調国益、時有貢献」。本書の第一章および第二章で、中国外交政策の決定過程について、ミクロレベルの政策決定者が複数のマクロ構造との相互関係のなかで政策決定をするというミクロ・マクロリンケージアプローチの理論モデルを詳細に提示した。マクロ構造は三種類に分類可能であり、一つが「象徴的マクロ構造」、二つ目が「制度的マクロ構造」、そして三つ目が「権力／体制マクロ構造」である。政策決定者はミクロにおける執行者として、マクロとミクロの相互関係のなかにいる。ここで八字×三成句で表現したのは、中国が置かれているマクロ構造のなかで胡錦濤政権がおそらくは打ち出してくるであろう政策の可能性である。

踏襲される鄧小平外交――集中経済、不搞対抗

「集中経済、不搞対抗」は、象徴的マクロ構造から予想される胡錦濤政権の外交政策である。それは国際的、国内的な大潮流・局面および、指導者のこれらに対する認識上の変化を含んでいる（つまり、象徴的マクロ構造は、実際に存在しているものとその存在しているものについて政策決定者がどのように認識したかの両方を含んでいるのである）。この象徴的マクロ構造の例としては、米国がまさに唯一の超大国になったことが挙げられる。また、どうしても経済の高度成長をこれからも続けなければいけないという内的な必要に中国が迫られていることもマクロ構造の内容を構成する。さらになによりも、米国が単独行動主義をとって、世界中のすべての大国が束になってもかなわない

ような軍事的な力をもっていること、これらが象徴的マクロ構造だと考えられるのである。

九・一一以前には、米国は、日本や韓国を持ち上げて中国を圧迫して、台湾に近い距離をとり、北京を遠ざけるという政策をとっていたが、すでに指摘したとおり、九・一一以後米国はこの政策を大幅に修正し、中国に接近する政策をとっている。このような背景のもとで、アフガニスタンを攻撃し、今度はイラクに戦争を仕掛けた。今は虎視眈々と北朝鮮を狙っている。東北アジアでは「抬日本、圧中国、親台北、遠北京」政策は九・一一以後は大きく修正を迫られているのが実態である。米国は台湾に独立を試みないように説得すると同時に、台湾の独立を支持せず、二つの中国も支持しない姿勢を明確にしている。もっともこれはすでに指摘したとおり優先順位のうえでの変化に過ぎない。中国があくまで潜在的なライバルであるという米国の認識は、その本音の部分ではなんら変わっていない。九・一一以後の米国の外交政策の変化が、長期的で構造的なものなのか、短期的で一時的なものなのか、議論の分かれるところだが、筆者は後者の意見である。最近この論点をめぐり国際会議が開催され、議論された[6]。結論は出ていないが、いずれにせよ、当面米国の政策に一定の修正が加えられたことは明らかである。米国が台湾に対して独立にあまり言及しないように圧力をかけているのは、こうした修正の一部を構成しているのである。このような政策の変化も、もちろんマクロ構造に規定されている。

米国の力が圧倒的だということと、中国はこの先も経済成長していかなければならないということ、これらがマクロ構造の現実である。こうしたマクロ構造の現実とそれについての認識が指導者の行動を規定していくのだが、胡錦濤政権では鄧小平・江沢民の時代に形作られた外交政策が継承されていくものと思われる。それは「集中経済、不搞対抗」[7]と表現される。経済成長に専念し、米国と事を構えないという路線が、おそらく胡錦濤政権でも踏襲されるであろう。もちろんすべての面で米国のなすがままというわけではない。しかし、大枠においては中国が置かれている象徴的マクロ構造に規定されて、胡錦濤政権が採用する外交政策の選択肢の幅はこのような方向から大きく外れないであろう。したがって、象徴的マクロ構造によって規定される胡錦濤政権の外交政策は「集中経済、不搞対抗」と表現されうるが、これは決して胡錦濤のオリジナルではない。鄧小平時代に形成された外交政策を継承したものなのである。

ASEAN＋3への傾斜と国内体制改革——区域整合、国際接軌

「区域整合、国際接軌」は、地域との関係をうまく調節し、世界に軌道を接続していく、つまり国際社会とリンクしていくという意味だが、ここで地域とは広義の東アジアのことである。制度的マクロ構造に規定されて、中国はますます地域の重要性を認識し、その結果がこの政策の採用につながる。北米にNAFTAがあり、欧州にEUがあるように、アジアでも一定の地域統合が求められる。ASEANを構成する一〇カ国に日中韓の三カ国を加えたASEAN＋3（中国語では、「十加三」）が実質的に機能し始めている。ASEAN諸国は近年域内の出来事にいっそう積極的な関心をもっており、この地域でさらにFTA（自由貿易協定）を結ぶ方向で協力を始めている。中国はここ数年ASEANに対して熱烈なラブコールを送っている。(8) 中国のこのような外交政策もまたマクロ的な構造がしからしめる選択の範囲において生じたものなのである。

この地域統合の傾向をいっそう現実化していくためには、中国にどのような条件が求められるだろうか。中国の対応はかなり積極的である。もっとも、地域統合を超えて、さらに国際社会とのリンクを確保するためには、中国は国内的にさまざまな体制改革や各種組織の体質の改善を行っていく必要があろう。さらに体制上の、制度上の、意識上の、人材上の多様なリンクの過程が必要になる。中国は二〇〇八年に北京オリンピックの開催を予定しているが、そのためにもおそらくさまざまな調整を迫られていくことになろう。この点でSARS（重症急性呼吸器症候群）騒動は、中国の体制が抱える問題点を浮き彫りにしたといわなければならない。SARSをめぐる一連の経緯のなかで、中国の体制、あるいは組織の多くに透明性が欠けており、また情報の流れの自由度が低いということが明らかになり、中国がこれらの面で非常に遅れているという実状が浮き彫りになった。それはリンクの遅れとも言い換えることがで

きる。けれども、このような現状にもかかわらず、中国は国際社会に向けてこれからも軌道を接続するためにさまざまな努力をしていくであろうし、まだ今のところは理想からはるかに遠いとしても、中国は確実にその方向に歩みを進めていくはずである。

多角外交と対日外交の調整

「区域整合、国際接軌」は、政策上は多角外交と言い換えることもできる。多角外交も胡錦濤に始まったわけではなく、もう少し長い歴史をもっている。多角外交には、周辺外交と大国外交という二つの面がある。周辺外交は中国と地理的に近い国々、つまりアジアの周辺諸国と良好な関係を築くことを目的とする。第三世界の代表として中国はこれらの国々と親密な周辺外交を繰り広げる一方で、大国として米国や日本、ロシアとの外交にも積極的に取り組んでいる。こうした周辺外交と大国外交の二側面をもった多角外交として、「区域整合、国際接軌」はある。

最近の中国では対日政策の大きな変化が可能性として語られるようになっている。社会科学の分野で有名な中国の隔月刊誌である『戦略と管理』で、二〇〇二年末から〇三年の前半にかけて、二人の著名な言論人――一人は人民日報の論説委員であり、いま一人は国際政治学者――が、対日政策を変更すべきだという政策提言をしている。[4] それは分かりやすくいえば、日本との関係を単純な二国間問題として処理すべきではなく、もっと大局的な見地に立って対日関係を改善すべきであるという提言だといえる。そこには当然経済的な協力の問題も含まれるが、日本との関係改善にあたって、靖国神社参拝や歴史問題について相当譲歩する内容も示されており、大きな議論を引き起こすに至った。ここには日本との関係を単純に日本と中国の関係として見るのではなく、中国にとっては日本こそまさに多角外交の相手、つまり周辺外交の相手であり、かつ同時に大国外交の相手であるという強い認識がある。したがって日本の価値は相対的に浮上してきている。[5] 対日外交政策の変更を提言するようなこうした意見に、中国の国際情勢に対する認識を読み込むことができる。対日関係改善を志向する流れは、小泉首相の靖国参拝に対する強烈な反応にもかかわらず、確実な底流として存在し続けている。

イデオロギーから国益へ――強調国益、時有貢献

「強調国益、時有貢献」は、権力／体制マクロ構造に規定された外交政策の方向である。胡錦濤政権は、毛沢東や鄧小平とは違って個人のカリスマに依拠するわけではない。胡錦濤にそのようなカリスマを求めるのは不可能である。もちろん受けてきた教育やさまざまな経歴による彼自身の個性が外交政策に反映されることはあるであろう。けれどもすでに、かつてのように指導者が決定すればすべてその人の思いどおりになるという時代ではなくなっている。したがって、政策などの決定は、いっそう組織的に行われざるをえなくなってきている。さらに中国では絶え間なく経済が成長し、それと同時に中産階級と呼んでよいような人々が大量に発生して意見の多様化が進んでいる。対日外交を改善すべきだという論文を二人の著名な言論人が書いたことには先に触れたが、こうした意見が出てくること自体が中国にさまざまな意見が存在することの現れである。中国ではやはり中央集権的に、政権党［執政党］である共産党が権力の中枢に位置している。けれども共産党内部の意見でさえも実際には多様でありうる。こうしたさまざまな変化の結果である多様性のなかで、どのようにバランスをとるかということに、おそらく胡錦濤政権は一番頭を痛めなければならない。胡錦濤政権における政策の決定は、こうした多様性を背景とした政策要求のインプットをいかにバランスさせるかというところに焦点が置かれることになろう。このバランスさせる諸要因のなかには、もちろん政権党である共産党も含まれる。そして、もし胡錦濤総書記がバランスを考えるのであれば、そのときにキーワードになるのが国益であろう。

またさらに、この国益を中心に据えた外交が定着していくにつれて、中国の外交政策におけるイデオロギーの価値はますます低下していくものと思われる。そこで姿を現すのは実務外交である。その一つの事例を二〇〇三年三月に新しく選ばれた外交部長に見ることもできる。李肇星外交部長は元駐米大使であり、中国外交部の生え抜きである。[6]

この人選は李部長に実務外交を行わせるという意味をもつ。彼は元駐米大使であり、したがって知米派ではあるが、知日家ではない。知米派の外交部長が対日外交を担うということは、対日外交が対米外交も含む国際的な枠組みのなかで構想されることを意味しており、同時に日本との特別な関係や背景を特に意識せず外交に取り組む可能性も含んでいる。対日外交に限って見れば、知日派だった前任の唐家璇外交部長の時代と違って、利益を中心にしてバランスをとるという実務的な発想とつながっていくことが考えられる。

重視される国内バランス

最後に「時有貢献」だが、積極的に目標を追求するのではないにしても、機会を見て可能なことを積み上げていこうという姿勢を意味する。なぜこのようなことが予想されるのであろうか。中国がいっそうの経済成長を最重要課題としている以上、今の構造はそうそう変えられない。そうであるなら、それほど創造的・革新的な外交政策が登場するとは想像し難いのである。また、中国国内のさまざまなアリーナで多様な意見が芽生えていることが無視できなくなっている。専門家の意見も含め、影響力のある意見が実際に多々あり、中国政府はそこでのバランスを求められている。それは経済、政治、軍事、中央・地方などの間のバランスでありうる。さらに、カリスマという意味での権威が指導者に備わっていない以上、政策の決定においてはよりいっそうバランスが重視されざるをえない。対日政策の提言をした二人の識者についてはすでに言及したが、この論文が発表されると同時に、インターネットには彼らを批判する意見が大量に現れている。場合によっては彼らを売国奴扱いするような言論さえ中国にはあるが、それは今まで中国社会になかった異論、反対意見というものがさまざまな回路で出現し、あるいは政策決定に影響を与えるようになっていることを教えてくれる。(9) その意味では、中国も民意や世論というものをまったく無視して外交政策を決められる時代ではなくなっているのである。反対意見は個々の国民によって個別的・直接的に表明されるだけでなく、軍や地方政府、中央政府の諸部門、あるいは共青団や婦女連などさまざまな組織、圧力団体からも表明され、政治過程にインプットされることになる。こうした組織や圧力団体自体が異論を代表する場合もあれば、組織や圧力団体のなかに異論があってそれが伝達されることもあるであろう。このような環境を考慮すれば、政策決定者は当然に受動的に動かざるをえなくなる。そして、これらの多様な意見をいかにバランスさせるかということが結局は政策決定の最大の課題になってくる。逆に言えば、決定される政策は、このバランスに大きく制約され、バランスを壊すようであればまとまりえない。外交政策の決定についても同じことがいえる。したがって、指導者はあまりリーダーシップをとるような外交はできず、個性を見せるのではなく、受動をもって主となすスタイルが基軸になっていくのではないかと思われる。

第四章で中国の政策の意思決定の仕方は、垂直的意思決定から水平的意思決定に変わってきていると指摘した。胡錦濤政権の外交政策の決定の仕方も当然のことながら水平的なものへと変わってきている。受動的な外交政策という表現を使ったばかりだが、イラク問題をとっても、表に現れた政策決定の過程では、中国は積極的に自分からなにかをしようとしなかったことが想起される。北朝鮮問題をとっても、米国が再三督促してやっと中国が腰を上げる形で推移してきている。中国には中国の制約、限界、配慮があるのは当然であろう。しかし同時に、中国には自分の利益もあり、関与の動機もないではない。二〇〇三年四月に北京で中国と米国、北朝鮮との間で三者会談が行われた。この三者会談に日本、韓国、ロシアを引き込んで六カ国協議に拡大する構想については、中国も米国とともにこれを歓迎し、実現をみた。中国の東北部、北朝鮮との国境地域で大量の脱北者が出ているが、この問題についても中国は自分から積極的になんらかの姿勢を見せているわけではない。もちろん中国には中国の困難や事情があって、自分から積極的に動けないという面も確かにある。けれどもここに示したいくつかの例からも、中国は今この時期の外交政策において受動的な姿勢を選択せざるをえないのである。そこには中国にこのような選択を促すマクロ構造が存在し作用していると判断することができる。

胡錦濤国家主席には固有の経歴があり、彼自身の性格、癖、また理想というものがあるであろうから、これからの政策のなかに彼の個性は現れてくることであろう。けれども、彼の外交的な選択肢は本書で触れたマクロ構造に規定された範囲に定まらざるをえない。結局はいっそう実務外交という性格を強めるものと思われる。彼は二〇〇二年一一月に党総書記に選ばれると、その後すぐに西柏坡[7]を訪問した。そこにある記念館の入場料は三〇元だったのだが、偉い人を案内しただけなのだから入場料を取るわけにはいかないと管理責任者が言ったそうだ。しかし、胡錦濤は費用は費用だと言って三〇元を払ったという逸話が伝えられている[10]。まさにこの事例が象徴するように、胡錦濤はこれからも実務外交を手掛けていくものと思われる。もちろん前述のとおり、胡錦濤の個性がこれから出てくる局面もありうるし、その際に彼の選好が作用することもあろう。それについては将来的に期待を込めて見つめていきたいと思う。けれども、胡錦濤政権の外交政策の大枠は、すでに中国外交と中国指導層との相互関係、言い換えれば、マクロとミクロとの相互関係に規定されており、その範囲を大きく逸脱することはありえないのである。

胡錦濤外交の課題

胡錦濤政権の外交政策は、マクロ的に存在しているさまざまな国際的・国内的な現実を認識したものになるであろうし、それに規定されざるをえない。そして、実際の政策決定は、現実をいっそうリアルに認識するところから始まることになろう。それは米国の軍事上・経済上の圧倒的な地位を踏まえると同時に、中国の経済をこれからも高度成長させなければならないという現実を直視し、さらに中国社会の多様化が進んだために現れたさまざまな意見をバランスさせるために、こうしたものすべてを取り込んでいくことを意味する。中国の経済改革はこれからもいっそう進んでいくわけだが、経済改革が深化し言論が多様化する一方で、その過程で将来的に政治改革が日程に上ってくるのかこないのか。この点については、胡錦濤政権における進展を、多くの人が期待を込めて見守っているという状況である。

もちろん、外交的な基軸は米中関係に置かれるであろう。米中関係を外交の中心に据えるということは動かしようがない。それを前提として多角外交政策がとられ、大国外交と周辺外交とが構想される。日本はいうまでもなく、大国外交の対象でもあると同時に周辺外交の対象でもある。ただいずれにせよ国際的なマクロ構造が規定要因として存在する以上、個別の政策は当然受動性を主体としたものにならざるをえないと思われるのである。

原註

（1）筆者 'Sino-Japanese Relations in the Context of the Beijing-Tokyo-Washington Triangle,' in Marie Soderberg, ed., *Chinese-Japanese Relations in the Twenty-first Century: Complementarity and Conflict*, London and New York: Routledge, 2002, pp. 32-51 を参照されたい。

（2）Barry Naughton, 'China: Domestic Restructuring and a New Role in Asia,' in T. J. Pempel, ed., *The Politics of the Asian Economic Crisis*, Ithaca and London: Cornell University Press, 1999, pp. 203-223.

（3）ＩＭＦによれば、ＰＰＰ（実質購買力）で計算した場合の中国のＧＤＰは、一九九〇年には早くも米国と日本に次いで世界第三位にまで上昇していた。Nicholas R. Lardy, *China in the World Economy*, Washington D. C.: Institute for International Economics, 1994, pp. 18-19 を参照。

（4）胡錦濤氏の評伝としては、Richard Deniel Ewing, 'Hu Jintao: The Making of a Chinese General Secretary,' *China Quarterly*, 173 (March 2003), pp. 17-34 を参照されたい。また、Cheng Li, *China's Leaders: The New Generation*, New York: Rowman and Littlefield, 2001 も有用である。

（5）Richard Deniel Ewing, 'Hu Jintao: The Making of a Chinese General Secretary,' *China Quarterly*, 173 (March 2003), p. 26 を参照。

（6）「米国対中政策の策定——その決定要素」をテーマとするこの国際会議は、中国改革開放フォーラムと世界華人政治学者フォーラムの主催で、二〇〇三年三月一〇日から一一日まで北京で開催された。

（7）ジョージ・Ｗ・ブッシュ大統領が二〇〇二年二月に清華大学で講演した際、胡錦濤副主席（当時）は、中国と米国の「広範な共通の利益」を強調した（『人民日報』二〇〇二年二月二二日、第一面）。

（8）東アジアにおける地域統合や共同体構築については、近年多くの議論がなされている。そのなかでも、Tatsumi Murakami（村上立躬）「世界中的東亜地区経済合作」（『日本学刊』第六号、二〇〇二年一一月、七四—八七頁）の議論が興味深い。

（9）中国の対日政策に関する北京での最近の論調については、『世界知識』の表紙解題「日中関係——能否超越歴史」二〇〇三年八月一六日、一六―二五頁を参照されたい。

（10）筆者が二〇〇二年一二月に北京で行った聞き取り調査による。

訳注

〔1〕世界銀行北京事務所は、二〇〇六年七月四日、二〇〇五年の中国の国民総所得（GNI＝GDPと同値）が英国を抜き、〇四年の世界五位から四位に浮上したと公表した。世銀作成の米ドル換算のGNIランキングによると、〇五年の中国のGNIは二兆二六三八億二五〇〇万ドルに達し、英国（二兆二六三七億三一〇〇万ドル）をわずか九四〇〇万ドル上回った。ちなみに一～三位は、米国（一二兆九六九五億ドル）、日本（四兆九八八二億ドル）、ドイツ（二兆八五二三億ドル）の順で〇四年と順位の変化はなかった（『読売新聞』二〇〇六年七月五日）。

〔2〕江沢民は一九二六年生まれ、四七年上海交通大学卒。八二年中央委員、八五年上海市長兼党委副書記、八七年政治局員、上海市長のまま党委書記兼任、八八年に朱鎔基が上海市長になると党委書記専任になった。八九年六月失脚した趙紫陽に代わって党総書記、同一一月党中央軍事委員会主席、九二年の第一四回党大会で再任され、九三年三月には国家主席に就任。九七年九月の第一五回党大会を経て、九八年三月には第九期全人代で国家主席に再選された。九七年には鄧小平の死去、香港返還を平穏に乗り切り、〇二年一一月の第一六回党大会で、自らが提唱してきた「三つの代表」思想を指導理念として党規約に盛り込み、総書記を引退。一三年以上にわたって総書記のポストにあった。〇二年一一月と〇三年三月に、それぞれ党総書記、国家主席のポストを胡錦濤に引き継いだが、中央軍事委員会主席の地位はすぐには手放さなかった。〇四年九月の一六期四中全会で党中央軍事委員会主席を辞任し、形式上は完全に引退した（参考とした論著：共同通信社『中国動向二〇〇三』）。

〔3〕温家宝は国務院総理（首相）で、共産党政治局常務委員、党内序列は三位。一九四二年生まれ、六五年北京地質学院卒。六八年から一〇年間、甘粛省で地質測量調査に従事、地質鉱産部長だった孫大川の知遇を得る。八二年中央に移り、八五年中央弁公庁副主任、八六年六月同主任に昇格。八七年一一月党中央委員、中央書記局書記候補。中央直属機関工作委員会書記を経て、九二年一〇月政治局員候補、書記局書記。九七年政治局員兼書記局書記となり、八二年副首相に選出。〇二年一一月の第一六回党大会で政治局常務委員、〇三年三月の第一〇期全人代で首相。「四三歳の若さで共産党中央の事務を取り仕切る中央弁公庁主任に就任、一九八九年六月の天安門事件でも失脚せずに九三年まで胡耀邦、趙紫陽、江沢民三代の総書記に仕えた。副首相時代は中国経済のアキレス腱である農業と金融を中心に担当、朱鎔基首相を補佐してきた」（引用は共同通信社『中国動向二〇〇三』）。政策に通じた実務家で行動力もあるが、生活は清廉、性格は温厚で、調整型の指導者といわれる。政治局常務委員への昇任は朱鎔基首相

（当時）が強く支持したとされている。

〔4〕 馬立誠「対日関係的新思維——中日民間之憂（対日関係の新思考——日中国民間の憂い）」『戦略与管理』（二〇〇二年第六期・一二月刊）。なお、日本語の全訳が『中央公論』二〇〇三年三月号に、抄訳が『文藝春秋』二〇〇三年三月号にそれぞれ掲載されている。馬立誠氏は共産党機関紙『人民日報』の論説委員で、党内闘争の内幕を紹介した『交鋒』（一九九八）の著者の一人。時殷弘「中日接近与『外交革命』（日中接近と「外交革命」）」『戦略与管理』（二〇〇三年第二期・四月刊）。時殷弘氏は中国人民大学国際関係学院教授で、同アメリカ研究センター長。同論文では、日本の国連安保理常任理事国入りを支持する提言を行うなど、対日関係の戦略的重要性を強調している。

〔5〕 二〇〇四年九月一〇日、中国外交部の王毅次官が駐日大使として着任した。王氏は八九年から九四年まで駐日中国大使館で参事官と公使を務め、その後アジア局長、次官補を歴任、〇一年から次官。中国外交部きっての日本通で、六カ国協議の議長も務めた大物（将来の外交部長＝外相候補でありうる）大使の任命は対日関係重視の現れと理解されている。

〔6〕 二〇〇四年一〇月の時点で、外務大臣にあたる外交部長は李肇星、次官〔副部長〕は戴秉国、楊文昌、王光亜、喬宗淮、劉古昌、武大偉の六名である（武大偉は前駐日大使であり、同氏の次官就任も対日関係を重視したためとの観測がある）。このうち〇三年の前半にたびたび朝鮮半島問題に関連して登場した戴秉国は、メディアではときに筆頭次官と称され、また「閣僚級」と表現された。戴も〇三年春の時点では、外交部長の有力な候補者だった。もっとも彼は海外の友党との交流を担当する「対外連絡部」の前部長であり、国際交流の領域での経歴は有するものの外交部出身ではない。そこで外交部長レースにおいては、外交部の生え抜きで駐米大使の経験もあり、当時外務次官であった李肇星が外交部長の椅子を獲得した（李肇星は〇五年六月現在、党中央外事弁公室主任を兼任している）。しかし、同時に外交部の党組織の長である党委員会書記には戴秉国が任命された。中国の人事システムでは一般的に党組織の書記の序列は行政の長である部長（＝大臣）より上に位置する。戴秉国が筆頭次官とされ、閣僚級とされる所以である。日本の省庁にあたる部・委員会レベルでは、一般に部長や主任は、党グループ〔党組〕（外交部以外の党組織は一般に党グループと呼称される）書記の兼任であるとされ、この措置は例外といえる。中国流のバランス人事の一事例といえよう。外交部では唐家璇前外交部長の時代に、同じように李肇星が党委員会書記を務めていた。

〔7〕 西柏坡は河北省の西南にあるかつての革命根拠地。現在の行政区分は河北省石家庄市西柏坡村。一九四七年五月に中国共産党が延安の革命根拠地を放棄した後、劉少奇、朱徳が中央工作委員会を率いて西柏坡に進駐し、四八年三月には毛沢東、周恩来、任弼時も中共中央の諸機関を統率して西柏坡に合流し、最後の革命根拠地となる。四九年一月に北京（当時の名称は北平）が解放されると、同年三月に中共中央も北京へ移ることになる。約二年間にわたり中共中央の所在地となった場所である（参考とし

た論著：王聚英『最後一個農村指揮所』中央文献出版社、二〇〇一。中共北京市委党史研究室・北京市檔案館編『北平的新生』北京出版社、一九九九)。

訳者後記――解説に代えて――

本書は、アメリカン大学教授・趙全勝氏の主著である *Interpreting Chinese Foreign Policy*（オクスフォード大学出版局、一九九六年刊）の邦訳である。信濃川沿いのとあるカフェで、著者から本書の翻訳を託されたのは一九九九年初夏のことだったので、瞬く間に五年の歳月が流れてしまった。原著の出版が九六年であるので、現在ではすでに八年前の著作ということになる。後述のとおり本書の理論的部分はいっこうに古びていないが、日本語版出版に際して歳月に応じた大幅なアップ・トゥー・デイトを行うことは必須の作業となった。怠慢の言い訳はともかくとして、まずこのタイムラグの持つ意味とアップ・トゥー・デイトの内容について説明させて頂くのが、解説の要諦かと思う。

例えば、原著の出版時には鄧小平はまだ存命であり、香港もマカオもまだ中国に返還されていなかった。胡錦濤現総書記は若手のホープではあっても、まだ七人の政治局常務委員の一人に過ぎなかった。また、この八年間に、中国を取り巻く国際環境には、東アジアだけを取り上げてみても数多くの出来事が発生した。順風満帆の力強い成長を続けていた東南アジア経済は一九九七年には金融危機の洗礼を受け、急速にその存在感を弱めることになった。権勢を誇ったスハルトでさえ、今日ではすでに過去の人である。韓国では九八年に金大中政権が誕生して太陽政策を展開し、その成果の上に二〇〇〇年の南北首脳会談が実現した。南北間の直接的な対話チャンネルの形成は、朝鮮半島の政治的ダイナミクスを大きく変化させた。台湾では同年、民進党の陳水扁政権が成立し、国民党が政権の座を明け渡した。約五〇年続いた国民党単独政権の崩壊は、台湾政治の地殻変動を意味した。バブル崩壊後の日本経済は、回復のきっかけをつかめないまま、失われた一〇年を経てジャパン・アズ・ナンバーワンは昔語りになった。もっとも小泉政権の成立と〇二年の小泉首相の訪朝は、地域情勢の変動に一石を投じることとなった。ブッシュ政権の誕生は、アメリカの朝鮮半島政策の大幅な変更を伴い、朝鮮半島のパワーゲームを大きく変質させる一方、日米関係についても呵責のない修正を迫った。プーチン政権の登場によって、ロシアは再び強力なアクターとして復活しつつある。再度中国に戻ると、〇二年の第一六回共産党大会を経て胡錦濤政権が誕生し、江沢民は表舞台から退いた。原著のよって立つ九六年の世界情勢は、これら一連の出来事が発生する以前のものであり、すでに隔世の感さえあることは否めない。加えて、これらの出来事と密接に関連しているが、中国脅威論の出現、中台経済関係の緊密化、日中関係の冷却化、東アジア共同体をめぐる議論の活発化などの現象やムードも、原著の出版時には必ずしも明らかではなかったものである。

「大幅なアップ・トゥー・デイト」とは、つまるところ右の出来事について加筆をし、その以前と以後に橋を架ける作業を意味した。原著刊行後の事態と展開について加筆し、それを原著と結びつけ、脈絡をつけることが求められたのである。アップ・トゥー・デイトの作業は、同時に、出版上の要請から三割近くに及ぶ過酷なダイエットも伴うことになった。削りながら、書き加えるというこの作業は、(1)著者による加筆、(2)訳者による編集（加筆と縮約）、(3)訳者による訳註の作成、という作業に分けられる。編集した箇所は全体に及ぶが、最も主要な作業は第九章と第十章を増補したことである。著者は一九九九年から新潟大学法学会研究会で毎年研究報告を行っており、その報告原稿を訳者が編集し、著者が註を加筆し、第九章、第十章とした。そのため英語版の原著は全八章だが、本書では全十章の構成となっている。原著の全八章において、今日すでに過去に属する事柄を未来形で記述している箇所や、統計・数値の変更、単純な誤認・誤記と思われる箇所については、当然のことながら、著者の承認を得て訂正してあるが、理論的フレームワークを紹介した第一章と第二章については、そうした修整の手は入れていない。第六章については訳註を主としたアップ・トゥー・デイトに努めた。時論的な分析を含む第七章と第八章では、かなり大幅な編集を行った。加筆縮約については、著者に全面的な委任を受けたが、訳者の手によって内容を損ねた畏れなしとしない。第九章と第十章については、縮約を主とした大胆な編集を行い、重複箇所は徹底的に削除した。訳註についても著者の全面的な委任を受けて作業にあたった。

タイムラグとアップ・トゥー・デイトについての説明がいささか長くなった。原著の全八章に、日本語版の二章が加わることで、読者は著者の一貫した理論的フレームワークのもとで、（冷戦時代・ポスト冷戦時代から、九・一一以後の時代にいたる）より長い射程で、中国外交を解読する機会を得たといえるのかもしれない。

著者の理論的フレームワークであるが、ミクロ・マクロリンケージアプローチが、中国の外交政策を包括的に分析するために著者が彫琢したモデルであり、ツールである。社会科学理論としてのその出自と位置づけについては、第一章、第二章で詳細な紹介がなされる――著者の理論的立場については、本書に序文を寄せているアレン・ホワイティングの知的系譜に位置づけられるように（訳者には）見える。第三章、第四章、第五章は、このアプローチを構成する重要な要素である象徴的マクロ構造、制度的マクロ構造、権力／体制マクロ構造それぞれの説明にあてられている。また同時に、それぞれの構造を記述するための三対の分析概念（「革命から現代化へ」、「垂直的権威主義から水平的権威主義へ」、「厳格性対柔軟性」）が提示され、ツールとして駆使される。このように第一章から第五章まで、理論モデルとツールの体系的な説明が詳細になされているが、それはもちろん無味乾燥な抽象概念の世界ではなく、モデルを例証する豊富な、必ずしもよく知られていない事例にあふれており、多くの読者の引き付けずにはおかないであろう。こうしたモデルとツールの体系的説明の次に、ケーススタディとしての第六章が登場し、読者は具体的事例へのミクロ・マクロリンケージアプローチの全面的な適用に向き合うことになる。第七章では、日本、朝鮮半島、台湾、東南アジア、ロシア、アメリカの順に、中国との二国（地域）間関係が採り上げられ、ミクロ・マクロリンケージアプローチにより、これまでの二国（地域）間関係の経緯と現状に分析が加えられている。第八章では中国外交の現状が抱える問題点と可能性についての分析が行われるとともに、理論モデルの発展のために将来に向けた研究アジェンダが紹介されている。

ことほどさように、本書の特徴は、骨太で体系的な理論モデルのもとに、中国外交の政策決定過程を系統的に分析していることにある。叙述的な論述も少なくないが、論述の目的は叙述であるよりは、分析そのものと、それによるモデルとツールの検証にあることは明らかである。原著のタイトルが「中国外交政策を解読する」とされている所以である。外交政策研究の多くは外交史の叙述に過ぎないという悪口があるが、趙教授の著作はこのような強固な理論モデルの存在ゆえに、およそ外交史とはかけ離れた構成と内容になっている。それは目次を一瞥していただければ明らかであろう。本書の突出した意義は、なにより中国外交政策の本格的な理論研究である点にある。その意味で本書は完結した体系的な構成をもっており、時代を超えて簡単に古くならない骨格を備えているといえる。最初にアップ・トゥー・デイトについて言及したが、それは本書の理論的部分の古さを意味しない。行われたのは時間の進行に伴う時事的事象の追加作業に過ぎない。

本書の叙述的部分で日本語による研究成果が充分に利用されていない（特に日中国交正常化に関連する部分では強く意識せざるをえない）ことや、最新の研究について十全に補われていないことに物足りなさは残ろう。その意味での限界は著者によっても十分に認識されている（もっとも本書の目的がそこにないことは本文において再三明言されている）。また、例えばいっそうタイムスパンの短い構造的変化に対して、著者の示したフレームワークの対応可能性についても異論はありえよう。しかしながら、このような限界のいくつかを見据えた上でなお、しばしば叙述的（descriptive）な歴史記述に陥りがちな中国外交研究において、少なくともその志向性においては明らかに分析的（analytical）な理論研究が上梓されたことの意義は高く評価されるべきであろう。また、その理論モデルは体系的で緻密であると同時に、身動きのできないほど複雑化することをまぬがれてもいる。この得難い特徴、つまり、精緻でありながら分かりやすいという特徴は十分に強調されてよいだろう。

第九章と第十章は、構成上は第七章の追加・補足にあたると考えて頂くことができよう。ここにおいても著者の理論モデルには基本的な変更はない。そこでは、胡錦濤政権の登場を中心により新しい時事的事象について、ミクロ・

マクロリンケージアプローチを適用した分析が行われている。ただ、当該の二章では「二つの上昇」と「二つの下降」という中範囲のフレームワークが新たに提示されており、従来のモデルを理論面で補うかたちになっている。冷戦後一〇年を経た時点において、東アジアにおける権力シフトを、アメリカと中国の台頭と、日本とロシアの後退と捉えた視点の提示は示唆的である。中国脅威論も、日中間のさまざまな確執も、ある意味ではこの枠組みのなかにその居場所を見つけることができる。日本に対してときに好意的に過ぎるとも思われる著者の筆致は穏やかだが、二つの下降という事態は、日本の後退（場合によっては退場）という可能性を導きうる点は見逃すべきではなかろう。

前述のとおり、本書は骨太の理論モデルを提示している一方、無味乾燥な抽象概念だけで構成されているわけではない。ただ第一章と第二章では専門的な理論的叙述が中心になっており、その限りでいささかとっつきにくいことは否めない。中国政治と外交政策の決定過程に興味をもたれる読者には、第三章から第五章までを先に読み進められることをお勧めする。中国外交を規定する東アジアの国際関係に興味をもたれる読者は、第七章、第九章、第十章と読み進められるとよいかもしれない。幾分イレギュラーではあるが、著者の構想を自分の興味にしたがって鳥瞰するためにはこのような読み方も可能であろう。なお、付言すれば、本書では外交政策の決定過程とその背景に、多くの紙幅が割かれている。政策は外交政策であっても、政策の決定過程は多く内政である。その意味では、本書は単に外交政策研究であるにとどまらず、現代中国における政治的な意思決定の仕組みとメカニズムを詳細に扱った研究書でもあるのである。

アップ・トゥー・デイトを強く意識しながら原著に対峙するなかで、時代の「ずれ」を特に感じたのは、天安門事件の衝撃（一九八九年）、第三次台湾海峡危機の緊迫感（九六年）、国際的社会における日本のパワー（九〇年代後半）の位置づけをめぐるものである。原著が出版された九六年の中国は改革開放から一七年経っていたが、そこでは天安門事件はまだ昨日の出来事であり、再度起こりえないとは限らないものとどこかで意識されている。第三次台湾海峡危機は、当時はまさに眼前で展開しており、見紛うことなき中国の決意と姿勢を知らしめた出来事であった。これらを叙述する著者の視線には当時の感覚が息づいているが、そう感じるほど、これらの出来事から随分時間が経ってしまったことに思い至らざるをえなかった。捉え返して言えば、原著の後景には、「ポスト冷戦」という時代意識が透けて見える。翻って二〇〇一年の「九・一一」を体験した現在、訳者を含めた読者は「九・一一以後」の時代意識を漠然と共有している。ずれと呼んだ感覚はこのように言い換えることができるかもしれない。もとより、本書の構成に限っていえば、このずれは、第九章、第十章を通じて現在に架橋されることによって乗り越えられている。

いま一つ、著者は、日本を明らかな世界パワーとして扱い、日中関係を特別な関係として扱っているが、その視線に昔日の思いを感じるのは訳者ばかりではあるまい。日本のGDPが今日依然として世界第二位のレベルにあるのは確かだとしても、国債発行残高や財政赤字を取り上げるまでもなく、その先行きは薄ら寒いばかりである。また以前は明らかに日中関係を特別な関係とするに与っていた対中円借款も、現在ではなんら突出したものではない。現在と将来の日中関係について真剣に思索をめぐらすとすれば、この変化は十分に見据えてかかる必要がある。傑出した経済パワーとして、国際社会に対して強い影響力と発言力を持った自信（と傲り）に満ちた日本の姿は、草原の逃げ水のように日々遠ざかりつつある記憶でしかないように見える。失われた一〇年を経た日本の現実と、経済大国という自縄自縛的なイメージとの間の絶望的なギャップ。それは対中関係だけでなく、国内的にも国際的にも、日本政治が避けて通れない、正面から対処すべき病根でもある。原著における著者の経済大国という日本認識に触れるとき、このずれはいっそう深刻な課題として意識される（第十章では「ジャパン・ナッシング」という刺激的な小見出しも出てくるが、著者の日本に対する視線の温かさゆえに、この点はストレートには伝わってこない）。日中関係に関するケーススタディである第六章では原文にほとんど縮約を行なわず、他方で訳註を詳細に付すかたちで加筆を行ってある。それは（完結したケーススタディに手を入れることがはばかられたのと同時に）なにより、このずれを浮かび上がらせることに漠然とした使命感を感じたからに他ならない。

学部時代からの畏友黒田俊郎氏には、国際政治学を専攻する立場から、原著全八章の翻訳にあたって全面的な協力を得た。本書の完訳は同氏の協力があって初めて可能となったといっても過言ではない。訳文については全体にわたって、協力して推敲を重ねたが、第九章、第十章については事実上真水の単独訳であり、全編にわたるアップ・トゥー・デイトと編集についても真水がその責任を負っている。本書は真水と黒田の共訳であり、訳文の最終責任が、真水・黒田にあることは言うまでもないが、八章までの下訳作成にあたって以下の四人の諸君の協力を得た。五十音順、当時の肩書きで名前を挙げて紹介させていただく。阿部（原）彩子（日本商工会議所勤務）、磯貝聖（杏林大学修士課程）、田口貴子（青山学院大学修士課程）、諸橋邦彦（新潟大学修士課程）。現在はそれぞれの分野で活躍しておられるが、今でも親しい交流が続いている。なお、各種統計資料の翻訳・作成のほとんどは、現在、国立国会図書館調査員の諸橋邦彦氏の手になるものである。索引作成への助力とあわせて同氏の献身的な貢献に感謝申し上げる。

なお、加筆部分や訳註部分で、事実確認のために『原点中国現代史・別巻・中国研究ハンドブック』（岩波書店、一九九六）、『現代中国事典』（岩波書店、一九九九）、『中国動向二〇〇三』（共同通信社、二〇〇三）、『世界年鑑』（共同通信社、各年版）などを参考にさせて頂いた。出典はできる限り詳細に明示することを心掛けたが、なお至らぬところがあろうかと思う。関係者のご海容を仰ぐ次第である。もとより、訳註の叙述的部分には訳者のオリジナルな見解も少なくなく、分析的部分は訳者の判断にもとづく。その意味で、右記出典は参考であるにとどまり、訳註の文責が訳者にあることはいうまでもない。

第九章、第十章の初出は以下のとおりである。

第九章は、主に「中国の台頭と東アジアの国際関係」（『法政理論』第三五巻二号、新潟大学法学会、二〇〇二年一二月）を基礎とした。その他に、以下の各稿を補足的に用いてある。

「台湾総統選挙と中台関係の行方」（『法政理論』第三三巻二号、二〇〇〇年一一月）

「ブッシュ政権の東アジア政策」（『環日本海研究年報』第九号、新潟大学大学院現代社会文化研究科環日本海研究室、二〇〇二年三月）

「米国新政権と中国の外交政策」(『法政理論』第三四巻第一・二号、二〇〇一年一一月)
「米中日トライアングルと台湾問題」(『法政理論』第三二巻三・四号、二〇〇〇年三月)
さらに著者から送られてきた、以下の二つの未定稿を部分的に利用した。
'Chinese Foreign Policy towards the Korean Peninsula'
'The PRC's Policy Toward's DPP Regime and Changing International Relations'
第十章は、著者から送られてきた未定稿である'Japan's Leadership Role in East Asia'と、「九・一一以後の米中関係と胡錦濤政権の外交政策」(『法政理論』第三六巻第二号、二〇〇三年一二月)を中心にまとめてある。
最後に、本書に快く出版の機会を与えて下さった法政大学出版局と編集代表の平川俊彦氏には、衷心よりお礼を申し上げなければならない。私どもの出版要請に対して、「中国と日中関係に関心をもつ多くの読者に読まれる本として」という励ましを頂戴してから一年半にもなろうか。いつのまにか呪文のようにつぶやくようになっていたこの言葉どおりに本書が読まれるとしたら、訳者にとっても望外の喜びであると言わなければならない。

(二〇〇四年九月　北京大学国際関係学院A313研究室にて　訳者を代表して真水康樹・記)

(**追記**) 本書の時事的内容には、二〇〇六年一一月初旬の時点で、必要な限りでの情報の更新が行われている。

〈著者紹介〉

趙 全 勝（Zhao Quansheng）

1949年中国山東省生まれ．北京大学国際政治学部（現・国際関係学院）卒業．カルフォルニア大学バークレイ校で，ロバート・スカラピーノ教授，ケネス・ウォルツ教授に師事し，政治学博士号を取得．1998年からアメリカン大学国際関係学院教授兼ハーバード大学フェアバンクセンター研究員．主要な研究領域は，国際関係論および比較政治学．専門は，中国と日本の内政と外交，アジア太平洋地域の国際関係．邦訳された著書に，『日中関係と日本の政治』（岩波書店，1999），編著に『国家の分裂と国家の統一』（旬報社，1999）がある．

〈訳者紹介〉

真水康樹（ますい　やすき）

1959年東京生まれ．中央大学法学部卒業．1995年，北京大学歴史学部大学院博士課程修了，歴史学博士．現在，新潟大学法学部教授，北京大学国際関係学院客員教授，北京大学東北アジア研究所客員研究員．専攻は中国政治．単著に『明清地方行政制度研究』（北京燕山出版社，1997），共著に『政治と行政のポイエーシス』（未来社，1996），『中国的発展与21世紀的国際格局』（中国社会科学出版社，1998）がある．

黒田俊郎（くろだ　としろう）

1958年東京生まれ．中央大学法学部卒業．同大大学院法学研究科政治学専攻博士課程単位取得満期退学．現在，県立新潟女子短期大学国際教養学科教授．専攻は国際政治学．共著に『政治と行政のポイエーシス』，『ヨーロッパ統合と日欧関係』（中央大学出版部，1998），『世界システムとヨーロッパ』（中央大学出版部，2005），主要論文に「K.W.ドイッチュのナショナリズム論――国民国家体系の構造分析」，「政治的思考の自律性と平和研究――ヨーロッパの経験から」，「2001年9月11日――私たちはなにをなすべきだったのか」など．

中国外交政策の研究
　毛沢東、鄧小平から胡錦濤へ

2007年３月28日　初版第1刷発行

著　者　趙 全 勝
訳　者　真水康樹／黒田俊郎
発行所　財団法人法政大学出版局
〒102-0073　東京都千代田区九段北3-2-7
電話　03(5214)5540／振替　00160-6-95814
製版・印刷　三和印刷
製本　鈴木製本所

ISBN 978-4-588-62517-6

人名索引

あ 行

か 行

さ　行

た　行

な　行

は　行

ま　行

や　行

ら　行

わ　行

事項索引

あ 行

か 行

さ 行

た　行

な　行

は　行

ま　行

や　行

ら　行

わ　行

英　字

参考文献一覧

Acheson, Dean (1971), *The Korean War*, New York: W. W. Norton.

Adelman, Jonathan R., and Chih-yu Shih (1993), *Symbolic War: The Chinese Use of Force 1840-1980*, Taipei: Institute of International Relations, National Chengchi University.

Alexander, Bevis (1986), *Korea: The First War We Lost*, New York: Hippocrene Books.

Alexander, Jeffrey (1987), 'Action and Its Environments,' in Jeffrey Alexander, Bernard Giesen, Richard Munch, and Neil Smelser (eds.), *The Micro-Macro Link*, Berkeley: University of California Press.〔邦訳〕アレグザンダー，ジェフリー・C. 著，若狭清紀訳「第 6 章　行為とその環境」アレグザンダー，ジェフリー・C. ほか編，石井幸夫ほか訳『ミクロ-マクロ・リンクの社会理論』新泉社，1998年，179-221頁.

Alexander, Jeffrey, and Bernhard Giesen (1987), 'From Reduction to Linkage: The Long View of the Micro-Macro Link,' in Jeffrey Alexander, Bernhard Giesen, Richard Munch, and Neil Smelser (eds.), *The Micro-Macro Link*, Berkeley: University of California Press.〔邦訳〕アレグザンダー，ジェフリー・C.，ギーセン，ベルンハルト著，内田健・圓岡偉男訳「第 1 章　序論　還元からリンケージへ」アレグザンダー，ジェフリー・C. ほか編，石井幸夫ほか訳『ミクロ-マクロ・リンクの社会理論』新泉社，1998年，9-66頁.

Allison, Graham (1971), *The Essence of Decision: Explaining the Cuban Missile Crisis*, Boston: Little, Brown.〔邦訳〕アリソン，グレアム・T. 著，宮里政玄訳『決定の本質――キューバ・ミサイル危機の分析』中央公論社，1977年.

Armstrong, J. D. (1977), *Revolutionary Diplomacy: Chinese Foreign Policy and the United Front Doctrine*, Berkeley: University of California Press.

Atlantic Council of the United States and the National Committee on United States–China Relations (1993), *The United States and China: Relations at a Crossroads*, Washington, DC, and New York.

Bachman, David (1989), 'Domestic Sources of Chinese Foreign Policy,' in Samuel Kim (ed.), *China and the World: New Directions in Chinese Foreign Relations*, Boulder, Colo.: Westview Press.

Bailes, Alyson J. (1990), 'China and Eastern Europe: A Judgement on the Socialist Community,' *The Pacific Review*, 3(3): 222-242.

Baker, James A. (1991/92), 'America in Asia: Emerging Architecture for a Pacific Community,' *Foreign Affairs*, 70(5) (Winter): 1-18.

Barnett, A. Doak (1977), *China and the Major Powers in East Asia*, Washington, DC: The Brookings Institution.〔邦訳〕バーネット，A. ドーク著，塩崎潤訳『中国と東アジアの主要諸国』今日社，1979年.

——(1985), *The Making of Foreign Policy in China: Structure and Process*, Boulder, Colo.: Westview Press.〔邦訳〕バーネット，A. ドーク著，伊豆見元・田中明彦共訳『現代中国の外交——政策決定の構造とプロセス』教育社，1986年.

——(1991), *After Deng, What? Will China Follow the USSR?*, Washington, DC: The Foreign Policy Institute, School of Advanced International Studies, The Johns Hopkins University.

——(1993), *China's Far West: Four Decades of Change*, Boulder, Colo.: Westview Press.

Bedeski, Robert (1983), *The Fragile Entente, the 1978 Japan-China Peace Treaty in a Global Context*, Boulder, Colo.: Westview Press.

Behbehani, Hashim (1981), *China's Foreign Policy in the Arab World, 1955-75*, London and Boston: Melbourne and Henley.

Bialer, Seweryn, (ed.) (1981), *The Domestic Context of Soviet Foreign Policy*, Boulder, Colo.: Westview Press.

Bickers, Robert, and Jeffrey Wasserstrom (1995), 'Shanghai's "Dogs and Chinese Not Allowed" Sign'; Legend, History, and Contemporary Symbol' *The China Quarterly*, 142 (June): 444-466.

Black, Cyril E., and Thomas P. Thornton (eds.) (1964), *Communism and Revolution*, Princeton: Princeton University Press.〔邦訳〕ブラック，C. E.，ソーントン，T. P. 編著，中沢精次郎編訳『共産主義と革命』慶応通信，1969年.

Blumer, Herbert (1969), *Symbolic Interactionism*, Englewood Cliffs, NJ: Prentice-Hall.〔邦訳〕ブルーマー，ハーバート著，後藤将之訳『シンボリック相互作用論——パースペクティヴと方法』勁草書房，1991年.

Bo, Yibo（薄一波）(1989)『領袖，元帥，戦友』中共中央党校出版社（北京）.

Bo, Yibo（薄一波）(1991-93)『若干重大決策与事件的回顧 上・下』中共中央党校出版社（北京）.

Bobrow, Davis, Steve Chan, and John Kringen (1979), *Understanding Foreign Policy Decisions: The Chinese Case*, New York: The Free Press.

Bourdieu, Pierre (1977), *Outline of a Theory of Practice*, Cambridge: Cambridge University Press.

Breslauer, George W., and Philip E. Tellock (eds.) (1990), *Learning in US and Soviet Foreign Policy*, Boulder, Colo.: Westview Press.

Brzezinski, Zbigniew (1989), *The Grand Failure: The Birth and Death of Communism in the Twentieth Century*, New York: Scribner.〔邦訳〕ブレジンスキー，ズビグネフ著，伊藤憲一訳『大いなる失敗——20世紀における共産主義の誕生と終焉』飛鳥新社，1990年.

Brown, Harrison (ed.) (1982), *China Among the Nations of the Pacific*, Boulder, Colo.: Westview Press.

Burks, R. V. (1969), 'The Communist Polities of Eastern Europe,' in James Rosenau, ed., *Linkage Politics: Essays on the Convergence of National and International Systems*, New York: The Free Press.

Burns, John P., and Stanley Rosen (eds.) (1986), *Policy Conflicts in Post-Mao China: A Documentary Survey, with Analysis*, Armonk, NY and London: M. E. Sharpe.
Calabrese, John (1990), 'From Flyswatters to Silkworms: The Evolution of China's Role in West Asia,' *Asian Survey*, 30(9) (September): 862–876.
Cameron, Effie, and Jeanne Skog (eds.) (1990), *State of the Pacific Basin, Economic, Political and Socio-Cultural Dimensions*, Kahului, Hawaii: Kapalua Pacific Center.
Central Committee of the Communist Party of China (中国共産党中央委員会) (1981)『中共党史決議1949～1981』外文出版社 (北京)
Chan, Gerald (1989), *China and International Organizations*, Hong Kong: Oxford University Press.
Chang, Gordon H. (1990), *Friends and Enemies: The United States, China and the Soviet Union, 1948–1972*, Stanford, Calif.: Stanford University Press.
Chang, Jaw-ling Joanne (1986), *United States-China Normalization: An Evaluation of Foreign Policy Decision Making*, Denver, Colo.: University of Denver and Occasional Papers/Reprint Series in Contemporary Asian Studies.
—— (1991), 'Negotiation of the 17 August 1982 US–PRC Arms Communique: Beijing's Negotiating Tactics,' *The China Quarterly*, 125(March): 33–54.
Chang, Maria Hsia (1995), 'Greater China and the Chinese "Global Tribe",' *Asian Survey*, 35(10) (October): 955–967.
Chang, Pao-min (1986), *The Sino-Vietnamese Territorial Dispute*, New York: Praeger.
Chang, Tsan-Kuo (1993), *The Press and China Policy: The Illusion of Sino-American Relations, 1950–1984*, Norwood, NJ: Ablex Publishing Corporation.
Chen, Changgui, and David Zweig (1994), *China's Brain Drain to America*, Berkeley: Institute of East Asian Studies, University of California, Berkeley.
Chen, Jian (1994), *China's Road to the Korean War*, New York: Columbia University Press.
—— (1995), 'China's Involvement in the Vietnam War, 1964–1969,' *The China Quarterly*, 142(June): 356–387.
Chen, Jie (1994), 'China's Spratlys Policy: With Special Reference to the Philippines and Malaysia,' *Asian Survey*, 34(10) (Octobcr): 893–903.
Chen, King C. (1969), *Vietnam and China, 1938–1954*, Princeton: Princeton University Press.
—— (ed.) (1979), *China and the Three Worlds*, White Plains, New York: M. E. Sharpe.
Chen, Min (1992), *The Strategic Triangle and Regional Conflicts: Lessons from the Indochina Wars*, Boulder, Colo.: Lynne Rienner.
Chen, Qimao (1986), 'The Current Situation and Prospects for Asia and the Pacific,' in Robert Scalapino and Chen Qimao (eds.), *Pacific-Asian Issues: American and Chinese Views*, Berkeley: Institute of East Asian Studies, University of California.
Chen, Xiaolu (陳暁魯) (1989), 'China's Policy toward the United States, 1949–1955,' in Harry Harding and Yuan Ming (eds.), *Sino-American Relations, 1945–1955*, Wilming-

ton, Delaware: Scholarly Resources Inc.
Cheng, Hsiao-shik (1990), *Party-Military Relations in the PRC and Taiwan*, Boulder, Colo.: Westview Press.
Cheng, Li (2001), China's Leaders: The New Generation, New York: Rowman and Littlefield.
Cheng, Tun-jen (2001), 'Limits of Statecraft: Taiwan's Political Economy under Lee Teng-hui,' Paper presented at the Conference at Wake Forest University, North Carolina, September 14-15.
Cheng, Xiangjun (程湘君) 主編 (1995)『女外交官』人民体育出版社 (北京).
Christensen, Thomas (1993), 'Domestic Mobilization and International Conflict: Sino-American Relations in the 1950s,' Ph.D. dissertation, Department of Political Science, Columbia University.
Chu, Samuel, and Kwang-Ching Liu (eds.) (1994), *Li Hung-Chang and China's Early Modernization*, Armonk, New York: M. E. Sharpe.
Chu, Yun-han and Jih-wen Lin (2001), 'Political Development in the 20th-Century Taiwan: State-Building, Regime Transformation and the Construction of National Identity,' in Edmonds, Richard Louis and Steven M. Goldstein (ed.), Taiwan in the Twentieth Century: A Retrospective View, Cambridge: Cambridge University Press.
Clapp, Priscilla, and Morton Halperin (eds.) (1974), *United States-Japanese Relations,* Cambridge: Harvard University Press.
Cohen, Abner (1976), *Two-Dimensional Man: An Essay on the Anthropology of Power and Symbolism in Complex Society*, Berkeley: University of California Press. 〔邦訳〕コーエン, エイブナー著, 山川偉也・辰巳浅嗣訳『二次元的人間——複合社会における権力と象徴の人類学』法律文化社, 1976年.
Cohen, Raymond (1991), *Negotiating Across Cultures: Communications Obstacles in International Diplomacy*, Washington, DC: United States Institute of Peace Press.
Cohen, Warren I. (1990), *America's Response to China*, New York: Columbia University Press.
Coleman, James (1987), 'Microfoundations and Macrosocial Behavior,' in Jeffrey Alexander et al. (eds.), *The Micro-Macro Link*, Berkeley: University of California Press. 〔*Alexander の邦訳版では訳出されていない.〕
—— (1990), *Foundations of Social Theory*, Cambridge: The Belknap Press of Harvard University Press.
Collins, Randall (1990), 'Conflict Theory and the Advance of Macro-Historical Sociology,' in George Ritzer (ed.), *Frontiers of Social Theory*, New York: Columbia University Press.
Connolly, William (ed.) (1984), *Legitimacy and the State*, New York: New York University Press.
Cook, Karen, Jodi O'Brien, and Peter Kollock (1990), 'Exchange Theory: A Blueprint for Structure and Press,' in George Ritzer (ed.), *Frontiers of Social Theory*, New York:

Columbia University Press.
Copper, John (1980), *China's Global Role*, Stanford, Calif.: Hoover Institution Press.
—— (1992), *China Diplomacy: The Washington-Taipei-Beijing Triangle*, Boulder, Colorado: Westview Press.
Crozier, Michel (1964), *The Bureaucratic Phenomenon, Chicago*: University of Chicago Press.
Cumings, Bruce (1989), 'The Political Economy of China's Turn Outward,' in Samuel Kim (ed.), *China and the World*, Boulder, Colorado: Westview Press.
—— (1981 and 1990), *The Origins of the Korean War* (two volumes), Princeton: Princeton University Press.〔邦訳〕カミングス，ブルース著，第1巻：鄭敬謨・林哲訳，第2巻：鄭敬謨・加地永都子訳『朝鮮戦争の起源——解放と南北分断体制の出現 1945年－1947年』（全2巻）シアレヒム社，1989-91年.
Davis, Deborah, and Ezra F. Vogel (eds.) (1990), *Chinese Society on the Eve of Tiananmen: The Impact of Reform*, Cambridge: The Council on East Asian Studies, Harvard University.
Davis, Zachary (1995), 'China's Nonproliferation and Export Control,' *Asian Survey* 35, no. 6 (June): 587-603.
Deane, Hugh (1990), *Good Deeds and Gunboats: Two Centuries of American-Chinese Encounters*, San Francisco: China Books and Periodicals.
Deng, Lifeng（鄧礼峰）(1994)『建国後軍事行動全録』山西人民出版社（太原）.
Deng, Maomao（鄧毛毛）(1994)『我的父親鄧小平』中央文献出版社（北京）.〔邦訳〕毛毛著，長堀祐造訳『わが父・鄧小平 1・2』徳間書店，1994年. 毛毛著，藤野彰ほか訳『わが父・鄧小平——「文革」歳月 上・下』中央公論新社，2002年.
Deng, Xiaoping（鄧小平）(1984), *Selected Works of Deng Xiaoping (1975-1982)*, Beijing, Foreign Languages Press (『鄧小平文選（一九七五——一九八二）』人民出版社，1984，北京).〔邦訳〕中国研究会訳，竹内実・吉田富夫監訳『鄧小平は語る——全訳日本語版「鄧小平文選」 上・下』風媒社，1983年.
—— (1994), *Selected Works of Deng Xiaoping, Vol. 3 (1982-1992)*, Beijing, Foreign Languages Press. (『鄧小平文選　第三巻』人民出版社，1993，北京).〔邦訳〕中共中央文献編集委員会編，中共中央編訳局・外文出版社訳『鄧小平文選 1982-1992』テン・ブックス，1995年.
Dernberger, Robert F., Kenneth J. DeWoskin, Steven M. Goldstein, Rhodes Murphey, and Martin K. Whyte (eds.) (1986), *The Chinese: Adapting the Past, Building the Future*, Ann Arbor: Center for Chinese Studies, University of Michigan.
Deutsch, Karl (1966), *The Nerves of Government*, New York: The Free Press.〔邦訳〕ドイッチュ，K. W. 著，佐藤敬三ほか訳『サイバネティクスの政治理論　新装版』早稲田大学出版部，2002年.
Dittmer, Lowell (1978), *China's Continuous Revolutions*, Berkeley: University of California Press.
—— (1992), *Sino-Soviet Normalization and Its International Implication, 1945-1990*, Se-

attle: University of Washington Press.
Dittmer, Lowell, and Samuel Kim (eds.) (1993), *China's Quest for National Identity*, Ithaca, NY: Cornell University Press.
Dittmer, Lowell, and Yu-shan Wu (呉玉山) (1995), 'The Modernization of Factionalism in Chinese Politics,' *World Politics*, 47(4) (July): 467–494.
Domes, Jurgen (1985), *Peng Te-Huai: The Man and the Image*, Stanford, Calif.: Stanford University Press.
Dorn, James, and Wang Xi (1990), *Economic Reform in China: Problems and Prospects*, Chicago: University of Chicago Press.
Dreyer, June Teufel, and Ilpyong J. Kim (eds.) (1989), *Chinese Defense and Foreign Policy*, New York: Paragon House.
Du, Ping (杜平) (1989)『在志願軍総部』解放軍出版社(北京).
Easton, David (1965), *A Systems Analysis of Political Life*, New York: John Wiley & Sons.〔邦訳〕イーストン, D. 著, 片岡寛光監訳『政治生活の体系分析 上・下』早稲田大学出版部, 1980年.
Edwards, R. Randle, Louis Henkin, and Andrew J. Nathan (eds.) (1986), *Human Rights in Contemporary China*, New York: Columbia University Press.〔邦訳〕エドワーズ, R. ランドルほか著, 斎藤恵彦・興梠一郎訳『中国の人権――その歴史と思想と現実と』有信堂高文社, 1990年.
Eisenstadt, S. N., and H. J. Helle (eds.) (1985), *Macro-Sociological Theory*, Vol. 1, London: Sage.
Elster, Jon (1993), *Political Psychology*, Cambridge: Cambridge University Press.
Ewing, Richard Deniel (2003), 'Hu Jintao: The Making of a Chinese General Secretary,' *China Quarterly*, 173 (March): 17–34.
Eulau, Heinz (1986), *Politics, Self, and Society*, Cambridge: Harvard University Press.
Evans, Peter, Harold Jacobson, and Robert Putnam (eds.) (1993), *Double-Edged Diplomacy: International Bargaining and Domestic Politics*, Berkeley: University of California Press.
Fairbank, John King (1976), *The United States and China*, Cambridge: Harvard University Press.〔邦訳〕フェアバンク, J. K. 著, 市古宙三訳『中国 上・下』東京大学出版会, 1972年. ただし原著は第4版, 邦訳は第3版による.
Fan, K. (1972), *Mao Tse-tung and Lin Piao: Post-Revolutionary Writings*, Garden City, NY: Doubleday.
Fan, Mingfang (樊明方) (1992)『個中原委:中国辺疆諸問題』陝西人民教育出版社(西安).
Feeney, William (1994), 'China and the Multilateral Economic Institutions,' in *China and the World*, 3rd edn., Samuel Kim (ed.), Boulder, Colo.: Westview Press.
Fingar, Thomas (ed.) (1980), *China's Quest for Independence,* Boulder, Colo.: Westview Press.
Flathman, Richard (1980), *The Practice of Political Authority*, Chicago: University of Chi-

cago Press.
Foot, Rosemary (1985), *The Wrong War: American Policy and the Dimensions of the Korean Conflict*, Ithaca, NY: Cornell University Press.
—— (1995), *The Practice of Power: US Relations with China Since 1949*, Oxford: Clarendon Press.
Friedman, Debra, and Michael Hechter (1990), 'The Comparative Advantages of Rational Choices Theory,' in George Ritzer (ed.), *Frontiers of Social Theory*, New York: Columbia University Press.
Friedman, Edward (1979), 'On Maoist Conceptualizations of the Capitalist World System,' *The China Quarterly*, 80 (December): 806–837.
—— (ed.) (1994), *The Politics of Decentralization: Generalizing East Asian Experiences*, Boulder, Colo.: Westview Press.
Frieman, Wendy (1994), 'International Science and Technology and Chinese Foreign Policy,' in Thomas Robinson and David Shambaugh (eds.), *Chinese Foreign Policy: Theory and Practice*, Oxford: Oxford University Press.
Funabashi, Yoichi (船橋洋一), Michel Oksenberg, and Heinrich Weiss (1994), *An Emerging China in a World of Independence*, New York, Paris, and Tokyo: The Trilateral Commission.
Gaddis, John L. (1992/93), 'International Relations Theory and the End of the Cold War,' *International Security*, 17 (3): 5–58.
Gaenslen, Fritz (1986), 'Culture and Decision Making in China, Japan, Russia and the United States,' *World Politics*, 39 (1) (October): 78–103.
Gallagher, Michael (1994), 'China's Illusory Threat to the South China Sea,' *International Security*, 19 (1) (Summer): 169–194.
Gallicchio, Marc S. (1988), *The Cold War Begins in Asia: American East Asian Policy and the Fall of the Japanese Empire*, New York: Columbia University Press .
Garrett, Banning N. (1990), 'The Strategic Basis of Learning in US Policy Toward China, 1949–1988,' in George W. Breslauer and Philip E. Tellock (eds.), *Learning in US and Soviet Foreign Policy*, Boulder, Colo.: Westview Press.
Garrett, Banning, and Bonnie Glaser (1995), 'Looking Across the Yalu: Chinese Assessments of North Korea,' *Asian Survey*, 35 (6) (June): 528–545.
Garver, John (1982), *China's Decision for Rapprochement with the United States. 1968–1971*, Boulder, Colo.: Westview Press.
—— (1991), 'China-India Rivalry in Nepal: The Clash over Chinese Arms Sales,' *Asian Survey*, 31 (10) (October): 956–975.
—— (1994), *Foreign Relations of the People's Republic of China*, Englewood Cliffs, NJ: Prentice Hall.
George, Alexander L. (1980), *Presidential Decisionmaking in Foreign Policy*, Boulder, Colo.: Westview Press.
—— (1991), *Avoiding War: Problems of Crisis Management*, Boulder, Colo.: Westview

Press.
——(1993), *Bridging the Gap Between Theory and Practice*, Washington, DC: US Institute of Peace Press.
Gerstain, Dean (1987), 'To Unpack Micro and Macro: Link Small with Large and Part with Whole,' in Jeffrey Alexander et al. (eds.), *The Micro-Macro Link*, Berkeley: University of California Press. 〔＊ Alexanderの邦訳版では訳出されていない〕
Gibbons, Michael (1987), 'Introduction: the Politics of Interpretation,' in Michael Gibbons (ed.), *Interpreting Politics*, New York: New York University Press.
Giddens, Anthony (1984), *The Constitution of Society: Outline of the Theory of Structuration*, Berkeley: University of California Press.
Giesen, Bernhard (1987), 'Beyond Reductionism: Four Models Relating Micro and Macro Levels,' in Jeffrey Alexander et al. (eds.), *The Micro-Macro Link*, Berkeley: University of California Press. 〔＊ Alexanderの邦訳版では訳出されていない〕
Gilbert, Stephen P., and William M. Carpenter (eds.) (1989), *America and Island China: A Documentary History*, Lanham, Md.: University Press of America.
Gilks, Anne (1992), *The Breakdown of the Sino-Vietnamese Alliance, 1970–1979*, Berkeley: Institute of East Asian Studies, University of California.
Gill, R. Bates (1991), 'China Looks to Thailand: Exporting Arms, Exporting Influence,' *Asian Survey*, 31(6) (June): 526–539.
Godwin, Paul (1992), 'Chinese Military Strategy Revised: Local and Limited War,' *The Annals of the American Academy of Political and Social Science*, 519(January): 191–201.
——(1994), 'Force and Diplomacy: Chinese Security Policy in the Post-Cold War Era,' in Samuel Kim (ed.), *China and the World*, 3rd edn., Boulder, Colo.: Westview Press.
Goldgeier, James (1994), *Leadership Style and Soviet Foreign Policy,* Baltimore: The Johns Hopkins University Press.
Goldman Merle (ed.) (1987), *China's Intellectuals and the State: In Search of a New Relationship*, Cambridge: The Council on East Asian Studies, Harvard University.
——(1994), *Sowing the Seeds of Democracy in China: Political Reform in the Deng Xiaoping Era*, Cambridge: Harvard University Press.
Goldstein, Judith, and Robert Keohane (eds.) (1993), *Ideas and Foreign Policy: Beliefs, Institutions, and Political Change*, Ithaca, NY, and London: Cornell University Press.
Goncharov, Sergei, John W. Lewis, and Xue Litai (1993), *Uncertain Partners: Stalin, Mao, and the Korean War*, Stanford, Calif.: Stanford University Press.
Gong, Li (宮力) (1992)『跨越鴻溝——1969～1979年中美関係的演変』河南人民出版社(鄭州).
Goodman, David S. G. (1988), *Communism and Reform in East Asia*, Totowa, NJ, and London: Frank Cass and Company.
Gottlieb, Thomas (1977), *Chinese Foreign Policy Factionalism and the Origins of the Strategic Triangle*, Santa Monica, Calif.: The Rand Corporation.
Gourevitch, Peter (1978), 'The Second Image Reversed: The International Sources of

Domestic Politics,' *International Organization*, 32(4) (Autumn): 881-911.
Green, Michael J. (2002), 'The United States and East Asia in the Unipolar Era,' in Zhao, Quansheng (ed.), *Future Trends in East Asian International Relations*, London and Portland: Frank Cass.
Griffith, William E. (1967), *Sino-Soviet Relations, 1964-1965*, Cambridge, Mass.: MIT Press.
Guan, Jixian（管継先）(1993)『高技術局部戦争戦役』国防大学出版社（北京）.
Gurtov, Melvin (1967), *The First Vietnam Crisis: Chinese Communist Strrategy and United States Involvememt, 1953-1954*, New York: Columbia University Press.
Gurtov, Melvin, and Byong-Moo Hwang (1980), *China under Threat: The Politics of Strategy and Diplomacy*, Baltimore: The Johns Hopkins University Press.
—— (2002), *Pacific Asia? Prospects for Security and Cooperation in East Asia*, Lanham, MD and Oxford: Rowman & Littlefield Publishers.
Haggard, Stephen, and Bess Simmons (1987), 'Theories of International Regime,' *International Organization*, 41(3) (Summer): 513-17.
Halperin, Morton (1966), *The 1958 Taiwan Straits Crisis: A Documented History Rand Memorandum 4900 RM-ISA*, Santa Monica, Calif.: The Rand Corporation (unpublished).
Halpern, A. M. (ed.) (1965), *Policies Toward China: Views from Six Continents*, New York, Toronto, and London: McGraw-Hill.
Hamrin, Carol Lee (1983), 'China Reassesses the Superpowers,' *Pacific Affairs*, 56(2) (Summer): 209-230.
—— (1986), 'Domestic Components and China's Evolving Three Worlds Theory,' in Lillian Harris and Robert Worden (eds.), *China and the Third World: Champion or Challenger?*, Dover, Mass.: Auburn House.
—— (1990), *China and the Challenge of the Future: Changing Political Patterns*, Boulder, Colo.: Westview Press.
—— (1994), 'Elite Politics and the Development of Chinese Foreign Relations', in Thomas Robinson and David Shambaugh (eds.), *Chinese Foreign Policy: Theory and Practice*, Oxford: Oxford University Press.
Han Nianlong（韓念龍）主編 (1987)『当代中国外交』中国社会科学出版社（北京）.
Han, Huaizhi（韓懐智）(1989)『当代中国軍隊的軍事工作』中国社会科学出版社（北京）.
Harding, Harry (1983), 'Change and Continuity in Chinese Foreign Policy,' *Problems of Communism*, 32(March-April): 1-19.
—— (ed.) (1984), *China's Foreign Relations in the 1980s*, New Haven: Yale University Press.
—— (1987), *China's Second Revolution: Reform After Mao*, Washington, DC: The Brookings Institution.
—— (1988), *China and Northeast Asia*, Lanham, Md.: University Press of America.

—— (1992), *A Fragile Relationship: The United States and China since 1972*, Washington, DC: The Brookings Institution.
—— (1993), 'The Concept of "Greater China": Themes, Variations and Reservations,' *The China Quarterly*, 136 (December): 660–686.
—— (1994) 'China's Co-operative Behaviour,' in Thomas Robinson and David Shambaugh (eds.), *Chinese Foreign Policy: Theory and Practice*, Oxford: Oxford University Press.
Harris, Lillian Craig, and Robert L. Worden (eds.) (1986), *China and the Third World: Champion or Challenger?*, Dover, Mass.: Auburn House.
Harrison, Selig (2002), *Korea Endgame: A Strategy for Reunification and U.S. Disengagement*, Princeton: Princeton University Press.
Hastings, Max (1987), *The Korean War*, New York: Simon & Schuster.
Hatch, Elvin (1973), *Theories of Man and Culture*, New York: Columbia University Press.
He, Di (1990), 'The Evolution of the People's Republic of China's Policy toward the Offshore Islands,' in Warren Cohen and Akira Iriye (eds.), *The Great Powers in East Asia 1953–1960*, New York: Columbia University Press.
—— (1994), 'The Most Respected Enemy: Mao Zedong's Perception of the United States,' *The China Quarterly*, 137 (March): 144–158.
He, Xiaolu（何小魯）(1985)『元帥外交家』解放軍文芸出版社（北京）.
Herrmann, Richard (1985), *Perceptions and Behavior in Soviet Foreign Policy*, Pittsburgh: University of Pittsburgh Press.
Hill, Christopher, and Margot Light (1985), 'Foreign Policy Analysis,' in Margot Light and A. J. R. Groom (eds.), *International Relations: A Handbook of Current Theory*, London: Frances Pinter; and Boulder, Colo.: Lynne Rienner.
Hinton, Harold (1972), *China's Turbulent Quest*, Bloomington: Indiana University Press.
Ho, David Y. F. (1978), 'The Conception of Man in Mao Tse-tung Thought,' *Psychiatry*, 1 (41) (November): 391–402.
Hoffmann, Erik, and Frederic Fleron (eds.) (1980), *The Conduct of Soviet Foreign Policy*, New York: Aldine Publishing Company.
Hong Shi (1990), 'China's Political Development after Tiananmen: Tranquillity by Default,' *Asian Survey*, 30 (12) (December): 1206–1217.
Holsti, Ole R., and John D. Sullivan (1969), 'National-International Linkages: France and China As Nonconforming Alliance Members,' in James Rosenau (ed.), *Linkage Politics: Essays on the Convergence of National and International Systems*, New York: The Free Press.
Hood, Steven (1992), *Dragons Entangled: Indochina and the China-Vietnam War*, Armonk, NY: M. E. Sharpe.
Hsiung, Jiames C., and Samuel S. Kim (eds.) (1980), *China and the Global Community*, New York: Praeger Publishers.
Hsiung, James (ed.) (1986), *Human Rights in East Asia*, New York: Paragon.

Hu, Sheng（胡縄）（1955）『帝国主義和中国政治』外文出版社（北京）.
Huang, Jjashu（黄家樹）（1994）『台湾能独立嗎？』南海出版公司（海口）.
Hudson, Valerie, with Christopher Vore（1995）, 'Foreign Policy Analysis Yesterday, Today, and Tomorrow,' *Mershon International Studies Review*, 39(2)(October): 209–238.
Hunt, Michael（1984）, 'Chinese Foreign Policy in Historical Perspective,' in Harding (ed.), *China's Foreign Relations in the 1980s*, New Haven, Conn.: Yale University Press.
——(1996), *The Genesis of Chinese Communist Foreign Policy*, New York: Columbia University Press.
Hunt, Michael, and Odd Westad（1990）, 'The Chinese Communist Party and International Affairs: A Field Report on New Historical Sources and Old Research Problems,' *The China Quarterly*, 122(June): 258–272.
Huntington, Samuel P.（1968）, *Political Order in Changing Societies*, New Haven: Yale University Press.〔邦訳〕ハンティントン，サミュエル著，内山秀夫訳『変革期社会の政治秩序　上・下』サイマル出版会，1972年.
——(1987), 'The Goals of Development,' in Myron Weiner and Samuel P. Huntington (eds.), *Understanding Political Development*, Boston: Little, Brown.
Ishikawa, Tadao（石川忠雄）（1974）, 'The Normalization of Sino-Japanese Relations', in Priscilla Clapp and Morton Halperin (eds.), *United States-Japanese Relations*, Cambridge: Harvard University Press.
Jacobson, Harold K., and Michel Oksenberg（1990）, *China's Participation in the IMF, the World Bank, and the GATT*, Ann Arbor, Mich.: The University of Michigan Press.
Janos, Andrew C.（1964）, 'The Communist Theory of the State and Revolution,' in Cyril E. Black and Thomas P. Thornton (eds.), *Communism and Revolution*, Princeton: Princeton University Press.
Japan-China Economic Association（日中経済協会）（1975）『日中経済協会報』日中経済協会.
Jervis, Robert（1976）, *Perception and Misperception in International Politics*, Princeton: Princeton University Press.
Jetly, Nancy（1979）, *India-China Relations 1947–1977*, Atlantic Highlands, NJ: Humanities Press.
Jiang, Arnold Xiangze（1988）, *The United States and China*, Chicago: The University of Chicago Press.
Jiji Tsushinsha Seijibu（時事通信社政治部）編（1972）『日中復交ドキュメント』時事通信社.
Joffe, Ellis（1987）, *The Chinese Army After Mao*, Cambridge: Harvard University Press.
Johnson, Chalmers (ed.)（1970）, *Change in Communist Systems*, Stanford, Calif.: Stanford University Press.
——(1995), 'Korea and Our Asia Policy,' *The National Interest*, 41(Fall): 66–77.
Johnston, Alastair Iain（1995）, *Cultural Realism: Strategic Culture and Grand Strategy in*

Chinese History, Princeton: Princeton University Press.
——(1996), 'Learning Versus Adaptation: Explaining Change in Chinese Arms Control Policy in the 1980s and 1990s,' *China Journal*, no. 35(January): 27–61.
Joseph, William, Christine P. W. Wong, and David Zweig (eds.) (1991), *New Perspectives on the Cultural Revolution*, Cambridge: The Council on East Asian Studies, Harvard University.
Kallgren, Joyce K., and Denis Fred Simon (eds.) (1987), *Educational Exchanges: Essays on the Sino-American Experience*, Berkeley: Institute of East Asian Studies, University of California.
Kallgren, Joyce K., Noordin Sopiee, and Soedjati Djiwandono (eds.) (1988), *ASEAN and China: An Evolving Relationship*, Berkeley: Institute of East Asian Studies, University of California.
Katzenstein, Peter (ed.) (1978), *Between Power and Plenty*, Madison: The University of Wisconsin Press.
Keith, Ronald (1989), *The Diplomacy of Zhou Enlai*, New York: St. Martin's.
Kelman, Herbert C. (1965) 'Social-Psychological Approaches to the Study of International Relations,' in Herbert C. Kelman (ed.), *International Behavior: A Social-Psychological Analysis*, New York: Holt, Rinehart and Winston.
Keohane, Robert (1984), *After Hegemony: Cooperation and Discord in the World Political Economy*, Princeton: Princeton University Press. 〔邦訳〕コヘイン，ロバート著，石黒馨・小林誠訳『覇権後の国際政治経済学』晃洋書房，1998年.
——(1989), *International Institutions and State Power: Essays in International Relations Theory*, Boulder, Colo.: Westview Press.
Keohane, Robert, and Joseph Nye (1977), *Power and Interdependence*, Boston: Little, Brown.
——(1989), *Power and Interdependence*, 2nd edn., Boston: Scott, Foresman.
Kim, Ilpyong (ed.) (1987), *The Strategic Triangle: China, the United States and the Soviet Union*, New York: Paragon House.
Kim, Samuel S. (1977), *The Maoist Image of World Order*, Princeton: Center for International Studies, Princeton University.
——(1979), *China, the United Nations, and the World Order*, Princeton: Princeton University Press.
——(1989a), 'New Directions and Old Puzzles in Chinese Foreign Policy,' in Samuel S. Kim (ed.), *China and the World: New Directions in Chinese Foreign Relations*, Boulder, Colo.: Westview Press.
——(1989b), 'Reviving International Law in China's Foreign Relations,' in June T. Dreyer (ed.), *Chinese Defense and Foreign Policy*, New York: Paragon House.
——(1990), 'Chinese Foreign Policy after Tiananmen,' *Current History* (September): 245–248, and 280–282.
——(1991), *China In and Out of the Changing World Order*, Princeton: Center of Inter-

national Studies, Princeton University.
——(1992), 'Advancing the American Study of Chinese Foreign Policy,' *China Exchange News*, 20(3, 4) (Fall-Winter): 18-23.
——(1994a), 'China and the World in Theory and Practice' and 'China and the Third World in the Changing World Order,' in Samuel Kim (ed.), *China and the World*, 3 rd edn., Boulder, Colo.: Westview Press.
——(ed.) (1994b), *China and the World*, 3rd edn., Boulder, Colo.: Westview Press.
Kissinger, Henry (1969), 'Domestic Structure and Foreign Policy,' in James Rosenau (ed.), *International Politics and Foreign Policy*, revised edn., New York: The Free Press.
Kleinberg, Robert (1990), *China's 'Opening' to the Outside World: The Experiment with Foreign Capitalism*, Boulder, Colo.: Westview Press.
Kohli, Atul, Peter Evans, Peter Katzenstein, Adam Przeworski, Susanne Rudolph, James Scott, and Theda Skocpol (1995), 'The Role of Theory in Comparative Politics: A Symposium,' *World Politics*, 48(1) (October): 1-49.
Kuan, John C. (1991), 'An Analysis of the KMT-CCP Cooperation and China Unification,' paper presented at the annual meeting of the American Political Science Association, Washington, DC, 29 August-1 September.
Kuhn, Thomas, S. (1970), *The Structure of Scientific Revolution*, 2nd edn., Chicago: University of Chicago Press.〔邦訳〕クーン，トーマス著，中山茂訳『科学革命の構造』みすず書房，1971年.
Lall, Arthur (1968), *How Communist China Negotiates*, New York: Columbia University Press.
Lampton, David M., and Catherine H. Keyser (eds.) (1988), *China's Global Presence: Economics, Politics, and Security*, Washington, DC: American Enterprise Institute in collaboration with the Institute of Southeast Asian Studies.
Lampton, David (1994), 'America's China Policy in the Age of the Finance Minister: Clinton Ends Linkage,' *The China Quarterly*, 139(September): 597-621.
——(2001), *Same Bed Different Dreams: Managing U.S.-China Relations 1989-2000*, Berkeley and Los Angeles: University of California Press.
Lardy, Nicholas (1994), *China in the World Economy*, Washington, DC: Institute for International Economics.〔邦訳〕ラーディ，ニコラス．R. 著，古沢徳明訳『爆発する中国市場経済の実態——世界経済の中の中国』産能大学出版部，1995年.
Laster, Martin (1984), *The Taiwan Issue in Sino-American Strategic Relations*, Boulder, Colorado: Westview Press.
Lee, Chae-Jin (1976), *Japan Faces China*, Baltimore: Johns Hopkins University Press.
——(1984), *China and Japan: New Economic Diplomacy*, Stanford, Calif.: Hoover Institute Press.
Lee, Hong Yung (1991), *From Revolutionary Cadres to Party Technocrats in Socialist China*, Berkeley, Calif.: University of California Press.

Lee, Ngok（1991）, 'The People's Liberation Army: Dynamics of Strategy and Politics,' in Kuan Hsin-chi and Maurice Brosseau（eds.）, *China Review*, Hong Kong: The Chinese University Press.
Leng, Tse-Kang（2002）, 'Economic Globalization and IT Talent Flows Across the Taiwan Strait: The Taipei/Shanghai/Silicon Valley Triangle,' *Asian Survey*, 42（2）（March/April）: 230-250.
Leverson, Joseph（1968）, *Confucian China and Its Modern Fate*, Berkeley: University of California Press.
Levine, Steven（1980）, 'The Superpowers in Chinese Global Policy,' in James Hsiung and Samuel Kim（eds.）, *China and the Global Community*, New York: Praeger.
——（1992）, 'China and America: The Resilient Relationship,' *Current History*, 91（566）（September）: 241-246.
Lewis, John, and Xue Litai（1988）, *China Builds the Bomb*, Stanford, Calif.: Stanford University Press.
——（1994）, *China's Strategic Seapower: The Politics of Force Modernization in the Nuclear Age*, Stanford, Calif.: Stanford University Press.
Lewis, John, Hua Di, and Xue Litai（1991）, 'Beijing's Defense Establishment: Solving the Arms-Export Enigma,' *International Security*, 15（4）（Spring）: 87-109.
Li, Ping（李平）（1994）『開国総理周恩来』中共中央党校出版社（北京）.
Li, Rui（李鋭）（1992）『毛沢東的早年与晩年』貴州人民出版社（貴陽）.
Li, Rui（李鋭）（1993）『廬山会議史録新版』天地図書出版公司（香港）.
Li, Zhisui（李志綏）（1994）, *The Private Life of Chairman Mao: The Inside Story of the Man Who Made Modern China*, London: Chatto & Windus.〔邦訳〕李志綏著，新庄哲夫訳『毛沢東の私生活　上・下』文芸春秋，1994年.
Liao, Kuang-sheng（廖光生）（1984）, *Antiforeignism and Modernization in China, 1860-1980: Linkage Between Domestic Politics and Foreign Policy*, New York: St. Martin's Press.
Lieberthal, Kenneth（1984）, 'Domestic Politics and Foreign Policy,' in Harding（ed.）, *China's Foreign Relations in the 1980s*, New Haven, Conn.: Yale University Press.
——（1992）, 'Introduction: The "Fragmented Authoritarianism" Model and Its Limitations,' in Kenneth Lieberthal and David Lampton（eds.）, *Bureaucracy, Politics, and Decision Making in Post-Mao China*, Berkeley, CA: University of California Press.
——（1995）, *Governing China*, New York: W. W. Norton.
Lieberthal, Kenneth, and Michel Oksenberg（1988）, *Policy Making in China: Leaders, Structures, and Processes*, Princeton: Princeton University Press.
Lin, Biao（林彪）（1965）『人民戦争勝利万歳』外文出版社（北京）.
Lincoln, Edward（1993）, *Japan's New Global Role*, Washington, DC: The Brookings Institution.〔邦訳〕リンカーン，エドワード著，山岡洋一訳『新生日本の条件』講談社，1994年.
Little, Daniel（1989）, *Understanding Peasant China: Case Studies in the Philosophy of So-*

cial Science, New Haven and London: Yale University Press.
Liu, Xiao（劉曉）(1986)『出使蘇聯八年』中共党史資料出版社（北京）.
Loewenthal, Richard (1970), 'Development vs. Utopia in Communist Policy,' in Chalmers Johnson (ed.), *Change in Communist Systems*, Stanford: Stanford University Press.
—— (1983), 'The Post-Revolutionary Phase in China and Russia,' *Studies in Comparative Communism*, 16(3) (Autumn): 191-203.
Lord, Winston (1995), 'A Sweet and Sour Relationship: An Interview with Winston Lord, ' *Current History* (September): 248-251.
Lukin, Alexander (1991), 'The Initial Soviet Reaction to the Events in China in 1989 and the Prospects for Sino-Soviet Relations,' *The China Quarterly*, 125 (March): 119-136.
Macchiarola, Frank J., and Robert B. Oxnam (1991), *The China Challenge*, Boulder, Colo.: Westview Press.
MacFarquhar, Roderick (1983), *The Origins of the Cultural Revolution 2: The Great Leap Forward 1958-1960*, New York: Columbia University Press.
—— (ed.) (1993), *The Politics of China, 1949-1989*, Cambridge: Cambridge University Press.
Machiavelli, Niccolo (1950), *The Prince and the Discourses*, New York: Modern Library.〔邦訳〕マキアヴェッリ著，河島英昭訳『君主論』岩波書店，1998年.
Madsen, Richard (1995), *China and the American Dream*, Berkeley, CA: University of California Press.
Malik, J. Mohan (1995), 'China-India Relations in the Post-Soviet Era: The Continuing Rivalry,' *The China Quarterly*, 142(June): 317-355.
Mancall, Mark (1984), *China at the Center: 300 Years of Foreign Policy*, New York: Free Press.
Mann, James (1998), *About Face: A History of America's Curious Relationship with China: From Nixon to Clinton*, New York: Alfred A. Knopf.
Mann, Michael (1986), *The Sources of Social Power*, Vol. 1, Cambridge: Cambridge University Press.
Mao, Tse-tung (Mao Zedong；毛沢東) (1961), *Selected Works of Mao Tse-tung,* Vol. 4, Beijing, Foreign Languages Press（中国共産党委員会毛沢東選集出版委員会編『毛沢東選集　第4巻』外文出版社，1961年，北京).〔邦訳〕日本共産党中央委員会毛沢東選集翻訳委員会『毛沢東選集　第4巻』新日本出版社，1966年.
——（1993）『建国以来毛沢東文稿　第8冊』中央文献出版社（北京）.
——（1994）『毛沢東外交文選』中央文献出版社・世界知識出版社（北京）.
Masumi, Junnosuke（升味準之輔）(1985), *Postwar Politics in Japan, 1945-1955*, Berkeley: Institute of East Asian Studies, University of California.
Maxwell, Neville (1970), *India's China War*, New York: Random House.〔邦訳〕マックスウェル，ネビル著，前田寿夫訳『中印国境紛争　その背景と今後』時事通信社，1972年.
McKeown, Timothy (1986), 'The Limitations of "Structure" Theories of Commercial

Policy,' *International Organization*, 40(1)(Winter): 43–64.
Medvedev, Roy (1986), *China and the Superpowers*, Oxford and New York: Basil Blackwell.
Meisner, Maurice (1977), *Mao's China: A History of the People's Republic*, New York: Free Press.
Merton, Robert, Ailsa Gray, Barbara Hockey, and Hanan Selvin (eds.) (1952), *Reader in Bureaucracy*, New York: The Free Press.
Miyoshi, Osamu, and Shinkichi Eto (三好修・衛藤瀋吉) (1972)『中国報道の偏向を衝く――調査報告・自由な新聞の危機』日新報道, 1972年.
Moltz, James (1995), 'Regional Tensions in the Russo-Chinese Rapprochement,' *Asian Survey*, 35(6)(June): 511–527.
Montinola, Gabriella, Yingyi Qian, and Barry Weingast (1995), 'Federalism Chinese Style: The Political Basis for Economic Success in China,' *World Politics*, 48(1)(October): 50–81.
Morgenthau, Hans, and Kenneth Thompson (1985), *Politics Among Nations*, 6th edn., New York: Alfred Knopf.〔邦訳〕モーゲンソー著, 現代平和研究会訳『国際政治――権力と平和』福村出版, 1986年（ただし邦訳は第5版で, Thompson は共著者ではない）.
Munch, Richard and Neil Smeleser (1987), 'Relating the Micro and Macro,' in Jeffrey Alexander et al. (eds.), *The Micro-Macro Link*, Berkeley: University of California Press.〔* Alexander の邦訳版では訳出されていない〕
Murakami Tatsumi (村上立躬) (2002), 「世界中的東亜地区経済合作」『日本学刊』No. 6, 74–87頁.
Nakamura, Robert, and Frank Smallwood (1980), *The Politics of Policy Implementation*, New York: St. Martin's Press.
Nathan, Andrew (1985), *Chinese Democracy*, Berkeley: University of California Press.
―― (1986), 'Sources of Chinese Rights Thinking,' in R. Randle Edwards, Louis Henkin, and Andrew Nathan (eds.), *Human Rights in Contemporary China*, New York: Columbia University.〔邦訳〕ネイサン, アンドリュー. J.「中国権利思想の源流」エドワーズ, R. ランドルほか著, 斎藤恵彦・興梠一郎訳『中国の人権――その歴史と思想と現実と』有信堂高文社, 1990年所収.
―― (1993), 'Is Chinese Culture Distinctive?,' *The Journal of Asian Studies*, 52 (4) (November): 923–936.
―― (1994), 'Human Rights in Chinese Foreign Policy,' *The China Quarterly*, 139 (September): 622–643.
Naughton, Barry (1994), 'The Foreign Policy Implications of China's Economic Development Strategy,' in Thomas Robinson and David Shambaugh (eds.), *Chinese Foreign Policy: Theory and Practice*, Oxford: Oxford University Press.
Nee, Victor, and David Stark (1989), *Remaking the Economic Institutions of Socialism: China and Eastern Europe*, Stanford, Calif.: Stanford University Press.

——(1999), 'China: Domestic Restructuring and a New Role in Asia,' in Pempel, T. J. (ed.), *The Politics of the Asian Economic Crisis*, Ithaca and London: Cornell University Press.
Nelsen, Harvey (1989), *Power and Insecurity: Beijing, Moscow and Washington, 1949–1988*, Boulder, Colo.: Lynne Rienner Publishers.
——(1989), 'Continuity and Change in Chinese Strategic Deterrence,' in June T. Dreyer and Lipyong J. Kim (eds.), *Chinese Defense and Foreign Policy*, New York: Paragon House.
Newby, Laura (1988), *Sino-Japanese Relations*, London and New York: Routledge.
Nishimoto, Takashi（西本孝）(1995)「日本対中国大陸的日元貸款」『日本展望』第39期（6月）, 4-8頁.
Ng-Quinn, Michael (1983), 'The Analytic Sense of Chinese Foreign Policy, '*International Studies Quarterly*, 27(2) (September): 203–224.
North, Robert C. (1978), *The Foreign Relations of China*, North Scituate, Mass.: Duxbury Press.
O'Brien, Kevin (1990), 'Is China's National People's Congress a Conservative Legislature?,' *Asian Survey*, 30(8) (August): 793–94.
Odell, John (1990), 'Understanding International Trade Policies and Emerging Successes,' *World Politics*, 43(1) (October): 139–167.
Odgen, Suzanne (1989), *China's Unresolved Issues: Politics, Development and Culture*, Englewood Cliffs, NJ: Prentice Hall.
Ogata, Sadako（緒方貞子）(1965), 'Japanese Attitudes Toward China,' *Asian Survey*, 5 (8) (August): 389–398.
——(1977), 'The Business Community and Japanese Foreign Policy: Normalization of Relations with the People's Republic of China,' in Robert Scalapino (ed.), *The Foreign Policy of Modern Japan*, Berkeley: University of California Press.
——(1988), *Normalization with China: A Comparative Study of US and Japanese Process*, Berkeley: Institute of East Asian Studies, University of California.〔邦訳〕緒方貞子著, 添谷芳秀訳『戦後日中・米中関係』東京大学出版会, 1992年.
Oksenberg, Michel (1976), 'Mao's Policy Commitments, 1921–1976,' *Problems of Communism* (November–December): 1–26.
——(1986/87), 'China's Confident Nationalism,' *Foreign Affairs*, 65, No. 3: 501–523.
——(1991), 'The China Problem,' *Foreign Affairs*, 70(3) (Summer): 1–16.
O'Leary, Greg (1980), *The Shaping of Chinese Foreign Policy*, New York: St. Martin's Press.
Olsen, Marvin, and Martin Marger (eds.) (1993), *Power in Modern Societies*, Boulder, Colo.: Westview Press.
Olson, Mancur (1990), 'The Logic of Collective Action in Soviet-Type Societies,' *Journal of Soviet Nationalities*, 1(2) (Summer): 8–27.
Orleans, Leo (1988), *Chinese Students in America: Policies, Issues and Numbers*, Wash-

ington DC: National Academy Press.
Orr, Robert (1990), *The Emergence of Japanese Foreign Aid Power*, New York: Columbia University Press.〔邦訳〕オアー Jr., ロバート・M. 著, 田辺悟訳『日本の政策決定過程——対外援助と圧力』東洋経済新報社, 1993年.
Pareto, Vilfredo (1980), *Compendium of General Sociology*, Minneapolis: University of Minnesota Press.〔邦訳〕パレート, V. 著, 姫岡勤訳, 板倉達文校訂『一般社会学提要』名古屋大学出版会, 1996年.
Park, Yung (1976), 'The "Anti-Hegemony" Controversy in Sino-Japanese Relations,' *Pacific Affairs*, 49(3)(Fall): 476–490.
Parsons, Talcott (1937), *The Structure of Social Action*, New York: McGraw Hill.〔邦訳〕パーソンズ, タルコット著, 稲上毅・厚東洋輔ほか訳『社会的行為の構造　第1～5分冊』木鐸社, 1974–89年.
——(1982), *On Institutions and Social Evolution* (edited by Leon Mayhew), Chicago: University of Chicago Press.
Pearson, Margaret (1991), *Joint Ventures in the People's Republic of China*, Princeton: Princeton University Press.
Pei, Jianzhang (裴堅章) 主編 (1990)『新中国外交風雲』世界知識出版社 (北京).
Pei, Minxin (1994), *From Reform to Revolution: The Demise of Communism in China and the Soviet Union*, Cambridge: Harvard University Press.
Perkins, Dwight H. (1986), *China: Asia's Next Economic Giant?*, Seattle: University of Washington Press.
Pollack, Jonathan D. (1982), *The Sino-Soviet Rivalry and Chinese Security Debate*, Santa Monica, Calif.: The Rand Corporation.
——(1984a), *The Lessons of Coalition Politics: Sino-American Security Relations*, Santa Monica, Calif.: The Rand Corporation.
——(1984b), 'China and the Global Strategic Balance,' in Harry Harding (ed.), *China's Foreign Relations in the 1980s*, New Haven: Yale University Press.
Polumbaum, Judy (1990/91), 'Dateline China: The People's Malaise,' *Foreign Policy*, 81 (Winter): 163–181.
Putnam, Robert (1993), 'Diplomacy and Domestic Politics: The Logic of Two-Level Games,' in Evans, Peter, Harold Jacobson, and Robert Putnam (eds.), *Double-Edged Diplomacy: International Bargaining and Domestic Politics*, Berkeley: University of California Press. 初出は, *International Organization*, 42 (3)(Summer 1988).
Pye, Lucian (1961), 'The Non-Western Political Process,' in James Rosenau (ed.), *International Politics and Foreign Policy*, New York: The Free Press.
——(1975), 'The Confrontation between Discipline and Area Studies,' in Lucian Pye, (ed.), *Political Science and Area Studies*, Bloomington: Indiana University Press.
——(1977), 'Mao Tse-Tung's Leadership Style,' *Political Science Quarterly*, 91 (summer).
——(1981), *The Dynamics of Chinese Politics*, Cambridge, Mass.: Oelgeschlager, Gunn

and Hain.
——(1985), *Asian Power and Politics: The Cultural Dimensions of Authority*, Cambridge: The Belknap Press of Harvard University Press.〔邦訳〕パイ，ルシアン・W. 著，園田茂人訳『エイジアン・パワー　上・下』大修館書店，1995年.
——(1988), *The Mandarin and the Cadre: China's Political Cultures*, Ann Arbor: Center for Chinese Studies, The University of Michigan.
——(1990), 'China: Erratic State, Frustrated Society,' *Foreign Affairs* (Fall): 56-74.
——(1991), 'Political Culture Revisited,' *Political Psychology*, 12(3) (September): 487-506.
——(1992), *The Spirit of Chinese Politics*, new edn., Cambridge: Harvard University Press.
Qian, Jiang（銭江）(1987)『乒乓外交始末』東方出版社（北京）.
Qu, Xing（曲星）(1994)「試論東欧巨変和蘇聯解体後的中国対外政策」『外交学院学報』，第4期，16-22頁.
Quan, Yanchi（権延赤）(1989)『毛沢東与赫魯曉夫』吉林人民出版社（長春）.
Quan, Yanchi, and Du Weidong（権延赤・杜衛東）(1979)『共和国秘史』光明日報出版社（北京）.
Rabinow, Paul, and William Sullivan (1979), *Interpretive Social Science: A Reader*, Berkeley: University of California Press.
Reardon-Anderson, James (1980), *Yenan and the Great Powers: The Origins of Chinese Communist Foreign Policy, 1944-1946*, New York: Columbia University Press.
Rigger, Shelley (1999), *Politics in Taiwan: Voting for Democracy*, London and New York: Routledge.
Ritzer, George (1990), 'Micro-Macro Linkage in Sociological Theory: Applying a Metatheoretical Tool,' in George Ritzer (ed.), *Frontiers of Social Theory*, New York: Columbia University Press.
Rix, Alan (1980), *Japan's Economic Aid*, New York: St. Martin's Press.
Roberts, Adam (1991), 'A New Age in International Relations?,' *International Affairs*, 67 (3): 509-525.
Robinson, Thomas (1970), *The Sino-Soviet Border Dispute: Background, Development and the March 1969 Clashes*, Santa Monica, Calif.: Rand Corporation (Rand Rm-6171-PR).
——(1994), 'Chinese Foreign Policy from the 1940s to the 1990s,' in Thomas Robinson and David Shambaugh (eds.), *Chinese Foreign Policy: Theory and Practice*, Oxford: Oxford University Press.
Robinson, Thomas, and David Shambaugh (eds.) (1994), *Chinese Foreign Policy: Theory and Practice*, Oxford: Oxford University Press.
Rohrlich, Paul (1987), 'Economic, Cultural and Foreign Policy: The Cognitive Analysis of Economic Policy Making,' *International Organization*, 41(1) (Winter): 61-92.
Rong Zhi (1982), 'Two Views of Chinese Foreign Policy,' *World Politics*, 34(2) (January): 285-293.

Rosenau, James (1967), *Domestic Sources of Foreign Policy*, New York: The Free Press.
—— (ed.) (1969), *Linkage Politics: Essays on the Convergence of National and International Systems*, New York: The Free Press.
—— (1981), *The Study of Political Adaptation*, London: Frances Pinter.
—— (1990), *Turbulence in World Politics*, Princeton: Princeton University Press.
Ross, Madelyn (1994), 'China's International Economic Behaviour,' in Thomas Robinson and David Shambaugh (eds.), *Chinese Foreign Policy: Theory and Practice*, Oxford: Oxford University Press.
Ross, Robert (1986), 'International Bargaining and Domestic Politics: U.S. -China Relations Since 1972,' *World Politics*, 38(2) (January): 255–287.
—— (1988), *The Indochina Tangle: China's Vietnam Policy, 1975–1979*, New York: Columbia University Press.
—— (1989), 'From Lin Biao to Deng Xiaoping: Elite Instability and China's US Policy,' *The China Quarterly*, 118(June): 263–299.
—— (1991), 'China Learns to Compromise: Change in US-China Relations, 1982–1984,' *The China Quarterly*, 128(December): 742–773.
—— (ed.) (1993), *China, the United States, and the Soviet Union*, Armonk, NY: M. E. Sharpe.
—— (1995), *Negotiating Cooperation: the United States and China: 1969–1989*, Stanford, Calif.: Stanford University Press.
Roth, Guenther, and Wolfgang Schluchter (1979), *Max Weber's Vision of History*, Berkeley: University of California Press.
Roy, Denny (2003), *Taiwan: A Political History*, Ithaca and London: Cornell University Press.
Rozman, Gilbert (1985), *A Mirror for Socialism: Soviet Criticisms of China*, Princeton: Princeton University Press.
—— (1987), *The Chinese Debate about Soviet Socialism, 1978–1985*, Princeton: Princeton University Press.
—— (ed.) (1991), *The East Asian Region: Confucian Heritage and Its Modern Adaptation*, Princeton: Princeton University Press.
Salisbury, Harrison (1969), *War Between Russia and China*, New York: W. W. Norton.
〔邦訳〕ソールズベリー, ハリソン・E. 著, 小西健吉訳『中ソ戦争』早川書房, 1970年.
Sandschneider, Eberhard (1990), 'The Chinese Army after Tiananmen,' *Pacific Review*, 3(2): 113–124.
Sautman, Barry (1994), 'Anti-Black Racism in Post-Mao China,' *The China Quarterly*, 138(June): 413–437.
Scalapino, Robert A., and Chen Qimao (eds.) (1986), *Pacific-Asian Issues: American and Chinese Views*, Berkeley: The Institute of East Asian Studies, University of California.
Scalapino, Robert A. (1987), *Major Power Relations in Northeast Asia*, Lanham, Md.: Uni-

versity Press of America.
——(1989), *The Politics of Development: Perspectives on Twentieth-Century Asia*, Cambridge: Harvard University Press.〔邦訳〕スカラピーノ, R. A. 著, 初瀬龍平・境井孝行訳『アジアの政治発展』三嶺書房, 1997年.
——(1991/92), 'The United States and Asia: Future Prospects,' *Foreign Affairs*, 70 (5) (Winter): 19–40.
Schaller, Michael (1979), *The United States and China in the Twentieth Century*, New York: Oxford University Press.
Schoenhals, Michael (1992), *Doing Things with Words in Chinese Politics*, Berkeley: Institute of East Asian Studies, University of California.
Schram, Stuart (1989), *The Thought of Mao Tse-Tung*, Cambridge and New York: Cambridge University Press.〔邦訳〕シュラム, スチュアート・R. 著, 北村稔訳『毛沢東の思想 ～1949年／1949～76年』蒼蒼社, 1989年.
Schwartz, Benjamin J. (1967), 'The Maoist Image of World Order,' *International Affairs*, 11(1): 92–102.
Schwartz, Morton (1975), *The Foreign Policy of the USSR: Domestic Factors*, Encino, Calif.: Dickenson Publishing Company.
Segal, Gerald, and William T. Tow (eds.) (1984), *Chinese Defense Policy*, Urbana and Chicago: University of Illinois Press.
Segal, Gerald (1994), 'China's Changing Shape,' *Foreign Affairs*, 73(3) (May/June): 43–58.
Senese, Donald J., and Diane D. Pikcunas (1989), *Can the Two Chinas Become One?*, Washington, DC: The Council for Social and Economic Studies.
Skinner, Quentin (ed.) (1985), *The Return of Grand Theory in the Human Sciences*, Cambridge: Cambridge University Press.〔邦訳〕スキナー, クエンティン編著, 加藤尚武ほか訳『グランドセオリーの復権——現代の人間科学』産業図書, 1988年.
Shambaugh, David (1991), *Beautiful Imperialist: China Perceives America, 1972–1990*, Princeton: Princeton University Press.
——(1992), 'Regaining Political Momentum: Deng Strikes Back,' *Current History* (September): 257–259.
——(1994), 'A Bibliographical Essay on New Sources for the Study of China's Foreign Relations and National Security,' in Thomas Robinson and David Shambaugh (eds.), *Chinese Foreign Policy: Theory and Practice*, Oxford: Oxford University Press.
——(2002), *Modernizing China's Military: Progress, Problems, and Prospects*, Berkeley: University of California Press.
Shen, Zonghong, and Meng Zhaohui (沈宗洪・孟照輝) 主編 (1990), 軍事科学院軍事歴史研究部編著『中国人民志願軍抗美援朝戦史』軍事科学出版社 (北京).
Shichor, Yitzhak (1979), *The Middle East in China's Foreign Policy*, Cambridge: Cambridge University Press.
——(1991), 'China and the Role of the United Nations in the Middle East: Revised Pol-

icy,' *Asian Survey*, 31(3) (March): 255–269.
Shih, Chih-yu (石之瑜) (1990), *The Spirit of Chinese Foreign Policy: A Psychocultural View*, New York: St. Martin's Press.
—— (1993), *China's Just World: The Morality of Chinese Foreign Policy*, Boulder, Colo.: Lynne Rienner Publishers.
Shirk, Susan (1993), *The Political Logic of Economic Reform in China*, Berkeley: University of California Press.
—— (1994), *How China Opened Its Door*, Washington, DC: The Brookings Institution.
Simmons, Robert (1975), *The Strained Alliance: Peking, Pyongyang, Moscow and the Politics of the Korean War*, New York: Free Press.
Simon, Herbert (1985), 'Human Nature in Politics: The Dialogue of Psychology with Political Science,' *American Political Science Review*, 79: 293–304.
Stinchcombe, Arthur (1987), *Constructing Social Theories*, Chicago: University of Chicago Press.
Stolper, Thomas (1985), *China, Taiwan, and the Offshore Islands*, Armonk, New York: M. E. Sharpe.
Story, Greg (1987), *Japan's Official Development Assistance to China*, Canberra, Australia: Research School of Pacific Studies, Australian National University.
Stuart, Douglas T., and William T. Tow (eds.) (1982), *China, the Soviet Union and the West: Strategic and Political Dimensions in the 1980s*, Boulder, Colo.: Westview Press.
Sun, Fusheng (孫復生) (1994)「戦後中国与東南亜国家関係的演変和発展」『外交学院学報』, 第37期 (12月), 9–15頁.
Sun, Yan (1994), *The Chinese Reassessment of Socialism, 1976–1992*, Princeton: Princeton University Press.
Suryadinata, Leo (1990), 'Indonesia-China Relations: A Recent Breakthrough,' *Asian Survey*, 30(7) (July): 682–696.
Susser, Bernard (1992), *Approaches to the Study of Politics*, New York: Macmillan.
Sutter, Robert (1983), *The China Quandary: Domestic Determinants of US China Policy, 1972–82*, Boulder, Colo.: Westview Press.
—— (1988), 'Implications of China's Modernization for East and Southeast Asian Security: The Year 2000,' in David M. Lampton and Catherine H. Keyser (eds.), *China's Global Presence: Economics, Politics, and Security*, Washington, DC: American Enterprise Institute in collaboration with the Institute of Southeast Asian Studies.
Tagawa, Seiichi (田川誠一) (1972)「保利幹事長の誠意を問う」『エコノミスト』50巻13号 (3月28日), 16–26頁.
Tan, Qingshan (1990), 'The Politics of US Most-Favored-Nation Treatment to China: The Cases of 1979 and 1990,' *Journal of Northeast Asian Studies*, 9(1) (Spring): 41–59.
—— (1992), *The Making of US China Policy: From Normalization to the Post-Cold War Era*, Boulder, Colo.: Lynne Rienner.
Tanaka, Akihiko (田中明彦) (1985)「米・中・ソのあいだで」渡辺昭夫編『戦後日本

の対外政策　国際関係の変容と日本の役割』有斐閣，220-253頁．
Teiwes, Frederick C.（1974），‘Chinese Politics, 1949-1965: A Changing Mao,’ *Current Scene*, 12（January and February）: 1-15 and 1-18.
──（1984），*Leadership, Legitimacy, and Conflict in China: From a Charismatic Mao to the Politics of Succession*, Armonk, NY: M. E. Sharpe.
──（1990），*Politics and Mao's Court: Gao Gang and Party Factionalism in the Early 1950s*, Armonk, NY: M. E. Sharpe.
Tian, Zengpei（田曾佩）主編（1993）『改革開放以来的中国外交』世界知識出版社（北京）．
Tow, William（ed.）（1991），*Building Sino-American Relations: An Analysis for the 1990s*, New York: Paragon.
──（1994），‘China and the International Strategic System,’ in Thomas Robinson and David Shambaugh（eds.），*Chinese Foreign Policy: Theory and Practice*, Oxford: Oxford University Press.
Tow, William T.（2001），*Asia-Pacific Strategic Relations: Seeking* Convergent Security, Cambridge: Cambridge University Press.
Townsend, James（1999），‘Chinese Nationalism,’ *The Australian Journal of Chinese Affairs*, 27: 97-120.
Tretiak, Daniel（1978），‘The Sino-Japanese Treaty of 1978: The Senkakus Incident Prelude,’ *Asian Survey*, 18（12）（December）: 1235-1249.
Tsou, Tang, and Morton H. Halperin（1965），‘Mao Tse-Tung's Revolutionary Strategy and Peking's International Behavior,’ *American Political Science Review*, 59（1）（March）: 80-99.
Tsou, Tang（1986），*The Cultural Revolution and Post-Mao Reforms: A Historical Perspective*, Chicago: The University of Chicago Press.
Tsou, Tang（鄒讜）（1994）『二十世紀的中国政治』牛津大学出版社（香港）．
Valencia, Mark（1995），*China and the South China Sea Disputes*（Adelphi Paper, no. 298），Oxford: Oxford University Press.
Van Ness, Peter（1970），*Revolution and Chinese Foreign Policy: Peking's Support for Wars of National Liberation*, Berkeley: University of California Press.
Verba, Sidney（1961），‘Assumptions of Rationality and Non-Rationality in Models of the International System,’ in Klaus Knorr and Sidney Verba（eds.），*The International System: Theoretical Essays*, Princeton: Princeton University Press.
Vertzberger, Yaacov（1984），*Misperceptions in Foreign Policymaking: The Sino-Indian Conflict, 1959-1962*, Boulder, Colo.: Westview Press.
Walder, Andrew G.（1986），*Communist Neo-Traditionalism: Work and Authority in Chinese Industry*, Berkeley: University of California Press.
Walsh, J. Richard（1988），*Change, Continuity and Commitment: China's Adaptive Foreign Policy*, Lanham, MD: University Press of America.
Waltz, Kenneth（1959），*Men, the State and War*, New York: Columbia University Press.

—— (1979), *Theory of International Politics*, Reading, Mass.: Addison-Wesley.
Wang, Bingnan（王炳南）(1985)『中美会談九年回顧』世界知識出版社（北京）.
Wang, Jisi（王緝思）(1994), 'International Relations Theory and the Study of Chinese Foreign Policy: A Chinese Perspective,' in Thomas Robinson and David Shambaugh (eds.), *Chinese Foreign Policy: Theory and Practice*, Oxford: Oxford University Press.
Wang, Li（王力）(1993)『現場歴史』牛津大学出版社（香港）.
Wedeman, Andrew Hall (1987), *The East Wind Subsides: Chinese Foreign Policy and the Origins of the Cultural Revolution*, Washington, DC: The Washington Institute Press.
Weiner, Myron, and Samuel P. Huntington (eds.) (1987), *Understanding Political Development*, Boston: Little, Brown.
Westad, Odd A. (1993), *Cold War and Revolution: Soviet-American Rivalry and the Origins of the Chinese Civil War*, New York: Columbia University Press.
Whiting, Allen S. (1960), *China Crosses the Yalu: The Decision to Enter the Korean War*, New York: The Macmillan Company.
—— (1972), 'The Use of Forces in Foreign Policy by the People's Republic of China,' *The Annals of the American Academy of Political and Social Sciences*, 402: 55–66.
—— (1975), *The Chinese Calculus of Deterrence: India and Indochina*, Ann Arbor: The University of Michigan Press.
—— (1977), 'Chinese Foreign Policy: A Workshop Report,' SSRC Items 31 (March/June). James Hsiung, 'The Study of Chinese Foreign Policy: An Essay on Methodology,' in James Hsiung and Samuel Kim (eds.), *China and the Global Community*, New York: Praeger, 1980 から引用した.
—— (1979), *Chinese Domestic Politics and Foreign Policy in the 1970s*, Ann Arbor: Center for Chinese Studies, The University of Michigan.
—— (1989), *China Eyes Japan*, Berkeley: University of California Press.〔邦訳〕ホワイティング，アレン・S. 著，岡部達味訳『中国人の日本観』岩波書店，1993年.
—— (ed.) (1992), *China's Foreign Relations*, The Annals of the American Academy of Political and Social Science, 519, January.
—— (1995), 'Chinese Nationalism and Foreign Policy After Deng,' *The China Quarterly*, 142 (June): 295–316.
Whyte, Martin K. (1989), 'Who Hates Bureaucracy? A Chinese Puzzle,' in Victor Nee and David Stark (eds.), *Remaking the Economic Institutions of Socialism: China and Eastern Europe*, Stanford, Calif.: Stanford University Press.
Wich, Richard (1980), *Sino-Soviet Crisis Politics*, Cambridge, Massachusetts: Harvard University Press.
Wolfers, Arnold (1962), *Discord and Collaboration: Essays on International Politics*, Baltimore: The Johns Hopkins University Press.
Womack, Brantly (1987), 'The Party and the People: Revolutionary and Postrevolutionary Politics in China and Vietnam,' *World Politics*, 39 (4) (July): 479–507.
Wong, John and Sarah Chan (2003), 'China–ASEAN Free Trade Agreement: Shaping

Future Economic Relations', *Asian Survey*, 43 (3) (May/June): 507-526.
Wu, Friedrich W. (1980), 'Explanatory Approaches to Chinese Foreign Policy: A Critique of the Western Literature,' *Studies in Comparative Communism* (Spring): 41-62.
Wu, Samuel, and Bruce de Mesquita (1994), 'Assessing the Dispute in the South China Sea: A Model of China's Security Decision Making,' *International Studies Quarterly*, 38 (3) (September): 379-403.
Wu, Xiuquan（伍修権）(1983)『在外交部八年的経歴』世界知識出版社（北京）.
——(1991)『回憶与懐念』中共中央党校出版社（北京）.
Wu, Yu-Shan (1994), 'Mainland China's Economic Policy Toward Taiwan: Economic Needs or Unification Scheme?,' *Issues & Studies*, 30(9) (September): 29-49.
Xie, Yixian（謝宜顕）(1993)『外交智恵与謀略』河南人民出版社（鄭州）.
Xu, Jiatun（許家屯）(1993)『許家屯回憶録』聯合報（香港）.〔邦訳〕許家屯著，青木まさこ・小須田秀幸・趙宏偉訳『香港回収工作上・下』筑摩書房，1996年.
Xu, Yan（徐焔）(1992)『金門之戦』中国広播電視出版社（北京）.
——(1993)『中印辺界之戦歴史真相』天地図書（香港）.
Yahuda, Michael (1978), *China's Role in World Affairs*, London: Croom Helm.
——(1983a), *Toward the End of Isolationism: China's Foreign Policy After Mao*, New York: St. Martin's Press.
——(1983b), 'Perspectives on China's Foreign Policy,' *The China Quarterly*, 95 (September): 534-540.
Yan, Xuetong（閻学通）(1994)「鄧小平的国家利益観」『現代国際関係』，第57期（7月), 28-32頁.
Yang, Zhaoquan（楊昭全）(1994)「中国，朝鮮，韓国関于中国辺界沿革及界務交渉的研究動向」『中国社会科学季刊』第8期（夏季号), 120-129頁.
Yang, Zuozhou（楊左洲）(1993)『南海風雲』正中書局（台北）.
Ye, Yumeng（葉雨蒙）(1990)『出兵朝鮮』北京十月文芸出版社（北京）.
Yeh, K. C. (1992), 'Macroeconomic Issues in China in the 1990s,' *The China Quartely*, 131(September): 501-544.
Yezhova, Galina, Viacheslav Lyubov, and Yuri Filatov (eds.) (1989), *USSR-China In the Changing World: Soviet Sinologists on the History and Prospects of Soviet-Chinese Relations*, Moscow: Novosti Press Agency Publishing House.
Yu, Bin (1994), 'The Study of Chinese Foreign Policy: Problems and Prospects,' *World Politics*, 46(2) (January): 235-261.
Yuan, Jie（袁潔）(1995)「難忘的外交之路」程湘君主編『女外交官』人民体育出版社（北京）所収.
Zagoria, Donald (1991), 'The End of the Cold War in Asia: Its Impact on China,' in Frank J. Macchiarola and Robert B. Oxnam (eds.), *The China Challenge*, New York: The Academy of Political Science.
Zelman, Walter (1967), *Chinese Intervention in the Korean War*, Berkeley: University of California Press.

Zhai, Qiang (1992), 'China and the Geneva Conference of 1954,' *The China Quarterly*, 129(March): 103-122.

Zhang, Zeshi（張沢石）(1988)『我従美軍集中営帰来』中国文史出版社（北京）.

Zhao, Quansheng（趙全勝）(1989), 'One Country Two Systems and One Country Two Parties: PRC-Taiwan Unification and Its Political Implication,' *The Pacific Review*, 2(4): 312-319.

—— (1992), 'Domestic Factors of Chinese Foreign Policy: From Vertical to Horizontal Authoritarianism,' *The Annals of the American Academy of Political and Social Science*, 519(January): 159-176.

—— (1993a), *Japanese Policymaking—Informal Mechanisms and the Making of China Policy*, Westport, Conn: Praeger.〔邦訳〕趙全勝著，杜進・栃内精子訳『日中関係と日本の政治』岩波書店，1999年.

—— (1993b), 'Patterns and Choices of Chinese Foreign Policy,' *Asian Affairs* 20(1)(Spring): 1-5.

—— (1995), 'Achieving Maximum Advantage: Rigidity and Flexibility in Chinese Foreign Policy,' *American Asian Review*, 13(1)(Spring): 61-93.

—— (2002a), 'The Shift in Power Distribution and the Change of Major Power Relations,' in Zhao, Quansheng (ed.), *Future Trends in East Asian International Relations*, London and Portland: Frank Cass.

—— (2002b), 'Sino-Japanese Relations in the Context of the Beijing-Tokyo-Washington Triangle', in Soderberg, Marie (ed.), *Chinese-Japanese Relations in the Twenty-first Century: Complementarity and Conflict*, London and New York: Routledge.

—— (2002c), 'Modernization, Nationalism, and Regionalism in China,' in Hook, Steven W. (ed.), *Comparative Foreign Policy*, New Jersey: Prentice Hall.

Zhao, Quansheng, and Robert Sutter (eds.) (1991), *Politics of Divided Nations, China, Korea, Germany and Vietnam*, Baltimore: University of Maryland Law School.〔邦訳〕趙全勝編著，朱継征監訳，佐々木そのみ訳『国家の分裂と国家の統一——中国，朝鮮，ドイツ，ベトナムの研究』旬報社，1998年.

Zhao, Ziyang（趙紫陽）(1987)「沿著具有中国特色的社会主義道路前進」『中国共産党第十三届全国代表大会文件』外文出版社（北京）所収.

Zhou, Enlai（周恩来）(1990)『周恩来外交文選』中央文献出版社（北京）.

Zhu, Lin（朱琳）(1991)『大使夫人回憶録』世界知識出版社（北京）.

Ziegler, Charles (1993), *Foreign Policy and East Asia: Learning and Adaptation in the Gorbachev Era*, Cambridge: Cambridge University Press.

付　録

付録1　中国共産党の指導者

年	最高指導者[1]	最高権力者[2]	中核メンバー[3]
1945–56	毛沢東	毛沢東	毛沢東[a]，朱徳，劉少奇，周恩来，任弼時[c]
1956–66	毛沢東	毛沢東	毛沢東[a]，劉少奇[b]，周恩来[b]，朱徳[b]，陳雲[b]，林彪[b]，鄧小平[d']
1966–69	毛沢東	毛沢東	毛沢東[a]，林彪[b]，周恩来，陶鑄，陳伯達，鄧小平，康生，劉少奇，朱徳，李富春，陳雲
1969–73	毛沢東	毛沢東	毛沢東[a]，林彪[b.e]，周恩来，陳伯達，康生
1973–76	毛沢東	毛沢東	毛沢東[a.f]，周恩来[b.n]，王洪文[b.g]，康生[b.l]，葉剣英[b]，李徳生[b]，朱徳[h.n]，張春橋[h.g]，董必武[h.l]，鄧小平[i.b]
1977–82	華国鋒	鄧小平	華国鋒[a.f]，葉剣英[b]，鄧小平[b]，李先念[b]，汪東興[b.k]，陳雲[b.j]
1982–87	胡耀邦	鄧小平	胡耀邦[d]，葉剣英[o]，鄧小平，趙紫陽，李先念，陳雲
1987–92	趙紫陽	鄧小平	趙紫陽[d.m]，李鵬，喬石，胡啓立[m]，姚依林
1992–97	江沢民	鄧小平	江沢民[d]，李鵬，喬石，李瑞環，朱鎔基，劉華清，胡錦濤
1997–2002	江沢民	江沢民	江沢民[d]，李鵬，朱鎔基，李瑞環，胡錦濤，尉健行，李嵐清
2002–	胡錦濤	江沢民	胡錦濤[d]，温家宝，呉邦国，賈慶林，曽慶紅，黄菊，呉官正，李長春，羅幹

a：中国共産党主席〔主席［CC Chairman］・副主席の職位は，1982年9月の第12回党大会で廃止された〕．

b：中国共産党副主席〔1966～69年，林彪は第1副主席の地位にあった．69年には唯一の副主席となる〕．

c：任弼時は1950年に死去．陳雲がその後任として中央書記局書記に就任．

d：中国共産党総書記〔1956～66年の総書記（鄧小平が就任）は，主席制のもとでの総

書記であり，名称は同じでも12回党大会以降の最高ポストとしての総書記とは異なっている．ここでは訳者の判断で最高ポストとは区別してd'としてある〕．

e：1971年9月，林彪は葉群と共に中国から逃亡した際に，飛行機事故で死亡．

f：毛沢東は1976年9月9日に死去し，同年10月7日に華国鋒が党主席に就任．1981年6月27〜29日に開催された中国共産党第11期第6回中央委員会全体会議において，胡耀邦が華国鋒に代わって党主席となった〔正確に言えば華国鋒は中央軍事委員会主席でもあった．この職位は，81年6月の11期6中全会で，鄧小平に引き継がれ，鄧は89年11月までその地位にあった．この間の経緯の詳細については第4章訳註〔1〕を参照されたい〕．

g：「四人組」は1976年10月6日に逮捕された．

h：これらのメンバーは画数順に並べてある．

i：鄧小平は1973年12月に再び中央政治局員に任命され，さらに中国共産党第10期第2回中央委員会全体会議（1975年1月8〜10日）において党副主席として政治局常務委員会に復帰した〔その後，1976年4月7日の政治局決定によって党籍だけを残して，その他一切の職務を剥奪されるが，第10期第3回中央委員会全体会議（1977年7月16〜21日）は鄧小平のすべての職務の回復を決定した〕．第10期2中全会の場合は明らかに政治局員に戻った李徳生に代わったものである．

j：1978年12月18〜22日に開催された中国共産党第11期第3回中央委員会全体会議において任命された．

k：中国共産党第11期第5回中央委員会全体会議〔1980年2月23日〜29日〕で職務免除を申し出て承認された．

l：1975年に死去．

m：1989年6月23〜24日に開催された中国共産党第13期第4回中央委員会全体会議で罷免された．

n：1976年に死去．

o：中国共産党第12期第4回中央委員会全体会議〔1985年9月16日〕で引退した．

＊ 出典：Roderick MacFarquhar, ed.(1993：474-477)

＊ 1992年以降については訳者が作成した．

〔訳註〕

1）ここで「最高指導者［Top Leader］」が意味しているのは，第12回党大会（1982年9月）までは中国共産党中央委員会「主席」であり，その後は中国共産党中央委員会「総書記」のことである（なお，本文——例えば第5章での頻度が高い——では，「最高指導者」はいま少し広い意味で用いられている）．

2）ここで「最高権力者［Paramount Leader］」とは，「中央軍事委員会主席」とほぼ同義である．もっとも華国鋒は76〜81年の期間，中央軍事委員会主席だったが，著者は華を最高権力者とは見なしていない．第1代から第3代の「領導核心」とされた人物とも重なっているが，以下訳註〔4〕で述べるとおり，03年11月に総書記に選出された時点では，胡錦濤は新領導グループの最高指導者ではあっても，最高権力者ではなかった．著者は，胡錦濤総書記兼国家主席は04年9月の党中央軍事委員会主席就任に

よって最高権力者としての地位に就いたと整理している（本文300-302頁）.

3）ここで「中核メンバー［Core Members］」とは「政治局常務委員会委員」を意味している．ただし，1945～56年は政治局常務委員会が置かれず，中央書記局［書記処］が最高政策決定機関の役割を果たしていた．中核メンバーにあるのは，この時期中央書記局を構成したいわゆる五大書記である.

4）第16期 4 中全会（2004年 9 月）以降，最高権力者は（種々の制約はあるものの）制度上はすでに胡錦濤であると考えられる．正確に言えば，2002年11月の第16回党大会で胡錦濤が総書記に選出されてから，04年 9 月に党中央軍事委員会主席に選出されるまでの 2 年弱の期間は，中央軍事委員会主席の地位に依然として江沢民前総書記が留任しており，いわば権力移譲の過渡期といえた．もちろん，03年 3 月の第10期全国人民代表大会第 1 回会議では，胡錦濤が国家主席に選ばれ胡錦濤体制は動き始めていたと言うことはできるが，最高権力者の承継は04年 9 月の第16期 4 中全会において，江沢民が中央軍事委員会主席を退任し，胡錦濤がその職位を継承したことで，初めて果たされたと言わなければならない.

付録2　中華人民共和国の指導者

国家主席	国務院総理	外交部長
毛沢東[a]（1949-59）	周恩来[a,c]（1949-76）	周恩来（1949-58）
劉少奇[a,b,e]（1959-66）	華国鋒[a,d]（1976-80）	陳毅（1958-72）
李先念[a,e]（1983-88）	趙紫陽[a]（1980-88）	姫鵬飛（1972-74）
楊尚昆[a]（1988-93）	李鵬[a,e]（1988-97）	喬冠華（1974-76）
江沢民[a,e]（1993-2002）	朱鎔基[a,e]（1997-2002）	黄華（1976-82）
胡錦濤[a,e]（2002-）	温家宝[a,e]（2002-）	呉学謙（1982-88）
		銭其琛（1988-98）
		唐家璇（1998-2003）
		李肇星（2003-）

a：任命時に共産党政治局委員だった．

b：この職位は文化大革命のときに失われた．劉少奇は1969年11月に死去．

c：周恩来は1976年１月８日に死去し，華国鋒が２月３日に国務院総理代行に就任した．同年４月８日の『人民日報』記事では，華国鋒はもはや「代理」ではなく，正式な総理であると公表された．

d：1980年８月30日～９月10日に開催された第５期全国人民代表大会第３回会議で，趙紫陽が華国鋒に代わって国務院総理に就任した．

e：任命時に共産党政治局常務委員会委員だった．

＊　出典：Roderick MacFarquhar, ed.(1993：478-480）を整理．

＊　1993年以降のものは訳者が作成した．

〔訳註〕

1）外交部長については，上記a, eの註記は原著に付されていない．簡単に補足すれば，外相就任時の周恩来は政治局員であり同時に当時政治局常務委員に相当した書記局書記であった（この時期，政治局常務委員会はなかった）．陳毅は政治局員だった．呉学謙と銭其琛は，外相就任時には政治局員だったが，それぞれ在任中の85年と92年に政治局常務委員に昇格した．

2）第７回党大会選出中央委員の任期期間（1945年４月～1956年８月），政治局常務委員会はおかれていなかった．

3）第３期全人代（1964年12月～1975年１月）では，劉少奇の死後，70年代初めに董必武が国家主席代理に就任している．

4）第４期全人代（1975年１月～1978年２月），第５期全人代（1978年２月～1983年６月）の期間，憲法に国家主席の職位はなかった．もっとも，75年憲法，78年憲法においては，全人代常務委員長を国家元首とする解釈もある．この観点に立てば1975～78年は朱徳，1978～83年は葉剣英が国家元首に相当する職位にあったと見なすことができる．

付録３　共産党大会・中央委員会全体会議・全国代表会議

共産党の現行党規約では党大会［全国代表大会］は５年に１度（間隔は党規約によって若干の違いがある）開かれることになっている．しかし，1945年の第７回党大会から第10回まで，規則的に開かれることはなかった．５年ごとに定期的に開かれるようになったのは，11回党大会以降のことである．党大会では中央委員が選ばれ，党大会から党大会の間の期間は中央委員会全体会議が党大会を代行して決定を行う．中央委員会全体会議は中全会と略称し，語頭に数字をつけてカウントする．例えば，「３中全会」と称する．11回党大会で選出された中央委員による３回目の中央委員会全体会議なら「11期３中全会」である．中央委員会全体会議は年に１回ないしは２回開かれる．以下では新中国建国以降の党大会と中央委員会全体会議および全国代表会議について収録する．

開催期間	会議名	主な議題，決定事項
1950.6.6-6.9	7期3中全会	
1954.2.6-2.10	7期4中全会	高崗・饒漱石を批判
1955.3.21-3.31	全国代表会議	「第1次5カ年計画草案に関する決議」など3決議採択
1955.4.4	7期5中全会	林彪・鄧小平を政治局員に補選
1955.10.4-10.11	7期6中全会	「農業合作（協同）化についての決議」を採択
1956.8.22, 9.8, 9.13	7期7中全会	
1956.9.15-9.27	第8回党大会 第1回会議	社会主義的改造の決定的勝利を確認．建国以来の中国を，プロレタリアート独裁国家と規定．ソ連モデルと異なる独自路線を指向．劉少奇，鄧小平の台頭．「毛沢東思想」を党規約から削除．国内の主要矛盾を進んだ社会主義制度と遅れた生産力との間の矛盾と規定．平和五原則外交の強化．政治局常務委員会を再設置．中央書記局の機能を変更．
1956.9.28	8期1中全会	毛沢東を中央委員会主席，劉少奇・周恩来ら4名を副主席，鄧小平を書記局総書記に選出
1956.11.10-11.15	8期2中全会	
1957.9.20-10.9	8期3中全会	反右派闘争の成果を支持．毛沢東は第8回党大会第1回会議の国内主要矛盾規定を批判．
1958.5.3	8期4中全会	
1958.5.5-5.23	第8回党大会 第2回会議	「社会主義建設の総路線」採択．大躍進運動を正式宣言．主要矛盾規定を変更して，階級闘争，社会主義の道と資本主義の道との闘争を国内主要矛盾と明言
1958.5.25	8期5中全会	林彪を副主席，政治局常務委員に選出

開催期間	会議名	主な議題，決定事項
1958.11.28-12.10	8期6中全会	「人民公社の若干の問題に関する決議」を採択．毛沢東の次期国家主席辞退を承認
1959.4.2-4.5	8期7中全会	第2期全人代1回会議に提出する国家指導者候補案を採択
1959.8.2-8.16	8期8中全会（これに先立つ7月2日から8月1日の政治局拡大会議とあわせて「廬山会議」と呼ぶ）	彭徳懐国防相失脚（解任は9.17．後任の国防相は林彪）．反右傾闘争始まる．
1961.1.14-1.18	8期9中全会	工業の基本建設を縮小し，農業支援を重視する調整政策を承認
1962.9.24-9.27	8期10中全会	毛沢東，社会主義社会における階級闘争の存在に言及．公報に「二つの道の闘争」が示される．「農村人民公社工作条例（修正草案）」を採択
1966.8.1-12	8期11中全会	「プロレタリア文化大革命に関する決定（「十六条」）」を採択．林彪が党内序列2位．文革の全面展開
1968.10.13-10.31	8期12中全会	劉少奇の全職務解任，党からの除名を決定
1969.4.1-4.24	第9回党大会	文化大革命の継続を指向．「毛沢東思想」を社会主義が全世界的勝利にむかう時代のマルクス・レーニン主義とし，林彪を後継者とする党規約を採択．「プロレタリア独裁下の継続革命論」を定式化．ソ連との対決姿勢．指導層における軍代表の比重上昇．中央書記局廃止
1969.4.28	9期1中全会	党主席に毛沢東，唯一の副主席に林彪を選出．軍と文革派の進出
1970.8.23-9.6	9期2中全会	林彪派が国家主席設置問題を提起
1973.8.24-8.28	第10回党大会	林彪事件を断罪．継続革命路線を基本的に踏襲．
1973.8.30	10期1中全会	党主席に毛沢東，副主席に周恩来・王洪文ら5名を選出．文革派が政治局内多数派．四人組全員が政治局に所属
1975.1.8-1.10	10期2中全会	鄧小平を党副主席，政治局常務委員に選出
1977.7.16-7.21	10期3中全会	鄧小平の全職務回復（鄧小平は76年4月7日に，党籍のみを残して，全職務から解任されていた），四人組の全職務解任・党籍剥奪を正式決定

開催期間	会議名	主な議題，決定事項
1977.8.12-8.18	第11回党大会	華国鋒，文化大革命の終了宣言．継続革命論を党路線として継承．葉剣英副主席，党規約改正報告．新党規約に「四つの現代化」を明記
1977.8.19	11期1中全会	華国鋒を党主席，葉剣英・鄧小平ら4名を副主席に選出
1978.2.18-2.23	11期2中全会	第5期全人代第1回会議に提出する国家指導者候補案を採択
1978.12.18-12.22	11期3中全会	鄧小平指導体制の確立．改革開放路線へ転換．華国鋒自己批判．「四つの現代化」党内で最終合意．（第1次）天安門事件の再評価．党の一元的指導を批判．農家生産請負制の容認．陳雲を副主席，胡耀邦らを政治局員に選出
1979.9.25-9.28	11期4中全会	「農業発展を加速することに関する決定」を採択．趙紫陽，彭真を政治局員に選出
1980.2.23-2.29	11期5中全会	劉少奇の名誉回復決定．中央書記局を再設置．胡耀邦を総書記，胡耀邦・趙紫陽を政治局常務委員に選出
1981.6.27-6.29	11期6中全会	「建国以来の党の若干の歴史問題に関する決議」を採択．胡耀邦を党主席，趙紫陽を副主席に選出．華国鋒は副主席に降格．鄧小平を党中央軍事委員会主席に選出
1982.8.6	11期7中全会	
1982.9.1-9.11	第12回党大会	新規約採択，文革色を一掃．社会主義現代化建設を党規約に規定．主席，副主席制廃止，総書記制を採用．中央顧問委員会を新設．改革と開放を提唱．中国の特色を持つ社会主義の建設を表明．計画経済を主とする市場調節の採用．独立自主外交を提唱．ソ連との関係改善の可能性を示唆
1982.9.12-9.13	12期1中全会	胡耀邦を総書記，鄧小平を中央軍事委員会主席と中央顧問委員会主任に選出．華国鋒を中央委員に降格．
1983.10.11-10.12	12期2中全会	整党キャンペーン開始
1984.10.20	12期3中全会	「経済体制改革に関する決定」を採択
1985.9.16	12期4中全会	全国代表会議の開催を決定．中央指導部の新旧交代を実現する原則を確認
1985.9.18-9.23	全国代表会議	中央委員会，中央顧問委員会，中央紀律検査委員会構成員の大幅入れ替えにより党指導部の若返りを実現

開催期間	会議名	主な議題，決定事項
1985.9.24	12期5中全会	全国代表会議の結果を受けて，喬石，李鵬等6名を政治局員に増補選出
1986.9.28	12期6中全会	「社会主義精神文明建設の指導方針に関する中共中央の決議を採択
1987.10.20	12期7中全会	趙紫陽総書記代行，「党政分離について」講話．政治体制改革案に原則同意
1987.10.25-11.1	第13回党大会	「社会主義初級段階論」を提起．国家が市場を調節し，市場が企業を導くものと説明．「一つの中心，二つの基本点」を提起．党政分離等七つの指導体制改革を提起．鄧小平，陳雲など長老が中央委員から引退．中央書記局を事務機構に降格．
1987.11.2	13期1中全会	趙紫陽総書記代行を総書記に，鄧小平を中央軍事委員会主席に選出．鄧小平の「掌舵（舵取り）」についての秘密決定
1988.3.15-3.19	13期2中全会	第7期全人代第1回会議に提出する国家指導者候補案を採択
1988.9.26-9.30	13期3中全会	経済引き締め政策決定
1989.6.23-6.24	13期4中全会	趙紫陽を党籍のみ保留して，総書記その他の全職務から解任．江沢民を総書記に選出
1989.11.6-11.9	13期5中全会	鄧小平が中央軍事委員会主席を辞任，江沢民を後継主席に選出
1990.3.9-3.12	13期6中全会	「党と人民大衆の関係強化に関する決定」を採択
1990.12.25-12.30	13期7中全会	「第8次5カ年計画の建議に関する説明」を採択
1991.11.25-11.29	13期8中全会	「農業農村工作を強化する決定」採択
1992.10.5-10.9	13期9中全会	
1992.10.12-10.18	第14回党大会	江沢民の政治報告で,鄧理論を党の「指導思想」と規定．「中国の特色を持った社会主義建設の理論」を党規約に明記．行政機関における党グループ設置の義務化を党規約に再規定．社会主義市場経済建設の指向．江沢民ら「第3代領導グループ」の形成を指向．大幅な世代交代．中央顧問委員会廃止．沿海地方指導者の進出
1992.10.19	14期1中全会	江沢民，李鵬，喬石，朱鎔基，胡錦濤等7名を政治局常務委員に選出．江沢民を党総書記・中央軍事委員会出席に再選出
1993.3.5-3.7	14期2中全会	

開催期間	会議名	主な議題，決定事項
1993.11.11-11.14	14期３中全会	「社会主義市場経済体制の確立に関する若干の問題についての決定」を採択．市場経済化推進のための中央・地方税率の調整，経済マクロ管理の強化等を主張
1994.9.28	14期４中全会	「党建設強化の若干の重要問題に関する決定」を採択．第３代領導グループによる改革・開放の継続を強調
1995.9.25-9.28	14期５中全会	江沢民が「十二大関係」を論ずる重要演説．第９次５カ年計画の基本方針を採択
1996.10.7-10.10	14期６中全会	「社会主義精神文明建設の強化の若干の重要問題に関する決議」を採択
1997.9.12-9.18	第15回党大会	鄧小平理論を指導思想として党規約に明記．国有企業改革の強調．公有制を主とした多様な所有制の堅持．多様な分配方式の堅持．社会主義下における株式制の承認．喬石，劉華清が引退
1997.9.19	15期１中全会	江沢民，李鵬，朱鎔基，李瑞環，胡錦濤等７名を政治局常務委員に選出．江沢民を党総書記・中央軍事委員会主席に再選出．
1998.2.25-2.26	15期２中全会	第９期全人代第１回会議に提出する国家指導者候補案を採択
1998.10.12-10.14	15期３中全会	「農業と農村工作の若干の重要問題に関する決定」を採択
1999.9.19-9.22	15期４中全会	「国有企業改革と発展の若干の重要問題に関する決定」を採択
2000.10.9-10.11	15期５中全会	第10次５カ年計画案を審議
2001.9.24-9.26	15期６中全会	「党の作風建設の強化，改善に関する決定」を採択
2002.11.8-11.14	第16回党大会	「三つの代表」を党規約に規定．私有企業家の入党を容認．世代交代のルールが定着．経済建設の目標を「小康社会」の実現とする．党を労働者階級の前衛部隊であると同時に中国人民と「中華民族」の前衛部隊と規定．李瑞環が引退
2002.11.15	16期１中全会	呉邦国，温家宝，曽慶紅等を政治局常務委員に選出．胡錦濤を党総書記に選出，江沢民を党中央軍事委員会主席に再選出
2003.2.24-2.26	16期２中全会	第10期全人代第１回会議に提出する国家指導者候補案を採択
2003.10.11-10.14	16期３中全会	私有財産保護を含む憲法改正案を審議

開催期間	会議名	主な議題，決定事項
2004.9.16-19	16期4中全会	江沢民が党中央軍事委員会主席から退任．胡錦濤を中央軍事委員会主席に選出．「党の執政能力強化に関する決定」を採択．同決定において「和諧（調和）社会」の建設を提唱
2005.10.8-10.11	16期5中全会	第11期5カ年計画案を採択．「科学的発展観」を基調とする．
2006.10.8-10.11	16期6中全会	「社会主義和諧社会の構築に関する若干の重要問題に関する決定」を採択．2007年下半期の17回党大会の開催も決定され，「和諧」が次期執行部の指導理念となることが，ほぼ確実となる．

＊　会期・事項等の確認にあたって『中国共産党重要会議紀事（1921-2001）』（姜華宣，張尉萍，肖甡主編，中央文献出版社，2001），『原点中国現代史・別巻』（安藤正士・岡部達味編著，岩波書店，1996），『現代中国事典』（岩波書店，1999），『世界年鑑』（共同通信社），『中国動向』（共同通信社）等を適宜参照した．

＊　本「付録3」は，原著にはない．訳者によるオリジナルである．

＊　第8回党大会で採択された党規約は，党大会を毎年1回開くものと規定したが，2年後の58年に第8回党大会第2回会議が開かれただけで，毎年開催されることはなかった．

＊　全国代表会議は，歴史上1937年5月，1955年3月，1985年9月の3回しか開かれたことがない．その職権は重要問題の討議，および中央委員等の一定比率内に限った調整と補選である．